A MANUAL

OF THE

ARAMAIC LANGUAGE

OF THE

BABYLONIAN TALMUD

GRAMMAR
CHRESTOMATHY AND GLOSSARIES

BY

MAX L. MARGOLIS, Ph. D.

PROFESSOR OF BIBLICAL PHILOLOGY IN THE DROPSIE COLLEGE
PHILADELPHIA, PA.

WIPF & STOCK · Eugene, Oregon

Wipf and Stock Publishers
199 W 8th Ave, Suite 3
Eugene, OR 97401

A Manual of the Aramaic Language of the Babylonian Talmud
Grammar Chrestomathy and Glossaries
By Margolis, Max
ISBN 13: 978-1-55635-760-2
ISBN 10: 1-55635-760-5
Publication date 12/10/2007
Previously published by C.H. Bech'sche, 1910

TO MY WIFE
IN LOVE AND GRATITUDE

PREFACE

As far back as 1894, Professor Hermann L. Strack, of the University of Berlin, who had favorably noticed my first two publications, both dealing with the textual criticism of the Talmud, suggested to me the writing of a work to all intents and purposes similar to the present one. The plan was elaborated in detail, and I actually commenced work on a number of larger texts. Soon, however, I realized that with the means at my disposal it was impossible for me to arrive at a satisfactory form of the text. Moreover, my professional work lying in other directions, I was forced to abandon for the time being all thought of prosecuting this plan. When in the autumn of 1907 I visited Germany, Prof. Strack urged me to let go for a while my Septuagint studies and to resume that long neglected piece of Talmudic work.

With the aid of Judah Seni's יהודה יעלה, Israel Michelstädt's מלין דרבנן, Moïse Schuhl's *Sentences et proverbes du Talmud,* and Moses Lewin's *Aramäische Sprichwörter und Volkssprüche,* and a manuscript collection of a similar character compiled by my sainted father, I transcribed a large number of short and pithy Aramaic sentences from the Talmud, noting the variants from Rabbinovicz' work. I then copied a large number of connected Aramaic texts from all parts of the Talmud, with the variants belonging thereto. I once more realized that unless I secured manuscript evidence at first hand, my texts as well as the grammar that I had constructed from them would be unreliable. I therefore proceeded to Munich where,

beside the famous cod. Hebr. 95, I was privileged to collate
the manuscripts and early prints enumerated on p. XV.

Only when the grammar, as far as based on my
own texts, had been completely worked up, did I proceed
to an examination of the grammatical works of my prede-
cessors (see p. 98). I found that there were two points
which placed my work on a footing entirely its own. In
the first place, my own examples were marked by that
certainty which comes only from a personal perusal of
the sources, the otherwise scholarly work of the author of
the *Variae Lectiones* being entirely unreliable in the province
of grammar. Then again my linguistic point of view differed
from that of my predecessors in a number of vital questions.
I say all this with no intent to criticize the labors of others.
I merely wish to point out the independent character of my
own work. In the Syntax I had no predecessors at all.
I therefore followed the guidance of Nöldeke in his ex-
cellent Mandaic and Syriac Grammars as closely as
feasible. The examples, of course, are my own.

In the first part of the Chrestomathy, the sources of
each form, phrase, or sentence, were indicated in my manu-
script. But in order to reduce the bulk and cost of the
volume, it was deemed advisable to drop them in all but
a few cases. As for the Connected Texts, not only are the
sources noted, but also a certain amount of variants. Here
again economy was imperative. I therefore chose for each
piece that witness of the text, which seemed to merit distinc-
tion because of its correctness or originality, giving the
authority for all deviations therefrom in the margin, where
are likewise registered not only important variants bearing
on grammar, lexicon, or meaning, but also scribal errors of
the codex chosen (for silence would have led to a false
impression as to the actual contents of the manuscript).

Both in the Grammar and in the Chrestomathy I
refrained from adding vowel points. Only in the Connec-
ted Texts did I here and there deviate from this rule;

the reasons in each case will be found to be obvious.
The first part of the Chrestomathy, the "Forms and Sen-
tences", being arranged according to a graded system,
with references to the paragraphs of the Grammar, the
student, with the aid of §§ 2—5 and a moderate know-
ledge of Hebrew and Biblical Aramaic, will be able to
accurately vocalize every form occurring in the Grammar
and in the corresponding portions of the Chrestomathy.
Moreover, he may look up every form in the Glossary
under the proper root, where he will find the forms oc-
curring in Grammar and Chrestomathy recorded, defined,
and vocalized. There is also another reason why the
vocalization was on the whole sedulously kept out of
Grammar and Chrestomathy. The orthography of the
sources being adjusted to unpointed texts, the introduction
of vowel-points would have created naught but confusion,
since the latter presupposes an entirely different system
of orthography (such as we find in Biblical Aramaic). With
the method adopted by me, each system is allowed to
exhibit its own characteristics without confusion. Moreover,
whatever subjective features may attend the vocalization
are thus kept out of the texts themselves which are pre-
sented with utmost fidelity and accuracy exactly in the
form in which they have come down.

As for the choice of material, the texts naturally come
largely from the Haggadah. But the Halakah also is not
only represented by a few specimens which, I believe,
meet the requirements of beginners, but also in the first
part of the Chrestomathy by phrases and sentences judi-
ciously culled from the large frame-work and thus exhibit-
ing the methodological terminology of the halakic dis-
cussions, concisely explained in the Glossary. Additional
information is to be found in Mielziner's *Introduction* and
in Bacher's *Terminologie* (see p. 97. 98).

In writing the Glossary, I naturally availed myself
of the great Talmudic lexica and of the lexicographical

works concerned with the cognate Aramaic dialects. My aim
was not so much to discover new identifications, as to give
that which was tenable and most adequately supported. I
have followed tradition as far as it is embodied in the ʿARUK,
in HANANEL, RASHI, and others, both with a conservative
bias and with criticism. The discerning critic will find that
the lexicographical material has been thoroughly consulted
and just as accurately weighed. The student may confidently
feel that he is everywhere treading upon safe ground.

It is a pleasant duty for me to acknowledge my in-
debtedness to the directors of the Libraries of Göttingen,
Hamburg, Karlsruhe, for the readiness with which they con-
veyed their Talmudic manuscripts to Munich for my use; but
above all to Dr. VON LAUBMANN, the director of the Royal
State and Court Library at Munich (whose recent demise is
a source of deep regret), and his able assistant, Dr. LEI-
DINGER, for the uniform courtesy extended to me for five full
months. I am also beholden to the National Library at
Florence for the permission to have certain pages of its
Talmudic manuscripts photographed, and to Chief Rabbi
Dr. S. H. MARGULIES for securing and forwarding those
photographs. Above all others, my sincere gratitude is
herewith expressed to Professor STRACK who not only sug-
gested this work but also read a number of proofs and
was untiring in his efforts, in which he was aided by his
wide experience, to enhance the accuracy of the contents,
the economic arrangement of the details, and the appea-
rance of the whole. Nor would I be derelict in acknow-
ledging the kindness of Commercial Councillor Herr OSCAR
BECK, head of the publishing firm of C. H. BECK in Munich,
who most readily consented to undertake the publication
of this work.

Philadelphia, Pa., February 1910.

Max L. Margolis.

TABLE OF CONTENTS

Grammar.

Introduction (§ 1—3).

I. Phonology (§ 4—7).

II. Morphology (§ 8—41).
A. The Pronoun (§ 8—11).

B. The Noun (§ 12—23).
(a). The Nominal Stems (§ 12—18).

III. Syntax (§ 42—74).

A. The Noun (§ 42—54).

Pronoun (§ 48—52)

B. The Verb (§ 55—62).

C. The Simple Sentence (§ 63—68).

Chrestomathy and Glossaries.

Chrestomathy.

Glossaries.

Abbreviations and Signs.

1. F = Florenz (Florence), Biblioteca Nazionale codd. II, 1, 7—9.
   G = Göttingen, Universitäts-Bibliothek cod. hebr. 3 (init. saec. XIII).
   H = Hamburg, Stadtbibliothek, cod. hebr. 165 (1184 p. Chr.).
   K = Karlsruhe, Hof- und Landes-Bibliothek cod. orient. 9 (1400—1450).
   M = München (Munich), Hof- und Staats-Bibliothek, cod. hebr. 95 (1343 p. Chr.).
   M_1 = München, codd. hebr. 6. 140. 141.
   ᴃ = ed. Bomberg. 1, Venetiae 1520—23.
   Ar^M = ʿAruk cod. hebr. 142 München (1285 p. Chr.) *contains only the second part, not made use of by Kohut* ‖ Ar▽ᵱᵺ = ʿAruk cod. Wien (Vienna), ed. Pesaro, ed. Veneta (cf. Kohut).
   Han^M = Ḥananʾel cod. hebr. 227, München.
   Ra^M = Raši; RŠbM^M = RŠemuʾel ben Meir. Cod. hebr. 216, München.
   En = ʿEn Jaʿaḳob, ed. princ. (Saloniki c. 1516).
   Hal-ged = Halakot gedolot, Ven. 1548.
   Teš-geon = Tešubot ha-geʾonim, Ed. Harkavy, Berlin 1887.
2. Ar = ʿArakin ‖ A.z. = ʿAboda zara.
   Ba, ba = Biblisch-Aramäisch (Biblical Aramaic). ‖ B.b. = Baba batra ‖ Ber(akot) ‖ Beṣ(a). ‖ B. ḳ = Baba ḳamma ‖ B. m. = Baba meṣiʿa.

Chr. = Chronik *(Chronicles)*.

Dal(man), cf. p. 98. 99. ‖ De(uteronomium).

Erub = ʿErubin. ‖ Ex(odus) ‖ Ez(echiel).

Ge(nesis). ‖ Gerš(om)ᵐˢ (MS apud Kohut) ‖ Giṭ(ṭin).

Ḥag(iga). ‖ Ḥul(lin).

Jb = Hiob *(Job)*. ‖ Je(remias) ‖ Ịeb(amot). ‖ Jo(sua). ‖ Is(aias).

Ker(itot). ‖ Ket(ubot). ‖ Ḳid(dusin).

Meg(illa). ‖ Men(aḥot). ‖ mend(um), mend(osum) ‖ Miel(ziner),
     cf. p. 97. ‖ M. K. = Moʿed Ḳaṭon ‖

Ne(hemias). ‖ Ned(arim). ‖ Nö(ldeke), cf. p. 99. ‖ Nu(meri).

p(luralis). ‖ Pes(aḥim). ‖ Pr(overbia). ‖ prm = praemittit, prae-
     mittunt. ‖ Ps(almus).

Reg(um liber) = Könige, *Kings*. ‖ rell = reliqui ‖ R. h. = Roš
     ha-šana.

Šab(bat), Sanh(edrin) ‖ st. a. = status absolutus ‖ st. d. = status
     determinatus. ‖ Str(ack), cf. p. 97 ‖ Suk(ka).

Taan = Taʿanit ‖ tr = transfert.

     $\underline{*}$ = prima manus ‖ > = omittit, omittunt.

     $\underline{c}$ = corrector. ‖ ᵐᵍ = margo ‖ $\underline{t}$ = textus.

     $\underline{h.}$ = hebraice. ‖ $\underline{p}$ = nomen proprium.

Grammar.

Introduction (§ 1—3).

1. The Aramaic Idiom of the Babylonian Talmud. 1.
Its Place in General Aramaic.

By Talmud (Gemara) we understand the inter- *a* pretation of the Mishna, which usually takes the form of discussion; hence, the large framework. The language of this framework is throughout Aramaic. Whatever there is of Hebrew in the Talmud is confined to quotations from Hebrew sources, or to certain expressions which had become part of the spoken language and certainly of the scholastic speech. But even within the framework there is a considerable amount of Aramaic consisting of sayings of scholars whose vernacular was Aramaic, or of the conversation of the common people, or of the mass of popular proverbs, stories, legends, and the like, some of which are even of a non-Jewish origin.

This framework, which belongs to the editors *b* (redactors) of the Talmud, is on the whole uniform and did not vary greatly from the vernacular employed by the Babylonian teachers (Āmōrāˀē, Sābōrāˀē) in their daily life. This language had as its area Upper

Babylonia, the seat of Babylonian Jewry, with the towns Neharde꞉a, Sora, Pumbeditha and others in which scholastic institutions were found; it was spoken during the 4th, 5th, and 6th post-Christian centuries, during which period the accumulated Talmudic material was subjected to frequent redaction, until it reached its final form.

c   The language did not really die out until the ninth century when it was supplanted by Arabic. Its nearest relative is Mandaic, the language of Lower Babylonia. There certainly existed between the two dialectal differences; but it may be doubted whether there was a noticeable Jewish coloring to the popular speech of Upper Babylonia as handled by the Jews. Whatever there may be of Hebrew influence, should be looked for rather in the syntax. The phonetic decay characteristic of Mandaic may be witnessed on Talmudic ground only in its beginnings; at any rate the spelling of the Talmudic Aramaic is more archaic. Both dialects are closely related to Syriac; compare for instance the form of the st. d. of the masc. pl. in the noun and the prefix of the 3. person masc. of the imperf. in the verb.

d   Much more ancient is the Aramaic which we find in certain tractates (Nedarim, Nazir, Temura, Keritot, Me꞉ila, Tamid) apparently belonging to an earlier redactional stratum. Elsewhere we find remnants of the earlier language in (a) quotations from the Targum, usually in the name of R. Joseph, and paraphrastic expositions of biblical passages after the fashion of the Targum, cf. Ber 38ᵃ; Sanh 95ᵃ a. e.; (b) fragments of *Megillat Ta꞉anit;* (c) the pastoral letter of Gamaliel II.,

Sanh 11[b]; (*d*) fragments of formulas for public documents (contracts, deeds, etc.); (*e*) the sayings of the older Palestinian scholars (Hillel, Samuel the Little, Meir, Ḥiyya, Bar Ḳappara, Joḥanan, etc.); (*f*) old popular texts, particularly incantations. Of course, there exist also mixed texts combining elements of the earlier and the later language. It is interesting to note that in M there is a tendency towards reducing the earlier language to the level of the later and common speech.

In the present work the earlier language, no less than *e*
the later, is the subject of grammatical treatment; ancient and modern forms, however, are clearly distinguished. Thus in the grammar, the archaic forms have a † prefixed; in the chrestomathy A designates the essentially earlier and B the essentially later or common speech.

2. Script and Orthography. 2.

The letters are the same as in biblical and tar- *a*
gumic Aramaic. Vowel signs as well as diacritic points are wanting in the printed editions and, barring sporadic cases, also in the manuscripts.

In contrast with BA., it is to be noted that שׂ has *b*
been replaced by ס in סגי, סים, סיטרא, אסתכל. שׂ is kept in עשבא, שבע, שמאלא, שיפתא, שק. The two are used indiscriminately in the fllg. instances: בשרא and ביסרא; עשר, עשרה, עשרי, עשרין but חד סר, etc.; שהדי and סהדי; סטנא and שטנא; סיב and בשיבותיה; סני and אישתניו; שערתא and סערתא.

ה als a vowel letter is the rule exactly as in BA. *c*
after א: מאה, חקלאה, גינאה, ארמאה, etc. In the absol.

st. of the f. sg. ה is rare: מִלָּה (but also מִלָּא); ארבעה, חמשה, עשרה; more frequently it occurs in 3 sg. f. of the perf. (סברה, שקלה, שמעה, ילדה, רקה, קמה, שדרה, שיילה, אוקינה, אושלה, אפיקה, אחתה) and in the pt. sg. f. (מנסבה, מובנה) and pl. f. (שִׁיבָה); but even there א will be met with ordinarily. In verbs לו״י we find ה only in הוה (occasionally also הוא). ה is extremely rare in the st. d. m. sg.: אורחה, ארעה, גברא רבה.

d Occasionally א represents a quiescent ה (§4*m*): גברא = גברה̄ = גַבְרָה; רישא = רישה̄ = רֵישָׁה; כולא, etc.

e In the middle of a word a radical א, though quiescent, is always expressed in the words מאתן, סאוי, שמאלא. Elsewhere א may and may not be written; thus we find מסאנא and מסנא, מאני and מני, עאניה and ענא, צו(ו)אריה and צוורא. The same holds good of א taking the place of ע (§4*e*): תולאנא and תולנא.

f א as a vowel letter in the middle of a word for *ā* (after the fashion of Arabic) is only occasionally found in Occidental prints and MSS.; thus universally: אוריאן; ꟾB: קאקי, מסרגאן, עליאתא, גביאת; G: אחאתא; H: בוטאשי (r. בוטאטי), בנאתא, ארעאתא, אילואתא, כודניאתא; M: סאבי, ריבואן, מלכאתא, שארו; M_1: קרנאתא, הראתא, כנישאתא, אתאת, שדיאן, גאנו. Universally for *a* in מאן „who?“ (rarely מן); there is, on the other hand, no fixed rule when the vowel is followed by ר (and preceded by ו or י: שוואר, but שוור H; משואר H, but ת(י)שוור; סיאר ꟾB, but סייר HM; מידואר ꟾB, דיירנא; otherwise אגר, סתר, etc., where the absence of י, as in גרים, שביק, etc., sufficiently indicates the pronunciation); cf. also פאחא ꟾB, כאווי ꟾBM, כאוי M, אָתאן ib. The common and incorrect pronunciation with *ḳameṣ* is indicated by א in טאבי H, טאשי M_1, תאנא G = טְבֵי, טְשֵׁי, תְּנָא.

ו and י designate universally the long vowels (whether *g* of Semitic or Aramaic origin) *ū*, *ō*, *ē*, *ī*. In contrast with BA., it is worthy of note that the historical orthography has been replaced by the phonetic in cases like רישא, יימר, etc. (BA. רֵאשָׁא, יֵאמַר, etc.). Cf. also תהוי, etc., for BA. תֶּהֱוֵא. Note, however, יהא (also יהי), תהא = יְהֵא, תְּהֵא; יבכה = יִבְכֵּה cf. BA. אָתֵה, etc.

Consonantal ו und י are written וו, יי; e. g., גווא, *h* דיינא, וודין, נייח, רווחא, גייסא = גַּוָּא, דַּיָּנָא, וְדָין, נְיָח, רַוְחָא, גַּיְסָא. Before or after א as vowel letter the repetition is unnecessary (cf. §*f*). Defective writing in general is the rule in the older MSS. (GHM_1) and frequently also in 𝔅 (particularly in Ber); e. g., קים, גווא, כותא, כוי, מניכו, חויה, ניח = קָיָם, גַּוָּא, כַּוְּתָא, כַּוֵּי, מַנַּיְכוֹ, חַוְיֵהּ, נְיָח. When ו is immediately preceded or followed by י, only one of the two is written twice; thus ווי, גוייתא, לוויך, לשוויה, לישווייה = וָיֵ, גַּוְיָתָא, לַוְיָךְ, לְשַׁוְיֵהּ. (Less frequently: גווייתא.) Similarly, ו is expressed but once after י as a vowel letter (§*gj*): חיותא, חיור = חֶיְוְתָא, חִוָּר.

At the end of certain forms of ל״י roots (nominal *i* formation *faʿʿāl*, §15*b*; 1 sg. and 3 sg. f. perf. and imptv. sg. f., §39) as well as in the pronominal suffix of the 1 sg. with the noun (§22*b*) -*ai̯* is expressed by אי, e. g., בנאי = בְּנַי, חואי = חֲוַי, חדאי = חֲדַי, בנאי = בְּנַי, שמאי = שְׁמַי; but occasionally also by יי, e. g. בעיי (MM_1) = בְּעַי, צליי = צַלַּי, בנתיי = בְּנָתַי. Observe that B. ḳ. 17[b] H vocalizes שְׁנָאַי; very likely, however, the word was pronounced שְׁנַאי. In the *faʿʿāl* formations א appears to have crept in from the plural; cf. §20*j*.

j ו resp. י for the short vowels *u*, *i* (*e*) is employed with utmost economy by 𝔅 in Ber, and on the other hand with utmost extravagance by M throughout. Examples of extreme cases: כלהו = כֻּלְּהוֹ (unless כָּלְּהוֹ was intended), כלי = כִּלָּה — חידווא, חילמא apparently = חֶלְמָא, חֶדְוָא. In GHM_1 *u* may be said to be expressed almost universally; e. g., חומרא, גומרי = חֻמְרָא, גֻּמְרֵי; defective writing is rare: דחקא, חלייתא, perhaps to be read דֻּחְקָא, חֲלִיָּתָא. Before a geminated consonant the vowel letter is predominantly expressed, e. g., G: איגרא = אִגָּרָא, אינגיד = אִנְּגֵד, איתנח = אִתְּנַח (but מתנחת = מִתַּנְחַתְּ), איתער = אִתְּעַר, ליביה = לִבֵּהּ, מיבעי = מִבְּעֵי, מילתא (by the side of מלתא) = מִלְּתָא, ריבוניה (by the side of רבוני) = רִבּוֹנֵהּ, etc.; H: חיורא = חִוָּרָא, מיבסמי = מִבַּסְּמִי, מיניה = מִנֵּהּ, מיניהו = מִנַּיְהוֹ, עיזא = עִזָּא, שיתין (by the side of שתין) = שִׁתִּין, etc.; M_1: ליתבון = לִתְּבוֹן, מילי = מִלֵּי, עיגולא = עִגּוּלָא, ריבועא = רִבּוּעָא, etc. After the preposition מ we find as a rule no vowel letter (even in M); note, however, מיגו = מִגּוֹ, מיכדי apparently = מִכְּדִי (for מִכַּדִי), etc. Elsewhere (in closed syllables not formed through gemination) defective writing is favored in particular by H, e. g., אשתעו = אִשְׁתַּעוֹ, בועא = בֻּוְעָא, גשרי (and גישרי) = גִּשְׁרֵי, זמנא (and זימנא) = זִמְנָא, משחא = מִשְׁחָא; איתהפיך = אִתְהֲפֵךְ, בירכיה = בִּרְכֵּהּ, לישנא = לִשְׁנָא, etc. On the other hand, defective writing is met with occasionally also in 𝔅 (in other parts than Ber), even in M. By means of vowel letters the fixing of grammatical forms is facilitated. Hence the unique value of MS. M.

k The long vowels *ọ*, *ẹ* originating in certain

accentual and syllabic conditions are, with the exception of 𝔅 in Ber, almost universally expressed by ו resp. י.

י very frequently indicates a reduced vowel. *l*
After א it may represent ֱ (or ֵ): אינש = אֱנָשׁ (אֲנָשׁ), איניש = אֱנֵשׁ, איוילו = אֱוִלּוֹ. Once I find in M_1: לִיכַּוֵּן, i. e. with artificial gemination (§5*o*), = לְכַוֵּן. I doubt whether the same kind of gemination is to be presupposed in all other cases, e. g. in עיביד for עֲבֵד, עיבידו for עֲבֵדוּ. Perhaps the vowel letter merely indicates ְ, in other words the reduced vowel. Of course, defective writing is also met with: אנש, עבידו.

Word-division. The compound numerals for 11—19 *m*
are written indifferently as one or two words; cf. §23. קא (§38) is very frequently joined to the next following word (א then drops out), so esp. in M.

Abbreviations, particularly frequent in 𝔅 M, are *n*
indicated by a stroke (′). In the older MSS., a point over the last letter of the abbreviated word serves the same purpose: אוֹ = אומר; גמלׂ = גמליאל. ,י, represents the *tetragrammaton.*

3. Means for Fixing the Vocalization. 3.

In addition to the vowel letters (§2*c*—*k*), the vocalized texts of BA. and the Targums, esp. those supplied with superlinear signs, furnish means for fixing the vocalization. To be sure, even the superlinear vocalization must be used with caution (cf. Dal, 79 f.); the same holds good of the vowels sporadically inserted in the MSS. of the Talmud. The traditional pronunciation is of subordinate value and may lead, when uncritically used, to the worst aberrations. For it is not uniform, and, moreover, it rests itself on the vowel letters. Criticism everywhere aims at the better and older form of tradition. Mandaic with its less ambiguous orthography (Nö §12) and Syriac with its fixed Masora offer invaluable aid, occasionally also the other Semitic languages. Many doubts naturally remain.

I. Phonology (§ 4—7).

4. 4. The Consonants and their Changes.

a 1. (*a*) Laryngeals: א ʾ, ה *h*, ח *ḥ*, ע ʿ.

b (*b*) The other consonants: ג *g*, כ *k* (Palatals); ק *ḳ* (Velar); ד *d*, ת *t*, ט *ṭ* (Dentals); ס(שׂ) *s*, שׁ *š*, צ *ṣ*, ז *z* (Lingual Fricatives); ב *b*, פ *p* (Labials); מ *m*, נ *n*, ל *l*, ר *r* (Sonorous Sounds); ו *u̯*, י *i̯* (Non-syllabic Vowels).

c 2. ח, ע(ק), ד(ז), ת, ט correspond each to two distinct Semitic sounds.

d א replaces ו resp. י in קאים and the like in Earliest Aramaic. A late change is חקלאה from *חקליא.

e The laryngeals are still kept distinct in Talmud. Aram. Nevertheless, a tendency in the direction of reducing ח to ה and ע to א is discernible; e. g., הדדי, בהדי, הדר, etc.; אָבא, אודדי, אטמא, אמד „dive“, א = על (§ *j*), אד = עד, etc.

f Intervocalic א (ע) appears as י: שיילו = שַׁיִלוּ, שיירת = שַׁיַּרְתְּ, סיאר = סָיַר, סיים = סָיֵם, etc., for *שַׁאִלוּ, *שַׁאַרְתְּ, *סָעַר, *סָאֵם.

g ב may become ו, e. g., צוותא by the side of צבתא (cf. also § *h*).

תרין (orig. *תנין) and כוכבא (orig. *כבכבא, §*g*) are *h*
early examples of dissimilation. Other exx. in Talmud.
Aram.: נהמא by the side of לחמא; the reduplicated
formations דעדקין and דרדקי by the side of דקדקתא;
לוליבא, דידבא (for דודבא) orig. *לבלבא, *דבדבא; שושמנא
by the side of שומשמנא (§5*h*); שושילתא for שלשילתא,
קיקילתא by the side of קילקילתא. The simplification may
take place at the end: קילקתא, ירקרתי.

Metathesis takes place in the *Itpe.* and *Itpa.* in the *i*
groups *תשׁ, *תס, *תצ, *תז, which are transformed to
שׁת, סת, צט, זד (in the last two examples at the same
time partial assimilation).

Exx. of total assimilation: (*a*) progressive: מישב *j*
= מְשַּׁב for מְשְׁאַב (but מְשְׁאַל), איתחיד = אִתְּחֵד, איתמר
= אִתְּמַר for *אִתְאֲחֵד, *אִתְאֲמַר (but מִתְאַמְרָא), קיניה = קִנֵּהּ
for קִנְאֵהּ, בִּזֵּי, ביותא = בִּזְּתָא but ביזעי, פיקא = פִּקָּא by
the side of פיקעא, מַסּוּתָא for מַסְחוּתָא; as in the other
Aramaic dialects ייסק = יִסַּק for יִסְלַק and in the *Ittaf.*,
e. g., מִתּוֹגַר for *מִתְאוֹגַר, מִתְּקִים for *מִתְאֲקִים; (*b*) regressive:
מידביק = מִדְּבֵק, איטריד = אִטְּרֵד for *מתדבק, *אתטרד,
אימליך = אִמְּלֵךְ but מִתְמַלְכִין; יִסְּבוּן, תיסב = תִּסַּב but תִּנְסַב;
אַבָּב for עַל־בָּב (§*e*); גַּפָּא, כַּפָּא by the side of גַּדְפָּא, כַּתְפָּא;
טונא = טֻנָּא for טוענא, מַבְּרָא for מַעְבְרָא, אונא = אֻנָּא by
the side of אודנא, etc.

Contraction: איתקיל = אִתְּקֵל and the like for *אִתְתְּקֵל, *k*
חֲדַתִּי for *חדתתי, כְּפֵנַּן (כפינן) for *כפננן (§29); אַדְּ־ for
אַדְ־דְּ־, etc.

א (ע), when preceded by a reduced vowel or by a *l*
vowelless consonant, may be ignored in pronunciation:
בִּישׁ for *בְּאִישׁ, מַלְּפָךְ for מְאַלְּפָךְ, מַיֵּץ for מְאַיֵּץ, מַיְּצִנְהוֹ for
מְאַיְּצִנְהוֹ, שׁוּתָא for שְׁעוּתָא, מְסָ(א)נָא for *מַסְאָנָא (but מַלְאֲכָא),

תּוֹלָ(א)נָא by the side of תּוֹלְעָנָא. Loss of א at the end of a syllable is old in עָ(א)נָא, מָ(א)נֵי, רֵישָׁא, בֵּיבָא, מֵיכְלָא, יֵימַר and the like. A secondary development is כּאיבא = כְּאֵבָא for כֵּאבָא (cf. Hebr. שְׂאֵת by the side of לָשֵׂאת). Intervocalic א was lost in early times in קְרַאוּ and the like (§5*d*). א is always lost at the end of a word: סַגִּי pl. סַגִּיאִין.

m ה at the end of a word may be left unpronounced; כְּלֵה (כולי), רֵישָׁא for כְּלֵה, רֵישַׁה.

n חינגי = חִנְגֵּי (for *חִגֵּי = חַגֵּי) may serve as an example of a consonantal insertion for the purpose of resolving gemination.

o Closing consonants have disappeared in סְגָא, נְשָׁא, אֵזָא, אֵימָא for סְגַר, נְשַׁב, אֵזַל, אֵימַר; comp. also תּוּ = תּוּב and the forms of the verb קוּם: נֵקוּ, תֵּקוּ, אוֹקֵי.

p ב, ג, ד, כ, פ, ת are spirantized after full or reduced vowels, e. g. אַלְפֵי, כַּתְפָא, etc.

5. **5. The Vowels and their Changes.**

a 1. ו ū, u, ō, o̧; ◌ָ o; י ī, i, ē, e̜, e; (א) ◌ָ å; ◌ַ a; ◌ְ ə.

b These vowels proceed from the Semitic vowels ū, ī, ā; u, i, a and the diphthongs au̯, ai̯. ū appears sporadically as ō, e. g. מזונא, but commonly as å.

c 2. The production of the orig. short vowel in עָ(א)נא, מָ(א)ני (= *עַאְנא, *מַאְני) which in consequence of the loss of the א at the end of the syllable (§4*l*) comes to stand in an *opened* syllable, belongs to Early Aram.; of somewhat later date (observe the assimilated vowel, §*i*) are רֵישָׁא, מֵיכְלא, תֵּיכול, יֵימר for *רַאְשא, etc.; בֵּיבָא for *כְּאֶבָא is of course perfectly regular.

d In consequence of the loss of an intervocalic א (§4*l*) there arises a (falling) diphthong, e. g. *ḳərau̯* for *ḳəraʾū*.

Diphthongs, both coming from Early Aram. and those originating later, may be monophthongized: *au̯* becomes *ō*, *ai̯* — *ē* (*ī*), e. g., יוֹמא, קְרוֹ, חֵילא, תְּנֵינא, דֵּיְדבא. But the monophthongization need not take place, e. g. רווחא = רַוְחָא, גייסא = גַּיְסָא, תניינא = תְּנַיְנא; the diphthong always remains when the non-syllabic vowel is situated on the border-line between two syllables, in other words, when it is geminated, e. g., בגוייהו = בְּגַוַּיְהוּ, but מיגו = מִגּוֹ.

The monophthongization of *ai̯* may take place also *e*
in such a manner that the non-syllabic vowel is completely lost, so esp. before *n*, e. g. בְּעַן for *בְּעַיְן, סָגַן for *סָגַיְן, גְּלַן for *גלַיְן (in the two last exx. *ai̯n* represents a contraction from *ai̯īn*); אֲבָהָתַנָא, רַבָּנַן, בְּנָתַין for *ַ‍יְנָא, *ַ‍יְן (and accordingly אַרְחַין, דַּעְתַּין, §22); before הָ *a* becomes *e*: מָנֶהָא (cf. §*k*). Elsewhere *ai̯* is also found contracted to *å*: כַּבָּיךְ, יוֹמָךְ, בְּנָתָךְ for ַ‍יְךְ (and accordingly אַרְעָיךְ, אַחָתָיךְ).

(*u?*) *i*, when followed by the laryngeals ה, ח, ע or ר, *f*
is sounded as *a*; thus in primitive times in forms like נימשח, תיזרע, at a later period in forms like שְׁמַע, שמעה, יימר, בְּלַע, נְבַח, סָתַר, איתעקרו, שדר, שדרו, מוֹדַע, מוֹקַר, etc. At the same time we find ריעיא, ריחיא, שיחנא, סתיר, דאירנא (by the side of דיירנא), etc.

The same effect appears to be produced by other *g*
consonants (emphatic and sonorous sounds), cf., e. g., אידבקי = אִדַּבַּקִי by the side of מִידביק.

When followed by a labial, *a* or *i* becomes *u*: e. g., *h*
גוברין, גנובתא, דובשא; גופנא; שומשמנא, etc. שום is an early example of this transformation.

When preceded by a laryngeal, *i* becomes *e*: e. g., *i*
חֶלְמָא, אֶשקול, etc. The full writing with a vowel letter, e. g., חילמא, אישקול, need not necessarily point to a

pronunciation חֶלְמָא, אִשקול (§2*j*). In front of a laryngeal (cf. §*f*) ליהדר = לְהַדַּר (cf. also §*c*).

j When followed by a geminate consonant, though preceded by a laryngeal, *i* remains; thus אִשָּׁא, אִשְׁתָּא, etc.

k So-called compensative production takes place for the purpose of making up for the loss of gemination in front of laryngeals and the sonorous sound ר, *i* (over *e*) becoming *ẹ* and *a* — *å*. The rule is by no means a fixed one; but in general the possibility of compensative production rises in the order ה, ח, ע, א, ר. Hence point יֵרָחוֹן, בֵּפרוּשׁ (בפירוש), לֵעֹל (ליעול), תֵּחָתוֹ (תיחתו), but מְעוּטָא (מיעוטא), etc.; פֵּרָשָׁא, בֵּרֵכִי (בריכי), אֶחָרֵךְ (איחרך), אֶצְטָעַר; but צְעוֹרֵי, נִתַּחַל, יְהִיר, etc. Before חָ, *a* is transformed into *e* (at least according to the Tiberian system; cf. §*e*): פֶּחָרָא. Note יִרוֹק.

l The following table illustrates the modification of the vowels in as far as it is effected by accentual and syllabic conditions:

Tab. I.

	In closed		In open				
	unaccented syllable	accented syllable	unaccented syllable: after other consonants	unaccented syllable: after laryngeals	accented syllable	In opened syllable
$\bar{u}, \bar{o}, \bar{\imath}, \bar{e}, \mathring{a}$	with *meteg* $^{\alpha}$	unchanged	unchanged; with *meteg* $^{\beta}$		unchanged	
u, o	◌ֻ u^{γ}, ◌ָ o^{δ}	◌ֹ $ọ^{\varepsilon}$	◌ְ $ə^{\zeta}$	◌ֳ $\breve{o}^{\eta}$	◌ֻ u^{ϑ}	◌ָ o^{ι}, ◌ֹ $ọ^{\varkappa}$
i, e	◌ִ i^{δ}, ◌ֶ e^{δ}	◌ֵ $ẹ^{\varepsilon}$	◌ְ $ə^{\zeta}$	◌ֲ $\breve{a}$, ◌ֱ $\breve{e}^{\eta}$	◌ִ i^{ϑ}	◌ֶ e^{ι}, ◌ֵ $ẹ^{\varkappa}$
a	a^{γ}	a	◌ְ $ə^{\zeta}$	◌ֲ $\breve{a}^{\eta}$	◌ַ a^{ϑ}	◌ַ a^{ι}, ◌ֶ $e^{\varkappa}$

Explanations and exx.: *m*

α קֳטָלִין. The *meteg* stroke means: *„so!“* Otherwise the vowel might be shortened. ‖ *β* When not in the syllable immediately preceding the accented syllable. Otherwise the vowel might be reduced after the manner of short vowels. ‖ *γ* עֻצְבָּא (עוצבא), כֻּלְּהוֹ (כולהו); תִּקְטֹל (תיקטול), לִבַּר (ליבאר); מַלְכָּא, פַּפָּא. ‖ *δ* אָרְחָן, כָּלְּהוֹ, כָּל־; חֶלְמָא. Note שְׁאֶלְתָּא (שאילתא), קַבֶּלְתּוּן (קבילתון); the *meteg* signifies: *„so, against expectation“*. ‖ *ε* חֲרֹב (חרוב), תִּקְטֹל (תיקטול), עֹלּוּ (עולו); חֲרֵב (חריב), אֶעְבֵּד (איעביד), יְתֵבְתְּ (יתיבת), שָׁבֵק (שביק), אִתְהֲפֵךְ (איתהפיך), קַבֵּלְתְּ (קבילת), עֲלָּא (עילא). ‖ *ζ* כְּתֻבוּ (כתובו), לְבוּשָׁא, כְּלִילָא, שְׁלָם, שְׁלָמָא. ‖ *η* הֲחָקָא, חֲמַר, עֲבֵדוּ (עבידו), אֱזְלוּ (איזילו), אֱנָשׁ (אינש), אֲתַר. With א, ֱ may take the place of ֲ; it is just as correct to read אֲזִלוּ. Cf. also שֲׁבֲבְתָא. After emphatic consonants and sonorous sounds we find occasionally semi-reduced vowels: קֳדָמַנָא, לִפְרֳקִנַּן (ליפרוקינן), נִנְקֳטוּ (נינקוטו). I write ֳ in deference to the system; very likely, however, the words were pronounced *lifrŭḳinnan, ninḳŭṭū.* ‖ *ϑ* כְּתֻבוּ (כתובו); עֲבִדוּ (עבידו), אִפְלִגוּ (איפליגו), פַּקְדָא (פקידא), אַסְהִדוּ (אסהידו). ‖ *ι* הֲחָקָא; תֶּעֱרֹק (תיעירוק; or *tiʿĭrok)*, הֲהָבָא. ‖ *κ* אֲרַח (אורח); טֲהָרָא (טיהרא), עֵסֶק; מֶלֶךְ.

Note 1. In the place of *a* we find frequently in Aram. *n* *i* in unaccented closed syllables, e. g. דיקנא (Hebr. זָקָן), דירכא by the side of דרכא, גינתא, תיקטול for **taktul*, etc.; in the case of the nouns we are perhaps dealing with ancient by-forms. In the Talmud. idiom note Afʿel forms like איפסיק by the side of אפסיק, איפרוכי, לִיצְלַן, etc.

Note 2. By means of artificial gemination a vowel in an *o* open unaccented syllable may escape reduction, e.g., לִשָּׁנָא (לישנא) (Arab. *lisān*), חֻלָּקָא (חולקא), לִכַּוַּן (ליכון), etc. Artificial production is found in מְמוֹנָא, מְחוֹ'א, etc., and in the imperf. and infin. Peʿal of ע״ו verbs (cf. § 38).

Note 3. In using the table for words of more than two *p* syllables, the following should be had in mind. The vowel of the open syllable next preceding the accented syllable suffers reduction. When then further back an open syllable with a long vowel precedes, a closed syllable is the result, in which the long vowel is protected by a *meteg:* גְּבִֽירְתֵּהּ. On the other hand, when a closed syllable with a short vowel precedes, two consonants come to stand together: then either *allegro*-pronunciation or *lento*-pronunciation with an inserted parasitic vowel is possible: אַרְעֲכוֹן, מַדְנְחָא and מַֽדִנְחָא (מדינחא), מַֽעַרְבָא. The *meteg* stroke serves to protect the vowel now in an opened syllable. Still the vowel may succumb to the pressure exerted by the accented syllable in the front; hence forms like אֲרַעְכוֹן, רְשׁוּתָא, שְׁלִיתָא by the side of שְׁלִֽיְתָא (שירליתא), מְשִׁכְלְתָא (משירכלתא). When an open syllable with a short vowel precedes, a closed syllable results: כַּתְפָּא. When two open syllables with short vowels precede, double forms are possible: צִדְקְתָא and צְדַקְתָּא. When two syllables precede, of which the one immediately adjoining is open with a short vowel, while the other is closed with a short vowel or open with a long vowel, there is but one possibility: מַטְלַלְתָּא, מַתַּנְתָּא, מַהְנִיתָא, תְּצֵנִיתָא, אֲשִׁיתָא, שׁוֹשִׁלְתָּא, קִֽירִקְלְתָּא.

q Note 4. *a͜ịn* at the end of a word becomes through the insertion of a parasitic *i*: *ai̯in*, provided of course the diphthong has not been removed through monophthongization (§*e*); so בְּנַיִךְ, בָּעַיִן (בעיין), מְלַיִן (מליין).

r Note 5. Two consonants without an intervening vowel are also possible at the beginning of a word: סְתָמָא *stâmâ* for **sətâmâ*. In such a case very frequently a vowel is placed in front of the first consonant: thus אִשְׁתֵּק (אישתיק) for **štẹḳ* by the side of שְׁתַק (שתיק), אִשְׁתּוֹ by the side of שְׁתוֹ. All three examples show the same consonantal combination; cf., however, also אִמְצִי (אמצי) and אִיתְּבִתְ (איתיבת), אִיתֵב (איתיב) by the side of יְתֵבְתְּ, יְתֵב.

s Even long vowels may be completely lost in an unaccented syllable at the end of a word. Thus אַ(נְ)תְּ for *'antū, 'antī*, בְּנַיִךְ (§*q*) by the side of the older form בְּנַיְכִי, אֲנַן (at the same time the laryngeal disappears) for אֲנַחְנָא. From קְטַלוּ resulted the form *קְטַל, which, however, in the Talmud. idiom has been transformed into

קְטוּל (vocalic epenthesis). Forms like בֵּר (ביר), אַח, etc. for *béri, *'áhi are to be explained as due to the recession of the accent to the penultimate.

6. Syllabic Loss. Loss of Sounds through Collocation of Words in the Sentence. 6.

Syllabic loss is to be registered in חד for *אחד. *a*

In consequence of the collocation of words in the *b* sentence contractions (loss of sounds, syllabic ellipses) arise through the force of the sentence-accent. Thus לֵית (§5*d*) for לָא אִית, לֵיכָּא (לֶכָּא) for לית, אית כא, כא, מַי (מאי) for מָא דֵן; בר נש by the side of בר אנש; especially in the combination of an adjective or participle with the personal pronoun forming a complete sentence, a sort of a new inflectional form arising thereby (cf. §8*a*). But elsewhere, likewise, a pronoun pleonastically joined to a verb may coalesce with the latter so as to constitute one form; thus לְעַיְנַן (ליעיינן) for לְעַיֵן אֲנַן and in all probability תִּסְבְּרָא by the side of תִּסְבַּר אַתְּ.

7. The Accent. 7.

There is no reason whatsoever why different rules from those in force in BA. (which are here presupposed) should be formulated for the accentuation of Talmud. Aram. It is quite possible that a shifting of the accent did take place; but it has exercised no influence on the vocalization which is wholly rooted in the older system.

II. Morphology (§ 8—41).

A. The Pronoun (§ 8—11).

8.

8. Personal Pronoun.

a The personal pronoun appears either as an independent subject-form or as a suffixed form indicating possession (with nouns) or the object (with verbs). But even the subject-form coalesces in the 1. and 2. person with the adjectival or participial predicate to such an extent that the pronoun may assume the form of a mere suffix.

b Table: Tab. II.

	in casu recto		in casu obliquo
	separatum	suffixum	
1 s.	אנא	-נא	-י; as objective suffix † -ני, -ך
1 p.	† אנחנא; אנך[α]	-נך	† -נא; -ך; as objective suffix -נך
2 s. m.	† אנת[α]; את[γ]	-ת	-ך
2 f. s.	† אנת[α]; את[γ]	-ת	† -כי; -ך
2 p. m.	† אנתו(ן)[β]; אתו(ן)[γ]	-תו(ן)	† -כון; -כו
2 p. f.			-כי
3 s. m.	† הוא[δ], אהו[ε], ניהו[ϑ]		† -הי; -ה, -ה̄
3 s. f.	† היא[δ], אהי[ε], ניהי[ϑ]		† -הא; -ה, -ה̄
3 p. m.	† אינון[ζ], אינהו[η], ניניהו[ϑ]		† הון; -הו
3 p. f.	אינהי[η], ניניהי[ϑ]		-הי

α § 5 *s*. ‖ β For אנתון no reference is available. ‖ γ § 4 *j*. ‖ δ As a resumptive form (§§ 48 *b*; 63 *c*) also in the later language. ‖ ε איהו (in Targumic) may be meant for אֱהוּ; opinions are divided on the explanation of the form. ‖ ζ = הון + אין (§ 4 *j*); אין probably a deictic element. ‖ η With unassimilated ה and loss of ן. ‖ ϑ Copula-forms (§63*a*); the נ in front has been explained as a pronominal deictic element.

Pronominal-suffixes joined to adjectival predicates: קריבנא, *c* חכימיתו, מכיכת חכימת, זוטרינן; to participial predicates cf. the Verb (§§ 31—40).

For the manner in which the possessive and objective suf- *d* fixes are joined to nouns and verbs cf. §§ 22; 41.

9. Demonstrative Pronoun. 9.

1. For the designation of the proximate („this“):

Early forms: sg. m. דין (דנן), f. דא, pl. אילין; with pre- *a* fixed deictic element (א)ה: sg. m. הדין, f. הדא, pl. הלין.

Sporadic forms: sg. m. עדי, f. עדא (עדה), pl. עדי. *b* These forms still requiring explanation are specifically Babylonian.

Late (common) forms: sg. m. (incorrectly also f.) *c* האי, f. (esp. in a neuter sense) הא, pl. הני.

These forms are contracted from הדין, הדא, הלין; in *d* the last instance, ל has been transformed into נ. Through combination of הדין and הוא arise in the same manner (but with retention of נ) הינו (היינו) *ecce eum (id)*, „that is“; f. היני.

אידי, formed from דין with אי (§8*b* ε?) in front, is *e* found only in the expression אידי ואידי with correlative force, „this and that“, „both“.

2. For the designation of the distant („that“) two *f* series of forms are employed, of which one results

from the addition cf. כי or ך to the demonstr. forms just mentioned, while the second = the pers. pron. of the 3. person plus a prefixed (א)ה. Hence: (1) sporadically sg. m. דיכי, pl. אילך, commonly sg. m. האיך, f. הך, pl. הנך; (2) sg. m. ההוא, f. ההיא, pl. הנהו.

g From *דך (= דיך m. and דך f.), through prefixing אי (§*e*), arise sg. m. אידך, f. אידך, „that", „the other". In a similar manner (at the same time with transition of ל into נ) the plural אינך „those", „the others", is formed.

10. **10. Relative Pronoun.**

a †די, usually shortened to ד.

b By combining the relative pronoun †די with the preposition ל, in the common language with the noun יד, an independent possessive pronoun is formed, דילי, דידי, etc.

11. **11. Interrogative Pronoun.**

a 1. In a substantive function: מאן of persons, †מה, †מא, מאי (§6*b*) of things.

b מנו (§4*j*) by side of מאן הוא; מני = מאן היא. †מה דין (whence מאי), cf. Hebr. מה זה.

c 2. In an adjectival function: הי (but also in a subst. function), †אידין (cf. Hebr. אי זה).

d For the employment of the pers. pron. מאן, מא in front of the relat. pron. as an indefinite pron. cf. the Syntax (§51*b*).

B. The Noun (§ 12—23).

(a). The Nominal Stems (§ 12—18).

12. Preliminary Remarks. 12.

There are but few *compound* nouns, i. e. nouns a standing to one another in the genitive relation and forming a unit. In addition to the compound numerals for 11—19 (§23*a*) cf.: בעיל דבבא, סגי נהור, pl. סגי נהורי; בי תרי (בתרי); ביזרא (= *בר זרעא), pl. ביזרני.

In the case of the *simple* nouns we distinguish between b the nominal stem and the inflectional endings. The nominal stems are of Semitic origin or formed after the pattern of Semitic types. The genetic origin of the Aram. nominal stems must hence be looked for in the parent language; at all events the original status has been so obscured in historical Aram. through semasiological development as well as by the forces of analogy that only sporadically may we succeed in cleanly dividing the nominal *forms* according to functional categories (nouns of the agent and adjectives, nouns of action and abstract nouns, etc.); in all probability such a clear distinction was felt by the speaker only in a few particularly specific types. Even the formal classification is capable of being carried out only with triconsonantal stems; and even there it breaks down in part in ע״ו and ל״י roots. The following survey of the most important nominal formations subserves in the main practical ends.

13. I. Nouns with Shortened Stem. 13.

Some of the nouns mentioned here may have been a orig. biconsonantal.

בר, דם, זנא pl. זני, יד, pl. מיא, פום, שום. With feminine b ending: אמתא, ברַתא, קשתא, שׂפתא, שנא. ‖ אבו(הי), אחו(ה), חמו(ה); with feminine ending אח(א)תא, חמת(ך). ‖ מ(א)ת „city“ comes probably from the Assyrian.

14. **14.** a. With vowel gradation: Tab. III.

		I stirpis sanae	II פ"א	III med. א sive ע	IV ult. א sive ע	V ע"נ
b	1. faʿal, fiʿal	[α]דיקנא, כפנא [β]שירכא [β]ברכתא עינבתא	חד		פקתא	
	2. faʿil	[γ]חברא לבינתא				
	3. faʿul	חשוכא סעודתא				
c	4. faʿl	[α]דירכא, [δ]מלכא מלכתא		רישא, ע(א)נא תאינתא	קרא	אפ(אי), אנפ(יי)†
	5. fiʿl	[ε]גירסא		כאיבא, כיבא	קינ(יה), פיקא ביזתא	עיזא אי(נ)תתא
	6. fuʿl	[ζ]שופרא חוכמתא		טונא		
d	7. fāʿal, fāʿil	עלמא ספרא כהנתא			מ(א)רי מרתא	
e	8. faʿāl, fiʿāl, fuʿāl	שלמא [η]לישנא [η]חולקא [ϑ]שיבבתא שערתא			קריי(ך), קרא	
	9. $f^a/_i$ʿīl	זריז ספינתא		ביש		
	10. fuʿūl	לבושא גבורתא				
f	11. fāʿūl	ינוקא ינוקתא				
	12. fuʿaḻl	[η]אוזלא				

14. a. With vowel gradation: Tab. III.

VI פ״ר	VII ע״ע	VIII ע״ו	IX ע״ר	X ל״ו	XI ל״ר
					קניא ר(י)חיא עניא
דעתא	רב		VII.d. חייא [α]		pl. שמיא [α]
	דנא [α] כלתא [α]	רומא,רווחא [β] חובתא VII. כוותא [α]	חילא, גייסא אימתא X. חיותא	רעוא רעותא [β]	כריא אליתא קרתא [α]
	ליבא מילתא		דינא דירתא	חידווא רשותא [β] III. שותא [β]	ציריא שליתא [β], שילייתא סילתא [α]
	טולא דוכתא	גופא			pl. כולייתא
					רעיא אשיתא [β]
	גללא	נייח, זווד(יך)			
	כלילא	עויר			

II. Triconsonantal Nominal Stems (§ 14—16).

14. **14.** a. With vowel gradation (s. Tab. III, p. 20. 21).

a The nouns adduced under 3. are not quite certain. The forms 7. (act. partic.) and 9. (pass. partic.) will be treated at length under the Verb. To the eleventh formation belong several denominatives (nouns indicating an occupation or trade).

g I. [α] It is questionable whether the *i* originates in a parallel form or is to be explained on a phonetic basis (§5*n*). || [β] דובשא and גנובתא after §5*h*. || [γ] By the side of כתפא also כפא (§4*j*). || [δ] גפא by the side of גדפא (§4*j*); גופנא (§5*h*). || [ε] רידחטא (5*m*×). || [ζ] ארנא by the side of אודנא (§4*j*). || [η] §5*o*. || [ϑ] §5*mn*.

II. Cf. §6*a*.

III. Cf. §4*jl*; 5*c*.

IV. Cf. 4*jl*. Note the transition into the ל״י class.

V. Cf. §4*j*.

VI. A form of the infin. שירנתא with geminate *n;* brought into conformity with column VII.

VII. [α] With *i* גירנתא (§5*n*); in addition with the gemination resolved pl. חירנגי (§4*n*).

VIII—IX. [α] §5*d*. || [β] סיפא has replaced סופא (which is met with occasionally in the MSS.) almost entirely; through analogy with its opposite רישא. In the table are wanting ע״ר forms like דרא, f. עקתא (1. or 8.) and רירתא; קים (pass. part.) corresponds to the 9. form.

X. XI. [α] With shortened stem. || [β] Cf. §5*p*.

15. **15.** b. With the middle radical geminate (s. Tab. IV, p. 23).

a 14. seems to come from the Hebrew. 15. forms denominatives. Some nouns of this formation betray an affinity with the Intensive Stem (קים = מקים; תקנתא *nomen actionis*); the same holds good of 20. (for the most part *nomina actionis;* from the Hebr.?). 16.—18. form adjectives; 16. and 17. adjectives of color. In 18. and prob. also in 19., the gemination seems to be unorganic.

Continued on p. 25.

15. b. With the middle radical geminate.

	I	II med. laryng.	III ל״א	IV ע״ע	V ע״ו	VI ע״י	VII לו״י
b 13. f$^a/_i$‥al	אימר pl. ככרי, אימרתא^a						
14. fi‥il	חגרא						
15. fa‥āl	חמרא תקנתא	פרשא, פחרא		צללא	קים^a, גוזא	דיינא	תנא^a, בנאי
16. fi‥āl		ירוק			חיור$^\beta$		
17. fu‥āl	אוכם	יורק					
18. fa‥īl	ימין	חריק, יהיר	סגי pl. סגיאין	קליל II. קריר			
19. fa‥ūl	pl. עמודי	חרובא					
20. fi‥ūl	איסורא זיבורתא	מיעוטא					

16. c. With prefixes.

Tab. V.

b

	I	II prim. ע sive א	III ע"א	IV פ"נ	V פ"ו	VI ע"ע	VII עו"ו	VIII ל"ו	IX ל"י
21. $m^a/_i f^c al$	מדברא α משכלתא α	מברא, מיכלא		מגלא מתנתא	מותב	ממשא pl. מטללי מטללתא	מזונא α		מישתיא II. מיתי(יך)
22. mafʿil	מכתבא				מתיבתא α				מתניתא
23. mafʿul								מסותא α	
24. $m^a/_i f^c \bar{a}l$	מדרשא, מתקלא		מסאנא		מודעא β				
25. tafʿil									תעניתא
26. tafʿīl	תלמידא								
27. tafʿūl	תלמודא								
28. ʾafʿāl	אסמכתא			אגדתא α					V. אורייתא
29. ʾafʿūl				אבוב					

c I. α מדינחא, משיכלא according to §5p; משיכלתא is formed from משיכלא.

II. Cf. §4jl; 5c.

III. Cf. §4l.

IV. Cf. §4j; 5p. ‖ α Also הגדתא, borrowed from the Hebrew.

V. Cf. §5d. ‖ α Metaplastically from the root תוב (after the manner of ע"ו roots), prob. through the influence of Hebr. ישיבה. ‖ β Belongs to the Causative Stem.

VI. By the side of the contracted forms also uncontracted ones after the manner of column I.

VII. α Borrowed from the Hebr. or more prob. from a dialect in which, as in Hebr., $\bar{a}$ became $\bar{o}$.

VIII. α = מסחותא, cf. §4j.

I. ᵅ The fem. of צִיפְּרָא is צִיפּוּרְתָּא. c
II. Cf. §5*k*.
III. Cf. §4*l*.
V. ᵅ גִּיוּרָא after the manner of Hebrew. || ᵝ Belongs perhaps originally to 17.
VII. ᵅ Probably a re-formate from the st. d. (cf. §4*d*).

16. c. With prefixes **16.**
(s. Tab. V, p. 24).

21.—24. *nomina actionis, loci* and *instrumenti;* 25. *nomen actionis* of the Intensive Stem and its Reflexive; 26. and 27. come from the Hebrew; 28. is formed from the Causative Stem. 21. (mifʿal) is the form of the infin. of the Simple Stem.

17. III. Pluriconsonantal Stems. 17.

a. *fʿll:* שברירָ, מרטוט, שמנון. *a*

b. *flfl:* גלגלא, גילגלא, גולגלא; גרגירא; f. דקדקתא, *b* קילקילתא. With dissimilation (§4*h*): דעדקין and דרדקי, קיקילתא and שושילתא (§5*dp*); the simplification may also take place at the end in front of the fem. ending: קילקתא. From stems with ב as second radical (according to §4*h; 5d*): כוכבא, לוליבא, דידבא. An old form of this category is ליליא.

c. *fʿlʿl:* f. (with simplification at the end) ירקרתי. *c*

d. With *l* at the end: ערפילא, פרזלא, שמאלא; *d* f. ארמלתא.

e. Other nouns: צוארא, עקרבא, עכברא, שותפא (Assyrian *e* loan-word); f. כרכושתא, etc.; also the adjective ווטר, in shortened form ווטא.

18. 18. IV. Denominatives formed by means of Afformatives.

a The afformative serves to form abstract nouns from adjectives and participles, and adjectives from abstract nouns; or it is added pleonastically, without effecting a change in the meaning.

b *-ān (-ēn, -īn):* 1.—2. שלמנא, f. (with the addition of an *-ī* the nature of which has been differently explained) גמלניתא; 4. סדנא (VII.), מותנא (VIII.); 5. עידן (VII.), אילן (IX.), בנינא (XI.); 6. שולטן, אחרינא f. אחריתי (§4*j*), פלן (IV.) d. פלניא f. פלניתא, בוצינא (VIII.); 8. f. גללניתא; 21. מפקנא (IV.), מסקנא (√ סלק), מעלנא (VI.); from תולע: תולענא (תולאנא, תולנא, §4*l*); from a pluriconsonantal stem: שו(מ)שמנא (§5*h; 4h*); from the partic. of the Intensive (§33) מדברנא and, with loss of the prefix, רחמנא. From fem. nouns: 5. זיותן (IX. and X.); ריחתנא; with loss of the fem. ending: 23. מצויינא (V. + VIII.).

c *-āi̯ (-ai̯)*: 1. עילאי (XI. with shortened stem); 2. בראי (VII.); 4. חקלאה, קדמאה, קמא (§4*j*; 15$c^{\text{VII}a}$), תתאי for תחתאי (§4*j*), סדאה (VII.), f. pl. גוייתא (VIII. + VII.); 5. גיראה (VII.); 6. נוכראה; pleonastically after the afformative *-īn:* 4. ירחינאה; from the fem. with loss of the fem. ending: 4. גינאה (VII.); חנואה (and חנונאה, with a double afformative) from חנותא (§*d*). Gentilic nouns: ארמאה, גלילאה, etc.

d *-ūt* (properly **u̯at*) (for the dropping of the *t* in the absol. st. cf. §44*c*): 2. חברותא, מלכותא (with spirantic *k;* hence from the original *malik-*, not *malk-*), חירו (VII.; the underlying *חיר has probably been transformed from חר pl. חרי in conformity with ע״י formations like ריק and the like), עניותא (XI.); 4. טיבו (IX.), סיבותא (by the side

of סבותא, from סב); 7. ינקותא, אסו (X.), similarly זכות,
חנותא, מטותא, שטותא; the *ē* in שירותא has not been satis-
factorily explained; 8. שיבבות(י); 9. גריעותא; from מית:
מיתותא, similarly from ויל (analogical formation from
√זלל): וילותא; 18. עתירות(י). From pluriconsonantals:
הימנותא (§40), שותפותא. From the pass. partic. of the
Intensive (§33): מפנקותא, מעליותא. From a noun with the
afformative *-ān:* ליצנותא. The foreign word ליסטאה
(with the afform. *-āi̯*) furnishes ליסטיותא.

-ai̯ (-ē): 10. חבוליא, כנופיא; סוסיא (from סוס); כודניא, etc. *e*

(b) Inflection (§ 19—22).

19. Inflectional Endings. 19.

1. Preliminary Remarks. We distinguish in the *a*
Aramaic noun two genders (masculine and feminine),
two numbers (singular and plural) and three states
(the absolute, construct, and determined).

The gender of a noun is properly recognizable *b*
through the construction in the sentence. Feminine are
not only nouns designating female beings (אימא, רחילא, etc.),
but also certain other categories, as the names of the
members of the body (ידא, אודנא, כרעא, etc.), of instruments
and utensils, the words „earth“ (ארעא) „sun“ (שימשא), etc.;
though not always uniformly. In the morphology, all
nouns without a fem. ending are regarded as masc.

Remnants of the dual are the numerals תרי(ן) f. *c*
תרתי(ן) and מאתן (§23*a*); but traces may also be found
in forms like בירכיה, etc., where the third radical is
not spirantized.

d 2. Table of inflectional endings:

Tab. VI.

	Masculine		Feminine	
	sing.	plur.	sing.	plur.
absol.[α]	† —[γ]	† ־ִין, ־ִי[δ]	† ־ָה (־ָא)[ζ]	† ־ָן
constr.[β]	† —[γ]	† ־ֵי	† ־ַת	† ־ָת
determ.	־ָא	† ־ַיָּא, ־ֵי[ε]	־ָתָא, ־ְתִי[η]	־ָתָא

e Explanations.

α Barring the shortened form in the pl. masc., the forms are found only in the earlier language. In the common language the st. d. takes the place of the absol. Cf. §43*b*.

β Exclusively a part of the earlier language. In the common language the genitive relation is expressed by means of circumlocutions. Cf. §44*e*.

γ Coincides with the bare stem, since the case vowels in which the forms terminated in Semitic have been lost in Aram. both in the st. a. (which is properly a pausal form) and in the st. c.

δ Only with adjectives and participles.

ε With substantives and substantivized adjectives and participles. Reduced in meaning so as to replace the st. a. Cf. §43*b*.

ζ = *-*ah*, pausal form from *-*at*.

η In certain adjectives: 1. חדתי (§4*k*); 2. רבתי (VII.); 16. ירוקתי (II.), חיוורתי (V.); 17. אוכמתי; also ירקרתי (§17*c*) and אחריתי (§18*b*).

20. Modification in the Stem occasioned by the Inflection. 20.

The stem is shortened in the sg. d. אבא and pl. אחי *a*
(§13*c*); the artificial gemination (in the latter instance, owing to the ח, it is only virtual (§5*k*)) serves as compensation.

The stem may furthermore be shortened in לו״י forma- *b*
tions of the types 1—6 (§14*bc*); thus pl. טבי (sg. d. טביא), קני (sg. d. קניא), שמיא; f. sg. d. קרתא (pl. ק[י]רייתא), סילתא by the side of שילייתא (שליתא).

נ as last radical may be assimilated to the ת of the *c*
st. d. fem. sg. (§4*j*); hence שתא (abs. שנא, §13*b*).

The plural endings in the forms 4—6 (§14*c*) are *d*
joined to the expanded stems of the type *faʿal-*, *fiʿal-*, *fuʿal-*. Hence, in the place of the explosive, we find in the third radical the corresponding spirant (§4*p*). E. g., משכי, אלפי, חסדין, מלכאתא.

The plural of אחתא (§13*c*) is אחוותא; i. e., the *e*
plural ending is affixed to the form *ʾaḥau̯-*, language identifying therewith the stem *ʾaḥā-* underlying the sing. Similarly, a.. sing. *נִפְּתא is presupposed by the pl. נפוותא.

The shortened nouns אמתא and שיפתא (§13*b*) form *f*
a plural derived from a stem expanded by means of ה or ו and assuming the type *f^a/$_i$ʿal-*: אמהתא, שיפוותא. The pl. אמהתא from אמתא (4VII.) rests on analogy.

The stem as it appears in the shortened sg. d. אבא *g*
is expanded in the pl. by means of ה (type: *fiʿāl-*): אבהתא (note the fem. ending). The pl. אִימְהתא from אימא (5VII.) rests on analogy.

ל״י (orig. ל״ו) stems of the form 7. may resume *h*
the ו-sound in the pl.; thus אסוותא from ל״א stems may

be raised to the same level: thus מרוותא from the sg. מ(א)רי, סנוותא from the sg. סני. חתנוותא (from חתנא 1.) is properly a double plural presupposing the intermediate *חתנותא.

i Similarly the pl. of ליליא (§17*b*) is לילותא (לילוי); of סוסיא (§18*e*) — סוסותא; on the other hand כודניא — כודניאתא.

j The pl. of stems of the type 11. are expanded by means of א: אמודאי, ספונאי.

k Stems of the types 4—6 may receive in the pl. a pleonastic -*ān* (itself an afformative with pluralic function); thus צלמניא, סמני(ן), ביזרני (from ביזרא, §12*a*). But also רברבנוהי from רברב (§17*b*).

l The inflectional ending may be pleonastically repeated; thus sg. d. שמעתתא; pl. abs. צניעתן, d. שמעתתא. The simple forms, however, are met with as textual variants.

21. 21. Pl. fem. from Masculines and conversely.

a In §20*gh* we have met with plurals possessing femin. endings, from masculines.

b Of a different character are fem. plurals of nouns which, though lacking a fem. ending, are nevertheless syntactically construed as feminine (§19*b*); thus ארחן from אורח. קרנא forms both קרנתא and קרני(ן), the former being used in a metaphorical sense, the latter (prop. a dual) in its proper sense.

c Masc. plurals go with fem. nouns in the sg. serving as *nomina unitatis*. Thus שני(ן), כלמי, דמעי, גומרי, ליבני, שערי, פתילי.

d The pl. of איתתא is נשי(א). The underlying form is *nišaị-* (in itself a plural) which is then shortened (cf. §14g^{XIa}).

22. The Noun with Pronominal Suffixes.

Tab. VII.

b

	I. ending in a long vowel	II. in a diphthong a. pl. m.	II. b. pl. f.	II. c. sg. m.	II. d. sg. f.	III. orig. in a short vowel a. sg. m. et f.	III. b. pl. f.
1 s.		בניי, בנאי[α]	בנתיי, שיבבתאי	שמאי	דעתאי	†ברי †אחתי †ביריα †ברתיα	†אבהתי
1 p.	†אבונא, אבון	רבנן[β]	בנתין[α]	אורחין[α]	דעתין[α]	†ארענא, דעתן אורחן	†אבהתנא
2 s. m.	אבוך	ככיך[γ], ירומך[β]		ארעיך[α]	אחתיך[α]	ברך איתתך	בנתך
2 s. f.	אבוך	†בנייכי, בניך[δ] כשורך[β]				ריפתיך בריך	
2 p. m.	†אבוכון	†בתיכון[β], בנייכו[ε]	אבהתיכו[β]	נפשיכו[β]	רשותיכו[β]	†ארעכון	
2 p. f.		גברייכי[ε]		פומיכי[β]			
3 s. m.	†אבוהי, אבוה	†בנוהי[β], בניה, †אפוריי				בריה, כולי[β] אחתיה	בנתיה
3 s. f.	אבוה, †אבוהא	†מנהא[β]	†שיבבתהא			שמה, גברא[β] ברתה	
3 p. m.	†אבוהון	†רגליהון, בנייהו[ε]	אבהתיהו[β]	מתיהו[β]	גזירתייהו	†כולהון, כולהו	†אבהתהון
3 p. f.		קתיהי[ζ]				כולהי	

22.

22. The Noun with Pronominal Suffixes
(s. Tab. VII, p. 31).

a For the form of the suffixes cf. §8*b*.

c Explanations. I. Cf. §13*c*. The suff. of the 1 sg. is joined to the shortened stem (§20*a*): *אחי shortened to אח. „My father" is אבא = st. d.

IIa. *α* An orthographic variant. ‖ *β* The diphthong monophthongized (§5*de*). ‖ *γ* The same pronunciation as in יומך. ‖ *δ* §5*q*. ‖ *ε* The diphthong remains. ‖ *ζ* Defective writing.

IIb. Analogical form after the pl. m. ‖ *α* The י is mute. ‖ *β* Defective writing.

IIcd. The st. d. appears to be the basis. ‖ *α* The י only graphic. ‖ *β* Defective writing.

III. *α* Shortened form. ‖ *β* The ה quiesces; י and א graphic means.

23.

23. Numerals.

a Cardinal numbers:

1 חד (חדא); f. חדא (§6*a*).
2 †תרין, תרי; f. †תרתין, תרתי (תלתי) (§19*c*); תרוינן, תרווייכו, תרווייהו
3 תלת; f. תלתא
4 ארבע; f. ארבעה
5 חמש; f. חמשא
6 שית; f. שיתא
7 †שבע, שב; f. שבעה
8 תמני; f. תמניא
9 תשע; f. תשעה
10 עשר; f. עשרה

11 חדיסר, חד סר; f. חד סרי

12 תריסר, תרי עשר†; f. תרי סרי, תרתי סרי

13 תליסר, תלת עשר†; f. תלת†, תלת עשרי†, תלת עשרה†, סרי, תליסרי

14 ארב(י)סר; f. ארב(י)סרי, ארבע עשרה†

15 חמ(י)סר; f. חמ(י)סרי, חמש סרי†, חמש עשרה†

16 שיתסר (שתיסר), שית סר; f. שית סרי, שית עשרה†

17 ש(י)בסר (שביסר); f. ש(י)בסרי, שב(ע) עשרה†

18 תמניסר; f. תמני סרי, תמני עשרה†

19 תשסר; f. תישסרי, תשיסרי, תשע סרי†, תשע עשרה†

20 עשרין | 30 תלתין | 40 ארבעי, ארבעין† | 50 חמשין | 60 שיתי, ש(י)תין† | 70 שבעין | 80 תמנ(י)ן | [90 תשעין]

100 מאה | 200 מאתן | 300 תלת מאה | 400 ארבע מאה | 700 שבע מאה | 800 תמני מאה

1000 אלפא | 2000 תרי אלפי | 6000 שיתא אלפי | 10 000 רבבתא, רבותא; pl. ר(י)בוותא, ריבוון, ריבואן.

Ordinal numbers: b

1 קמא, קדמאה†; f. קמייתא, קדמיתא†

2 תניינא†, תניין†; f. תנייתא, תניינתא†

3 תליתאי (also in a multiplicative sense)

8 תמינאה

„Last“ בתרא; f. בתרייתא.

Fractions: c

½ פלגו, פלגא | ⅓ תילתא, תולתא | ¼ ריבעא | ⅕ חומשא | ⅙ שתותא, שתיתא.

תלתא (תילתא, תולתא) multiplicative.

C. Particles (§ 24—26).

24. **24. Adverb** (s. Glossary).

a 1. Adjectives in the adverbial case; thus שפיר, קליל, ריקן, ערטיל, טפי, etc.

b 2. Feminines in *-ūt* (§18*d*): בישות, טייעות.

c 3. Nouns in the adverbial case; e. g. טובא.

d 4. Preposition + Noun (Adjective) (the st. a. very frequently preserved): לשלם, לעגל, מריש, כחדא, לחוד (with suffixes לחודך, לחודיה, לחודי(י)הו), אבראי, מעילאי, מתתאי; בשלמא, מעיקרא, etc.

e 5. תו shortened from תוב (Imptv.).

f 6. The petrified Imptv. הדר.

g 7. Compositions like השתא (= הא שעתא), האידנא (= הא עידנא), מְנא (for מִנָּא = מִן־אָן cf. Hebr. מֵאַיִן; for an explanation cf. §5*e*; 4*jo*), לאו (for לא הוא) by the side of לא, etc.

h 8. Other adverbs originating in pronominal roots, as הכא, היכא, etc.

25. **25. Prepositions.**

a Prepositions are properly nouns in the st. c., either in the adverbial case simply or in conjunction with other prepositions (ב, כ, ל, מן). Note אמטול with the closing consonant dropped: אמטו by the side of אטו = *אטון = אטעון. Some of these nouns were originally plurals (or duals); hence the endings ַי *ē* (*ai̯*), ַת *āt;* in the case of others, the same endings are due to analogy. In עלי, *ai̯ (ē)* is naturally part of the stem; but in the expanded form עילוי it is a late increment. In כוות, לוות, ָת is to be regarded as the final part of the stem, *å* + femin. ending *t*.

Prepositions with Suffixes. Tab. VIII.

	orig. in a short vowel	in -*āt*	in -*ai*
1 sg.	לי, מיני †, מין †, מינאי	כוות †, כוותי †, כוותאי	עילוואי
1 pl.	לן, לנא †		עילוון
2 sg.m.	לך, ליך	כוותך, כוותיך	עילו(י)ך
2 sg. f.	ליך		בגוויך, בגויכי †
2 pl. m.	לכו, לכון †, מינייכו	כוותייכו	גבייכו, קדמיכון †
3 sg.m.	ליה, מיניה	כותיה, אמטולתיה	עילויה, קדמוהי †
3 sg. f.	לה, מינה		עילווה
3 pl. m.	בהו, להון †, מינייהו, מינהון †	כוותייהו	אבתריהון †, עילווייהו
3 pl. f.	להי		

b

c The preposition ל may take on in Talm. Aram. before suffixes also the form ניהל; hence ניהלי, ניהליה, ניהלה, ניהלייהו.

26. **26. Conjunctions** (s. Glossary). 26.

D. The Verb (§ 27–41).

27. **27. The Modifications of the Stem.** 27.

a (1) Simple stem *(Peʿal)*; (2) Reflexive-passive thereof *(Itpeʿel,* abbreviated *Itpe.)*; (3) Intensive *(Paʿʿel,* abbr. *Pa.)*; (4) The Reflexive-passive thereof *(Itpaʿʿal,* abbr. *Itpa.)*; (5) Causative *(Afʿel,* abbr. *Af.)*; (6) the Reflexive-passive thereof *(Ittafʿal,* abbr. *Ittaf.)*.

b In the remnants of the earlier language, the initial consonants of the Causative, and also of the Reflexive-passives, is ה. Exx.: הוֹדעַת, הקרבַת, התנסבא.

c הימין is borrowed from the Hebrew (as in Syriac).

d Rarer stems (esp. from roots ע״ע and ע״וי): *Pā(ʿel)* and *Itpā(ʿal)*; *Palp(el)* and *Itpalp(al)*; *Šafʿel*.

28. **28. Inflectional Elements.**

a 1. Perfect. Tab. IX.

1 sg.	†ת–, †ית–, י–	1 pl.	†נא–, †נן–, ן–
2 sg. m.	ת–	2 pl. m.	†תון–, תו–
2 sg. f.	ת–		
3 sg. m.	–	3 pl. m.	†ו–
3 sg. f.	†ת–, ה– (א–)	3 pl. f.	†ן–, א–

b Note 1. In the common form of the 3 pl. m. the ending is dropped and a new form is created by the insertion of *ū* in front of the last radical, which thus takes the place of the stem vowel (§5*s*).

c Note 2. In front of the endings (תו, נן) we find occasionally the vowel *ī* which appears to have been imported from the participial inflection (§31), e. g., דריננן by the side of קמנן, שביקיתו (but שבקתון), אשגחיתו. The forms are to be regarded as less correct.

d 2. Imperfect. Tab. X.

1 sg.	א–	1 pl.	נ–
2 sg. m.	ת–	2 pl. m.	†ת–ון, ת–ו
2 sg. f.	†ת–ין, ת–י		
3 sg. m.	י–†, נ–, ל–	3 pl. m.	†י–ון, †ל–ון, נ–ו, ל–ו
3 sg. f.	ת–	3 pl. f.	ל–ן

e In a few examples, we find in the 1 pl. ל– for נ–, incorrectly (by false analogy) imported from the 3 person.

f 3. Imperative. The same endings as in the 2 person of the imperf., but without the prefixes.

g 4. Participle + Personal Pronoun (vgl. §8).

For the Tables of the Peʿal s. § 29—31.

§ 29. Perfect. 37

29. Perfect.

Tab. XI. 29.

	stirpis sanae			סלק	פ״י	
	fa'al-	fa'il-	fa'ul-		fa'al-	fa'il-
a 1 sg.	†אמרת, †שמעית, זבני[α]	†שפילית, שפילי	שתוקי			
1 pl.	†סברנא, †סברנן[β], שבחן	†שאילנא, †שכיבנן[β], שכיבן				
2 sg. m.	זבנת	נסיבת				(א)יתיבת[γ]
2 sg. f.	שבקת					
2 pl. m.	†שבקתון					
3 sg. m.	שקל	קדיש, (אי)שתיק[γ], באיש	חרוב			(א)יתיב[γ]
3 sg. f.	†שקלת, †איכפת, שקלה	שכיבא				
3 pl. m.	†שקלו, סבור	†קריבו, †אישתיקו[γ], רהוט		†סליקו[δ], סלוק	†יהבו[ε]	†יתיבו
3 pl. f.	†נתרן					

b [α] אזלאר after the analogy of ל״י. ‖ [β] Sporadically we find forms like עברינן (§28c); the נ of the stem and the נ of the ending contracted in כפרינן, i. e. כְּפֵנַּן (§4k). ‖ [γ] §5r. ‖ [δ] Once סקו! ‖ [ε] Also הבו.

30.

30. Imperfect, Imperative, and Infinitive.

Tab. XII.

		stirpis sanae			פ"א §4*l*; 5*c*		
		u	i	a	u	i	a
a Imperfect	1 sg. 1 pl. 2 sg. m.	א(י)שקול ניקטול תיקטול	איעביד נ(י)עביד תעב(י)ד	אטרח תקרב	 תיכול	איזיל ניזיל	אימר תימר
	2 sg. f. 2 pl. m. 2 pl. f.	תעבדי, ת(י)דחלין† תזבנו, תיזבנון†			 תימרו, תיכלון†		
	3 sg. m. 3 sg. f.	יספוד†, ל(י)שקול תיע(י)רוק	ליזבין, נעביד	ליקרב, ילבש†, נימשח	ליכול	ייזיל†, ליזיל תיזיל	יימר†
	3 pl. m. 3 pl. f.	ליהדור, ל(י)גרסו, יספדון†			ניכלו, לימרו לילפן†		
b Imperative	sg. m. sg. f. pl. m. pl. f.	קטול שבקי, שקולי [a] כתובו, כ(י)תבו [a] קטולן, קטלן [a]	עביד עבידו	קרב פתחו	(כול) אכול] אכלו [a]	זיל זילי (אי)זילו	 א(י)מרי [a] א(י)מרו [a]
c Infinitive		מיחטף, מיזבן			מימרא, מיכל		ע"א §4*j* מישאל, מישב

d [a] The accent shifted to the inflectional element is the cause of the reduction of the second stem vowel, cf. the corresponding forms of the imperf.

30. Imperfect, Imperative, and Infinitive.

פ"נ (סלק) §4j			פ"ר		
u	i	a	u	i	a
ארנקוט ניפוק	אתן ניתיב[ζ] תינסיב	א(ר)סק ניסק תיסב		תיתיב[δ]	
תיח(ו)תו[β], תינקטו			תיתבו, [ε]תירתון†		
ניפוק		יסק†	תירות	ליתיב'	
ניקוט, [β]נינקוטו, ליפקו(ן), יסבון†			לידעו, ירתון†		
פוק, נקוט	נסיב	(אר)נטר[γ], סק		תיב (אר)תיבו	הב
מיסק, [ζ]מ(י)תבא, [ζ]מיתב, מיפק			מידע, מיתב		מיהב[ε]

[β] §5*m*. ‖ [γ] §5*r*. ‖ [δ] תִּתֵּב, the gemination for the purpose of artificially increasing the volume of the form. ‖ [ε] With compensative production (§5*k*). ‖ [ζ] A mixed form from נתן and יהב.

31.

31. The Participles.

Tab. XIII.

		active		passive
			ע"א	
a separatum	sg. m.	ידע, שביק	שייב	ידיע, אכיל, קטיל
	f.	יהבא, אזלא		עציבא, כסיפא
	pl. m.	גנבי, טחנין†, אבדין†, יהבי, יהבו[α]	שייבי	עבידי, גלידין†
	f.	רהטן†, אזלן†	שיבה	תמיהא, שקילן†
b cum suff.	1 sg.	טרחנא, קטילנא[β]		חשיבנא, גמירנא
	1 pl.	יהבינן, קטלינן		עסיקינן
	2 sg.	יהבת[ε], קטלת		חשיבת[ε]
	2 pl.	אמריתו[γ], אמריתון†		בדיקיתו[δ]

c [α] The ending imported from the perf.

[β] By its side the form קטלינא, which however is not so well attested and is met with only sporadically.

[γ] Sporadically אזילתו.

[δ] Forms like צריכתו are not well attested.

[ε] Femin. forms עברת, אסירת.

32. Itpeʿel.

		cf. §4j	prim. ש, ס §4i	prim. ז, צ §4i	prim. ת, ט, ד §4jk	פ"א §4j	ע"א (after פ"א)	פ"ר
a Perf.	1 sg.	אינסיבי, איקלעית†, איקלעי		א(י)צטריכי	אידבקי		איתשלי	
	1 pl.	איקלען, איקלע(י)נן†			אידבקנא†			
	2 sg.m.					איתנחת		
	2 pl.	איפט(י)ריתו			אדכרתון†			
	3 sg.m.	איתעקר, איתהפיך, איבלע, איגניב	אשתפ(י)ך	איזדריק, איזריק	איטריד, אתבר	איתחיד, איתמר	איתשיל	איתידע
	f.	אינטילת†, איתנסבת†, איפשיטא, אימרדא (איכנעאי)		אצטריכא	איתקילא	איתרעא		א(י)תיהיבת†
	3 pl. m.	א(י)תהפיכו†, איפליגו†, איתעקרו†, איפטור, איעקרו†						
	f.	איקרען†						אתיילידא
b Imperf.	1 sg.	אימליך				איתסר		
	2 pl.	תיכספו, תתקטלון†			תטרדו			
	3 sg.m.	ליתמסר, ליתעבד, נמסר, ליכסיף	לישתבע	יזדהר†	ל(י)תבר	ליתסר	נ(י)תשיל	
	f.	תתעביד				תיתסר		
	pl. m.	ליכספו						
	f.		לישתמען†					

32. Itpe'el.

Tab. XIV b.

		cf. §4j	prim. ס, ש §4i	prim. צ, ז §4i	prim. ת, ט, ד §4jk	פ"א §4j	ע"א (after פ"א)	פ"ר
c Imptv.	sg. m.	אפרע, איתפרע			איטמר			
	pl. m.				איטמרו†, איטמור			
d Inf.		אינסובי, [א]התנסבא†	אסתמורי	איזדהורי	איטרודי	אתנוחי	א(ר)תשולי	
e Part.	sg. m.	מיגניב, מתרחיש, מיקלע		מצטריך	מיטריד	מיתביד, מתנח	מ(ר)תשיל	
	f.	מימסרא, מתעבדא	מ(ר)שתמטא			מתאמרא		
	pl. m.	מקלעין†, מתמלכין†, מימנעי, מתרחשי	משתכחין†					
	f.	מינטרא, מנסבן†	משתקלן†, מישתמטא					
f Part. c. suff.	1 sg.	מינסיבנא			מיטרידנא			
	1 pl.	מינסבינן						
	2 sg.	מ(ר)נסבת			מתפסת	מ(ר)תנחת		

33. Pa''el.

Tab. XVa. 33.

		med. laryng. §5*k*	פ"א §4*l*	ע"א §4*f*	
1 sg.	שדרי, זביני, קבילית†	קריבית†, בריכי		שירית†	*a*
1 pl.	נקירנא†	בריכנא†, ברכינן†			
2 sg. m.	קבילת			שירת	Perf.
2 pl. m.	פטרתון†, קב(י)לתון†				
3 sg. m.	שדר, קביל	בריך, שער			
f.	שדרה, פקידא			שירלה	
3 pl. m.	קדום, שבחו†			שירלו†	
1 sg.	א(י)שדר, אישלם, אזבין	איבר(י)ך, אפריש			*b*
1 pl.	נשדר, נקדים	נ(י)בריך			
2 sg. m.	תעקר, תשפיץ				Imperf.
3 sg. m.	לישדר, ניחליט, יקבר†	נ(י)בריך, ליתריך			
f.	תשדר				
3 pl. m.	ליקבלו, יקברון†, ליכנפי			לישי(י)לו	
f.	ליעכבן†				
sg. m.	שדר, זבין				*c*
f.	בשילי				Imptv.
pl. m.	זבינו	בעירו, קריבו			

Tab. XV b.

			med. laryng. §5*k*	פ"א §4*l*	ע"א §4*f*
Inf. *d*		קדומי	ברוכי, צעורי		שיולי
Part. act. *e*	sg. m.	מטבע, מזבין	מחריך		משאיל
	f.	מיקרא, מזבנה			
	pl. m.	מגנבו, משדרי, מבטלין †	מצערין †, מקרבין †, מצערי		משיילין †
	f.	מרמזן †			
c. suff. *f*	1 sg.	משדרנא, מזבינ(נ)א			
	1 pl.	מבדחינן			
	2 sg.	מזבנת	מצערת		
	2 pl.	מקבליתו, משלמתון	מגרשיתו		
Part. pass. *g*	sg. m.	מתקן	מקרב		
	f.	מתקנא	מקרבא	מלפא	
	pl. m.	מרתתו, מייבשי	מפרשי		
	f.	מבדרן †	מסרגאן †, מרתקא, מקרבא		
c. suff. *h*	1 sg.	משמתנא	מקרבנא		
	1 pl.		מרתקינן		
	2 sg.	מפקדת			
	2 pl.	מרתקיתון †			

34. Itpaʿʿal.

Tab. XVI. 34.

		med. laryng. et ר §5*k*	prim. ש, ס §4*i*	prim. צ, ז §4*i*	prim. ת §4*k*	ע"א §4*f*	
1 sg.	איעתרי		אשתטחי				*a* Perf.
2 sg. m.	איתעסקת, איעסקת						
3 sg. m.	אייקר	איתרך		אזדבן, איצטער		אשתייר	
f.	איתקדשת†, איקשטא, אינגעאי			איזדמנא			
3 pl. m.	איעתרו†, איעתור		אשתבוש				
1 sg.	איעכב			אצטער			*b* Imperf.
1 pl.				נצטער			
2 sg. m.		תתחרט	ת(י)סתכל	תצטער			
2 pl. m	תיתעתרו						
3 sg. m.	לכפר		ניסתכל	ליצטער, ליצטרף			
f.	תיקבל, תתקבל						
3 pl. m.	יתעסקון†, ליבטלון†, ליעתרו, ניבדחי			ליזדבנו, ליצטרפי			
f.			ליסתכלן†				
sg. m.			איסתכל				*c* Imptv.
f.	איקשטי						
Inf.	איתי(י)קורי, איבסומי		איסתכלא†, איסתכולי				*d*
sg.	מיקבל, מתכפר		משתלם	מצטער			*e* Part.
f.	מתעו(ו)רא		מסתברא	מצטבתא			
pl. m.	מיבסמי			מזדבני, מיצטרפי	מיתקפו		
f.			מסתכלא				
1 sg.			משתלמנא				*f* Part. c. suff.
1 pl.				מיזדבנינן			
2 sg.			משתלמת	מזדבנת			
2 pl.			[מיסתליקיתו]				

35. **35. Afʿel.** Tab. XVII a.

			פ״א like פו״ר	ע״א (after פ״א)	פ״נ (סלק) §4*j*	פו״ר §5*d*
a Perf.	1 sg.	אהדרי, אשלימי, ארגשית †			אפיקית †	אותיבי
	1 pl.	אשכחָן, אשכחינן †				
	2 sg.	אהדרת, אשלימת			אפיקת	אוזפת, הודעת†
	2 pl.	אשגחיתו, אתריסתון †				
	3 sg.m.	אהדר, א(י)פסיק	אוגר, אוריך		אסיק, אפיק	איימין, אותיב
	f.	אהדרא, אזקינה, אשגחת†, הקרבת†		אושלה	אחתה, אפיקה	
	3 pl.	אשכות, אצרוך, אשכחו†, ארליקו†			אסיקו†, אחיתו†, אפיקו†	
b Impf.	1 sg.	אשמע, אחזיק				
	1 pl.	נשכח, נחזיק			נחית	
	2 sg.m.	תשכח	תוריך		תפיק	תוליד
	2 pl.	תחזקו	תורכו			
	3 sg.m.	ניהדר, לשבע				נוכח
	f.				תפיש	
	3 pl.	ליקדמו, לרגשון †, יחסנון †			יפקון †	
c Imptv.	sg.m.	אפקר, אקדים	אוביד		אפיק	
	pl.m.	אשלימו			אפיקו	אוקירו
	f.	אשמעָן †				
d Inf.		איפרוכי, אגמורי	אוכולי	אושולי	אסוקי, אזוקי	אוסופי

35. **Afʿel.** Tab. XVII b.

e Part. act.	sg. m.	מחמה, מדליק	מוגר, מאכיל	מושיל	מנקיט, מחית, מזיק, מסיק	מודע, מותיב, מוק(י)ר
	f.	מ(י)תחלא, מפסקא			מנקטא, מפלא	מוקרא
	pl. m.	מדלקי		מושלי	מפקי, מפקין†	מוזפי, מובלין†
	f.	מפסרן†			מבען†	מובלן†
f c. suff.	1 sg.	משבחנא			מפיקנא	מודענא
	1 pl.	מתחלינן			מפקינן	מותבינן
	2 sg.	משבחת				מוקרת
	2 pl.	מגבהיתו				
g Part. pass.	sg. m.				מחת	
	f.					מוכחא
	pl. m.				מחתי	
	f.				מחתן†	

36. **36. Ittafʿal** (cf. §4*j*).

Exx.: Perf. 1 sg. א(י)תוקי; 2 sg. m. איתוקת; 3 sg. m. איתוק; f. איתוספא; 3 pl. m. †א(י)תוספו. ‖ Impf. 3 sg. m. ניתוק; 3 pl. m. †ליתוספו ,יתותבון. ‖ Part. sg. m. מתוגר ,מיתותב; f. מיתוגרא; pl. m. מיתוקי; cum suff. 2 s. מ(י)תצלת.

37. **37. Verbs ע״ע.**

a Forms without prefixes (Perf., Imptv. *Pe.*) are made by geminating the second radical (before consonantal afformatives we find occasionally for the sake of protecting the gemination the vowel -ē imported from verbs ל״י: מצית, חפיתו; otherwise the gemination must naturally be given up: מצת, etc.); on the other hand, in forms lacking a prefix, the first radical is geminated.

b Forms occur which are made exactly as in the strong verb: קשישנא, תגווז, לתתי.

c Through analogical force, ע״י formations have penetrated into the participles of the *Pe.* and into the *Pa. (Itpa.)*.

d—j s. Table p. 49.

k *Itpe.:* Perf. 1 pl. †איזדקקינן; Infin. איזדקוקי; Part. cum suff. 1 sg. מ(י)ודקיקנא, 1 pl. מ(י)ודקיקינן, hence after the manner of strong verbs.

l *Paᶜᶜel:* strong forms: Perf. 3 sg. עליל; Imptv. sg. m. חדר; Infin. צנוני; Part. act. pl. m. מחללי, מרנני; Part. pass. sg. m. מעפף, pl. f. †מחדדן. After the fashion of ע״י: Perf. 2 sg. m. עיילת; 3 sg. m. עייל; f. עי(י)לא; 3 pl. m. †עיילו, עייול; Impf. 2 sg. m. תעייל; 3 sg. m. ליעייל; 3 pl. m. ניעילו, ליעיילו; Imptv. sg. m. עייל; Part. act. sg. m. מחייט; pl. m. †מעיילין; cum suff. 1 pl. מעי(י)לינן || *Itpa.:* Perf. 3 sg. f. איחננא.

m *Pāᶜel:* Part. act. sg. m. מחטט. *Itpā.:* Perf. 3 pl. m. איתקצצו (the form may however be *Itpe.*).

n *Palp.:* Perf. 3 sg. m. הרהר; Infin. ולזולי; Part. act. c. suff. 1 sg. מולזילנא. *Itpalp.:* Impf. 3 sg. m. לישתלשל, ל(י)בלבל; Part. sg. f. מיקלקלא.

Table: Tab. XVIII.

	Peʿal	Afʿel		
1 sg.	חשאר, חשר, עלית†		d	Perf.
1 pl.	קשינן†, קשישנא†, קשינא†,			
2 sg.	קשישן] מצית, מצת	אקלת		
2 pl.	תפיתו			
3 sg. m.	גרר, ע(א)ל, קש	ארע		
f.	רקקה, עלא, רקה, עלת†			
3 p.	עול, עלו†	אחילו†		
1 sg.	איעול, איקוץ		e	Imperf.
1 pl.	נ(י)חוש			
2 sg. m.	תידול, תקוץ			
2 pl.	תגזזו			
3 sg. m.	ליציל, ליעול, ניקוץ	ניקיר, ליקיל		
f.	תירוק			
3 pl. m.	ליגזזו, ליג(ו)זו, ניקצו, ליעלון†			
sg. m.	דוק	אקיל	f	Imptv.
pl. m.	קוצו			
	מיגרר, מיעל, מיחם, מיקר	אחוורי, אורועי, אקורי	g	Inf.
sg. m.	צריר, צייר, גייז, קאיץ	מחים, (מיקל) מקיל	h	Part. act.
f.	עיילא	מגנא		
pl. m.	לתתי, עיילו, עיילי, עלין a†	מגנו		
f.	עיילן†			
1 sg.	עיילנא		i	c. suff.
1 pl.	חי(י)שינן			
2 sg.	עיילת			
2 pl.	עיילתו, גניתון†	מרעת,מגנית		
sg. m.	צליל, זייג, זיג		j	Part. pass.
f.	רעיעא, צילא			
pl. m.	צילי			
f.	כיפן†			

a = עֲלְלִין.

o *Ittaf.:* Perf. 3 sg. m. איתרע, איתקיל (after the fashion of ע״ו); Impf. 3 sg. m. ליתחל (and after the manner of ע״ו: ליתחיל), נתחל, ליתרע; 3 pl. m. לתולו; Part. sg. m. מתחל, f. מ(י)תחלא.

38. **38. Verbs ע״י.**

a In the *Afʿel* the forms, as a rule, are conformed to פ״י verbs.

b The parallel forms in the pass. partic. of the *Pe.* proceed from the same basic form. In the one case **kaịīm* appears as *ḳīm*; in the second, the same form has been turned into **ḳaịm* (cf. §5*e*) which of course became *ḳaịim* (§5*q*).

c Forms like לימתון, etc., are due to the analogical force of verbs ע״ע.

d The verb קום loses occasionally its closing consonant; thus איקו, ניקו, תיקו, קאי (whence קא, ־ק, §58*f*), אוקי by the side of resp. for איקום, ניקום, תיקום, קאים, אוקים.

e—k Table p. 51.

l *Pa. (Itpa.)* as a rule with י as middle radical: Perf. 1 sg. † קיימית, ניימי, 1 pl. † עיינינן; Impf. 1 sg. אקיים, etc.; *Itpa.:* Perf. 3 sg. m. איתחייב, איחייב, etc. — With ו as middle radical from the root כון: Impf. 3 sg. m. ליכון; Part. pass. sg. f. מכו(ו)נן; *Itpa.* Perf. 1 sg. איכווני.

m *Palp.:* Inf. טלטולי; Part. act. sg. m. מנמנם; pass. pl. m. מטלטלי; *Itpalp.:* Perf. 3 sg. m. א(י)ודעועא.

n *Ittaf. (Itpe.):* Perf. 3 sg. m. איתותב, איתער; f. איתנחא; 3 pl. m. † אתשעו, א(י)תדון; Impf. 3 sg. m. ליתער, 3 pl. m. ניתזוני, f. ליתצדה; Infin. א(י)תצודי; Part. sg. m. מתקים, מ(י)תדר, מ(י)תוקם, f. מיתדנא, pl. m. מ(י)תצדי.

Tab. XIX.

	Pe:	*Af:*	
1 sg.		אנחר	*e* Perf.
1 pl.	דרינן †, קמנן †, תבנא †	אנחנא †, אותיבנא †	
2 sg.m.	קמת	אחיכת †	
2 pl. m.		אוקימתון †	
3 sg.m.	סיב, מית, קם		
f.	מיתא, קמה, מיתת †, קמת †	אוקים, אחיך	
3 pl. m.	קום, ביתו †, מיתו †, קמו †		
f.	פשא		
1 sg.	איקום	אוקים	*f* Impf.
1 pl.	ניקום		
2 sg.m.	תדור †		
2 pl. m.	תלישו †, תקומו †	תחיכו †	
3 sg.m.	לינח, ניסים, לניקום, יקום †	לוקים, ננח	
f.	תינח, תיקום, תמות †		
3 pl. m.	ליקומו, לימתון †, ימותו † ימותון †; ליקמו		
sg.m.	קום	אצית †	*g* Imptv.
f.	תובי, קום		
pl. m.	דונו, לישו		
	מידר, מבת †	אנותי, אוקומי, אחוכי	*h* Inf.
sg.m.	דייר, ני(י)ח, ניים, קאים	מוקים, מטיב †, מתיב †, מורת, מנח	*i* Part. act.
f.	[a] נדירא, קי(י)מא		
pl. m.	שאפו, קימו, קי(י)מי, מי(י)תין †	מתכו, מוקמי, מתיבי †	
f.	קיימן †		
1 sg.	דיירנא, דאירנא, זיינא, קאימנא	מוקימנא	*j* cum suff.
1 pl.	מייתינן	מוקמינן	
2 sg.	קיימת	מוקמת	
2 pl.	צייתיתו	מוקמיתו	
sg.m.	קיים, קים	מנח	*k* Prt. pass.
f.	קיימא, דיקא	מנחא	
pl. m.	שיריפי, שיפי		

[a] After the analogy of ל״י.

Table: Tab. XX[a].

		Peʿal	Itpeʿel
Perf. *e*	1 sg.	בעיר, בעאר, חזית†, בניתי†	אנשאר
	1 pl.	בען, הוירן, גלינן†, בעינא†	אישתלי(י)ן
	2 sg. m.	קנית	א(י)תהנית
	f.	אתית	
	2 pl.	אתיתו, גליתון†	
	3 sg. m.	אימצי, שתי, הוה, גלא	איבעי, איתרמי
	f.	מטיא, סגאי, בנת†	איגלאי, איתרמאי, איבעיא, איסתגיא, איבריא
	3 pl. m.	בעו, אתון†, מלאו†	אישת:יו†, א(י)תחמיאו†, איברו
	f.	אתאן†, שדיין†, שדיאן†	איגליין†, א(י)שתביין†
Impf. *f*	1 sg.	איתי, איחזי, א(י)גלי	אתהני
	1 pl.	ניתי, נ(י)בעי	ניתהני
	2 sg. m.	תהא, ת(י)חזי, תיגני	תיסתפי
	f.	ת(י)צביין†	
	2 pl.	תהוו, תיתלו, תיחזון†	תישתרו, תיפנון†
	3 sg. m.	ייתי†, יהי†, יהוי†, יחדי†, ניתי, נהי, ליהוי, ייתני:	ליתהני, יתקרי†
	f.	תיתי, תהא, ת(י)הוי, ת(י)מלי	תיבעי
	3 pl. m.	ל(י)בעי, לבעו, ליבעון†, יבכון†, ניתו, ניהו	ליפנו, יפנו†

Table: Tab. XX[a].

Pa''el	Itpa''al	Af'el	Ittaf'al
צליי, צליתי†	א(י)תסאי	א איתאי, אהניי	
שנינא†,		איהינן†, אהרינן†	
שניין; שנינן†			
שנית		אייתית, אמטית	
שני	אירצי, איכסי, א(י)תסי, א(י)שתעי	אורי, אייתי, אשרי	א(י)תחזי
דליא, מחאי	איעלית†, איתסיאת†, איעליא	איתלאי, אתיאת†, אייתיא	
מחו	א(י)שתעו	אתו, אמטו, אייתיו†	
אישני		אייתי, אתוי	
ניתתי			
תקנא, תבזי, תיגרי	תתגרי		
ת(י)גלו			תתחזו
(ל)ניצלי, ילוה†	לתסי	לי(י)תי	
תרבי		תשרי, תיהני	
	לישתהי	יתי, לייתו:	

Table:

		Pe‘al	Itpe‘el
Imptv. (g)	sg. m.	בער, שתי, ארשתי, הוי, תא	איקרי
	f.	חזאי, תאי	
	pl. m.	חזו, שתו, א(י)שתו, (א)חו	
Inf. (h)		מיבעא, מיבער, מיחדא, מיחזר, א(ר)תרמורי·	א(ר)תרמורי·
		מירא	
Part. act. (i)	sg.	בני, הוי, חיי	מיתבער, מיקרי
	f.	בכיא, בעיא, הויא	א(י)מינצי(ר), מיבעיא
	pl. m.	בעירין†, סגן†, אתאן†, בכיי, בכו,	מתבעין†, מינצו, מינצי	מתקריין†, מקריין
		רעי	
	f.	מלי(ר)(ן†, הויין, מליא	מתקריין†, מקריין
eum suff. (j)	1 sg.	בנירנא, חירינא, אמרנא	מתבעינא, מבעינא
	1 pl.	חזירן	מקלרינן
	2 sg.	בעיה, הוית, חיית	מתברית, מינצית
	2 pl.	בעיתון†, בעיתו	מסחפיתו
Part. pass. (k)	sg. m.	מצר, שדי	
	f.	תניא	
	pl. m.	מלירין†, מלו	
	f.	רמיאן†, שדירין†	
c. suff. (l)	1 sg.	מצינא	
	1 pl.		
	2 sg.	מצית	
	2 pl.		

Table: Tab. XX b.

Pa''el	Itpa''al	Af'el	Ittaf'al
דל, דלי דלו	אשתעי	אייתי, אגני איתא אייתיאו †, אמטיו †, אייתו, אקרו	
אסויי, אסאה †	מגניא †, איתכסאה †	א(י)תויי, אגנויי	איתחזוויי
מצלי מכליא מגלו, מסיין †, מסו משניין †, משניא	מ(י)שתעי, מרצי מיגניא	מייתי, מחיי, מקשי, מודי מתיא, מגניא מייתין †, מסגן †, מייתו, מגנו, מורן † מייתין †, מהניאן †	
מגלינא, מסינא משוינן		מי(י)תינא, מגנינא מהינן, מגבינן	
מעלי מעלו מדמיין †			
מעלינן מכסיית			

39.

39. Verbs ל״וי.

a Forms like אישתביין, תיצביין, רמייאן, מכסיית, etc. resemble to all intents and purposes the strong verb. In the other forms, the non-syllabic character of *u̯* resp. *i̯* appears clearly. The diphthongs are treated according to §5*de*.

b According to §5*s*, דל is easily explained (by-form of דלי, Imptv. *Pa.*).

c In the imperf. of the verb הוה we find by the side of the regular forms יהוי, ליהוי, etc., shortened forms like יהי, נהי, etc.

d In the table, forms from doubly weak verbs are included, since with the aid of the rules given in the strong verb they admit of easy explanation.

e—l s. Table p. 52—55.

40.

40. Pluriconsonantals.

Exx. of pluriconsonantal verbal forms (including the *Šafʿel* and the verb הימין §27*cd*): Perf. 1 sg. הימני; 3 sg. m. משכ(י)ן; 3 pl. †תרגימו; Impf. 3 sg. m. ניגנדר; Inf. שעבודי, כברויי; Part. act. sg. m. משעביד; c. suff. 1 pl. מתרגמינן; pass. sg. m. מהימן, משלהי; c. suff. 1 sg. מהימנא (מהימננא).

Reflexive forms: Perf. 3 sg. m. אימרטט, אישתרבב, איזווטר; Inf. א(י)מרטוטי, אישתרבובי; Part. sg. m. מיגנדר, f. מ(י)זדוטרא.

41. The Verb with Objective Suffixes. 41.

For the form of the suffixes cf. §8*b*. *a*

In the 1 sg. the suffixes may be joined to the *b* shortened form, e. g., שאילינהו; such forms, however, are less frequent.

The ending ־נא in the 1 pl. appears as ־נו in the *c* remnants of the older language.

The stem of the imperf. may be expanded by *d* means of ־ינ *-inn-*; this element intrudes itself then also into the perf.

Concerning לו״י stems s. the Table. Occasionally *e* we meet with transitions into the לו״י class also in other verbal classes.

אית is treated as an imperf. *f*

The suffixes ־ינון, ־ינהו, ־ינהי coalesce with the verbal *g* forms to a less degree than the other suffixes. Hence we find them occasionally written as separate words (so esp. אינון). They also influence to a less extent the vocalic modification of the verbal form.

Table s. p. 58—61.

Table: Tab. XXI[a].

Perf.

	1 sg.	1 pl.	2 sg.	2 pl.
1 sg.	—	—	m. פרעתיך, f. גָרשתיך	בהרתינכו, אשבעתיכו
לו״י	—	—	חזיתך	חזֵתינכו, שו(ו)רנכו
1 pl.	—	—	קב(י)לנך	
לו״י	—	—	חזינך	. . .
2 sg.	קב(י)לתן	חשדתינן	—	—
לו״י	אקריתן	חזיתינן	—	—
2 pl.	ספינתין	. . .	—	—
לו״י	. . .	. . .	—	—
3 sg. m.	דנן ,נקטן	אשבען, אשמעינן	נשק(י)ך	אוקמינכו
לו״י	כסיין ,מחייאן	דלינן	לוייך	. . .
f.	קרצתן			
לו״י	. . .	. . .	. . .	. . .
3 pl.	שבקין ,צערון	שבקינן	קדמוך	. . .
לו״י	אקריון	. . .	שויוך	. . .

Table: Tab. XXI[a].

3 sg. m.	3 sg. f.	3 pl. m.	3 pl. f.
קטלתיה, אזמינתיה, אשכחיתיה	זבנתה, זבניתה	שאילתינהו, שאילינהו	אשכחיתינהי
חזיתיה, רביתיה	אי(י)תיתה	חזיתינהו, שוינהו	
כתבנוהי†, אגרנוה†, בדקיניה, קרעניה	אוקימנה	שכתנינהו, שקלינהו	
אקרינוהי†, אשקיניה	. . .	תזנהו, שפינהו	תזננהי, תננהי
שתלתיה	אוקימתא, אמריתה	פטרתינון†, קטלתינהו	
חזיתיה, א(י)שתיתיה	אי(י)תיתה	אייתיתינהו	
תפס(י)תוה			
. . .	תניתוה		
קטליה, גזיה, גזיריה, דצייה	שמעא, זבנה	טעימינון†, קטלינהו	אנהרינהי
חזייה, אקרייה, אגביה	חזייה	חזנהו, חזינהו, דלינהו	בננהי
שבקתיה	אסרתה, דצתא	לבישתינהו,	כבשתנהי
שדתיה, שדייתיה, רביתיה	רמתא	איכס[י]תינהו	
אהחוהי†, קטלוה	אזמנוהא†, אותבוה, שפיוה	קטלינון†, שבקונהו, כרכינהו	גזוהי
מחיוה, דליוה, מתוה	שריוהא†	אי(י)תינון†, תזונהו, סמונהו, תזנהו, מלינהו	שרונהי, הזינהי

Table: Tab. XXI b.

			1 sg.	1 pl.	2 sg.	2 pl.
i	Impf.	sine aff.	נינסבן	נשמעינן	m. אגמרך, ידכרינך †, אגזייך f. אוכליך	א(י)בדקינכו
		לו"י	לימטיין	. . .	לישוייך	. . .
		c. aff.		ניגמרינן	ליקטלוך	
		לו"י	. . .	. . .	. . .	. . .
j	Imptv.	sg. m.	ארהיטני †, ש(י)בקן			
		לו"י	אגניין	. . .	. . .	. . .
		sg. f.	אסקין			
		pl.	אותיבון			
		לו"י	. . .	. . .	. . .	. . .
k		Inf.	לצעורן	לאשמועינן	לאותובך	
		לו"י	. . .	. . .	. . .	. . .
l		Part.	מצערן		מלפך	
		לו"י	. . .	. . .	. . .	. . .
m		Part. c. aff.	פרעתין			
n		אית		איתינן		אית(י)נכו

Table: Tab. XXI[b].

3 sg. m.	3 sg. f.	3 pl. m.	3 pl. f.
א(י)שבקיה, אלטייה, אלבישיניה	א(י)קבלה, לשבקינה	איקטלינון†, איקטלינהו	
א(י)חמ(י)ניה ליקליה, א(י)בנייה	לתלייה	לישדינהו	. . .
יקברוניה, נידחקוה ילווניה, לשדיוה	תחלונה . . .	תקטלונהו, ניזבנינהו . . .	ניכלינהי . . .
תיפשיה, שקליה	קטלה	שבקינהו	
. . .	דליה	כפינהו	רמינהי
שבקיה			
תפסוה אמטיוה	אחרוה . . .	 אמטונהו	
לזבוניה, למ(י)קטליה מילטייה, מיקצייה בזוייה, מסנייה, מסניה	למיכבשה, לזבונה איתויה	למינקטינהו, לזבונינהו עשוינהו, למימנינהו	למינקטינהי, זבוננהי למבנינהי
מזמינתיה, פסליה . . .	 ממליה, בנייה	s. תברינהו, pl. דברינהו . . .	
	מזבינתה		
איתיה	ליתה	איתנהו	איתנהי

III. Syntax (§ 42—74).

A. The Noun (§ 42—54).

42.

42. The Neuter.

a With adjectives used as nouns, both the masc. and the fem. may be employed in order to express the neuter. Thus בין טב לביש „between good and evil"; עביד ביש „a doer of evil"; עתיקתא „the old", חדתא „the new". The fem. of the demonstr. pron. may be equally used for the neuter: דדא ביה כולא ביה „in whom *this* is, everything is"; דלא הא ולא הא „where neither this nor that is".

b Frequently the speaker may have in mind the noun מילתא (cf. §55*d*) to which then a pronom. suffix may be made to refer; thus שמע מינה „learn therefrom"; דון מינה „conclude therefrom"; מאי נפקא לן מינה „what follows for us therefrom?"

43.

43. St. absol. and determ.

a There is a clear distinction between the two in the earlier language; thus הוא גבר בכולא „he is a man in everything"; באתר דלית גבר תמן הוי גבר „where there is no man, there be a man"; but גווליא רכיכין ואימריא דעדקין „the pigeons are tender, and the lambs small".

b In the common language of the Talm. this distinction falls to the ground, the st. a. being almost entirely replaced by the st. d. As a textual variant, the st. d. penetrates even into archaic texts; thus in the second of the examples cited in §*a*, M reads באתר דלית גברא,

but characteristically תמן הוי גבר (after הוה as a predicate noun).

Elsewhere the st. a. is retained in: פלן „a certain *c* one" (thus דוכתא פלן B. b. 73ᵇ 𝔐H [פלניתא M] and דוך פלן Ber 18ᵇ; Šab 66ᵇ 𝔐 reads בר פלנית, but the abbreviation mark merely appears to be missing, read with M בר פלניתא; פלניא precedes), איניש „a man", „some one" (hence in a worn signification), and in certain compositions with prepositions constituting an adverbial phrase: לשלם „in peace", מלעיל „above", מלרע „below", לעגל „soon", למחר „to-morrow", מריש „at first", לסוף „finally, at last", etc.; the st. d. may, however, likewise be used: בניחותא „gently", בדינא „rightly", בעלמא „merely", מעיקרא „at first (opp.: לבסוף in the end)", etc. After כל we find usually the st. d.: כל יומא „every day", (ב)כל שעתא ושעתא „at every hour", כל עבדא „every slave", etc.; but כל חד וחד „every single one".

The st. a. is of course indispensable as a predicative *d* adjective: חילמא בישא עדיף מחילמא טבא „an evil dream is better than a good dream"; בוצינא טב מקרא Suk 56ᵇ MM_1 Ar (טבא 𝔐 is therefore an incorrect reading) „a young gourd is better than an old one"; אחתי דשפירא מנאי „my sister who is more beautiful than I", etc. A seeming exception: טבא הוא וטבא להוי; but supply חילמא and render: „a good dream it is, and a good dream it shall be".

44. St. constr. and Periphrastic Genitive. 44.

The st. c. for expressing the genitive relation is *a* frequent in the older language and in proverbs; thus אבב חנותא „at the door of the shop", קל חבריה „the voice of his neighbor"; בשמי שמיא „in the heavens of heaven"; איתת אחוה „his brother's wife"; בנת ישראל „daughters of Israel".

b But also in the common language the st. c. is preserved not only in proper names like טור מלכא, נהר מלכא, etc., but also in certain combinations which have become quasi-compounds, as: עמר גופנא „cotton", ריש ירחא, „new moon", ריש שתא „new year", מרי ביתא „housemaster, landlord", אורח ארעא „custom". Cf. also §12*a*. Esp. in combinations with בר, בת, which are very numerous.

c Exx. of a partic. in the st. c.: עביד ביש (§42*a*), אשיד דמא „shedder of blood", מפשר חלמי „interpreter of dreams", etc. The fem. end. ת is dropped in צבו ביתיה Ioma 87ª ₪ „the needs of his house", פלגו נוקא B. k. 13ᵇ H „half the damage".

d The st. c. is also maintained in nouns turned into prepositions. Thus לפום „according to", חלף „instead of", משום and אגב „on account of", כגון, כעין „after the manner of, like", בתר „behind, after", בגו „within, in", תחות(י) „under", עילוי „on, over", קמי „before", אחורי „behind", etc.

e In all other cases, two constructions are used to express the genitive relation: (*1*) the governing noun is put in the st. d.; (2) it is given a pronominal suffix which agrees with the noun governed in number and gender; in both cases the noun governed is introduced by the relative ד. Exx.: (*1*) אתרא דשמואל „Samuel's place"; גלימי דאינשי „people's garments"; מלכותא דשמיא „the kingdom of Heaven; אימהתא דינוקי „the mothers of the little children"; similarly after a demonstr.

pron.: הא דרב המנונא „that of R. Hamnuna; (2) אבוה דשמואל „Samuel's father"; זוזיה דאיניש „a man's money"; אבהתהון דינוקי „the fathers of the little children"; ברתיה דרב חסדא „R. Ḥisda's daughter"; נפשה דרביתא etc. Instances of the latter construction are exceedingly frequent.

The genitive designated by means of ד may stand *f* by itself, without an antecedent noun. Of course, the noun is easily supplied from the context, thus שותא דינוקא בשוקא או דאבוה או דאימיה „a child's talk in the market-place is either that of its father or that of its mother"; אמצעי דיתמי „the middle belongs to the orphans". But also: דאבא עדיפא מדברא „that of the father is better than that of the son"; טבא דנפחא מדבר נפחא „that of the smith is better than that of the smith's son".

45. Coordination. 45.

The attributive adjective agrees with its noun in *a* gender and number, and accordingly is placed either in the st. a. or in the st. d.: מא(י)גר רם לבירא עמיקתא Ḥag 5^b „from a high roof to the deepest pit"; גברא רבה „a great man"; אתתא אחריתי Ber 56^a ed (אחרינא M incorrect) „another woman"; מילתא קמייתא „the former status"; סכינא חריפתא „a sharp knife"; גרמי קטיני „small bones"; חמרי חיורתא „white she-asses". ‖ עינא עוירא „a blind eye", עינא בישא „an evil eye", לישנא בתרא „the latter (last) expression" are no exception to the rule, since עינא is used both as a masc. and as a fem., while לישנא is always masc. But note איניש גוצא Meg 27^b „a small man", איניש מעליא B. m. 101^b edH „an excellent man". — Ex. of an attributive participle: מלכותא קטיעתא „a curtailed kingdom".

b As may be seen from the above exx., the attributive adj. follows its noun. Ordinal numbers may however precede: עשיראה ביר „my tenth son“.

c In אינשי בדוחי „cheerers“, גברי נגרי „carpenters“, the second noun is an appositive; the first noun is best omitted in the translation (cf. Hebr. אנשים אחים).

d The object measured is as a rule construed as an apposition; nevertheless textual variants are found presenting the more common genitive expression. Thus תרי קבי תמרי קבא קשייתא וסרח Ioma 79ᵇMM₁ (𝔐 reads דקשייתא, דתמרי) „two *ḳabs* of dates are equal to one *ḳab* of kernels and something over“; תלת מאה גרבי משחא B. b. 73ᵇ 𝔐H (but דמישח' M) „300 pitchers of oil“; תרי מוגי מיא ib. H, מוגי חמרא (sic) תרתי ib. M (𝔐 reads דחמרא) „two cups of wine“.

46. 46. Construction of כל.

a The independent st. d. כולא „all, everything“ is found only in the older language (cf. the ex. §43*a*); but also in a saying by Rab Judah (Str. 103; Mielz. 46).

b כל (st. c.) followed by a noun in the sg. means „every“; thus כל חד וחד „every single one“, כל עבדא „every slave“, כל מילתא „every thing“, כל יומא דשבתא „every sabbath“. כל ד „every one who“. When followed by a noun in the pl., כל = „every“ (in a distributive sense): כל תלתין יומין „every thirty days“. כל may be followed by a preposition (cf. BA. כל קבל, Hebr. כל עמת; it is not necessary to emend it into כלקבל, כלעמת): כל כי הנך שני Ber 18ᵇ M „exactly the same number of years“; כל כי הני מילי מעלייתא Bes 28ᵃ „just like these excellent things“.

כל followed by a pl. usually means „all“: כל מילי „all things“. כל ד „all who“. c

כל with the suffix of the 3 sg. = „whole, entire“, with that of the 3 pl. = „all“. Its relation to the noun is appositional, and it usually precedes the noun: כוליה קרא „the whole Scriptural verse“, לכולי תלמודא Šab 63ᵃ M „the whole Talmud“, כולי עלמא (§4*m*) *tout le monde;* כולה מתא „the entire city“; כולא אורחא „the whole way“; כולהו נכסיך „all thy goods“. כוליה האי Ber 7ᵇ ꟑ (M reads כולי) „so much“. It may, however, follow the noun: לא חלמא טבא מקיים כוליה ולא חלמא בישא מקיים כוליה „neither a good dream nor a bad dream is wholly fulfilled“. d

In independent position, without a noun: על כולהון „on account of all of them“, כולהי „all of them“. e

47. The Joining together of several Nouns. Distributive Repetition. 47.

When more than two nouns are joined together, the ו is usually omitted in front of the middle nouns; thus תרביה משכיה ואליתיה „its fat, its skin, and its fat tail“; תרנוגלא חמרא ושרגא „a cock, an ass, and a candle“. In enumerations, the nouns may all be placed in juxtaposition without a conjunction (asyndetically): בהני תלת מילי . . . במסכתא בפוריא באושפיזא „concerning the following three things . . . their treatise, couch, and lodgings“ (note however the variant ובאושפיזא). a

When the connection is a close one, the governing part of speech referring to all is put only once: לכל דהבא וכספא „all gold and silver“. The objective pronoun b in the sg.: שדיתיה „she threw it“, which follows, proves that both nouns are conceived as a unit. Similarly a preposition is put only once: ממשה ושיתין ריבוון „than Moses and the 600 000“. On the other hand: בשוקי ובברייתא „in the market-places and streets“; so also in a negative sentence: דאבריה ואברתיה לא חס „who spared neither his son nor his daughter“. The sign of the genit. ד may equally be placed but once: בי דינא דר' אמי ור' אסי „the court of justice of R. Ami and (or) that of R. Asi“; but it is repeated when both nouns are separated from each other by a word and in addition form opposites of one another, e. g. דוכתא דגברי לחודיהו ודנשי לחודיהו „a separate place for men and women“.

c Distributive repetition: לבינתא לבינתא „one brick after the other“; ביזעי ביזעי „all sorts of holes“; דיקולי דיקולי דתרבא „one basket of fat after the other“.

Pronoun (§ 48—51).

48. **48. Personal Pronoun**

a The independent pron. of the 1. or 2. person, by the side of a verb or a partic. with a subjective suffix, signifies emphasis: אנא במיא דביתו אמרי „*I* meant: water that has remained over night“; אנן . . . לא מצינן מיהוי כוותייכו אתון מְהַליתו והוו כוותן „*we* . . . cannot become like you, but *you* circumcise yourselves and be like unto us“.

b On cases like אנת הוא, אנא הוא דאפיקית יתכון דשתלתיה, etc., cf. §63*c*. Of a different character is the

„enclitic“ הוא for the purpose of strengthening individual parts of speech; thus arise the compounds מהו, לאו.

A determined noun is frequently anticipated by c
means of a pronom. suffix. Such is the case (1) with the genitive relation (§44*e*, 2); ‖ (2) with prepositions, *(a)* as in the case of the genitive, by means of ד: לגויה דביתא „into the house“; עליה דאיניש „on a man“ (איניש is determined by itself); קמיה דשכיח קמי רבנן „before one who associates with scholars“; מיניה דמר „from you“; *(b)* by repeating the preposition: ביה בחויא „in the snake“; ליה לקשישא „to the elder“; ליה לקיסר „to Caesar“; לה להך איתתא „to that woman = to me“; להו לצדיקי „for the righteous“; להו לתרין בנוהי „his two sons“; בהו ברבנן „in the scholars“; לא תיגרי בהו מותנא בהנך אינשי „do not provoke death against us“; ‖ (3) with the objective relation, by means of objective suffixes joined to the verb (§61*c*).

The independent possessive pronoun †-דיל, -דיד d
(§10*b*) is found (1) by itself: דידך „is thine, belongs to thee“; בדידך קיימא „it stands in thine (= thy book)“; רבה דידך ועלמא דידך „Rabba is thine, and the world is thine“; ‖ (2) in conjunction with nouns in the place of the personal suffix: כספא ודהבא דיליה „his gold and silver“; אפדנא דידי „my mansion“, etc., esp. after a Hebrew phrase: בין השמשות דידך „thy twilight“. ‖ (3) after prepositions with suffixes to add emphasis: עלי דידי „over me“; בהדאי דידי „with me“; ‖ (4) in the place of a suffix, with prepositions: אי צאית לדילי „if he listens to me“; לדידי חזי לי „I saw“; לדידן „for us“, לדידהו „for them“; בדידכו „with you“; so also לדידי, etc., as objective pronouns (cf. §61*b*).

e The reflexive pronoun is expressed by means of
נפשא „soul, person“ + personal suffix: בנפש (בנפשאי)
„in myself“, בנפשין „in ourselves“; לנפשה „for herself“;
על נפשיה „for the sake of himself“; נפשיה „himself“.

f The ethical dative (ל with a personal suffix which
according to the sense is reflexive) is exceedingly frequent.

49.   **49. Demonstrative Pronoun.**

a The forms denoting that which is distant, in con-
sequence of a shifting of the meaning which is easily
explained, are employed also as indefinite pronouns.
Thus ההוא גברא *vir quidam,* ההיא איתתא *femina quaedam,*
ההוא סבא „a certain old man“, ההוא אתרא „a certain
place“, ההוא יומא „upon a certain day“, הנך עיזי „goats“
(the pronoun is best left untranslated). In a peculiar
manner, these pronouns are used in a mysterious sense
in connection with the nouns גברא, איתתא, אינשי to in-
dicate the person of the speaker or the person addressed.
Exx.: קודשא בריך הוא בעי לחרובי ביתיה ובעי לכפורי ידיה
בההוא גברא „God wishes to destroy His house, and would
then wipe His hands with *me!“* פוק מאתרין ולא תיגרי
בהו מותנא בהנך אינשי „go forth from our place, lest thou
provoke death against *us“;* מכדי ההוא גברא בעיל דבביה
דההוא גברא הוא מאי בעית הכא „since *thou* art *my* enemy,
what doest thou here?“ אמאי לא צניעא הך איתתא
באיסורא עשרה בני אית לה להך איתתא ולית לה מגברה אלא חד ?
„why art *thou* not secretive in sin? *I* have ten sons,
and only one from *my* husband“.

b All demonstr. pronouns may be employed attribut-
ively with a noun, or by themselves without a noun.
Exx. for the latter: בר אינש ... כדין „a man ... like

this one"; אידך „the other one"; אינסיבי ליה להאי „I married this one"; האי בר עלמא דאתי „this one is a son of the world to come"; הני נמי בני עלמא דאתי נינהו „these also are sons, etc."; כולהו נכסי דהאי „the whole property belongs to this one". In a neuter sense: מאי האי „what is this?" כולי האי „all this"; לבר מיהא „except this"; על דא „on account of this". So esp. at the beginning of a sentence as predicate: דין עסק ביש „this is a bad business"; דין גרמא דעשיראה ביר „this is the bone of my tenth son"; האי הוא „that is he". The demonstr. pronouns are used also nominally as the antecedent of a relative pronoun: להא דאמר ר' יוחנן „that which R. Johanan said".

When serving as an adjectival attribute, the *c*
demonstr. pron. may either precede or follow its noun: (*a*) הדין ביתא „this house"; הדא מילתא „this word"; אילן מלאכייא „these angels"; בהלין עשרה יומין „in these ten days"; האי אינש „this man"; הא איתתא „this woman"; הני מילי „these words"; הך זויתא „that corner"; הנך אינשי „those men"; לאידך מית „for another dead person"; (*b*) שטרא דנן „this document"; עמא הדין „this people"; ארעא (ה)דא „this land; שניא אילין „these years". On the whole, the pronoun more frequently precedes the noun; I do not know of an example where האי follows the noun.

50. Interrogative Pronouns. 50.

מאן is used of persons, מה, מאי of things; thus *a*
מה שמך, מאי שמך „what is thy name?"

מאן is used nominally. It may therefore be *b*
dependent upon a preposition: בהדי מאן נשדר „through

whom shall we send?" In the ex. חזי מאן גברא רבא מסהיד עליה „see, what a great man testifies for him", מאן apparently has adjectival force.

c מאן is not inflected; number and gender are, however, indicated in the construction. Thus מאן הואי האידנא בבית מדרשא Ket 65ᵃ M „who (which woman) was to-day in the academy?"

d מאי may be accompanied by a noun in apposition: מאי טיבותא עבדי בהו R. h. 20ᵃ IB „what favor they have conferred upon them"; מאי טעמא „for what reason?"

51. **51. Relative Pronoun.**

a The relative pronoun may be inclusive of its antecedent: דאקרייך קהלת לא אקרייך משלי „whosoever (= he who) taught thee Ecclesiastes, did not teach thee Proverbs"; מי איכא דמטרח קמי שמיא כולי האי „is there one who molests God so much?" דעלך סני „whatsoever is hateful to thee". So also after כל: כל דצריך „every one who is needy".

b Just as frequently the antecedent is expressed by a demonstr. or interrog. pron. (or מידי): האי דקא מחיל יומא טבא „he who desecrates the holiday"; מאן דיוזיף שבתא „he who lends the sabbath"; מה דכתיב בספר אורייתא „that which is written in the Book of the Law"; כל מה דאית לכון למישאל „whatsoever you have to ask"; ולמאי דסליק אדעתין מעיקרא „and concerning that which first came to our mind"; מי איכא מידי דאנן לא ידעינן „is there anything that we do not know?" A double antecedent: האי מאן דיהיר „he who is arrogant".

52. Numerals. 52

The cardinal numbers may stand nominally by themselves: חד דמשתין זריז „one (a single one), who is more capable than sixty"; טבא תרתי מתלת „two are better than three". Of course, the numbered objects are easily supplied from the context. a

חד, חדא as an adjectival attribute (§45*b*) properly follows the object numbered: עמא חד „one people", יומא חד(א) „one day", זימנא חדא „once". But the numeral may just as well precede the noun: חד זוזא „one zūz; בחד מחטרא „with one beating"; אחד כתפיה „on the one shoulder"; חדא ברכתא „one benediction". The other numerals almost without exception precede the noun, e. g., תרי קבי „two ḳabs"; תרתי נשי „two women"; שב בנתיך „thy seven daughters"; תרתי סרי שני „twelve years". b

The numerals from 3—10 are still construed in accordance with the well known Semitic rule, i. e. masc. forms go with fem. objects and conversely. The numeral is put either in the st. a. appositionally, or in the st. c. Exx. of the latter construction: שבעת יומין ושבעת לילותא „7 days and 7 nights"; שבעת אלפי דינרי „7000 *denarii*". The circumstance that, where the numbered object is not specifically mentioned (§*a*), the numeral nevertheless appears in the correct form, proves that the Semitic (Early Aram.) principle is still alive. Thus באפי תלתא „before three (sc. men)"; תשע להאי גיסא „9 (cubits) on the one side". To be sure, incorrect readings occur, but they are proportionately infrequent. c *d* On the other hand, the fem. form seems to be on the wane in the numerals from 11—19. As far as my observation goes, we have no right to speak of a promiscuous use. It is also to be observed that, where the numbers are used absolutely, even when the numbered object is easily supplied from the context, the numeral may be taken in a neuter sense; in which case of course both the masc. and fem. are proper (§42).

e Beginning with 2, the numerals are followed by the pl. of the numbered object; after the numbers 21, 31, etc., the sg. may likewise be used: מאתן ועשרין וחד לוגי „201 logs" (variant לוגא); עשרין וחד שתא „21 years".

f Ordinals may be replaced by cardinals: חד בשבא, תרי בשבא, etc., „first, second day in the week", etc. Cardinals are of course indispensable for those numbers which possess no ordinals of their own.

g על חד תרין has a multiplicative force: „twice as large".

h הדדי signifies „one another"; with prepositions אהדדי, בהדי הדדי. „To one another" may also be expressed by the phrase חד לחבריה.

53. **53. Adverbial Expression.**

a The adverbial accusative in specifications of place and time is uncommonly frequent.

b An adverb modifying an adj. precedes it: כמה נפיש גברא „how great is the man!"

54. **54. Prepositions.**

a ל to introduce a point of time: למחר „to-morrow", לעגל „soon", לסוף „at last". Also in general adverbial expressions: לשלם „in peace", לחוד „separately".

ל to introduce the logical subject with passives: *b*
cf. §58*i*.

מן (*1*) in a causal sense: מעוצבא דלבך „because of *c*
grief"; מחדוא דלבך „because of joy"; (*2*) partitively, cf. אכל מן; (*3*) comparatively, e. g., חילמא בישא עדיף מחילמא טבא „an evil dream is better than a good dream"; frequently with טפי superadded, cf. סומק טפי „is redder (מדמא דחברך than the blood of thy fellow-man)".

מן pleonastically in מקמי, מתותי and the like. *d*

בגו and בהדי take the place of ב both in a local *e*
and in an instrumental sense. ב has orig. a local force in מתפסת בגנבי „thou wilt be caught into the thieves (among the thieves, as a thief)".

B. The Verb (§ 55—62).

55. Person and Gender. 55.

With a finite verb, the personal pronoun is ex- *a*
pressed solely for the purpose of emphasis (§48*a*). Nevertheless, even in the latter case, the pronoun of the 3. person may be wanting: איתקיל ואיתקילא ביה גמליה „he stumbled, and his camel stumbled over him" (so HM*; M superscr adds איהו).

The 3. person is often omitted with the participle *b*
serving as predicate, both when the subject is indefinite („they", „one") and when the definite subject is easily supplied from the context. Exx.: (*a*) גמירי „they say"; כולי עלמא כיילי ליה בקבא זוטא „to everybody else they measure with a small measure"; מיהב יהבין משקל לא שקלין „they give, but they do not take back";

(*b*) מי שביק לי מידי מיניה „does he (sc. the tenant) leave aught thereof for me?"

c An indefinite personal subject may remain unexpressed with the finite verb as predicate; thus אקרינן „it was recited to me (by God or by an angel)"; לא אהני לך „they have not benefited thee". When the subject is a human person, איניש or אינשי is usually added.

d On the other hand, when the indefinite subject is to be conceived as an impersonal, neutral one, the mere verbal (or participial) form is sufficient, the fem. and masc. being equally permissible (§42): לא איכפת ליה אממונא דחבריה „his fellow-man's property does not concern him"; אי הואי לי „if I had it (= means)"; מאי קהויא עליה „how does he fare (how fares it with him)?" לא שמיעא לי „I have heard nothing"; ניחא ליה למר דליהוי ריש מתיבתא (with the epexegetical infin.) „is it acceptable to you, that you become the head of the college?" איחשיך „it grew dark"; מידי שמיע לך בהא (מידי in the accus.!) „hast thou heard aught in this matter?" The indefinite neutral subject may, however, also be expressed by means of מילתא, עלמא and the like; thus טריחא לי מילתא „it is troublesome for me"; דחיקא להו מילתא „it was straitened about them, they were in straitened circumstances"; דחיק ליה עלמא „it is straitened about him." Incorrect readings: איבראי ליה עלמא „he became well"; דחיקא ליה עלמא.

56. **56. The Perfect.**

a As historical tense; exx. uncommonly frequent (though the participle is used likewise, §58*f*).

As a perfect proper: מחייאן רבאי „my master has struck me"; סליק למתיבתא דרקיעא „he is gone up to the heavenly college". b

Occasionally in a subordinate clause to express coincidence in the past (the partic., however, is more frequent, §58*b*); the main clause, of course, has the perfect likewise: בהדי דחזינך בריכינן עלך תרתי „when we saw thee, we pronounced over thee two benedictions". To designate the pluperfect: עד דאתא שמואל מבי רב נח נפשיה דאבוה „before S. had come from school, his father died"; חזאי אפדנא דנפל „I saw, that the house had fallen in". So also after the conjunction כי (§71*d*). c

In conditional clauses to designate unreality (§73*c*). So also שואי נפשאי כמאן דשקלי מיניה „I acted as if I had taken from him". d

In cases like שרא ליה מריה לפלניא the perf. designates a fact (not a wish). e

57. The Imperfect. 57.

For the future proper only few exx. are available קוץ דידך והדר איקוץ אנא „cut off thine, then I shall cut off mine"; ווי לדין כד יקום דין † „woe to the one, when the other will arise". a

Usually a modal force attaches to the impf.; we then use the auxiliaries „be able, may, shall": מאי אעביד „what shall I do?" איזיל ואימליך באינשי ביתאי „let me go and take counsel with my family"; ליהוי כולן לעמא חד „let us all be one people"; תיזרע ולא תיחצד „thou shalt sow, but not reap"; רחמנא ידכרינך לשלם „God remember thee for peace". So also in b indirect questions: לא ידעיתו היכי תעבדו „you do not know what you are to do“ (it continues then epexegetically תקטלונהו כולהו ... תקטלונהו להנך „if you are to slay them all ..., if on the other hand you are to slay only those“).

c The impf. has a modal force in subordinate clauses after the conjunction אי „when“ and esp. after final conjunctions like ד, כי היכי ד: אי חקלאה מלכא ליהוי „when a rustic becomes king“; לא מצינא דאטרח „I do not like to trouble myself (prop. „I have not the strength that I should trouble myself“); במטותא מינייכו דלא תהוו קמאי לא ביומי ניסן ולא ביומי תשרי דלא תטרדו במזונייכו כולה שתא „I pray you that you be not with me either in Nisan or in Tishri, in order that you may not be concerned about your sustenance the entire year“; אוקירו נשיכו כי היכי דתיתעתרו „honor your wives, in order that you may become rich“.

d On a line with the Hebr. perf. with ו consecutive or the voluntative with weak ו, we find in Talmud. Aram. the imperf. with ו continuing an imperf. (imptv.) (or a partic. replacing an impf.) with modal force: ליכנפי ליה למר עשרה וליצלי „let them assemble for my lord ten persons, that he may pray“; אוקמן נמי לדידי ואצלי „cause me to arise likewise, in order that I may pray“; שלח מדך ואנא אלבשיה „take off thy garment, in order that I may put it on“; אגמרו לבנייכו תורה ונגרסו בה „teach your sons the Torah, that they may study therein“; ... השתא אתו יומי ונינום „soon days are coming ..., when we shall sleep“; מאן יהיב לן נגרי דפרזלא ונשמעינך „would that we had feet of iron, that we might be able to hear thee“.

58. The Participle. 58.

I. As in Hebrew, the partic. denotes: (*1*) duration *a*
in the present, but also the simple or real present: בדובר קיימת קמי מרך „dost thou stand with hy back in the presence of thy Lord?“ ידע אבון בהאי צערא „does our father know of this grief?“ ורחמנא היכא יתיב „and where does God dwell?“

(*2*) a continuous state in the past, esp. in sub- *b*
ordinate clauses: חוייה ללוי דיתיב אבראי „he saw Levi sitting outside“; אשכח ביה חויא דְפסיק ושדי בתרתי גובי „he found therein a snake which was cut through and lay in two pieces“. So also after the conjunctions אד, ד בהדי: אדיתבי אזל ואתא „while they were sitting there, he went and returned“; בהדי דמחוורי להו נפל בהו ריחא „while they were cleaning them (the fish), an odor arose in them“.

(*3*) imminent or certain futurity: „you say that *c*
you are wise; tell me then, מַאי חוינא בחלמאי what I am going to see in my dream“; חוית „thou wilt see“; בידא דפלניתא בת פלניתא דאתיא למחר „by the hand of N. N. who is coming to morrow“; השתא אָתו יומי „soon days are coming“; בריך גנבא הוי „thy son will (is destined to) be a thief“; תרויכו רבנן הויתו „both of you will be scholars“.

II. The partic. is met with very frequently (as in *d*
Hebrew) in gnomic sentences. It is furthermore used to designate a habitual action in the present as well as in the past: למאן מברכינן „whom are we in the habit of blessing?“; מאן דיהיב ליה זווא מפשר ליה חלמא

לטיבו „whoever gave him a zūz, he would interpret his dream favorably“.

e The partic. denotes a future action after the conjunctions כד, כי, בתר ד, עד ד; thus כד מפיקנא לכו עבידנא לכו מלתא „when I cause you to go forth, I shall do for you a miracle“; עד דגניתון לי גננא איזיל ואשמע מילתא „until you prepare for me the bridal chamber, I will go and hear something“. The partic. has replaced the impf. even in conditional and final clauses: מאן יהיב לן „would that we had“ (Hebr. מי יתן); דילמא מתבעינא „lest I am sought“; (כי היכי) דידעיתו „in order that ye may know“. We find ומצלינא as a variant for ואצלי in the ex. §57*d*. The partic. shares likewise in the modal nuances of the impf.: הוא אכיל ואנא משינא „he is eating, and I am to wash myself!“ The partic. is particularly employed in the sense of the imptv.: אתון מהליתו והוו כוותן „rather you circumcise yourselves and be like unto us“.

f The partic. is frequently used in the narrative as historical present in continuation of a perf. Through this device, the style ceases to be monotonous, and the narrative becomes more vivid, description taking the place of mere narration. The retarding tempo serves in particular to describe concomitant conditions, or to emphasize a marked event with which the narrative is rounded off at a certain point: למחר איתבר מוונא דמלכא (בזיונא l.) ואתו ותפסין לרבא „on the following day the royal customs house was broken into, — then they came and arrested Raba“; דרשה . . . שקלי כולי עלמא חצביהו ואתו לגביה „he discoursed on it . . ., then everybody took his pitcher and came to him“; לא

יָדְעִי מאי קאמר אֲתו לקמיה דרבי בנאה „they did not know what he meant; so they came to R. Banna'a".

The partic. is frequently strengthened by a prefixed קא (ק): אמאי קבכית „why art thou weeping?"; שמע דקאמר לה חד רשע לדביתהו „he heard a godless person say to his wife"; בהדי דקא סליק נפל ספרא מיניה „as he was departing, he dropped a book"; אידמי להון כאינשא וקא קרי אבבא „he appeared to them in the guise of a man, and called at the door"; אתת לאתחואה ליה קא מדחן לה רבנן „she came to show herself to him; but the disciples pushed her away"; יתיב אההוא מעיינא קא אכיל נהמא „he seated himself beside a spring and ate bread". In a conative sense: קא קטלי ליה „they were about to kill him"; וקא בלעה לספינתא „and it was about to swallow the ship". g

Very frequently the idea of duration in the past conveyed by the partic. is made more precise by the addition of the verb הוה. | Occasionally הוה also is inflected, e. g., הויתי דייר = *habitabam;* כי הוות אתיא ליה איתתא הוה מלביש לה „whenever a woman came to him, he would have her put on". Almost universally, when the partic. is placed in the pl.: הוו יתבי = *sedebant,* הוו קאזלי = *ibant.* As a rule, however, הוה remains uninflected: הוה קאימנא Suk 44ᵇ M_1 (M, however, reads הואי) = *stabam;* הוה יתבא = *sedebat*, etc. The partic. with הוה and the simple partic. are frequently found by the side of each other, e. g., הוה קא מצטער רבי למסמכיה ולא קא מסתייעא מילתא „Rabbi endeavored (on various occasions) to ordain him, but he never succeeded in bringing it about". For the use of the partic. with הוה in conditional clauses cf. §73*c*. h *i* Just as the act. partic. succeeds to the functions of the impf., the pass. partic. takes the place of the perf., e. g., כתיב „it is written"; מידע ידיע „it is well known"; שקילן טופריה „its claws have been taken away"; שכיב חד מיניהו „one of them died"; שכיבא ליה ברתיה „his daughter died". The pass. partic. with הוה takes on the sense of a pluperf., e. g., חזא תוב דהוה כתיב „he saw again that it was written"; לא הוו ידעי היכא הוה שכיב „they did not know where he had died".

j Quite popular is the construction: Pass. partic. with ל introducing the agent, with the connotation of an active perf., e. g., שמיע לי „I have heard"; לא שמיעא לי „I have never heard it"; לדידי חזי לי = חזאי. With a logical object: לדידי חזי לי אווילא „I saw a gazelle"; with no attempt at concord: מאן דשמיע ליה מילתא „any one who has heard anything"; לדידי חזי לי ההיא אקרוקתא „I saw a frog".

k The (pass.) partic. of the form פעיל in an active sense occurs with doubly transitive verbs and elsewhere, e. g., טעין „(laden with,) bearing"; לביש „(clothed in,) having on"; גמירי „they say"; דכירנא „I remember"; נקיטינן „we hold"; עסיקינן and עסקינן „we are occupied".

59. **59. The Imperative.**

The imptv. is really the 2. person of the impf. minus the prefix. With a negative, the impf. is used; hence קטול „kill", לא תיקטול „do not kill, thou shalt not kill".

60. The Infinitive. 60.

The infin., when corresponding to the infin. constr. *a* in Hebrew, is usually preceded by the preposition ל, particularly when an aim or a purpose is to be expressed: חמר למירכב „an ass for riding“; קריבו יומך לממת „thy days are drawn nigh that thou must die“; רהוטו . . . למעבד רעותא דמריכו „be alert to do the will of your Lord“. This function goes over into the objective one, so esp. after verbs like „wish, be able to, permit“: בעא למיעבד קרבא בהדיהו „he wished to wage war with them“; לבר מיהא דלא מצינא למיעבד „barring that which I am not able to do“; ההיא מדינתא דלא מצו למיכבשה „a certain province which they were not able to conquer“; ולא שבקא ליה למיפק לבי מדרשא „she would not permit him to go to the academy“, etc. The infin. with ל may epexegetically also represent the subject, e. g., לאו אורח ארעא למעבד הכי „it is not customary, to act thus“. Exx. without ל: לא בעי מר מינם „does not my lord wish to sleep?“ לא מצינן מיהוי כוותייכו „we cannot be like unto you“; לא שבקתיה גלויי רישיה „she did not permit him to uncover his head“.

In the place of the infin. with ל, the finite verb *b* with ד may be found to express the functions referred to, e. g., בעינא דאיזיל „I wish to go“; אי רגיל את דדרית במאתיך „if thou art accustomed to carry in thy city“ (cf. אי רגיליתו לקדומי „if you are accustomed to dine early“); עתידה דשדיא B. b. 74[b] גו (M on the other hand reads 'למישד) „she is destined to throw“.

With איכא, הוה, איבעי, the infin. denotes obligation, *c* necessity, or ability: מאי איכא למימר „what shall (may) one say?"; הוה לך למיהב „thou shouldst have given"; איבעי ליה (ל)עיוני ומיזל „he should have taken heed".

d I find a subject by the side of the infin. in the ex. למבעא רחמי ומיתא מטרא „that you may pray and that rain may come".

e For the infin. absol. cf. §61*g*.

61. **61. Government of the Verb.**

a In the older language we meet with the independent objective particle ית, but only with suffixes, hence in the place of objective suffixes. Cf. אפיקית יתכון Ber 38ª ꟸ = אפיקתנכו M.

b In the later language, the pronominal object is expressed either by means of objective suffixes or by means of ל (or לדיד' §48*d*) with its (nominal) suffixes. In the case of the partic., the latter mode of expression predominates; but even there the simpler method of appending suffixes directly to the verbal stem is met with. — ‖ Exx.: אפסיל ליה „he rendered him unfit"; אשמעָן לי „cause (f.) me to hear"; חזי לדידי „look at me". — With the partic.: מצערן „who vexes me"; מלפך „teaches thee"; מודעיה „he informs him"; מומינתיה „she invites him"; בנַיֵיה „he rebuilds it"; ממלייה „he fills it"; פרעתין „thou payest me"; מודעתן „thou informest me". Much more frequent, however, are exx. like קטיל ליה „he slays him", קטלת לן „thou slayest us".

c Where the object is particularly emphasized, the pronominal object is pleonastically expressed by means of an objective suffix plus לדיד' with its suffix: שדיוה לדידיה „they cast *him*"; שייליה דידיה „ask *him*".

The nominal object when (syntactically) undetermined, requires no specific designation: בניתי ביתא „I have built a house"; הבו לי מספרא „give me a pair of scissors"; אפיק גלימי דתכלתא „take out purple garments"; חזא גברא „he saw a man" (accordingly also חזא ההוא גברא). On the other hand, when the nominal object is determined, the following modes of expression are possible: (1) בעינא אבא „I am looking for my father". So esp. when the verb and the object constitute as it were a compound, as in the case of אהדרת אפך, מסרנא נפשי. ‖ (2) חבוטו לקבריה דאבוכון „beat the grave of your father"; אי קטלי לההוא גברא „if they slay me"; מאן שתיל להאי חרובא „who planted this carob-tree?" The object may precede: לבני אחוה שוי „his brother's sons he has appointed"; למאן מברכינן „whom are we in the habit of blessing?" ‖ (3) אחרביה לעלמא „I shall destroy the world"; שמעא לדביתהו „he heard his wife"; איתיתינהו לבניהו „thou hast brought their sons"; לאיתויינהו למאניה „to fetch his garments". This is the most usual construction. The object may again precede: לאחוה שויה „his brother he has appointed". ‖ (4) קרעוה ליה לכריסיה „they cut open his belly"; קטלונהו להו לכולהו דיוראי „they slew all of the villagers". d

Exx. of the construction of doubly transitive verbs: e אגמ(י)רו (ל)בנייכו תורה „teach your sons the Torah"; אחזוי לי רבנן צדיקי „permit me to see the righteous scholars"; שוויה גברא רבא „he made of him a great man".

Exx. of the transitive construction of the passive f of a doubly transitive verb: איכסיתינהו „she covered herself therewith (with the garments)"; פארי איפרע „be paid with bran"; מיחייבת תרי קטלי „thou art worthy of two deaths". The verbs לבש, מלא and the like are similarly construed: לבישתינהו „she clothed herself therewith"; מלא דוכתא דמא „the spot was filled with blood". אִדְּכַר and אשתמיט are equally construed as transitives: אי אדכרתון ומניה דשטרא „if you remember the date of the document"; אשתמיטתן „it escaped us". Note also: אבדן „it was lost to me".

g Very frequent is the absolute object (the infin. absol.). Usually it precedes, e. g. מיחשב חשיבנא „I am esteemed"; מימר שפיר קא אמרת „thou speakest well"; מימחא נמי מחית „thou strikest in addition"; מילט קא לייטת להו „thou art cursing them"; מידע ידיע „it is well known". Rarely it follows: דמצלו אצלויי „as they bent (their body)".

62. 62. אית.

a אית (negatively לא אית, לית) is properly a noun in the st. c. signifying „existence". Gradually, however, it becomes independent so that it may be separated from its noun and assume verbal force („is, are, there is, there are"). Thus it coalesces with כא into איכא (ליכא). Exx.: באתר דלית גבר „where there is no man"; אית לן בגויכו חולקא „have we a share in you?"; מי איכא מידי „is there anything?" In accordance with §44*e*: איכא דאמרי „there are those who say"; וליכא דשמעיה „and there was none who heard him". The noun may even precede איכא: אבא טובא איכא הכא „there are many Abbas here". Of course, the interrog. pronoun always comes first: מאן איכא „who is there?"

b The noun in the genit. may, of course, be replaced by a personal pronoun (pronominal suffix): בריה ליתיה

בר בריה איתיה „his son no longer lives, but his grandson does"; ליתה הכא „she is not here". — The suffixes are originally posessives, but, as the forms become independent (§a), objective suffixes may be appended exactly as in the case of the verb: איתינן „we are"; איתינכו „you are"; איתנהו, איתנהי „they are"; ליתנהו „they are not". Even the independent pronoun is met with: איתי אנן (read thus for איתו) Pes 50ᵃ ℬ.

Conformably to the construction with objective *c* suffixes, the noun may be conceived as an object and thus be introduced by means of ל: לבריה ליתיה לבר בריה איתיה Taan 23ᵃ M. The pronominal object may likewise be introduced by means of ל: אית לכו כמה שני גבן „you have been with us these many years". Pes 87ᵇ M.

As a mere copula: לית הוא עביד (var. ליתיה עביד) *d* „he does not do".

Although in itself אית possesses no temporal *e* connotation, it may, when referring to the past, be strengthened by הוה: הוה איכא חד מינן „there was one among us".

C. The Simple Sentence (§ 63—68).

63. The Copula. 63.

The function of a copula is assumed not only by *a* אית (§62*d*), but much more frequently by the independent pronoun of the 3 person, originally being nothing more than an emphatic resumptive of the subject. Whereas, however, the forms †הוא, †היא, איהו, איהי, †אינון, אינהו, אינהי are used both as subject and as copula, Talm.

Aram. possesses the distinctive resumptive forms ניהו, ניהי, נינהו, נינהי.

b The copula lends emphasis to the part of speech which precedes it; hence it drops out when no emphasis is intended, e.g., טור תלג „the mountain is (covered with) snow"; so esp. with an adjectival predicate: אורחן רחיקא וצוותין בסימא „our road was long, but our society pleasant". Contrast, on the other hand: עדי סוראה הוא „this man comes from Sora"; הכא אתרא דשמואל הוא „here is the place of Samuel"; מר ניהו (var. הוא) רב „you are master"; כולהי חדא ברכתאננהי „all of these (benedictions) are one".

c הוא may be resumptive of a pronoun of the 1. person serving as subject: דאנא הוא דאפיקית „that it is I who brought out". But the pronominal subject may be resumed by the corresponding person: אנא קאימנא ומרמינא „I will rise and throw together".

64. **64. The Casus Pendens.**

A noun which is to be emphasized is very frequently taken out of the sentence and placed at the beginning as a *casus pendens*. It is then resumed in the sentence by a corresponding personal pronoun, and its syntactical relation to the sentence is thus indicated, e. g., כולי עלמא כיילי ליה בקבא ווטא האי מרבנן כיילי ליה בקבא רבא „to *everybody* they deal out with a small measure, but to *this disciple* with a large measure"; ינוקי מאי אעביד להו „what shall I do with the *children?*" אנא הא דרב המנונא לא שמיע לי „*I* was not acquainted with the saying of R. Hamnuna".

65. Concord of the Parts of Speech. 65.

Exx. of the masc. form gradually becoming pre- *a*
dominant at the expense of the fem. have been met with in the preceding sections (§§45*a*; 50*c*; 52; 55*d*; 57*i*). In the verb and in the partic. (or adj.) with subjective suffixes, the specific forms of the fem. in the 2 and 3 pl. are found but rarely; for the most part they are not used at all. With an adj. or partic. serving as predicate, concord is imperative.

Incorrect readings are easily removed in the face of the evidence of the older MSS.

Constructio ad sensum: בעדנא דמצלו צבורא Ber 7[b] *b*
M[mg] (𝔅 M מצלי) „when the congregation prays"; ודייני כולי עלמא „and everybody concludes"; on the other hand, כולי עלמא כיילי ליה (§64). When מלכותא is subject, the predicate may be placed either in the sg. (masc. or fem.) or in the pl.

For the construction of מאן cf. §50*c*. *c*

מידי construed as a fem.: מידי סריא „something that *d*
stinks".

When two or more nouns are joined by means of *e*
ו, the predicate is put in the pl. and agrees so far as the gender is concerned with the subject next preceding or following: בנך ובנתן מסירן Ber 56[a]M, but ואתו בניה ובנתיה ibid.

66. The Order of Words. 66.

Normally the predicate follows the subject whether *a*
in the verbal or in the nominal clause. The least emphasis suffices to reverse the order. Exx.: קריביה

דרב אידי שכיב „a relative of R. Ide died“; שימשא ממילא ערבא „the sun sets of itself“; חוצפא מלכותא דלא תאגא „impudence is uncrowned royalty“; קידרא דבי שותפי לא חמימא ולא קרירא „a pot belonging to partners is neither hot nor cold“; on the other hand: נבח בה כלבא „a dog barked at her“; ייזיל נחום איש גם זו „let Naḥum of Gimzo go“; קמחללי רבנן שבתא „the disciples are desecrating the sabbath“; כפין עניא ולא ידע „a poor man is hungry, and knows it not“.

b The object follows normally the verb, but it may also precede it, e. g., הב לי ידך „give me thy hand“; לכנפי למר עשרה „let them assemble for you ten persons“; on the other hand: אגרא הוה לך למיהב „thou shouldst have paid the reward“; רחמנא לבא בעי „God demands the heart“.

c Exx. illustrative of the position of adverbs and adverbial specifications: הרהר כולי יומא „he mused over it the whole day“; שפיר קאמרת „thou speakest well“; ביומי ניסן וביומי תשרי לא תתחוו קמאי „do not appear before me either in Nisan or in Tischri“. ‖ נמי is with preference given the second place in the sentence. מימחא נמי מחית „thou strikest in addition“.

67. **67. Negative Sentences.**

a לא is in the main used to negative a verb which it then immediately precedes, e. g.: אפילו גברא כוותיך לא חניפי ליה „I have not flattered even a man like thyself“; לא אשגח בה „he paid no attention to her“; אהדורי אפיתחא לא מהדר „he does not go about begging“. — When the predicate is a noun or when a single word is negatived, לאו is used, which is placed immediately before the negatived word: לאו בר הכי הוא „he is not capable thereof"; לאו אורח ארעא למעבד הכי „it is not customary to act thus"; לאו עכברא גנב אלא חורא גנב „not the mouse, but the hole stole"; הא דרבא לאו בפירוש איתמר אלא מכללא איתמר „this opinion of Raba was not said expressly, but is only inferred"; לאו כל יומא מתרחיש ניסא „a miracle does not happen every day".

b לא, however, is used (*1*) in בלא (e. g., בלא מתאי „outside of my home"; בלא שניה „prematurely"), דלא (e. g., דלא תאגא „uncrowned"), לא איניש „nobody", לא מידי „nothing". ‖ (*2*) in repetitions: לא דינא ולא דיינא „there is neither law nor judge". — Note double negation: לא מחוו ליה לאיניש לא דיקלא . . . ולא פילא . . . „they show a man neither a palm-tree . . . nor an elephant . . ."; לא אמר ליה ולא מידי „he said to him nothing"; ‖ (*3*) elliptically: לא „no"; ואי לא „and if not".

68. Interrogative Sentences. 68.

a A direct question concerning the predicate is introduced by מי or אטו, which is always placed at the beginning of the sentence: מי קא שביק לי מידי מיניה „does he leave ought thereof for me?"; מי איכא מידי דאנן לא ידעינן וספרי ידעי „is there anything that we do not know, but the scribes know?" — A *casus pendens*, however, may precede: רישא מי אמרינן דפליגא אמתניתין „shall we say that the first case is at variance with our Mishnah?"

b Much more frequently the interrogative particle is dispensed with: ידע אבון בהאי · צערא „does our father know of this grief?"; תרנגולתא אפיקת מביתך „has thou taken out of thy house a hen?" אית לכו ארעא „have you land?"

c With a negative: לא לישדר ליה מר שלמא לילתה „does not my lord wish to send greetings to Jaltha?" לא בעי מר מינם פורתא „does not my lord wish to sleep a little?" — Together with מי: מי לא מכתפינן קמיה „should we not carry before him?"

d The interrogative pronouns and adverbs are for the most part placed at the head of the sentence, e. g., מאן איכא בהאי שוקא „who is in this market-place?" אמאי יתבת אבראי „why dost thou sit outside?" עד אימת עבדיתו הכי „how long will ye act thus?" Frequently also after the word to which the question refers, e. g.: זוזיי היכא „where is my money?" ורחמנא היכא יתיב „and where does God dwell?" אנא אמאי „and why I?"

e The phrase מהו דתימא is to be taken interrogatively = *quid est, quod dicas?*

f Interrogative sentences often assume the meaning of exclamatory ones: כמה נפיש גברא מ ... „how greater is this man than . . .!"

D. Compound Sentences (§ 64—73).

69. **69. Copulative Sentences.**

a Two verbs designating actions closely following each other, or congruous, or one of which expresses a modification of the other, are very frequently joined by means of ו, but may frequently enough be placed beside each other without ו, e. g.: איזיל ואשמע „I will go and hear“, but איזיל איחזי „I will go and see“; ניפוק וניתהני „let him go forth and enjoy himself“, but פוק חזי „go forth and see“; איקום ואגלי „I will arise and go into exile“, but קם גלא; ניקום ניזיל נעביד עיסקא „come, let us go and do business“. ‖ Very frequently one of the two verbs is best rendered adverbially, e. g.: קדום סלוק ענני מהך וויתא דדביתהו „the clouds rose first at the corner where his wife was“; חשיך תקין נפשך וקדים תקין נפשך „set thyself aright (ease thyself) early and late“; אחריפו עולו אחריפו פוקו „enter early and go out early“; הדרת שקלתינהו „thou tookest them again“. ‖ In the same manner מצי „be able“ is construed: לא מצינא מקיימנא „I am not able to fulfill“; לא מצית אמרת „thou art not able to say“.

b Circumstantial ו: בפניא אתא עניא . . . והוה טריד כולי עלמא . . . וליכא דשמעיה „in the evening a poor man came, while everyone was busy and there was none to hear him (= Hebr. וְאֵין שֹׁמֵעַ)“; with the perf. in the sense of a pluperf.: נח נפשה דרביתא ולא פקידא „the girl died, having left no will“. ‖ ו = „nevertheless“: בדידך קיימא וצערתן כולי האי „it is written in thy book, nevertheless thou hast vexed me so much“. Cf. also §57*d*.

c או serves to introduce the second alternative in a double question: לדריה הוא דתקין או דילמא לדרי עלמא נמי דתקין „did he ordain it only for his generation, or perhaps also for all the generations of the world?“

70. **70. Attributive Relative Sentences.**

a †די, ד, orig. a demonstrative, has been reduced to a relative particle. The precise specification of the relation is expressed in the relative clause by means of a personal pronoun.

b This pronoun is usually dispensed with in the case of the subject even in nominal clauses: יומי דאריכי וקטיני „days which are (at the same time) long and short". Nor is it always necessary to indicate the object; contrast גברא דקא בעינא ליה „the man whom I am seeking" and שקלתיה לדסתנא דיהבת לי „I took the portion which thou gavest me"; מהני מילי מעליתא דהוה עביד רב הונא „of the excellent things which R. Huna was wont to do".

c On the other hand, the pronoun is indispensable in the genitive relation and with prepositions: ההוא אתרא דקושטא שמיה „a place the name of which was Truth-town"; ההוא גוי דהוה נפישי נכסיה טובא „a certain Gentile who had great wealth"; מתא דלית בה מקרי דרדקי „a city in which there is no teacher"; הנך דמלכיתו עילויהו „those over whom you are ruling".

d The pronoun is usually wanting, when the antecedent is an expression denoting place or time: באתר דלית גבר „in the place where there is no man"; מהא זויתא דהות קימא דביתהו „at the corner in which his wife stood"; ההוא יומא דעיילא „on the day on which she enters"; מן יומא דמיתת שרה „from the day that Sarah died"; כל כי הנך שני דלא עיילת „all the years during which thou didst not go in". | So always after certain adverbs: כל אימת דהוה עייל לבי מדרשא „as often as he entered the house of study".

The pronoun may be found occasionally in a *e*
second relative clause: ההוא חסידא דהוה רגיל אליהו
דהוה משתעי בהדיה „a certain saint with whom Elijah
was wont to associate".

When a relative sentence refers to the 1. or *f*
2. person, the resumptive pronoun will be placed in
the corresponding person; esp. is this true of the
1. person: אנא הוא דאפיקית „it is I who brought out";
שואי נפשאי כמאן דשקלי „I acted as (one who had taken)
if I had taken".

71. Conjunctional Relative Sentences. 71.

ד as a conjunction transforms a whole clause into *a*
a noun; it may then serve as subj. or obj. or be
found in the genitive relation or in dependence upon
a preposition.

Exx. of subjective sentences: ניחא ליה למר דליהוי *b*
ריש מתיבתא „is it acceptable to my lord that he become
the head of the college?" ווי לן דמייתינן „woe unto us
that we must die!" A pronominal antecedent may
precede: האי דלא אכלוה „the circumstance that they
did not eat him".

Exx. of objective clauses: אמריתו דחכ[י]מיתו „you *c*
say that you are wise"; מידע ידענא דגברא . . . הכא ניהו
„I know that the man . . . is here".

The most important of the prepositional com- *d*
pounds is כד „while, as, when" which occurs only
in the older language: כד נפיק ואתי „as he went away";
כד הוינן זוטרי „when we were small"; כד יקום דין „when
this one will arise"; כד מפיקנא לכו „when I bring you
out". ‖ In the later language כד is replaced by כי:

כי לא משית ידך „while thou hadst not washed thy hands"; כי מטאי לגביה „when I came to him"; כי אתי עניא „when a poor man comes". — כי is found also in front of an unfinished clause: הוה כי דובא „he was as a bear (is) = like unto a bear". כי may be strengthened by a preceding ל; מכי = „since".

e Other combinations: בהדי ד „while, as"; אמטול ד „because"; עד ד (אד) „while, until"; אף על גב ד „although"; כי היכי ד „in order that, that"; מקמי ד „before"; בתר ד „after"; משום ד „because". In some cases, ד alone suffices; thus it signifies „because", „in order that".

72. **72. Indirect Interrogative Sentences**

are treated exactly as the direct ones.

73. **73. Conditional Sentences.**

a אי with the partic., אית, or a nominal clause signifies a condition conceived as real or realizable: אי הדרת בך יהיבנא לך אחתי „if thou wilt reform (begin a new life), I shall give thee my sister"; אי גנבי ליגנבו מדידך „if they steal, let them steal of yours"; אי חשיבנא כולי האי ניעיילוה ללוי „if I am esteemed thus much, let them cause Levi to go in"; אי איכא מאן דשמיע ליה מילתא לימא „if there is any one who has heard anything, let him say it"; אי בר ישראל הוא אזיל ואתי „if he is an Israelite, he will return"; אי הכי הכי קאמר „if it is so, he means as follows".

b When the condition is placed in the past, the perf. is used: אי נקטת תרתי נקוט תלת „if thou hast married two, marry three".

Unreality is expressed by means of the pf. both in the protasis and in the apodosis: איכו השתא לא אתאי סכנתון לברי „if I had not come this moment, you would have endangered my son“; השתא איכו לא חזיתך ספית לי איסורא „if I had not seen thee this moment, thou wouldst have given me something forbidden to eat“. Frequently we find in the apodosis הוה with the partic.: אי איתיב מר וגרים לא מר הוה מליך „if my lord had given himself to study, would he not have become the head of the college?“ Note also: אי לאו דנחמני את לא הוה משדרינן ליה ניהלך Giṭ 45^{a}M „if it were not that thou art Naḥmani, we should not have sent it back to you“ (the conditional particle is strengthened by ד and the protasis is a nominal clause). *c*

Sometimes the conditional particle is dispensed with entirely: בתר גנבא גנוב וטעמא טעום „when you steal after a thief, you taste thereof“; ריש תורא בדיקולא סק לאיגרא „when the head of the ox is in the basket, go up to the roof“. *d*

Literature.

1. Introductions.

HermannLStrack, Einleitung in den Talmud, L. ^{1}1887, ^{4}1908.
MMielziner, Introduction to the Talmud, Cincinnati 1894.
SSchechter, Art. „Talmud“ in Hasting's Dictionary of the Bible V (1904), 57—66.
WBacher et alii, Art. „Talmud“ in Jewish Encyclopedia XII (1906), 1—37.

2. Dictionaries. Lexicographical Works.

MichaelSachs, Beiträge zur Sprach- u. Alterthumsforschung,
B. 1852—54.

JosephPerles, Etymologische Studien zur Kunde der rabbinischen
Sprache u. Alterthümer, Breslau 1871.

JacobLevy, Neuhebräisches und chaldäisches Wörterbuch über
die Talmudim und Midraschim, 4 volumes, L. 1876—1889.

AlexanderKohut, Aruch Completum, Wien-New York 1878—1892.

MJastrow, Dictionary of the Targumim, the Talmud Babli and
Yerushalmi and the Midrashic Literature, New York 1886
—1903.

SamuelKrauss, Griechische und Lateinische Lehnwörter im Tal-
mud, Midrasch und Targum, B. 1898—99.

GDalman, Aramäisch-neuhebräisches Handwörterbuch zu Targum,
Talmud u. Midrasch, Frkfrt. a. M. 1901.

WBacher, Die exegetische Terminologie der jüdischen Traditions-
literatur, II: Die Bibel- und Traditionsexegetische Termino-
logie der Amoräer, L. 1905.

3. Grammars and Grammatical Treatises.

SDLuzzatto, Elementi grammaticali del Caldeo Biblico e del
dialetto Talmudico Babilonese, Padua 1865. ‖ Grammatik
der biblisch-chaldäischen Sprache und des Idioms des Talmud
Babli. Deutsch von MSKrüger, Breslau 1873. ‖ Grammar
of the Bibl. Chaldaic Language and of the Idiom of the
Talmud Babli. Translated by JGoldammer, New York 1876.

IsRosenberg, D. aramäische Verbum im Babyl. Talmud, Marburg
1888.

ArthurLiebermann, Das Pronomen und das Adverbium des baby-
lonisch-talmudischen Dialektes, B. 1895.

CLevias, Grammar of the Aramaic Idiom contained in the Baby-
lonian Talmud, Cincinnati 1900. (= AJSL., XIII—XVI
[1897—1900]).

4. Other Linguistic Works.

1. *CBrockelmann*, Grundriß der vergleichenden Grammatik der
semitischen Sprachen, I, B. 1908.

WWright, Lectures on the Comparative Grammar of the Semitic Languages, Cambridge 1890.

ThNöldeke, Beiträge zur semitischen Sprachwissenschaft, Straßburg 1904.

JBarth, Sprachwissenschaftliche Untersuchungen zum Semitischen I, L. 1907.

— Etymologische Studien, L. 1893.

— Die Nominalbildung in den semitischen Sprachen, ²L. 1894.

PdeLagarde, Übersicht über die im Aramäischen, Arabischen und Hebräischen übliche Bildung der Nomina, Göttingen 1889. Register und Nachträge, 1891.

2. — Gesammelte Abhandlungen, L. 1866.

— Armenische Studien, Gött. 1877.

SFraenkel, Die aramäischen Fremdwörter im Arabischen. Leiden 1886.

ImmLöw, Aramäische Pflanzennamen, L. 1881.

— Aramäische Fischnamen, in: Orientalische Studien, Th. Noeldeke zum siebzigsten Geburtstage gewidmet, Gießen I (1906), 549—570.

3. *MLidzbarski*, Handbuch der nordsemitischen Epigraphik, Weimar 1898.

4. *EKautzsch*, Grammatik des Biblisch-Aramäischen, L. 1884.

HLStrack, Grammatik des Biblisch-Aramäischen mit den nach Handschriften berichtigten Texten und einem Wörterbuch, ⁴L. 1905.

KMarti, Kurzgefaßte Grammatik der biblisch-aramäischen Sprache, B. 1896.

HHPowell, The Supposed Hebraisms in the Grammar of the Biblical Aramaic, Berkeley 1907.

5. *GDalman*, Grammatik des jüdisch-palästinischen Aramäisch, ²L. 1905.

6. *ThNöldeke*, Über den christlich-palästinischen Dialekt, ZDMG 1868, 443—527.

7. — Kurzgefaßte syrische Grammatik, ²L. 1898.

8. — Mandäische Grammatik, Halle 1875.

9. *AJMaclean*, Grammar of the Dialects of Vernacular Syriac, Cambridge 1895.

I. Formen und Sätze.

Forms and Sentences.

A. כסף, חמר, עמר, אניש, איניש, עסק, עיסק | עמר גופנא,
43) ריש ירחא; אורח ארעא, טור מלכא | טור תלג[1]. דעל[2] סוס מלך.
43) בריש כל מותא אנא דם[3]. הוא גבר בכולא. || .B קטלא, גדפא,
גפא, דירכא, טעמא, ועפא, ענא, רישא, קרא, דנא דחלא, רווחא,
יומא ופלגא, סופא, סיפא, גייסא, חילא, רעוא, כריא; גירסא, חילמא,
פיקעא, פיקא, כיבא, כאיבא, עיזא, חולשא דליבא, דינא, חידווא,
ריעיא; שופרא, אודנא, אונא, טונא, טולא, גופא, חוליא | אגרא
דפירקא ריהטא[4]. נו״ן סמ״ך עי״ן, נונא סמא לעינא[5].
14l A. נהר מלכא, באתר דלית גבר. || .B כפנא, כווא חדתא,
דיקנא דכלבא, שיכרא; חברא, כתפא, כפא, גברא רבה[6]; קניא,
ריחיא, רחיא; ארעא דחשוכא, אתרא חשוכא | לפום גמלא שחנא.
מגמלא אונא. צנא דדובשא בוווא. שימשא דבתר מיטרא כמיטרא[7].
ווי מבָרא, ווי מביתא.
14c A. אשיד דמא, מרי ביתא. || .B בר עלמא, ספרא דחמה[h],
רעיא ד[p]בן כלבא שבוע[p], ינוקא | כשורא במתא בוווא, כשורא
בדברא בוווא[8].
14e A. זמר, חֲמר, בר אֱנש, בר אינש, בר נש. || .B שלמא, לישנא,
חולקא, גופא דעובדא, גללא.
14e A. זריז, עביד ביש, ביש גדא. || .B חמירא, לישנא בישא,
כלילא דוורדא, עינא עוירא, סימא בביתא; לבושא; אוזילא | שיקרא
שכיח[9], קושטא לא שכיח[10].

---

[1] §63*b*. || [2] §§10*a*; 51*a*. || [3] B. b. 58^a HM. || [4] Ber 6^b. || [5] Ned 54^b M. || [6] §45*a*. || [7] Taan 3^b M. || [8] B. ḳ. 11^a IB. || [9] §43*d*. || [10] Šab 104^a.

14*g* A. כיף ימא; שלם טב לרב טב. || B. דרא, מלא חוטא דחלא,
VIII—IX*β*. כסא, שקא, ריחא דבישרא | חילמא בישא עֲדיף[1] מֵחילמא טבא[2].
סבא בביתא פַּאחא בביתא[3].

19—20 A. בנין, גוברין, גַברין, גָמל חסדין, יומין, זְמנין, זיקין דנור
abjk. ובעורין דאישא | ביומי תמוז, בני חָרי, כל חללי עלמא | כווא דמיא,
ארזיא, כרמיא, זיתיא; פוריא; חבריא, בשמי שמיא; חשוכיא; פריטיא;
רזיא | סמנין, צלמניא | בְרֵאש כל חיין אנא חמַר[4]. בריש כל
מרעין אנא דם[5]. || B. בני, אַחי, גוברי, גַברי, חיי, יומי; ביזעי, בזי, חינגי;
אודני; זוזי דיתמי; ספרי; אינָשי בָדוחי, בוטטי דנורא; טְבי, קני |
סמני, ביזרני | בר אֲמודאי, ספונאי | תַעְלי בני תעלי. נפישי
גמלֵי ס(א)בֵי דטעיני משכֵי דהוגְנֵי[6].

22. A. 1 sg. אסוירוס[p] בְרִי, בֵיר, אַח, יד, נַפְשי, נְפש, רישי, מָרי, מָר |
1 pl. אבונא, ארעַנא, מרנא | 2 sg. f. בנַיְכִי | 2 pl. m. אבוכון,
בתיכון, ארעכון | 3 sg. m. אבוהי, בנוהי, רגלוהי, ריגלוהי, ענפוהי,
שֲנאוהי, רָזוהי | 3 sg. f. אבוהא, אַחהא, מָנהא, מצרנהא | 3 pl. m.
אבוהון, רגליהון, שנאיהון, מנייהון, כולהון | כלבוהי לא נבחין, טחנוהי
לא טחנין[7]. || B. 1 sg. בנַיי, בנאי, סמנאי; בראי, ידאי, נפשאי,
רישיי, ליבאי, מוחאי, פורייאי, פוריי, רבאי, שטראי | 1 pl. אבון,
רבנַן | אורחן, גמלן, איסדן; חילמַין, אורחין, אתרין, איסדין | 2 sg. m.
אבוּך, מיָיך, נכסיך, נגריך, כנפיך, כרעיך, כּכיך; יומך | בר ברך,
דמך, ידך, מביתך, עיסקך, מרך, פתורך, קרייך; ארעָיך, ליטעמיך,
רישיך, שקיך, כיסיך, ארחיך, מריך, בעיל דבביך, קראיך | 2 sg. f.
אבוך, בנַיך, כשוריך; כשורָך; בריך, לחמיך, איטיך, עפריך | 2 pl. m.
בנַייכו, מֲנייכו; נפשִיכו, עובדייכו | 2 pl. f. גברַיְיכֵי; פומיכי |
3 sg. m. אבוּהַ דשמואל, בנֵיה, מגרמיה, מאניה, חוביה דְדרא,
בעיניה דחְיו(י)א, בירכיה, מיליה, אודניה, טופריה, חבריה, בְמְעיה,
כעובדיה, מַעְיָינֵיה | בריה, בשמיה דאבוהי, אאינשי ביתיה, קיניה,
כוליה יומא, כולי עלמא, באורייה, אתריה דרב[p] ושמואל[p], בישריה,

---

[1] § 43*d*. || [2] Ber 55a M. || [3] Ar 19a 𝔅. || [4] B. b. 58b 𝔅. ||
[5] ib. HM. || [6] Sanh 52a. || [7] Šab 152a.

בעיל הבביה, גלימיה, אסייה דרבי, בביה | 3 sg. f. שמה, מגברה,
גברא, במתא דרישה (דרישא) אסיא, לכולה מתא, למרה |
3 pl. m. בנייהו, ידייהו, מייהו, גדפיהו, מנייהו, כרעייהו, גלימייהו;
טעמייהו, שמניהו, שומניהו, ממרייהו, מן מריהו, מתיהו; כולהו |
3 pl. f. קתיהי; שמיהי; כולהי | כחיש לי חילאי. חברך חברא אית
ליה, וחברא דחברך חברא אית ליה. עשיק לגביך ושוי לכר(י)סיך[1].
נהרא נהרא ופשטיה.

13. A. שנא, מלה; צבו | בת קלא, בת יומא, איתת אחוה, איתת
2 חבריה, ברעות נפשיה, צבו[2] ביתיה, ספינת ציודין. || B. אמתא,
ברתא וברא, קשתא, שיפתא, ירתי שתא, אחתא; מלכתא, תאינתא,
חתנא וכלתא, גינתא, כותא, חובתא, אימתא דשמיא, חיותא,
רעותא דמרייכו, אליתא, קרתא; ביותא, אינתתא, איתתא, מילתא,
דירתא, שיעתא דדנא, רשותא, שילייתא, שליתא, סילתא; חוכמתא,
דוכתא; ברכתא; הילכתא, צדקתא, עינבתא, ענבתא, מדיבחא
לעצרתא, פדעתא, שמעתא, שמעתתא; לבינתא, גזירתא, אדעתא
דרבנן, סמא דשינתא; סעודתא; כהנתא, אשיתא, זויתא, חביתא
דעפרא; ינוקתא; שערתא, שיבבתא, חמרתא; מציעתא, בי כנישתא,
ספינתא, צפירתא, שכינתא, עבידתא, עיבידתא; גבורתא; דרתא,
עקתא; שתא חדתי, הילכתא רבתי | שותא דינוקא בשוקא או
דאבוה[3] או דאימיה. אגרא דשמעתא סברא[4]. דאבא[3] עדיפא
מדברא[5]. סבתא בביתא סימא בביתא[6].

19. A. בנן | בנת ישראל[p]. || B. בנתן, צניעתן | בנתא; מלכאתא,
חיותא, בני ק(י)רייתא; אילואתא, חיי דברייתא; מיא דכולייתא;
ברכתא, חדתתא, קשייתא, קשיאתא; שכינתא; שמעתתא; אמהתא
דבי רבי, אמהתא, אימהתא דינוקי, נפוותא | יהודה[p] וחזקיה[p] אחי,
פוי[p] וטוי[p] אחוותא.

20g A. ארחן דתקנן, קרנין, בה אבהן, שנין, כבשני חוני[p], מילין. ||
B. קרני, קרנתא; אסוותא, מרוותא, חתנוותא, אבהתא דינוקי;

---

[1] B. m. 52[a] IB H. || [2] §44c. || [3] ib.f. || [4] Ber 6[b]. || [5] B. b. 90[b] H. ||
[6] Ar 19[a] IB.

שני דחוני[p], סאוי; כלמי, תֵאני, יוני, כַּווי, כאווי, כאוי, כוי, ביעי;
דמעי, חיטי, מילי דשמיא, מילי דעלמא; כסא דגומרי, חמרא
חדְתא בעינבי; ליבני; נהמא דשערי; פתילי, פתילתא; נשי דמחוזא |
אבב[1] חוטרא מילי.

22. A. 1 sg. ברַתִי, ברַת, אחתי; סנוותי, אבהתי | 1 pl. אבהתנא |
3 sg. f. שיבבתהא | 3 pl. m. אבהתהון דינוקי. || B. 1 sg. אחתאי,
ס(י)לתאי, דעתאי, אשיתאי; בנָתיי, שיבבתאי | 1 pl. דעתן, דעתַין;
בנָתין, אבהתין, שמעתתין | 2 sg. m. ברתך, אִימתך, איתתך, אשיתך,
בר אחתיך, איתתיך, סעודתיך, יוניך; בנָתך | 2 sg. f. ריפתֵיך |
2 pl. m. ברשותַי(י)כו, עיבידתיכו; אבהתיכו | 3 sg. m. ברתיה דרב
חסדא[p], [p]אימא שלום[p] אחתיה דרבן גמליאל[p], אמתיה, אליתיה,
לא(י)נתתיה, איתתיה, אומתיה; בנָתיה, אחוותיה, שיפוותיה, אבהתיה,
שמעתתיה | 3 sg. f. ברתה | 3 pl. m. גוירתייהו; אבהתיהו | תורא
אריכא גנובתיה.

8. A. אנחנא שהדי, אנת אנתתי, אנתו גופיכו. || B. אנא
אלכסנדרוס[p]. אתו גופיכו. אינשי בדוחי אנן. וכן את. מאן את (f.)?
אנא הוא. אינהי כהנתא. אנא ניהו. הוא ניהו. (63a.)

9 (49). A. שטרא דנן, מן יומא דנן ולעלם, ארעא דא, מילתא דא,
שניא אילן, שניא אלין, הדין ביתא, הדין לישנא, הדין פסוקא,
עמא הדין, הדין מילתא, בארעא הדא, הדא מילתא, מרי דיכי |
דין עסק ביש. דין כבר לקישא?[2] דין גירא בעיניה דסטנא[3].
עדי סוראה הוא. עדי גוברין ונהרדעי גוברין. || B. האי אניש,
הא איתתא, האי מילתא, הני מילי; דמא דהאיך, הך זויתא, הנך
אינשי, הנך שני, הני בהנך והנך בהני; ההוא גברא, ההיא
איתתא, הנהו ביתרי, הנהו צפרי, איַדך, אידָך, אינך, אידי ואידי |
האי נידי. היני הא. הנהו גומרי ריתמא.

15. A. אימר, שריר וְקים, בנאי, ונאי, תנא | איגר שורא, עיבר
ימינ[א], סגי נהור, שיעור זוזי, ברחוק מילא | אימריא, קצביא,
רשיעיא | יהיר(א)ן, עקן סגיאן | מאיגר רם לבירא עמיקתא. נכסוהי

---

[1] = עַל־בָּב. || [2] §68*b*. || [3] Suk 38[a] IB.

דבר איניש אינון ערבין ביה. זוזין קלילין ואורחא רחיקא. ||
B. ציפרא, צפורתא, צפרי, ככרי, חגרא, עיקרא, טפשאי, בר חמרא,
תגרא, פחרא, פרשא, גונדא דפרשי, ברחא קְרחא, צללא, גווזא,
דיינא, דייני, זייפא, טייעא, תקנתא, שבשתא, חיור, זוזא חיורא,
חיורתי לחיורתי, חמרי חיורת[א], ירוק, ירוקתי, ירוקי, מעיקרא;
פתיא אוכמא, שילייתא דשונרתא אוכמתא, אוכמתי לאוכמתי, יורק,
יורקא, ברזא סומקא, חביתא דאודדי; גובתא דחמרא עתיקא,
יבישא לרטיבא ורטיבא ליבישא, עתירתא דירושלם, יהיר, סכינא
הריפתא, סגי נהורי; חרובא; איסורא, מיעוטא, זיבורא, זיבורתא,
זיבורי, זיבורת[א] | טבא דנפחא מדבר נפחא[1]. ערבא וערבא
דערבא. בריה דחוני המעגל[h] מי קיים? או גנבא או אומנא או
טבחא או מהולא. קבא מארעא ולא כורא מאיגרא[2]. לית
דעני מכלבא, ולית דעתיר מחזירא[3]. חמרא אפילו [h]בתקופת
תמוז[h] קריר ליה[4]. רווחא לבסימא שכיח[5]. יציבא בארעא,
וגיורא בשמי שמיא![6] אסיא רחיקא עינא עוירא[7]. אורחן
רחיקא וצוותין בסימא[8]. נהירי לי שבילי דרקיעא כשבילי
דנהרדעא[9]. רישך בקירי, ורישא דרישך בחמימי[10]. מילתא
אלבישייהי יקירא[11]. אגרא דבי הלולי מילי[12].

16. A. ממון, במותב תלתא, ספר אורייתא, מספריי[א], מחצליא |
בריך מיתייך לשלם. אבוב לחרי זמר. חמרא וחיי לפום רבנן,
חמרא וחיי לפום תלמידיהון[13]. דעל חמור[h] בר חורין[h], דמנעלין
ברגלוהי בר אינש[14]. || B. מדבחא, מדברא, מספרא, מספורתא, מדינחא,
משיכלא, משיכלי, משכלתא, משיכלתא, מלאכא דמותא, מלאכי,
מברא, מחשבָתיה, מיכלא, מגלא, מתנתא טמירתא, מפקתיה,
ממשא, קופא דמחטא, מיכסא, מטללתא, מטללי, מזוניה, מזוני,
מזונייכו, מישתיא, משתייא, מכתבא, מרזבא, מרז(י)בי דצפורי, ריש

[1] Sanh 96^a. N. = Joḥanan Nappaḥa; Bar N. = Jiṣḥaḳ bar Joḥ. N. || [2] Pes 113^a MM_1. || [3] Šab 155^b. || [4] ib. 53^a. || [5] Meg 7^b IB Ra^M. || [6] Erub 9^a +. || [7] B. ḳ. 85^a; §45*a*. || [8] Suk 52^a M. (וצבתין Ar^M). || [9] Ber 58^b M. || [10] Šab. 55^a. || [11] ib. 10^b M. || [12] Ber 6^b IB. || [13] Šab 67^b M. || [14] ib. 152^a M.

מתיבתא, מתיבתיה, מתניתא, מתניתין, מתנייתא דמר, מסותא,
גובתא דכוחלא ומסרקאי, מתקליה, בי מדרשא, מסאנא דרב
מכרעאי, מסאני אוכמי, מודעא, תלמודא, אסמכתא, ספרא דאגדתא |
את מלוד ומותבך בנהרדעא. סמא דכולא משתוקא[1]. אגרא
דתעניתא צדקתא[2]. במתאי שמאי, בלא[3] מתאי תותבאי[4].

17. A. רברבנוהי | גווליא רביכין ואימריא דעדקין. || B. גלגלא
(דרקיעא), גילגלא דעיניה, קילקילתא, קילקתא, קיקילתא, קילקלי
דמתא מחסיא, קיקלי דמתא, שושילתא, שושילתא דרבן גמליאל,
דקדקתא, דרדקי, כוכבא זוטא, סומקא דלוליבא, בליליא, לילותא,
לילוי, גרגירא, ירקרתי, שברירי דשימשא, שמנוניהו, בחללא דבי
צוארא, מצואריה, צוורא, עקרבי, כרכשתא, כרכשיה, כרכושתא,
ערפילא, פרולא, ווטרא, זוטרתי, זוטרי, זוטי | רברבן אודניה ווטרא
גנובתיה. לית בקא בר יומא, ולית דידבא בת שתא[5]. תוקפא
בביתא כי קריא לשומשמא[6]. זנית[א] בביתא כי קריא לשומשמא[7].
ממהדורי מילי וממרטוטי כלמי[8]. קידרא דבי שותפי לא חמימא
ולא קרירא[9]. עכברא דשכיב אדינרי[10]. כל קיטרי בשמאלא[11].
טבא שתא דטבת[p] ארמלתא[12].

:0ik. A. שולטן, לדוך פלן, רגזן, זיותן, עילאי, תתאי, בישו, טיבו,
חירו, אסו דרבי[p], עידן [h]קריאת שמע[h], דוכרן פתגמי, זכות אבהתא;
אילנייא, רוחצני, עניותי, בשיבבותי, עתירותי. || B. סדנא, מותנא,
בעידניה, חיליה דאילנא, בנינא, קורבנא, שומעניה, חמריה דפלניא
בר פלניתא, שלמנא, תרבא דחיפושתא גמלניתא, מילחא גללניתא,
ריחתנא, מפקנא, מסקנא, מעלנא, מצויינא, רחמנא, תולענא,
שומשמנא, שושמנא, וורדינא, סהד[א] אחרינ[א], אתתא אחריתי,
לאחריני, מילי אחרינייתא, חקלאה, גידדאי, תתא, פיקעא תתאה,
סדאה, גינאה, גינאי, גוי(י)תא, גיראה, פיקעא עילאה, עמא נוכראה,
בשוקי ובברייתא, חנואה, חנונאה, ירחינאה, ליסטאה, שיראי, ארמאה,

---

[1] Meg 18a GMM₁. || [2] Ber 6b. || [3] §67*b*. || [4] Šab 145b Ar. || [5] Ḥul 58b IB. || [6] Soṭa 3b. || [7] ib. M (זנותא IB זנירתא Ar; כרי כריא? v. Ar). || [8] Ber 51b IB (מסמרטוטי M; קלמי Ar). || [9] Erub 3a M. || [10] Sanh 29b. || [11] Šab 66b. || [12] Taan 6b M₁.

גלילאה, רב יהודה[p] הינדואה, כלדאי, בר ליואי, חמרי לוביתא, הללא מצראה, הלילא דמצראי, פרסאי, רומאי, טיבותך, טיבותיך, בשיבותיה, אסותיה דרבי[p], חנוון, מטותא, שטותא, גרועתא, שירותך, דוכתא דצניעותא, זילותא, צילותא, מפנקותא, מעליותא, הימנותא, שותפותא, ליצנותא, ליסטיותיה, חבוליא, כנופיא, סוסיא, סוסותיהו, כודניא, כודניאתא | טובא בטלני איכא בשוקא[1]. כל מנייני בשמא דאמא[2]. רבא דעמיה, מדברנא דאומתיה, בוצינא דנהורא[3]. בוצינא טב מקרא[4]. איהו בי קרי ואיתתיה בי בוציני[5]. חמרא דמריה וטיבותא דשקיא[6]. או חברותא או מיתותא[7]. חוצפא מלכותא דלא תאגא[8]. ינקותא כלילא דוורדא, סבותא כלילא דחילפי[9]. אבב חנותא נפישי אחי ורחמי, אבב בי זיונא לא אחי ולא רחמי[10]. נאה[h] ליהודאי עניותא כברזא סומקא לסוסיא חיורא[11].

A. משום לישנא בישא, בדיל הוצא; אגב אורחיה, בגו ביתא, חלא לגו חמרא, מגו מרעיה, בין טב לביש, מן גברא רבא, אטו שבת[h], בתר מרי נ(י)כסי, תחות צינורא, אמטול מטרא, אמטו זוזא; קמי רבנן, באנפי חבריי, באפי גברייכי, לגבי דיינא, ביני חילפי, בהדי הוצא, להדי יומא, עילוי קיברי, מעילוי רישיה, אחורי ביתיה, תחותי ההיא אשיתא, תותי כנפיך | 1 sg. בי, לי, ניהלי, מיני, מין, לקיבלי, כוותי, כוות, לותי, לוות | 1 pl. לנא, לקיבלנא, באנפנא, ביננא, קדמנא, לקדמנא | 2 sg. f. בגויכי | 2 pl. m. דילכון, מינכון, קדמיכון | 3 sg. m. באנפוהי, באפויי, עלוהי, מן קדמוהי, אמטולתיה | 3 pl. m. להון, דילהון, עליהון, אבתריהון, מ(י)נהון | לפום חורפא שבשתא. מלכותא דארעא כעין מלכותא דשמיא. חלף שופרא כיבא. חברותא כלפי שמיא? סחרנוהי גלידין[12]. || B. 1 sg. מינאי, כוותאי, לאפאי, לגבאי, בהדאי, עלי, עלאי, עילואי,

---

[1] Pes 51^{b} M_1. || [2] Šab 66^{b} M. || [3] Sanh 14^{a} (דברנא K; דנור' M). || [4] Suk 56^{b} MM_1 Ar. || [5] Meg 12^{ab} GAr^{M}. || [6] B. ḳ. 92^{b} M. || [7] Taan 23^{a} B. || [8] Sanh 105^{a} KM. || [9] Šab 152^{a}. || [10] ib. 32^{a} Ar. בר זרונא] sic l. pro בירזרנא, בר זרינא, בזרוני; cf Ber 56^{a} F. || [11] Ḥag 9^{b} G. || [12] Šab 152^{a} (סחרנוהי] Ra^{M}).

עילוואי | 1 pl. בן, לן, דילן, ניהלן, מינן, גבן, עילוון | 2 sg. m.
בך, ביך, לך, ליך, ניהלך, מינך, בתרך, כוותך, כוותיך, לוותך,
לותיך, קמך, באפך, עליך, עלך, עילווך, עילויך | 2 sg. f. ליך,
לך, בגוויך | 2 pl. m. בכו, לכו, מינייכו, כוותייכו, גבייכו, בגביכו,
בהדייכו | 3 sg. m. ביה בחיויא, ליה, ניהליה, הוא ניהלֵי, לגויה
דביתא, מִיניה וביה, לאחוריה, כותיה דרב[p], לגביה, גבי דאבוכון,
בהדיה, עליה דאיניש, עילויה, מתותיה | 3 sg. f. בה, לה, לה
ניהלה, מִינה, בתרה, אבתרה, עילווה | 3 pl. m. בהו, ניהלייהו,
מינייהו, מִיניהו, בתרייהו, כוותייהו, קמייהו, באנפיהו, באפיהו,
בגוויהו, ביניהו, עלייהו, עילוויהו, עילויהו, בהדיהו, מתותיהו |
3 pl. f. בהי, להי, מיניהי, בהדייהי | משח אודניה, וחוטרא אבתריה.
קמי[ה] דשתי חמרא, קמי[ה] דרפוקא גריוויא דיבלי[1].
בהדי כיבשי דרחמנא למה לך[2]?

23. (52.) A. בתרין, על חד תרין, תרתין שנין, תלת שנין, שבע
שנין, בהלין עשרה יומין דבי ריש שתא ליומא דכיפורי, באילך
עשרה יומי דבי ריש שתא ליומא דכפורי, תרי עשר ירחי שתא,
תרתי סרי שנין אחרנייתא, תלת עשר תכטקי, תלת עשרה תַּעֲנְיָתא,
תלת עשרי אפי הילכתא, תלת סרי, תליסרי שנין, ארבע עשרה
שנין, חמש עשרה, חמש סרי, כבר שית עשרה וכבר שב עשרה,
מאתן ושְׁבע עשרה ביעין, תמני עשרה, תשע עשרה, תשע סרי,
מאתן ועשרין וחד לוגא, עשרין וחד שתא, עשרין ותלת ד[p]אויל
מרודך[p], תלתין יומין, תלתין ושבע, ארבעין וחמש, חמשין, ש(י)תין
ותלת, בר שבעין וארבע, תמנין, בתמנן זוזי, בר תמנן נכי תרתין,
עשרין וארבעה אלפין דינרין; כי עניינא קדמאה, תומנתא קדמיתא,
תלת שעין קדמיָתא, תניין, ארבא תניינ[א] דגישרא, אוריאן תליתאי
לְעם תליתאי על ידי תליתאי ביום תליתאי בירח תליתאי[3], לישן
תליתאי קטיל תלתא[4] ‖ B. חד דמשתין זריז, חד זוזא, בחד מחטרא,
עמא חד, יומא חד, וימנא חדא, אחד כתפיה, אכתפיה חד, ולא

---

[1] Soṭa 10[a] M. (גרירוויא] גרר חיא M!). ‖ [2] Ber 10[a] H.; §68*d*. ‖
[3] Šab 88[a] 𝔅 (בירח] Mmg). ‖ [4] Ar 16[b] M.

חדא ביה, בחדא ידיה, כל חד וחד, חד לחבריה, בהדי הדדי, חד בשבא, כחדא, חד כרעא לחוד וחד כרעא לחוד, לחודך, לחודיה, דוכתא דגברי לחודי(י)הו ודנשי לחודי(י)הו; תרי אודי יבישי וחד רטיבא, תרי בנך, תרתי נשי, אתלתי חבייתא, מתרוינן, תרווייכו, תרוייהו; אתלת שיני, תלת סאוי, בהני תלת מילי, הנהו תלתא עתירי, באפי תלתא, בארבע שעי, ארבעא זוזי, חמש [ביניתא], חמשה חומשי לחמשה ינוקי, שית דליליא ותרתי דיממא, שיתא סידרי לשיתא ינוקי, שב שני, שב שמעתתא, שבעא זמני, שבעה יומי, לך ולשב בנתיך ולתמני כלתך; עשרה, תמניא, שיתא ,ארבעה [כסי], תשע אמהתא להאי גיסא ותשע להאי גיסא, עשרה דרי, בחד סר בתשרי[p], בחדיסר, תריסר, תרתי סרי, תרתי סרי שני, תרי סרי שני אחריני, תליסר, בתליסרי עליאתא דדינרי, ארבסר וחמסר, ארבסר וחמיסר, בארביסר ובחמיסר, ארביסרי, ארבסרי, חמסרי סעודות[h], חמיסרי, שיתסר כסי, שיתסר ושיבסר, שבסר זוזי, בר שית סרי, כבר שיבסרי וכבר תמני סרי, שבסרי ביעין, שבסרי, תמניסר, תשסר, תישסרי, תשיסרי; ארבעי גריוי חרדלא, פוריא בר שיתי גרמידי; מאה ושית סר, תלת מאה ספסלי, ארבע מאה ספסלי, שבע מאה ספסלי, תמני מאה חמשין ותרתי; אלפא משמאליה ורבותא מימיניה, אלפא פרסי, תרי אלפי וחמש מאה גרמידי, שיתא אלפי פרסי, שבעת אלפי דינרי, תריסר אלפי גברי, שית מאה אלפי, תלת מאה ריבוותא, בתריסר רבוותא, בחד סרי ריבוותא; קמא קמא, קמייתא, קמאי קמאי, תלת שעי קמייתא, יומא תמינאה, בתרייתא, מיא בתראי, כרעיה בתרייתא; תרי ופלגא, פלגו נוקא; תילתא שמעתא, תילתא אגדתא, תילתא מתלי[1]; תמני מאה ותלתין ותלתא ותילתא, תרי תילתי, עגלא תלתא, אישתא תילתא, שיבסר נכי חומשא, שתיתא, שתותא | חדא שמה זיבורתא, וחדא שמה כרכושתא. טבא חדא פלפלתא חריפתא ממלא צנא דקרי[2]. כולהי חדא ברכתא נגהי. מתנייתא קשיין אהדדי. תרי קבי תמרי[3] קבא קשייתא וסרת. וחד מינייהו

---

[1] Sanh 38b IB. || [2] Meg 7a M. || [3] §45*d*.

עדיף כתרי מינן. מולא דבי תרי עדיף. טבא תרתי מתלת. ארבעה לצלא, ארבעה לצללא[1]. בר שית למקרא[h], בר עשר למשנה[h], בר תריסר לתעניתא[2]. שב בירי לשלמנא, וחדא לעביד ביש[3]. בצירן חד סרי. ארבסרי, תרי שבועי. משב ועד תמני סרי, חד סרי. משב ועד תשסרי, תרתי סרי. תמני ותלתין ושבע הא ארבעין וחמש. מאה פפי[p], ולא חדא רבינא[4p]. מאה זוזי בע(י)סקא בישרא וחמרא, מאה זוזי בארעא מילחא וחפורא[5]. כמה נפיש גברא ממשה[p] ושיתין ריבוון[6]. יומא קמא דריש שתא אי חמים כולה שתא חמימא, ואי קריר כולה שתא קרירא. והלכתא כלישנא בתרא ד[p]ריש לקיש[p]. תשעה מתלתין ושיתא ריבעא. כל אמתא בריבועא אמתא ותרי חומשי באלכסונא[7].

29 (56). A. שקלת, שמעית, אפכית, שפילית, שאילית, יכילית | סברנא, פתחנא, סברנן, אגרנן, הבנן, שכיבנן | שבקתון | בלעת, שבקת, שקלת, אזלת, ילדת, עריקת | בדקו, מלחו, מרדו, שקלו, אזלו, אכלו, אמרו, נפלו, יהבו, הבו, קריבו, שכיבו, אישתיקו, שאילו, נחיתו, סליקו, סקו, יתיבו | נתרן, שלחן | אנא אמרית ניהליה, ומשמיה דרבא[p] אמרת ניהליה. יהבנא לך שלמא. ולעניין שאילתא דשאילנא קדמיכון. ההיא שעתא לא עברינן ירדנא. אנן לשום אמהותא פרקינן לה ניהלה. אזלת ועברת על דעתיה. אף היא עבדת זוודתא לנפשה. האי הוא, דלא איכפת ליה אממונא דחבריה. כרכושתא ושונרא עבדו הלולא מתרבא דביש גדא. || B. זבני, סברי, סמכי, שמעי, שתלי, אזלי, אמרי, אפכי, עבדי, עברי, נדהי, שפילי, שאלי, נסיבי, יכולי | שכחן, הדרן, שכיבן | זבנת, סברת, שבקת, שקלת, הדרת, עברת, נקטת, יהבת, נסיבת, סלקת, יתיבת, איתיבת | שבקת, עבדת | עבדיתו | בחש, בטש, טרק, מלך, שקל, תפס, אזל, חטף, נפל, נפק, שתיק, אישתיק, טעים, קדיש, רהיט, רהט, באיש, שמע, יתיב, איתיב, איתב | טרפא, סברה, שקלה, אזלא, שכיבא, שמעה, ילדה | סבור, אזול, אכול,

---

[1] B. b. 5ª. || [2] Ket 50ª 𝔅. || [3] Sanh 7ª. || [4] Pes 89ᵇ (חד M_1). || [5] Ieb 63ª MM_1 (והפירא M_1). || [6] Ḥul 7ª 𝔅. || [7] Suk 8ª MM_1.

אמור, פרוח, נפול, נפוק, נהוג (f.), רהוט, טעון, חרוב, סלוק |
אנא לא בעניותי אכלי ירקא, ולא בעתירותי אכלי ירקא[1]. אין,
חטפי, ודידי חטפי[2]. תורא שאילי, אריא לא שאילי[3]. אי שתיקי
לך כדשתיקו ליה חבריה לרבי יהודה[p], נפק מיניה חורבא[4]. אמאי
לא טעמת מדי? עמא קטילא קטלת. קימחא טחינא טחנת.
דילמא שקלת מידי מינייהו? קטלת ליך תלתא. לאו[5] עכברא
גנב, אלא חורא גנב.[6] גזר רבי[p] תעניתא. וכך עמא דבר. ואפלו הכי
לא סמך רבי אלעזר[p] בר שמעון[p] אנפשיה. תבר גזיזי דברדא
ונחית וטבל. אזל אנקט תרנוגלא ואסר כרעיה לפורייה ויתיב
קמיה. ולמאי דסליק אדעתין מעיקרא. אמר מר. מלא חוטא
חלא ולית דעבר. נבח בה כלבא. בריך רחמנא דיהב מלכותא
דארעא כעין מלכותא דשמיא ויהב ליה שולטן ורחמי בדינא[7].
גחין ולחיש ליה לרבה[p]. קריביה דרב אידי[p] בר אבין[p] שכיב
ושבק דקלא ואמר: „האי דקלא לקריבי“. צפרא נהור. אמרה
לי אם. אסור חד כרעיה לחד ארזא, וחד כרעיה לחד ארזא.
A. ת(י)דחלין | תדרשון, תיזבנון, תאמרון, תימרון | ימלוך, יספוד, 30*a* (57
יאמר, ילבש | יספדון, יסבון, ליפקון (f.), ליתנון | ננטרן, לנטרן,
לילפן | במטותא מיניכו, לא תירתון תרתי גיהנם[8]. לא תיכלון
נהמא בהדי גברייכי. מאן ייזיל? מי יימר? אי גדיא יאי,
יסק לתמידא! ברא וברתא כחדא ירתון[9]. || B. א(י)שקול, איפוק,
אשתיל, איעביד, אשטר, איהדר, איזיל, אימר, אתן, איתיב, אטרח,
אסק | ניקטול, ניסק, ניתיב | תיכול, תחליף, תעב(י)ד, תימר,
תינסיב, תיתיב | תזבנו, תזבינו, תעבדו, תימרו | לשלוט, לישקול,
נ(י)שקול, ליחרוק, לשחוט, נישחוט, לישחוק, לימוד, ניפוק, ליזבין,
לחליף, ניזיל, ניתיב, נימשח, ליסק | תיערוק, תיעירוק | ליגנבו,
ליגרסו, נגרסו, ניפלגי, ניכלו, ליכלי, ליפקו, נינקוטו, ניקוט, ליעבדו,
לימרו, ליהדרו, ליהדור, לישמעו, לידעו | איזיל איכול[10] בהו קורצא

[1] Šab 140b. || [2] B. b. 33b. || [3] B. k. 29b. || [4] Šab 29b M. ||
[5] §67*a*. || [6] Giṭ 45a. || [7] Ber 58a M. || [8] Ioma 72b 𝔐. || [9] Šab 116b 𝔐. ||
[10] §69*a*.

בי מלכא. איזל ואשמע מ(י)לתא מבי מדרשא. אימר דאמור רבנן היכא דאיכא סכנה[h], היכא דליכא סכנה[h] מי אמור? אינקוט שטרא בידי כל דהוא. ניפוק ונעביד שלמא בהדי(י)הו. ניזיל נעביד עִיסקא. הכא אתרא דשמואל[p] הוא, ניעביד כותיה דרב[p]? לא תיקטול. לא תינסיב גיורתא. לכרמא לא תקרב. ת(י)זרע (ו)לא ת(י)חצד. לא ת(י)רתח. לא תשוור ניגרא. לא תיסק לפוריא בלא [h]קרית שמע[h]. לא תעבדי הכי. לא תידחלי מינאי. לא תיתבו בשוקי ובבְרָייתא ותכתבו ליה. לא תינקטו בדעתייכו. לא תיתותו הכא. אטו תנא כי רוכלא ליחשוב וליזיל[1]? ת(י)כחוש ארעא, ולא ליכחוש מרה[2]. ליטעום מר מידי. בר בי רב לא ליכול ירקא. ליגמר איניש והדר ליסבר[3]. ל(י)חרוב בית(י)ך וליתיב אושפיזך. נהרא כפשטיה ליזיל. ניתיב מר אפוריא. מאן דאית ליה דינא, ליקרב לגבי דיינא. במקום[h] ברא, ברתא לא תירות[4]. תיזיל לעיל. ליזלו רבנן בשלמא[5].

30b (59). A. כול, קטולן | למת ירקא יהקא שקול[6]. כל מן דין, כל מן דין, סמוכו לנא. אמר לנא „כתובו וחתומו והבו ליה“. ‖ B. פשוט, קטול, קבוץ, שפוך, שקול, לבוש, רכוב, רהוט, חטוף, אכול, טול, כוס, פוץ, פוק, נשוט, שאיל, שאל, קרב, פתח, סק | שקולי, שבקי, וילי | כרוכו, כתובו, כתבו, פלוגו, רהוטו, אכלו, חותו, טבילו (f.), שקילו, טעימו, עבידו, וילו, איזילו, איתיבו, פתחו | בתר גנבא גנוב וטעמא טעום[7]. פסוק לי פסוק(י)ך. הפוך בנבילתה ולא תיפוך במילי[8]. לא תנקוט תרתי; ואי נְקטת תרתי, נקוט תלת[9]. נחות דרגא ונסיב איתתא, סק דרגא בחר שושבינא. איתת(י)ך גוצא, גחין ותלחוש לה. תעלא בעידניה סגיד ליה. שטיא, שפיל לסיפיה דקרא. הכא אתרא דשמואל[p] הוא, זיל עיביד לה כרב[p]. תיב אפוריא. זרע ולא תובין. נטר עד למחר. סק עילואי לפוריך. הב לי ידך. הב לי ברתך. וילי נהוגי

---

[1] Git 33a M. ‖ [2] B. m. 104b HM (לִיכחוש] תכחוש HM; an תכחיש Afʿel legendum?). ‖ [3] Šab 63a. ‖ [4] ib. 116b. ‖ [5] Taan 9b 𝔅. ‖ [6] Men 85a En. ‖ [7] Ber 5b ArM vid. ‖ [8] Pes 113a 𝔅. ‖ [9] ib. M_1.

נויפותא חד יומא בנפשיך. זיל אמרי לאימיך. טרוקו גלי. מהולו נפשיכו ועיבידו פסח[h]. לדידיה לא תימרו ליה, לאחריני אימרו להו. אקיקלי דמתא מחסיא[p] תיבו, ולא על אפדני דפומבדיתא[1p].

A. עמר למילבש. טב למיתב טן דו מלמיתב ארמלו. שאילו כל מה דאית לכון למישאל. || B. למ(י)ובן, מ(י)צמת, למסעד, למ(י)הדר, מיחטף, למיכל, למילף, למימר, למימרא, מישב, למיפק, מיתב, מ(י)תבא, למיהת, למיסק, מידע | מיגמר בעתיקתא[2] קשי מבחדתא[3]. לאו אורח ארעא למעבד הכי. 30c (60).

A. אבדין, אכלין, בטלין, דחלין, נסבין, עבדין, צלבין, קטלין, קטרין, רהטין, תפסין, אמריתון, ידעיתון | כד רגיז רעיא על עאניה, עביד לנגודא סמיתא[4]. תלת אמרת, תלת את שמע! „לך לך, אמרין, „נזירא! סחור סחור, לכרמא לא תקרב[5]“. כלבוהי לא נבחין, טחנוהי לא טחנין. מיהב יהבין, משקל לא שקלין. || B. אחיך, אסר, כפר, מסר, סתר, סתיר, דאיג, שאיל, שייב | יהבא | אסרי, גנבי, טחני, עבדי, שמעי, שי(י)לי, שייבי, נהגי, נפקי, סלקי, יהבי, יהבו, קטלו | עבדן, שקלן, אולן, יהבן, שיבה | אזילנא, אולינא, אכילנא, בחישנא, רחימנא[6], יהיבנא, כתיבנא, פשיטנא, נפילנא, סליקנא, עבידנא, עבדינא, קטילנא, טרחנא, טבענא, אוגרנא, אגירנא, סכרנא, סתרנא, אמרנא, הדרנא, אסרנא, מסרנא | שקלינן, קטלינן, שבקינן | אכלת, בלעת, טבחת, יהבת, קטלת | עברת (f.) | אמריתו, ידעיתו, מלכיתו, אזילתו[7], עבידיתו | מי שביק לי מידי מיניה? חמרא מולא דמ(א)ריה גרים[8]. דכאיב ליה כ(א)יבא, הוא אזיל לבי אסיא. חמור[h] מקל[h] יליף, קל[h] מחמור[h] לא יליף. כלבא בלא מ(א)תיה שב שנין לא נבח. כלבא לכפניה גללי בלע. כודניא עקרא, מאי פרע לי? מכתבא גללא בוע, ודגלא בחבריה ידע[9]. כפין ענייא ולא ידע. רטין מגושא ולא ידע מאי אמר[10]. 31 (58).

---

[1] Ker 6ª M. || [2] §42*a*. || [3] Ioma 29ª. || [4] B. ḳ. 52ª H (סמיתא H* Ar^M). || [5] Šab 13ª M; Pes 40ᵇ MM_1. || [6] Sanh 89ᵇ K. || [7] Pes 101ª B. || [8] B. b. 98ª. || [9] A. z. 22ᵇ Ar s v. דגל. || [10] Soṭa 22ª Ar^M.

חמרא אכתפא דמאריה שוואר[1]. איתתא בהדי שותא פלכא. בתר עניא אזלא עניותא. ש(י)משא ממילא ערבא. מאי נפקא לן מינה? למאי נפקא מינה? לא סלקא דעתך. מלא צנא דדובשא בזוזא, ובבלאי לא עסקי באוריתא! לא אכלי מינן, ולא נסבי מינן. ווזיה דאיניש עבדי ליה ספסרותא. רעיא חגרא ועיזי רהטן, אבב חוטרא מילי, ואבי דרי חושבנא. אי אמר[א] מלכ[ות]א: „עקרנא טורא“, עקר[א] ולא הדר[א] בה[2]. סלקת לאיגרא, שירותיך בכנפיך. משה! שפיר קאמרת. מי איכא מידי דאנן לא ידעינן וספרי ידעי? מר סבר: דרשינן וביום[h], ומר סבר: לא דרשינן וביום[3h]. במאי עסקינן? בהא סלקינן ובהא נחתינן. והא אמרת „ולא[h] במרכבה ביחיד“[h]? אי הדרת בך, יהיבנא לך אחתי דשפירא מנאי. ידעת מאן שתיל להאי חרובא? היכי יכלת להו? דילמא שקלת צדיקי ושבקת רשיעי? שמעת מינה: „יש[h] ברירה“[h]. אמאי יתבת אבראי? מאי טעמא לא סלקת? ואת (f.) להיכא אזלת? במאי עסקיתו? עד אימת עבדיתו הכי וקטליתו ליה לעלמא בכפנא?

A. גלידין, נפישין | דעל סוס מלך, דעל חמור[h] בר חורין[h], דמנעלין ברגלוהי בר אינש; דלא הא ולא הא, דחפיר וקביר טב מיניה. עביד איניש דכל תלתין יומין טריד בשוקא.|| B. גמיר, פסיק, קטיל, שליף, אכיל, אנים, ידיע, רויח | כסיפא, עציבא, פשיטא, מלכותא קטיעתא | מתילי, עבידי, נקיטי | מסירן, שקילן, תמיהא, שביקא | גמירנא, חשיבנא | חשיבינן | חשיבת, צניעת (f.), אסירת (f.) | צריכיתו, רגיליתו | גביל לתורא, גביל לתורי. קרא כתיב. דמבי דינא שקיל גלימיה, זמר ואזיל באורחיה. הוא עסיק בחיי דברייתא, ואת אמרת: „במילי דעלמא“! עביד איניש דגזים ולא עביד. עביד איניש דפרע בגו ז(י)מניה. עביד איניש דזבין דיניה. עביד איניש דסיאר ארעיה ולא זבין[4]. מידי שמיע לך בהא? טריחא לי מ(י)לתא. לא שמיעא לי (כלומר[h]: לא סבירא לי). סיפא ודאי[h] פליגא אמתניתין; רישא מי אמרינן

---

[1] B. b. 96[b] JB. || [2] ib. 3[b] H*M. || [3] Jeb 72[b]. || [4] B. b. 41[b] JB.

דפליגא אמתניתין? פשיטא! — לא צריכא[1] דהדר ביה. גמירי:
„[h]קללת חכם אפילו על תנאי באה“[h]. הא מיפלג פליגי ביה!
אליבא דרבי מאיר כולי עלמא לא פליגי, כי פליגי אליבא דרבנן.
כל מילי דכדי לא דכירי אינשי. בינקותיה לא דכירנא, בסיבותיה
דכירנא. בשופטני עסיקינן? מכלל ד[h]בנותן טעם[h] עסיקינן.
הכא במאי עסיקינן. אנן עדיפינן מיניכו. בתי[h], אמאי עציבת?
לא בדיקיתו לי. השתא דחתימי, אמרינן להו: „אמאי חתימיתו“?[2]

32 A. Perf. 1 sg. איקלעית | 1 pl. אידבקנא, איקלעינן,
איקלענן | 3 sg. f. איתנסבת, א(י)תיהיבת, אינטילת | 3 pl. m.
א(י)תהפיכו, איפליגו, איתעקרו, איעקרו | 3 pl. f. איקרען | Impf.
3 sg. m. יודהר | 3 sg. f. תתעביד | 3 p. f. לישתמען | Inf.
איתנסבא | Pt. pl. m. מקלעין | pl. f. מישתקל[ן], משתמען, מנסבן,
מכתבן | כי כתביתון הני תברי, אי אדכרתון[3] זמניה דשטרא,
כתובו; ואי לא, כתובו סתמא. זילו חתומו ולא תתקטלון. וילו
איטמרו וכתובו ליה. צבתא בצבתא מתעבדא. עבדא בישא,
בתר דעבדין מתמלכין? חבל על דאבדין ולא משתכחין. ||
B. Perf. 1 sg. אישתבעי, א(י)צטריכי, איקלעי, איתשלי | 1 pl. איקלען |
2 sg. m. איתנהת | 2 pl. איפטריתו, איפטיריתו | 3 sg. m. א(י)תהפיך,
איתעקר, איתנגיד, אינגיד, איגניב, איעריב, איבלע, אשתפ(י)ך,
א(י)שתמע, איזדריק, איזויק, א(י)צטריך, אתבר, איתחיד, איתמר,
איתנח, איתרע, איתשיל, איתידע | 3 sg. f. איכנעאי, אבלעא,
איבליעא, אינסבא, אינסיבא, אצטריכא, איתרעא | 3 pl. m. איפטור |
3 pl. f. אתיילידא | Impf. 1 sg. איתסר | 2 pl. m. תיכספו,
תטרדו | 3 sg. m. ליתעבד, ליתמסיר, ליכסיף, ליתמסר, נמסר,
לישתבע, ל(י)תבר, ליתסר, נ(י)תשיל | 3 sg. f. תיתסר | 3 pl. m.
ליכספו | Imp. sg. m. איטמר | pl. m. איטמו[ר] | Inf. ליפטורי,
אישתכוחי, לאסתמורי, לאיזדהורי, לאיטרודי, אתנוחי, א(י)תשולי |
Pt. sg. m. מיגניב, מידביק, מיקטיף, מיחלף, מינגד, מיקלע, מצטריך,
מיטריד, מיתביד, מתנח, מ(י)תשיל | sg. f. מ(י)שתמטא, מימסרא,

---

[1] sc. אלא. || [2] Ket 19a M. || [3] §61e.

מנסבה | pl. m. מתרחשי, מימנעי, מ(י)נסבי, מ(י)פלגי, מיתכלי |
pl. f. מינטרא, מישתמטא | 1 sg. מ(י)טרידנא, מינסיבנא (f.) |
1 pl. מינסבינן | 2 sg. מתפסת, מ(י)תנחת, מ(י)נסבת (f.) | מעיקרא
אכלי בתרומה[h] דבי נָשִׁי; אינסיבי ליה להאי, אכלי בתרומה
דגבראי; והשתא הדרי לי למילתא קמייתא. אטו בקבא דקירא
אידבקי בכו? אִיתְּגַּרְתְּ ליה, פוץ עמריה. א(י)שתקיל מילוליה.
אימסר עלמא בידא דטפשאי. איטריד עלמא. אמאי? והא
מינם איתנים! הא דרבא[p] לאו בפירוש איתמר, אלא מכללא
איתמר. איתקיל, ואיתקילא ביה גמליה. בעיין] איפשיטא;
מתנייתא קשיין אהדדי. איזיל וא(י)מליך באינשי ביתאי. רבנותיה
דמר וסרבנותיה דמר גרמא ליה דלא תיתמר שמעתא משמיה.
ממרי רשות(י)ך פארי אפרע. קרב לגבי דהינא ואידהן. לאו כל
יומא מתרחיש ניסא. לאו כל שעתא מתרחיש ניסא. בהדי גברא
דמתרחיש ליה ניסא למה לי? כל מילתא דמתאמרא קמי תלתא
לית בה משום לישנא בישא[1].

33. A. Pf. 1 sg. קבילית | 1 pl. קבילנא, נקירנא, בריכנא, ברכינן
| 2 pl. m. קב(י)לתון, סכ(י)נתון | 3 pl. m. קריבו, שדרו, שבחו, שיילו
| Impf. 3 pl. f. ליעכבן | Pt. act. sg. m. מפשר ח(י)למי | pl. m.
מבטלין, מחשבין, מצערין, מקרבין, מנגדין, מנסרין, משיילין | 2 pl.
משלמתון | pass. pl. f. מבדרן, מסרגאן | 2 pl. מרחקיתון | הא
קריבית נפשי קמך. ולא שיירית בזביני אילן קדמאי כלום. פטרתון
יתי. איזיל אפריש אינון מאיסורא. יקבר דיקברון יתיה. בבלאי
טפשאי, אמטול דיתבי בארעא דחשוכא אמריתון שמעתא דמחשכן.
הני נשי דמחוזא[p], אף על גב דלא עבדן עיבידתא במעלי שבתא
משום דמפנקן, דהא כל יומא נמי לא עבדן[2].

B. Pf. 1 sg. בריכי | 2 sg. m. קבילת, שיירת | 3 sg. m. קביל,
שדר, שער, בריך | 3 sg. f. פקידא, שדרה, שיילה | 3 pl. שדור |
Impf. 1 sg. אובין, אישלם, א(י)שדר, איבר(י)ך | 1 pl. נשדר |
2 sg. m. תשפיך | 3 sg. m. ליזבין, ניחליט, ליחריך, ניחריך,

---

[1] B. b. 39[ab] HM. || [2] Pes 50[b] M_1.

נ(י)בריך, לישדר | 3 sg. f. תשדר | 3 pl. ליקבלו, ליכנפי, ליתקני, לישי(י)לו | Imp. sg. f. בשילי | pl. m. זבינו, קדימו, חשיכו, בעירו, קריבו | Inf. קדומי, קדושי, צעורי, ברוכי, נגודי, סלוקי | Pt. act. sg. m. מזבין, מקבל, מחריך, מפרק, מטבע, מידואר | sg. f. מעכבא, מזבנה, מיקרא | pl. m. מדברי, מצלחי, משדרי, משחרי, מצערי, מגנבו, מרחמו | pl. f. מרמזן | 1 sg. מוביננא, מובינא, משדרנא | 1 pl. מבדחינן, מסלקינן | 2 sg. מזבנת, מדברת (f.), מצערת (f.) | 2 pl. מקבליתו, מגרשיתו | pass. sg. m. מדבק, מפשר, מתקן, מקרב, מרווח | sg. f. מתקנא, מקרבא, משבשתא, מתרצתא, מחוורתא, מ(י)יתבא | pl. m. מייבשי, מרתחו | pl. f. מקרבא, מרחקא | 1 sg. משמתנא, מקרבנא | 1 pl. מרחקינן | 2 sg. מפקדת | בירא וביני לך, מיא לא זביני לך. כי אזלינן להוא עלמא, בדיחא דעתאי דאפילו גברא כוותיך לא חניפי ליה. אנא שדרי ליה חוליא, (ו)איהו שדר לי חורפא. חיתא דקטרי סברת וקבלת. קדומי קדים לגרסיה. קדום סלוק[1] ענני מהך זויתא דדב[י]תהו. אטו [h]כל השנה כולה[h] מי עבדינן כרבי עקיבא דהשתא נעביד כרבי עקיבא? — כל השנה כולה מאי טעמא לא עבדינן כרבי עקיבא, תמני סרי תקון, תשיסרי לא תקון; הכא נמי שב תקון, תמני לא תקון. נקדים וניזיל בארחא. למחר ליקדים וליזיל באורחא פלן[2]. הב לן ונבריך. הב נבריך. הבו ניבריך. לא תעקר ככא. לישתף איניש נפשיה בהדי צבורא. לא לישדר ליה מר שלמא לילתה? נשדר ליה מר שלמא לילתא! ארחלא אכרעיך, זבינך זבין. חשיך תקין נפשך, וקדים תקין נפשך. שדר להו ק(ו)רבנא. פטומי מילי בעלמא הוא. סכינא דחריפא לפסוקי קראי. אי אמרת בשלמא: חד דקדש[h] וחד דתרומה[h], היינו דאצטריכא לשיולי; אלא אי אמרת: אידי ואידי דקדש, למה לי למהדר ולשיולי?[3] כל דמשאיל לי מילתא בדבי רבי חייא ובדבי רבי הושעיה ולא פשיטנא ליה ממתניתין, נפילנא מאיסקריא וטבענא. קאקי חיוורי, משלחי גלימי דאינשי. דמלפא תכלי לא בהתא. כל מנייני דמפרשי כדמפרשי, ודלא מפרשי ארבעין וחד זימנא.

---

[1] §69 *a.* ‖ [2] Suk 52[a] M_1. ‖ [3] Nid 6[b] M.

34. A. Pf. 3 sg. f. איתקדשת | 3 pl. m. איעתרו | Impf. 3 pl. m. ליבטלון | 3 pl. f. ליסתכלן | Inf. לאיסתכלא | יתעסקון ביה עממין. || B. Pf. 1 sg. אשתטחי, אסתכלי | 2 sg. m. איתעסקת, איעסקת | 3 sg. m. א(י)צטער, אזדבן, איחרך, אשתייר, אייקר | 3 sg. f. איזדמנא, איקשטא, אינגעאי | 3 pl. אישתבוש, אשתכור, איעתור | Impf. 1 sg. אצטער, איעכב | 1 pl. נצטער | 2 sg. m. ת(י)סתכל | 2 pl. m. ת(י)תעתרו | 3 sg. m. לשתתף, ל(י)סתכן, ניסתכל, ליצטרף, לכפר | 3 sg. f. תתקבל, תיקבל | 3 pl. m. ליזדבנו, ליעתרו, ליצטרפי, ניבדחי | Imp. sg. m. א(י)סתכל | sg. f. איקשטי | Inf. א(י)שתמושי, לאסתכולי, לאיבסומי, ליבסומי, א(י)חרוכי, איתי(י)קורי | Pt. sg. m. מתכפר, משתלם, מ(י)סתכן, מצטער, מ(י)עטף, מתנדב | sg. f. מתעו(ו)רא | pl. m. מ(י)צטרפי, מזדבני, מיבסמי, מיתקפו | pl. f. מסתכלא | 1 sg. משתמישנא, מסתלקנא | 1 pl. מיזדבנינן | 2 sg. מודבנת | 2 pl. מסתליקיתו | אי לא נסיבנא[1] כהנתא, לא איעתרי. בר ברך קירא ליזבין, ואת לא תצטער. כל מילי זבין ותתחרט, בר מחמרא דתזבין ולא תתחרט. לא ל(י)צטער מר. האי מאן דיהיר, אפילו אאינשי ביתיה לא מ(י)קבל. אמא בברתה מצטבתא, ברתא באימא לא מצטבתא[2]. להכי שקלי כספים[h], דאי מיגנבי לא מישתלמנא מינך; להכי שקלת קרקע[h], דאי מיטרפא לא מישתלמת מינאי[3].

35. A. Pf. 1 pl. אשכחינן | 2 sg. m. הודעת | 3 sg. f. הקרבת, אשגחת | 3 pl. m. אדליקו, אסהידו, אשכחו, אפיקו, אחיתו, אסיקו | Impf. 3 pl. m. יחסנון, יפקון, לרגשון | Pt. act. pl. m. מפקין, מובלין (f.) | pl. f. מפסדן, מבען, מובלן | pass. pl. f. מחתן | הדא היא קרתא דירושלם דעלה ארגשית כל משרייתי ועלה כבשית כל מדינת[א]? הלא היא זעירא. הלא היא חלשא. מכל כרכי עממי[א] דכבשית בתקוף ידי? כד מפיקנא לכו, עבידנא לכו מלתא, כי היכי דידעיתו דאנא הוא דאפיקית יתכון ממצרים. מה דין אתהיסתון לקבלי? כגון אתון דיתביתון אציפונא ד[p]ארץ ישראל[p], אדרומי

[1] §73*c*. || [2] B. b. 80^a Ar. || [3] B. m. 109^a H.

אדרימו. קטלן ואשמען לי קלא דסנוותי. || B. Pf. 1 sg. אשלימי,
אחזיקי, אותיבי | 1 pl. אשכחן | 2 sg. m. אשלימת, אתריסת, אהדרת,
אוזפת | 2 pl. אשגחיתו | 3 sg. m. אסהיד, אפקיד, אפסיל, אפסיק,
איפסיק, אהדר, אוריך, אוגר, אפיק, אגיד, אסיק, אותיב | 3 sg. f.
אוקינה, אהדרא, אושלה, אפיקה, אחתה | 3 pl. אצרוך | Impf. 1 sg.
אחזיק, אשמע | 1 pl. נחזיק, נשכח, נחית | 2 sg. m. תשכח, תוריך,
תפיק, תוליד | 2 pl. תחזקו, תורכו | 3 sg. m. לשבע, להדר, ליהדר,
נוכח | 3 sg. f. תפיש | 3 pl. ליקדמו | Imp. sg. m. אקדים (f.),
אפקר, אוביד, אפיק | pl. m. אשלימו, אחריפו, אפיקו | Inf. אגמורי,
אדכורי, אתמוהי, אתחולי, איפרוכי, לאוכולי, אושולי, אזוקי, לאסוקי,
אוסופי, אותובי | Pt. act. sg. m. מדליק, מסהיד, משכח, מתמה,
מאכיל, מוגר, מושיל, מזיק, מחית, מנקיט, מנסיב, מותיב, מוקיר,
מודע | sg. f. מ(י)תהלא, מפלא, מפקא, מנקטא, מוקרא | pl. m.
מדלקי, מפקדי, מסרחי, מושלי, מפקי, מוזפי, מותבי | 1 sg. משכחנא,
מהדרנא, מצילנא, מודענא | 1 pl. מתחלינן, מפקינן, מותבינן |
2 sg. מאפלת, מחרבת, מוקרת | 2 pl. מגבהיתו, משכחיתו |
pass. sg. m. מחת | sg. f. מוכחא, מותבא | pl. m. מחתי | בירא
אקדשי, מיא לא אקדשי. הכי אמר לי קודשא בריך הוא, והכי
אהדרי ליה. בשלמא לדידי אשכחן דפלגו רבנן בין יממא ללילא...,
אלא לדידך בימא גופיה היכא אשכחן דפלגו רבנן? אשכחן
צ(י)בור[h], משיח[h] מנלן? ארבעת לי אריא אמצראי. תרנגולתא
אפיקת מביתך? לא אשגח בה. לא אסבר להו אפי. קרא אשכח
ודרש. דאיימין ליה סמא דחיי, דלא איימין ליה סמא דמותא[1].
קרא אשכות ודרוש. דילמא חד מיניכו שקל מידי מיניהו? ניהדר
להו! איתתך ילדה שתין, מאי הנאה אית לך? איכפל ואוליד חד
משתין זריז. אקדימו ואחשיכו לבי כנישתא, כי היכי דתורכו חיי.
אגמירו בנייכו תורה[h], כי היכי דליגרסו בה. אוקירו נשיכו, כי
היכי דתיתעתרו. לאפוקי מאי? מתקיף לה רב אשי[p]: ומי מאים?[2]
דפרע קיניה, מחריב ביתיה. אהדורי אפיתחא לא מהדר. מי

---

[1] Sab 88b M. || [2] A. Z. 68b M.

אִיכאַ דמטרה קמי שמיא כולי האי? כל עבדא דמריד האי שעתא מִצלִח. ב„מוציא“[h] כולי עלמא לא פליגי ד„אפיק“ משמע (דכתיב[1]: „אל מוציאו ממצרים“); כי פליגי ב„המוציא“, רבנן סברי: „המוציא“ נמי „דאפיק“ משמע (שנאמר[h]:[2] „המוציא לך מים מצור החלמיש“), ורבי נחמיה סבר: „המוציא“ „דמפיק“ משמע (שנאמר[3]: „המוציא אתכם מתחת סבלות מצרים“)[4]. מאי קמשמע לן? מִאן דאית ליה סיסיא, ברחמיה מסיק ליה? סכינא חריפתא מפסקא קראי. בשלמא למאן דאמר: „בששה בסיון“[h], משכחת לה (דאמר מר: „[h]בשבעה באדר נולד משה“[h], ומ„[h]שבעה באדר“[h] עד „[h]ששה בסיון“[h] תלתא ירחי); אלא למאן דאמר: „[h]בעשרים ואחד בניסן“[h], היכי משכחת לה?

36. A. Pf. 3 pl. m. א(י)תוספו | ארי כמה דמיתותב עולם עם בתולתא, יתותבון בגויכי בניכי. || B. Pf. 2 sg. m. איתזקת | 3 sg. m. אתצל, איתזק | 3 sg. f. איתוספא | Impf. 3 sg. m. ניתזק | 3 pl. m. ליתוספו | Pt. sg. m. מתוגר | sg. f. מיתוגרא | pl. m. מיתזקי | 2 sg. מ(י)תצלת | אנא סמכי וא(י)תזקי.

37. A. Pf. 1 sg. עלית, חיית | 1 pl. קשינא, קשינן, קשישנא, קשישן | 3 sg. f. זלת, עלת, חשת, רקת | 3 pl. m. גזו, קצו, עלו | Impf. 3 pl. m. ליעלון | Pt. act. pl. m. עלין | pl. f. עיילן | 2 pl. גניתון | pass. pl. f. כִּיפן || Itpe. Pf. 1 pl. איזדקקינן | 2 pl. איטלליתון || Pa. Pf. 3 pl. m. עיילו | Pt. act. pl. m. מעיילין || Itpā. Pf. 3 pl. m. איתקצצו || Af. Pf. 3 pl. m. אחילו | Pt. act. pl. m. מחליין | באתר דזיקין דנור ובעורין דאישא, מאן מעייל בר נפחא לתמן?

B. Pf. 1 sg. חשי, חיי, חאיי, חשאי, קשאי | 1 pl. קשישן | 2 sg. m. מצת, מצית, חיית | 2 pl. תפיתו | 3 sg. m. חם, חש, על, עאל, צר, קש, גרד | 3 sg. f. זלא, חשא, קשא, עלא, רקה, רקקה | 3 pl. m. עול | Impf. 1 sg. איעול | 1 pl. נ(י)חוש | 2 sg. m. תקוץ | 2 pl. m. תגזזו | 3 sg. m. ניעול, ליעול, ליציל | 3 sg. f. תירוק | 3 pl. m. ניקצו, ליגזו, ליגזזו | Imp. sg. m. כוף, מוך, עול |

---

[1] Nu 24^{6}. ‖ [2] De 8^{15}. ‖ [3] Ex 6^{7}. ‖ [4] Ber 38^{a} M.

pl. m. קוצו | Inf. מיקר, מיחם, מיעל, מיגרד, מ(י)צרר | Pt. act. sg. m.
קאיץ, חאים, קאיר, גייז, חייט, חיים, כייף, מייץ, עייף, צייר, צריר,
חטיט | sg. f. חייפא, עיילא | pl. m. גייזי, מייכי, עיילי, עיילו,
לתתי | 1 sg. עיילנא | 1 pl. חי(י)שינן | 2 sg. עיילת | 2 pl. עייליתו |
pass. sg. m. זיג, עיף, עייף, ציל, צליל, צייל, קיל, דייק,
חקיק | sg. f. וילא, צילא, d. קילתא, רעיעא | pl. m. צילי, קילי ||
Itpe. Inf. איודקוקי | Pt. 1 sg. מ(י)ודקיקנא | 1 pl. מ(י)ודקיקינן ||
Pa. Pf. 2 sg. m. עיילת | 3 sg. m. עייל, עליל | 3 sg. f. עילא,
עיילא | 3 pl. עייול | Impf. 2 sg. m. תעייל | 3 sg. m. ליעייל |
3 pl. ליעיילו, ניעילו | Imp. sg. m. עייל | Inf. צנוני | Pt. act.
sg. m. מחייט | pl. m. מחללי, מרנני | 1 pl. מעי(י)לינן | pass. sg. m.
מעפף | pl. f. מחדדן || **Itpa.** Pf. 3 sg. f. איחננא || **Pa.**
Pt. act. sg. m. מחטט || **Palp.** Pf. 3 sg. m. הרהר | Pt. act. 1 sg.
מולזילנא || **Itpalp.** Impf. 3 sg. m. לישתלשל, ל(י)בלבל | Pt. sg. f.
מיקלקלא || **Af.** Pf. 2 sg. m. אקלת | 3 sg. m. ארע | Impf. 1 pl.
ניקור[1] | 3 sg. m. לקיל | Imp. אקיל | Inf. אגוני, אקורי, לאורועי,
אחויי | Pt. act. sg. m. ממיך, מחיל, מחים, מקיל | sg. f. מגנא,
מקרא | pl. m. מגנו | 2 sg. מגנית, מרעת | pass. sg. m. מיקל[2] |
sg. f. מ(י)גניא | pl. m. מ(י)גנו || **Ittaf.** Pf. 3 sg. m. איתרע, איתקיל |
Impf. 3 sg. m. ליתרע | Pt. sg. m. מתחל | sg. f. מ(י)תחלא ||
כפא דחט נגרא, בגויה נ(י)שרוף חרדלא. אדמקיפנא אדרי, א(י)עול
בהא. זבין ולא תידול. ניקוץ מר. ביתא דאית ביה שונרא, לא
ניעול בה איניש בלא מסני. (מאי טעמא? משום דשונרא קטיל
לחיויא ואכיל ליה, ואית ביה בחיויא גרמי קטיני, ואי יתיב ליה
גרמא דחיויא אכרעיה, לא נפיק, ומיסתכן.) ליקיצו עילאי ותתאי,
והדר איקוץ אנא. דוק בככי, ותשכח בניגרי. קוץ דידך, והדר
איקוץ דידי. אחריפו עולו, אחריפו פוקו; כי היכי דלישמעו בכו
אינשי. היכא דעייל ירקא, ליעול בשרא וכוורי. קידרא דבי שותפי

---

[1] Pes 118b M (l. ניקיר). || [2] A. z. 66b B (sic l. pro מיקלא; sequitur א).

לא קיירא ולא חיימא. רבי אמיp ורבי אסיp מכתפי ועיילי,
מכתפי ונפקי, אמרי: „אילו מיקלע לן רבי יוחנןp, מי לא מכתפינן
קמיה“? לאו אורח ארעא לזלזולי במלכותא. מן האי? ליתחל
גופיה דקא מחיל ליה לשבתא. מאן האי? לתחיל גופיה דמחיל
יומא טבא. נתחל גופיה האי דקא מחיל יומא טבא. כי יזיף
איניש בצנעה יזיף, כי היכי דלא ליתזלו נכסיה; וכי זבין איניש
בפרהסיא זבין, כי היכי דליפוק ליה קלא.

38. A. Pf. 1 pl. קמנן, דרינן | 3 sg. f. קמת, מיתת | 3 pl. m.
קמו, מיתו | Impf. 3 sg. m. ימות | 3 sg. f. תקום, תמות | 3 pl. m.
ימותון, לימתון, ימותו | Inf. מבת, ממת | Pt. act. pl. m. מי(י)תין |
pl. f. קיימן || Itpe. = Ittaf. Pf. 3 pl. m. אתשעו || Pa. Pf. 1 sg.
קיימית | 1 pl. עיינינן | 3 pl. m. עיינו | Pt. pass. pl. f. מכו(ו)נן ||
Af. Pf. 1 pl. אותיבנא, אנחנא | 2 pl. אוקימתון || בעשרי[ן] ותמני[א]
ביה תבנ[א] לדינ[נא]. אנא במיא דביתו אמרי. לא תדור במתא
דרישה אסיא, ולא תדור במתא דלא צניף בה סוסיא. ווי לדין, כד
יקום דין. שלם טב לרב טב מריבון טב דמטוביה מטיב לעמיה[1].

B. Pf. 2 sg. m. קמת | 3 sg. m. גר, חם, פש, קם, מית,
נים, סיב | 3 sg. f. קמה, מיתא | 3 pl. m. קום, צוד | 3 pl. f.
פשא | Impf. 1 sg. איקום, איקו, אימות | 1 pl. נינום | 2 pl. m.
תלושו, תלישו | 3 sg. m. ליקום, ליקו, לידון, לידין, נידון, נינום,
ליכיל, ניסים, ניסום | 3 sg. f. תיקום, תיקו | 3 pl. m. ליקומו,
ליקמו, לימותו, לימתו, ליחסו | Imp. sg. m. מוש | sg. f. תובי,
קום | pl. m. דונו, לושו, לישו | Inf. מידר, מיזן, מילט, למימת |
Pt. act. sg. m. דאיק, מאית, קאים, קאי, d. לאטא, חייך, ניים,
פייש, דייר, ני(י)ח | sg. f. דיירא, נדיא | pl. m. דיירי, חייכי,
מייתי, קי(י)מי, קימו, שאפו | 1 sg. דאירנא, דיירנא, ויינא, חייכנא,
ניימנא, קאימנא, קאמינא (f.)[2] | 1 pl. לישינן | 2 sg. חייכת, לייטת,
מיתת, צייתת (f.) | 2 pl. צייתיתו | pass. sg. m. קים, d. לוטא |
sg. f. דיקא | pl. m. שיפי, שייפי || Itpe. = Ittaf. Pf. 3 sg. m. איתער |

---

[1] Taan 24^b IB. || [2] Ṣab 156^b IBM (sed l. קארמנא).

3 sg. f. איתנחא | 3 pl. א(י)תדון | Impf. 3 sg. m. ליתער |
3 pl. m. ניתזוני | 3 pl. f. ליתצדה | Inf. איתנוחי, א(י)תצודי |
Pt. sg. m. מתקים, מ(י)תדר | sg. f. מיתדנא | pl. m. מ(י)תצדי ||
Pa. Pf. 1 sg. ניימי | 3 sg. m. כוין, עיין, ציין | Impf. 1 sg.
אקיים | 1 pl. נקיים, נעיין | 3 sg. m. ליכוין, ליעיין | 3 pl. m.
לידי(י)נו | Imp. sg. m. עיין | Inf. סיועי | Pt. act. sg. m. מציין |
sg. f. מסייעא | pl. m. מחייכי, מסיימי | 1 sg. מקיימנא,
מעיינא (f.) | pass. sg. m. מקים | sg. f. מקיימא | pl. m. מחייבי ||
Itpa. Pf. 1 sg. איכווני | 3 sg. m. איתחייב, איחייב, איגייר,
אקיים | Impf. 3 sg. f. תקיים || **Palp.** Inf. לטלטולי | Pt. act.
sg. m. מנמנם | pass. pl. m. מטלטלי || **Itpalp.** Pf. 3 sg. f.
א(י)זדעזעא || **Pā.** Pt. act. sg. d. מלטטא | **Af.** Pf. 1 sg. אנחי |
2 sg. m. אחיכת | 3 sg. m. אחיך, אוקי[ם] | Impf. 1 sg. אוקים |
3 sg. m. לוקים, ננח | Imp. אצית | Inf. אוקומי, אחוכי, אנוחי |
Pt. act. sg. m. מתיב, מותיב, מוריק, מוהח, מנח | pl. m. מוקמי,
מתיבי | 1 sg. מוקימנא | 1 pl. מוקמינן | 2 sg. מוקמת |
pass. sg. m. מנח | sg. f. מנחא || **Ittaf.** Pf. 3 sg. m. איתותב ||
בת דינא, בטל דינא. נפק דק ואשכח. נח נפשיה. נח דעתיה.
קם ליה בדרבה מיניה. „חברך מית“, אשר; „אי(ת)עתר“, לא
תאשה. עד אימת אידון ואיזול בהאי דוחקא?[1] ניקום ניזיל נעביד
עיסקא! השתא מספיקא ניקו וניקטול? לכי תיכול עלה כורא
דמ(י)לחא. בעידנא דבי מדרשא לא תקומו אבראי. ניקום מר
ונמליך. ליתיב מר לינח. מר ניהו רב, נינח מר! תינח נפשיה
דההוא גברא, ולא ליתמסר לידא דמלכותא. תינח [h]קרבן אנשים,
קרבן נשים[h] מאי איכא למימר? קום לבוש הני מ(א)ני. שוף
כר(י)סך עול, שוף כרסך (ו)פוק. גברא דאבריה ואברתיה לא חס,
עלי דידי חיים? שליח ערטיל וסיים מסאניה. תנא היכא
קאי...? תנא אקהא קאי. אשיתא פלגא חדתא ופלגא עתיקא
לא קי(י)מא. היא ני(י)מא ודיקולא שפיל. כולי עלמא כיילי ליה

[1] Taan 25ª G.

בקבא ווטא, האי מרבנן כיילי ליה בקבא רבא. קים לי בנפשאי דידענא טפי. עבדא בהפקירא ניחא ליה, וילא ליה, שכיחא ליה (ו)פריצא ליה. הניחא למאן דאמר: „עד דמנקיב קרמא תתאה“; אלא למאן דאמר: „אנקיב עילאה אף על גב דלא אינקיב תתאה“, ניחוש דלמא עילאה אינקיב, תתאה לא אינקיב? מתניתין נמי דיקא. הא קיימא לן ד[h]עד צאת הכוכבים[h] יממא הוא? מכדי קראי לא כמר דייקי ולא כמר דייקי, רב[p] מאי טעמא לא אמר כשמואל[p]? ווי לן דמייתינן. אי צייתת, צייתת; ואי לא, מפיקנא לך רב מאוניך. בדובר קיימת קמי מרך?[1] וילו קיימו שטרייכו וחותו לדינא. פתיא אוכמא, מינאי ומינך תסתיים שמעתא. לא חלמא טבא מקיים כוליה, ולא חלמא בישא מקיים כוליה. גברא רבה אמר מ(י)לתא, לא תתיכו עליה! לא תציתו להני כללי דכליל יהודה[p] אחי משמיה דשמואל[p]. דון מינה ומינה. דון מינה ואוקי באתרה. אוקי ממונא בחוקת[h] מריה. מוקים לה כרבי בנימין[p] בר יפת[p]. מוקי לה דנגעי כולהו בראשון[h]. חגא מידע לא ידע מאי קאמרי רבנן, תיובתא קא מותיב? מחכו עלה במערבא. ומדרבי אליעזר קמותבת ליה למר? האי קרא במערבא במאי מוקמיתו ליה? כוליה קרא בפרה[h] לא מ(י)תוקם.

39. A. Pf. 1 sg. בניתי, חזיתי, בני[ת], חזית | 1 pl. בעינא, חזינא, תניינא, אתינן, בענן, גלינן, חזינן, תלינן | 2 pl. הויתון | 3 sg. f. את(א)ת, בנת, הוות, חזת, שדת | 3 pl. m. מלאו, אתון | Impf. 2 sg. f. ת(י)צביין, תיהויין | 2 pl. תשתון (f.), תיחזון | 3 sg. m. יבכה, יחדי, יהוי, יהי, יהא | 3. pl. m. יבכון, יגבון, ליבעון (f.) | Pt. act. pl. m. בָעַיין, סגיין, סגן, אתאן | 2 pl. בעיתון | pass. pl. m. מְלַיין, גלן, כסן || אנא [h]עון גיליון[h] לא למִיפחת מן אורייתא דמשה[p] אתיתי, אלא לאוסופי על אורייתא דמשה אתיתי. כדו הויתי דייר בארעא הדא ארבעין שנין, ולא חמיתי בר אינש מהלך בארחן דתקנן כדין. במותב תלתא הוינא, וחד ליתוהי. אפשר איתא להא דאמר רבי יוחנן, ולא תנינא לה במתנית[ין]? כד הוינן ווטרי, לגברי; השתא דקשישנא, לדרדקי.

דילמא מפומבדיתא אתית, דמעיילין פילא בקופא דמחטא? מן
יומא דגליתון מעל ארעכון אינטילת אורייתא דמשה ואתיהיב[ת]
ביה עון גליון. איך פלניא בר פלניתא פטר ותריך ית פלניתא
אינתתיה דהות אינתתיה מן קדמת דנא מן יומא דנן ולעלם:
עד דגניתון לי גננא, איזל ואשמע מילתא מבי מדרשא ואיתי ואימר
לכו. יהא רעוא דאימא מילתא ותתקבל. ייתי ואיזכי דאיתיב
בטולא דכפותא דחמריה. ייתון בני עממין לשלם דעבדין עובדא
דאהרן, ולא ייתי בר אהרן לשלם דלא עביד עובדא דאהרן. זלת,
קפוץ קנה מינה; באתר דלית גבר, תמן הוי גבר. דדא ביה, כולא
ביה; דלא דא ביה, מה ביה? דא קני, מה חסר? דא לא קני,
מה קני? בר אנש דאתי לקיבלנא, הוא יאי וגולתיה יאי. לא
ליהוי לך פקר בהדי יהודאי, דכל דבעון מן מריהו עביד להו[1].
דאכיל אליתא טשי בעיליתא, דאכיל בקקולי אקיקלי מתא שכיב.
דחיית נפיש, או דהיינא? עד דכפנת, אכיל; עד דצחית, שתי;
עד דרתחא קדרך, שפוך.

B. Pf. 1 sg. אתאי, בעיי, בעאי, גלאי, הואי, חואי, מטאי,
מצאי, קראי, שדאי, תנאי | 1 pl. הוין, אתן, בען, חון, תנן | 2 sg. m.
חוית, קלית | 2 sg. f. אתית | 2 pl. m. אתיתו, בעיתו | 3 sg. m.
בכא, דרא, הוה, סגא, תנא, אימצי, צחי, שתי | 3 sg. f. אתאי,
חזאי, סגאי, אתיא, הויא, חויא, מטיא | 3 pl. m. בעו, הוו, חוו,
טשו, מטו | 3 pl. f. אתאן, הוין, שדיאן, שדיין | Impf. 1 sg. m.
א(י)גלי, איחזי | 1 pl. נ(י)בעי, נישדי, ניתי | 2 sg. m. תיגני, תשדי,
ת(י)חזי | 2 pl. m. תחזו | 3 sg. m. ליקלי, ליקני, לישדי, לישרי,
ניתני, לתני, ליתי, ניתי, לימא, נהי | 3 sg. f. ת(י)מלי, ת(י)הוי,
תהא, תיתי | 3 pl. m. לבעו, (f.) ל(י)בעי, לטעו, ליטעי, נימטו,
ליתרו, ליתו, ניתו | Imp. sg. m. בעי, דחי, שתי, אישתי, הוי,
בקי (f.), חזאי (m.) | sg. f. חזאי, תאי | pl. m. חזו, שתו, אשתו,
אישתו, אתו | Inf. מִבעא, מיגנא, מיחדא, מיטעא, מקרא, משתא,
למירמא, למישרא, למיפא, מִיתא, למיבעי, למיחזי, למימני, למ(י)רעי,
מיתי | Pt. act. sg. m. בכי, בני, ג(א)ני, חזי, שאני, חיי | sg. f.
בכיא, מטיא, סניא, שדיא, הויא | pl. m. בכיי, רעיי, רעי, שדי, בכו,

בעו, גנו, דמו, חדו, חזו, מלו, שבו, ש(א)רו, אתו | pl. f. דמיין,
מטיין, מלי(י)ן, מליא, הויין | 1 sg. בנינא, בעינא, בעינא (f.);
שדינא, שתינא, אמינא, אתינא, חיינא | 1 pl. חזינן, מחינן, קרינן |
2 sg. דרית, חזית, מטית, הוית, חיית, גבית (f.) | pass. sg. m.
בעי, לדידי חוי לי, טשי, מצי, שדי, שרי | sg. f. טפיא, תליא |
pl. m. דלו, טשו, מלו, סנו | pl. f. שדיין, רמייאן || זבנת, קנית;
זבין, אוביד. אפילו בר בי רב לא קרית. בעא מיניה רב חסדא
מרב הונא: מה הוא לקדושי אשיכרא? טוביה[p] חטא, וזיגוד[p]
מינגד! שב שני הוה מותנא, ואיניש בלא שניה לא אזא[1]. ד(י)רמא
לך הא, לא חש לקימחיה. תלא לסילתיה, תלא למווניה. חד
סרי ולא גנב, נפשיה בשלמ(א)ני נקט. מסיגני ושליטי הואי איואן[p]
לגברי ניגדי[2]. שיתין מני דפרולא תלו ליה לבקה בקורנסיה. תנו
רבנן. (ו)אימא: „לבו“[h] . . ., (ו)אימא: „אזנו“[h] . . .? נימא
קסבר: „נותן טעם לפגם אסור“[h]? לא תרתח ולא תחטי. לא
תרוי ולא תחטי. לא תשתי סמא. וכי תימא: „נילף מיניה“,
ממונא מאיסורא לא ילפינן; וכי תימא: „נילף מקנסא“, ממונא
מקנסא לא ילפינן. תהא לוטא ולא ליטא[3]. לא תיתלו בוקי
סריקי ברב נחמן. במטותא מינייכו דלא תהוו קמאי לא ביומי
ניסן[h] ולא ביומי תשרי[h], דלא תטרדו במזונייכו כולה שתא. לעולם[h]
ליבעי איניש רחמי על נפשיה, ואפילו עד זבילא בתרייתא, לשלמא.
בר בי רב דלית ליה משחא, נימשי במיא דחריצי. מאן נימא לן?
תפיש תירום אמתא, בחד מחטרא ל(י)הוי. אי חקלאה, מלכא
ליהוי, דיקולא מצווארֵיה לא נחית. קרחא בביתיה, פרדכשא
ל(י)הוי. קריינא דאיגרתא, איהו ליהוי פרוונקא. מאה קרי במתא
בוזא, תותי כנפיך ניהו. מיטרא במ(י)פתח בבא — בר חמרא,
מוך שקיך וגני. קום משי ידך. פוק קרי קרייך לברא. כי
עיילת לקמיה דרבי אבהו[p], רמי ליה. ריש תורא בדיקולא —
סק לאיגרא ושדי דרגא מתותך. שרי שקיך ועייל ביה נהמא.
שרי שקך ופתח כיסך. פתח פומיך קרי, פתח פומיך תני; כי היכי

[1] Sanh 29^{a} M. || [2] ib. 106^{a} (איואן] cf. Teš-geon; pro ניגדי l. נגדי). || [3] ib. 49^{a} M (לטא = ליוטא K).

דתקיים ביך ותור[יך]חיי. פוק תני לברא. חזי, מאן גברא רבא
מסהיד עליה! לא תימא: „[h]מפני שיכול לאומרה[h]“, אלא אימא:
„[h]הואיל ואומרה על הכוס[h]“. תא שמע. חדאי, נפש, חדאי, נפש!
לך קראי, לך תנאי. אדמגרשיתו גרמי בי אביי[p], תו אכלו בשרא
שמינא בי רבא[p]. חטוף ואכול, חטוף ואישתי; דעלמא דאזלינן
מיניה לבי הלולא דמי. בהדי הוצא לקי כרבא. מאן דרחים לי,
לבעי עלי רחמי; ומאן דסני לי, לחדי לי. רבי זריקא רמי קראי
קמיה דרבי אלעזור (ואמרי לה: אמר רבי זריקא: רבי אלעזור
רמי): כתיב[1]: „ולא יכול משה לב(ו)א אל אהל מועד כי שכן
עליו הענן“, וכתיב[2]: ויבא משה בתוך הענן“? טוט אסר,
(ו)טוט שרי. [h]מעשה לסתור[h]! — חסורי מחסרא והכי קתני.
מאי שנא הכא דקתני „[h]שתים שהן ארבע בפנים ושתים שהן ארבע
בחוץ[h]“, ומאי שנא התם קתני „שתים שהן ארבע“ ותו לא?
במשלם שערי מכדא, נקיש ואתי תיגרא. אי בר אחתיך דיילא
הוי, חזי, בשוקא קמיה לא תחליף. הלכה[h] בעיא צילותא כיומא
דאסתנא. טבא תרתי מתלת; ווי לה לחדא דאזלא ולא אתיא.
בכו ליה למר ולא ידע, חייכי ליה למר ולא ידע; ווי ליה למר
דלא ידע בין טב לביש. גופני קנו דיקלי, דיקלי לא קנו גופני.
רהיט ונפיל תורא, ושדו לסוסיא באורייה. דרחים רבנן הוו ליה
בנין רבנן; דמוק[ר] רבנן הוו ליה חתנוותא רבנן; דדחיל מרבנן,
הוא גופיה הוי צורבא מרבנן; ואי לאו בר הכי הוא, משתמען
מיליה כצורבא מרבנן. דעלך סני לחברך לא תעב(י)ד. לא נאי
להו זוהרא לנשי; תרתי הוין בהי דיהירן, וסני שמיהי; הדא
זיבורתא, וחדא כרכושתא. שרי ליה לאיניש לאודועי נפשיה
באתרא דלא ידעי ליה. נשוט נבילתא בשוקא ושקול אגרא,
ולא תימא: „כהנא אנא וגברא רבה אנא, וסניא בי מילתא“[3].
היכלא קליא קלית. כל מילתא דלא רמיא עליה דאיניש, אמר
לה ולאו אדעתיה. שקילא טיבותיך ושדיא אחיזרי. כל ליצנותא
אסירא, בר מליצנותא ד[h]עבודה זרה[h] דשריא. מריה דאברהם[p],

---

[1] Ex 40[35]. ‖ [2] ib. 24[18]. ‖ [3] Pes 113[a] M_1 (נשוט] Ar).

ת(א)לי תניא בדלא תניא? מסאנא דרב מכרעאי לא בעינא. כולהי מצינא מקיימנא, לבר מיהא דלא מצינא למיעבד. לא מצינא דאטרח. מאי טעמא (קא) בכית? מאי בעית בהאי ארעא? אי דלית, דלינא; ואי לא דלית, לא דלינא. כי מחית לינוקא, לא תמחי אלא בערקתא דמסאני; דקארי, קארי, ודלא קארי, ליהוי צותא בעלמא לחבריה. אי לא אתית, מחינא לך בסילוא דלא מבע דמא. בירא דשתית מיניה מיא, חזי, קלא לא שדית ביה. לא מצית אמרת. בעירו חמירא דבני חילא; דכיון דאילו מיגניב ואילו מיתביד, ברשותייכו קאי ובעיתו שלומי, כדידכו דמי.

pe. A. Pf. 3 pl. m. א(י)תחמיאו, אישתניו | 3 pl. f. א(י)שתביין | Impf. 2 pl. ת(י)פנון | 3 sg. m. יתקרי | 3 pl. m. יפנו | Pt. pl. f. מתקרין, מקריין, מיקלי(י)ן | אפילו מילי דמיטמרן איגליין להון. רגלוהי דבר אינש אנון ערבין ביה, לאתר דמיתבעי תמן מובלן יתיה. באתר דלית חמר, תמן מתבעין סמנין. || B. Pf. 1 sg. אנשיי, אנשאי | 1 pl. אישתליין | 2 sg. m. א(י)תהנית | 3 sg. m. איתרמי, איבעי, איפני, אשתב[י] | 3 sg. f. איתרמאי, איגלאי, אשתביי, אתרמיא, איסתגיא, איברייא | 3 pl. איברו, אימנו, איתלו | Impf. 1 sg. אתהני | 1 pl. ניתהני | 2 sg. תיסתפי (f.) | 3 sg. m. ליתהני | 3 pl. ליפנו | Inf. א(י)תרמויי | Pt. sg. m. מתרמי, מיקרי, מינצי(י)א | pl. m. מתבעו, מתבעי, מינצו, מינצי, מפני | 1 sg. מתבעינא, מיבעינא | 1 pl. מקלינן | 2 sg. מתברית, מינצית | 2 pl. מסתפיתו | אידלי יומא, אידלי קצירא. איבעיא להו. יהא רעוא דתישתרו תרבא. ומאי תיבעי ליה? זבון וזבין, תגרא איקרי. מבעי ליה לאיניש לאסתמורי מעינא בישא. נקיטינן: האי צורבא מרבנן לא מיעני. השתא סיפא דלא קמשבח כלל, אסרי רבנן; רישא מיבעיא? חלמא דלא מפשר כאגרתא דלא מקריא.

pa. A. Pf. 1 sg. צליתי | 1 pl. טוינא, שנינא, שנינן | Impf. 3 sg. m. ילוה | Inf. אפאה | Pt. act. pl. m. מפיין | pl. f. משניין | pass. pl. f. מדמיין || Itpa. Pf. 3 sg. f. איתסיאת, איעלית | Pt. pass. sg. f. מגניא | יהא רעוא כל כי הני מילי מעלייתא תדרשון משמאי. || B. Pf. 1 sg. צליי, מחאי | 2 sg. m.

שנית | 3 sg. m. דלי, שני | 3 sg. f. מחאי, דליא | 3 pl. מחו |
Impf. 1 sg. א(י)מלי, אצלי, אישני | 1 pl. ניתתי | 2 sg. m.
תיגרי | 2 pl. ת(י)גלו | 3 sg. m. ניצלי, ליתתי | 3 sg. f. תרבי |
Imp. sg. m. כסי, דל | pl. m. דלו | Inf. גלויי, אסויי | Pt. act.
sg. m. מגלי, מצלי, משני | sg. f. מסכיא | pl. m. מגלו, מצלו,
מסו | pl. f. משניא | 1 sg. מגלינא, מצלינא | 1 pl. משוינן |
pass. sg. m. d. איניש מעליא | f. d. טענתא מעלייתא | 1 pl.
מעלינן | 2 sg. מכסיית || Itpa. Pf. 1 sg. א(י)תסאי | 3 sg. m.
איכסי, אירצי, א(י)שתעי ,א(י)תסי | 3 sg. f. א(י)שתעיא, איעליא |
3 pl. א(י)שתעו | Impf. 2 sg. m. תתגרי | 3 sg. m. לתסי | 3 pl.
לישתהי | Imp. אשתעי | Pt. sg. m. מרצי | sg. f. מיגניא || אלא
מחוורתא כדשנין מעיקרא. גיורא עד עשרה דרי לא תבזי ארמא[ה]
קמיה. לא תקנא בארמאה. לא תקנא בח(י)ויא. ליכנפי ליה
למר עשרה וליצלי. ניתי מר ונתני. רבי רבי, בר ברתך אנא.
אנא שנאי חדא, ואת שני חדא. דלי כרעיך מקמי גהינם[1]. גלויי
מ(י)לתא בעלמא הוא. אגרא דהספדא דלויי. לא חציף איניש
לשויי שמיה דאבוה סימנא. מיקרי ומיתני במטללתא, ותנויי בר
ממטללתא. חציף עלן מאן דמצלי בפקתא. בר בי רב לא ליתיב
אציפתא חדתא דמכליא מאניה. בהני תלת מילי עבידי רבנן
דמשנו בד(י)בוריהו: במסכתא, בפוריא, (ו)באושפיזא. לכל מילי
עותקא מעלי, לבר מתמרי ושכרא והרסנא. תלתא מוקמי, חמשה
מסו, שבעה אפילו לכשפים[h] מעלו. הב לי לדידי, (ו)אנא מסינא
נפשאי. איערב[2] שימשא ואידכי יומא. ומי מישתעי ריש לקיש
בהדי רבה[p] בר בר חנה[p]? השתא בהדי רבי אלעזר מרה דארעא
דישראל לא מישתעי (דמאן דמשתעי ריש לקיש בהדיה בשוקא,
מוזפי ליה זוזי בלא סהדי), בהדי רבה בר בר חנה מישתעי?

A. Pf. 1 pl. אתרינן, איתינן | 3 sg. f. אתיאת | 3 pl. אייתיו |
Imp. pl. m. אמטיו, אייתיאו | Pt. act. pl. m. מסגן, מורן, מיתין |
pl. f. מהניאן, מייתין || B. Pf. 1 sg. אהנאי, אהניי, איתאי
2 sg. m. אמטית, אהנית, אייתית | 3 sg. m. אשרי, אהני, אחוי,
אייתי, אורי | 3 sg. f. איתלאי, אייתיא | 3 pl. m. אמטו, אתנו, אייתי,

אתו | Impf. 1 sg. אחוי, אייתי | 3 sg. m. לייתי, ליתי | 3 sg. f.
תיהני | 3 pl. m. לייתו, ניתי | Imp. sg. m. אגני, אשני, אחוי,
אייתי, איבראי | sg. f. איתא | pl. m. אייתו | Inf. אגנויי, אצלויי,
איתויי, אתויי, אודויי | Pt. act. sg. m. מקרי דרדקי, מקשי, מתני,
מחיי, מודי | sg. f. מגניא, מרמיא, מתיא | pl. m. מגנו, ממטו,
מצלו, משקו, מייתו | 1 sg. מגנינא, מקרינא, מתנינא, מי(י)תינא |
1 pl. מגבינן, מרמינן, מדינן || Ittaf. Pf. 3 sg. m. א(י)תחוי |
Impf. 2 pl. m. תתחוו | Inf. איתחוויי || ארמלתא לא תרבי כלבא,
ולא תשרי בר בי רב באושפיזה. עד בר שית לא תקביל, [h]מיכן
ואילך[h] קביל ואספי ליה כי תורא. עד דהדרנא, אקרו בהדי הדדי
ואתנו בהדי הדדי. אשוו זבינו; ואי לא, דרישנא לכו כרבי שמעון[p].
„[h]זה הכלל[h]“, לאיתויי מאי? לאו לאיתויי [h]תענית צבור ותשעה
באב?[h] לא מייתי איניש חובתא לנפשיה. לא מחוו ליה לאיניש
לא דיקלא דדהבא, ולא פילא דעייל בקופא דמחטא.

40. A. Perf. 3 pl. m. תרגימו || Pt. pass. sg. m. משלהי ולאי
|| B. Perf. 1 sg. הימני | 3 sg. m. משכ(י)ן | Impf. 3 sg. m.
ניגנדר | Inf. כרכושי, שעבודי, כברויי | Pt. act. sg. m. משעביד |
1 pl. מתרגמינן | pass. sg. m. מהימן | 1 sg. מהימנא, מהימננא ||
It. Perf. 3 sg. m. אישתרבובי אישתרבב, א(י)מרטוטי אימרטט,
איזוטר | Pt. sg. m. מיגנדר | sg. f. מ(י)ודוטר[א].

41. A. Perf. 1 pl. אגרנוה; אשתמודענוהי | חכרנוה | 2 sg.
פטרתינון | 3 sg. טעימינון | 3 pl. אדחוהי | אזמנוהא | קטלינון |
Impf. איקטלינון, נקטלינון | יקברוניה | Inf. למ(י)דייניה || שטרא
דנן דכתבנוהי לא למגבא ביה לא ממשעבדי ולא מבני חרי, אלא
כי היכי דתקום ארעא בידיה. שיתין רהוטי רהטין, ולא דוורוה לגברא
דמצפרא כרך. אבוב לחרי זמר, גירדאי השתא לא קבלוה. רחמנא
ידכרינך לשלם. מאן דלביש מדא ילבש מדא; מאן דלא לביש מדא
יאמר לגברא דלביש מדא: „שלח מדא ואנא אלבישיניה.“
במטותא בעינא מינייכו, לא תחלונה. כי מטית להתם, ארהיטני[1].

---

[1] A. z. 48b.

Perf. 1 sg. B. פרעתיך, סכנתיך, קריבתך, אוזיפתך | גרשתיך |
בהדרתינכו, אפקיתנכו, אשבעתיכו | קטלתיה, שאילתיה, לטתיה,
שדרתיה, צערתיה, אומינתיה, אשכחיתיה | זבנתה, זבניתה, אכלתה,
אמריתה, אמרת[ה], קיימתה, אשכחתה, אנחתה | בדקתינהו, שקלינהו,
שאילתינהו, שאילינהו, קב(י)לתינהו, אהדרתינהו, אשכחתינהו,
אשכחיתינהו, אסחתינהו, אהדרינהו | אשכחיתינהי | 1 pl. קב(י)לנך,
אותיבנך | קרעניה, חכרני[ה], בדקיניה, אוכליניה, אותיבניה |
אוקימנה | שכחנינהו, שקלינהו, אותבינהו | 2 sg. זמנתן, קב(י)לתן,
צערתן, אדכרתן, אודעתן, אותיבתן | חשדתינן, כסיפיתינן | שתלתיה,
כסיפתיה, קבילתיה, חריבתיה, אמליכתיה, אחלישתיה, אפיקתיה |
אמריתה, אדהתה, אוקימתא | קטלתינהו, סיימתינהו, אפסדתינהו |
2 pl. סכינתין | תפסתוה, תפסיתוה | 3 sg. m. נקטן, דנן, אישתמטן,
אותבן | אשבען, אשמעינן | נשק(י)ך, זמנך, אבטחך, אזמנך | קטליה,
גויה, גזייה, גזוי[ה], דצייה, קבליה, שי(י)ליה, עייליה, גששיה,
אכשליה, אוכליה, אפקיה, אסקיה, אותביה, איתיביה, אתיביה, שזבי[ה] |
אמרה, שמעא, זבנה, אותבה | קטלינהו, זבנינהו, תרצינהו, אשכחינהו,
אחתינהו, אותבינהו | חתכינהי, מלחינהי, שפצינהי, אחתינהי |
3 sg. f. קרצתן, אישתמיטת[ן], אזיקתן | שבקתיה, זמינתיה, שדרתיה,
אפיקתיה | אסרתה, דצתה, אדרתה | אסרתינהו, תבעתינהו, לבישתינהו |
כבשתנהי | 3 pl. שבקין, צערון, ברכון | שבקינן, שדרינן | קדמוך |
זקפוה, חבשוה, שחטוה, קבלוה, שדרוה, עיילוה, אטרחוה, אסקוה,
המנוה | אכלוה, אמרוה, בטלוה, טייפוה, אותבוה, אוקמוה | שבקונהו,
שקלונהו, כרכינהו, עיילונהו, חרכינהו, אהדרונהו, אטרחונהו |
Imperf. נינסבן, למנען, תבדחן, תצערן, ליברכן, ליגמרן, ליצלן,
לישזבן | נשמעינן | אגזייך, אגמרך, לישבעך | אוכליך | א(י)בדקינכו |
א(י)שבקיה, אלטייה, נגרדיה, נשדריה, ליכייפיה, לצייריה, ליהדריה,
נודעיה | א(י)קבלה, נ(י)קבלה, לשבקינה, נפרחה, אוקמינ[ה] |
איקטלינהו, א(י)שבקינהו, תשבקינהו, לימרינהו, ניהמנינהו, לוקמינהו |
3 pl. ניגמרינן | ליברכוך | נידחקוה, נ(י)עי(י)לוה, נידינוה, נותבוה |
תקטלונהו, תיכלינהו, ניזבנינהו, להימנינהו | ניכלינהי | sg. m. Imp.
שבקן, שיבקן, פרע(י)ן, צערן, אושלן, אוזפן | שקליה, תיפשי[ה],

חדדיה, שייליה | קטלַהּ, שבקה, אהדרה, אותבה | שבקינהו, שקלינהו, סייעינהו | sg. f. אסקין | שבקיה | pl. אותיבון | שבקוה, תפסוה, שחטוה, אפקוה | תיפסוה, אחרוה, אקדמוה | Inf. לצוערן, לאגמרן | לאשמועינן | לאותובך | למ(י)קטליה, מיקצייה, למילטייה, לזבוניה, לאחוריה, לפרוקיה, לש(י)זביה | למיכבשה, למינסה, לזבונה, אטבולה, אוגורה, משכונה | למינקטינהו, לזבונינהו, לנטורינהו, לאבדינהו, לאקדומינהו, לאשלמינהו, לאנוחינהו, לאנחינהו | למינקטינהי, זבוננהי, חילופינהי, חלופנהי, אוזפנהי | Part. מצערן, מלפך, פסליה, מודעיה, תברינהו | מזמינתיה | דברינהו | פרעתין, מודעתן | מובינתַהּ || לתקוני שדרתיך ולא לעו(ו)תי. אנא הא דרב המנונא[p] לא שמיע לי, אלא מדעתאי בריכתינהו לכלהו. אנן אחתיניה, אנן מסקינן ליה; לזילותא דבי דינא לא חיישינן. גרעתיה לארמאה ושפר ליה, אתלי ליה נורא בדיקניה, ולא שבעת חוכא מיניה. לא הדרת שקלתינהו מינאי? אדלא אבדן[1] בחישנא. בריך רחמנא דיהבך ניהלן, ולא יהב(י)ך לעפרא. פַּלְגא אוקמינכו?[2] כמה לא חלי ולא מרגיש גברא דמריה סייעיה. הא מילתא אמר לן רב ששת[p], ואנהרינהי לעינין[3]. טוביה דשמע ואדיש, חלפוה בישתא[4] מאה. עבדא הוה לי, קטלוה, פסקוה לרישיה, פשטוה למשכיה, אוקמוה, וקא משקו ביה מיא, לא דמי קא יהבו לי ,ולא אגרא קא יהבו לי. גברא דנשי קטלוה, לא דינא ולא דיינא. על דא אפקוה לרבי ירמיה מבי מדרשא. ועל דא עילוה לרבי ירמיה לבי מדרשא. תרי קיסי יבישי וחד רטיבא, אוקדוה יבישי לרטיבא[5]. מייך אשפלוה[6] לארעיך. גמלא דאזל למיבעי קרני, אודני דהוו ליה גוו[נ]הִי מיניה. כל כי האי ריתחא לירתח רחמנא עלן ול(י)פרוקינן. מאן יהיב לן נ(י)גרי דפרזלא ונשמעינך .דנפיק מינך טעמא נלפך. האי מאן דאית ליה סעודתא ניכלה בימּמא. האי צורבא מרבנן דשמע ליה מילתא ולא ידע פירושה, לישיילה קמיה דשכיח קמי רבנן, דלא איפשר דלא שמיע ליה מגברא רבא. ליקטלוך ולא תיקטול. אוקמן נמי לדידי ואצלי. שבקוה לרויא, דמנפשיה נפיל. לא לימא איניש לינוקא: „יהיבנא לך האי מידי“, ולא יהיב ליה, דילמא אתי לאגמוריה שקרא.

A. 3 pl. שריוהא, אי(י)תינון | א(י)חמ(י)ניה, לייתיהא, ילווניה ||
איך פלני[תא] בת פלני[תא] הקרבת ית פלן לְקדמנא ואישתמודענו[הי]
דאחוהי דמיתנא [h]מן האב[h] הוא, ואמרנא ליה: „אי צבית לייבומה,
ייבם; ואי לא, אטלע לה רגלא ימינא", ואיטלע לה רגלא ימיניה
ושרת סיניה מעל ריגליה, ורקת באנפוהי רוקא דאיתחזי לנא בבי
דינא על ארעא . . . ואקרינוהי מה דכתיב בספר אורייתא דמשה
ואשתמודענוהי. || B. Perf. 1 sg. קרית(י)ך, חזיתינכו, שו(ו)ינכו |
שדיתיה, חזיתיה, רביתיה, שויתיה, אגניתיה, אמשיתיה | אי(י)תיתה |
חזיתינהו, עשיתינהו, שוינהו, אי(י)תינהו | 1 pl. אשקיניה | חזנהו,
שנינהו | חוננהי, תננהי | 2 sg. אקריתן | א(י)שתיתיה | אי(י)תיתה |
אייתיתינהו | 2 pl. תניתוה | 3 sg. m. מחיין, כסיין | דלינן, אקרינן |
אתייך | חזייה, שתייה, דלייה, כבייה, שוייה, אמשייה, אקרייה,
ארמייה, אשקייה, אתנייה, איתייה, אייתיתי[ה], אחייה, אגביה,
אסחייה | חזייה, תליה | חזנהו, חזינהו, שדנהו, שדינהו, שרנהו,
קרנהו, דלינהו, שוינהו, אשקינהו | תלנהי, בננהי | 3 sg. f. שדתיה,
שדיתיה, חזיתיה, רביתיה, אייתיתיה | רמתא | איכסתינהו | 3 pl.
אקריון | שויוך | חזיוה, מחיוה, מחוה, תליוה, אינשיוה, דליוה,
סמיוה, אשקיוה, איתיוה, אתיוה, מחונהו, שרונהו, קלונהו, חזנהו,
חזונהו, מלינהו, סמונהו, אמטינהו, אי(י)תינהו | שרונהי, חזינהי |
Imperf. לישוייך, אשקייך | א(י)בנייה, לימחיי[ה], ליתלייה, ליקליה,
לימלייה | לתלייה, למלייה | לישדינהו, לסטינהו, נשהינהו | לשדיוה,
נתיוה || Imp. sg. אגניין (f.), אשקיין | שדייה, דלייה | כסינהו, אייתינהו |
רמינהי | pl. אמטיוה, אשקיוה | אתיוה | אמטונהו || Inf. מסנייה,
מסניה, למימחיה, לבזוייה, לשויה, איתויה | למימנינהו, מ(י)טוינהו,
ל(י)מפינהו, עשוינהו, לאי(י)תויינהו | למבנינהי || Part. בנייה,
ממלי[יה] || השתא איכו לא חזיתך, ספית לי איסורא. בהדי דקא
חזינך, ברכינן עליך תרתי. ואנן היכי חזיתינן? שב שני אימראי
בקת[א] מבקה, דאמרה ליה: „חזיתיה לבי מחוז[אה] דסחי מיא
ואיכהך בסדיניה ויתיבת עליה ומצית מיניה דמא ולא אודעתן
לי." קריתיה לבר עמית(י)ך ולא עני(י)ך, דחי גודא רבה (ו)שדי
עילויה. חברך קרייך חמרא, אוכפא מוש לגב(י)ך. נרשאה

נשקיך, מני כּכיך; נהר פקודאה לוויך, מגלימא שפירא דחוא עלך; פומבדיתא[ה] לוייך אשני אושפיזך. דאקרייך קהלת[h], לא אקרייך משלי[h]. כי היכי דלימטיין שיבא מכשורא. נתניאן מר [h]ספר יוחסין[h].

II. Zusammenhangende Lesestücke.

Connected Texts.

A.

1. Ungenaue Aussprache. *Inaccurate Pronunciation.*

Erub 53[b] IB.

ההוא בר גלילא[a] דאמר להו: „אמר למאן? אמר למאן?“ אמרו ליה: „גלילאה שוטה[h]! חמר למירכב, או חמר למישתי? עמר למילבש, או אימר לניכסא[b]?“

2. Liebenswürdigkeit, die zu spät kommt.

Kindness Coming too late. Šab 63[b] M.

ההיא איתתא דעלת למיפא בההוא[a] ביתא, נבח בה כלבא, איתעקר[b] ולדה. אמר לה מרי דביתא: „לא תדחלין; שקילן ניביה, שקילן טופריה“. אמרה ליה: „שקילא טיבותיך ושדיא אחיורי! כבר נע ולד“.

3. Übermäßige Trauer. *Excessive Mourning.* M. ḳ. 27[b] M_1.

ההיא איתתא דהות[a] בשיבבותיה דרב הונא, הוו לה שבעה בני. שכיב חד מיניהו, והות קא בכיא עליה ביתירתא[b]. שלח לה רב הונא: „לא תעבדי[c] הכי[c]“. לא אשגחת. אמר: „אי צייתא, מוטב[h]; ואי לא, תמוש[a] ההיא איתתא[a] זוודתא לאידך מית“. ומיתו כולהו. אף היא עבדת זוודתא לנפשה ומיתת.

---

1. [a] M. | [b] Ra[M]. ‖ 2. [a] cf. IB. | [b] IB. ‖ 3. [a] M. | [b] IB. | [c] IBM.

4. Ein frommer Laic. *A Pious Layman.* Suk 44[b] M_1.

אמר איבו: הוה[a] קאימנא קמיה דרבי אלעזר ברבי יצחק ואיתי ההוא גברא ערבה[h] לקמיה. אמר ליה: „קריתא אית לי, כרמיא[b] אית לי, זיתיא אית לי; ואתאן[b] בני קריתא, ומקשקשין בכרמיא, ואכלין בזיתיא; אריך, או לא אריך?“ אמר ליה: „לא אריך“. הוה שביק ליה ואזיל. אמר: „כדו הויתי דייר[c] בארעא הדא ארבעין שנין, לא חויתי בר נש דמהלך בארחן דתקנן כדין.“ הדר אתי[d] אמר ליה: „מאי אעביד?“ אמר ליה: „אפקר זיתיא לחשוכיא[e], ותן פריטיא[f] לקשקושי[g] כרמיא.“

5. Die Gattin des R. Aḳiba. *R. Aḳiba's Spouse.* Ned 50[a] 𝔅.

רבי עקיבא איתקדשת ליה ברתיה דבר כלבא שבוע. שמע [a]בר כלבא שבוע[a], אדרה הנאה[h] מכל ניכסיה. אולה ואיתנסבת ליה בסיתוא. הוו[a] גנן[b] בי תיבנא, הוה קא מנקיט לה[a] תיבנא מן מזייה. אמר לה: „אי הואי לי, רמינא ליך ירושלם דדהבא“. אתא אליהו, אידמי להון כאינשא, וקא קרי אבבא אמר להו: „הבו לי פורתא דתיבנא, דילידת[b] איתתי, ולית לי מידעם לאגנוייה[c]“. אמר לה רבי עקיבא לאינתתיה: „חזי גברא דאפילו[h] תיבנא לא אית ליה“. אמרה ליה: „זיל[a] הוי בבי[a] רב“. אזל הוה[a] תרתי סרי שנין קמי רבי[a] אליעזר ורבי[a] יהושע. למישלם תרתי סרי שנין, [a]קם ואתא[a] לביתיה. שמע מן אחורי ביתיה דקאמר לה חד רשע[h] לדביתהו: „שפיר עביד ליך אבוך: חדא, דלא דמי ליך; ועוד[h] ארמלות חיות[h] כולהון שנין“. אמרה ליה: „אי צאית לדילי, ליהוי תרתי סרי שנין אחרנייתא[b]“. אמר: הואיל[h] ויהבת לי רשותא, איהדר לאחוריי“. הדר אזל הוה תרתי סרי שנין[a] אחרנייתא, אתא בעשרין וארבעה אלפין זוגין תלמידין[c]. [c]נפק כל עלמא[c] לאפיה,

---

4. [a] הואי M. | [b] M. | [c] דאייר Ra^{M}. | [d] אתא M. | [e] M_1^{mg} 𝔅. | [f] 𝔅. | [g] 𝔅M. ‖ 5. [a] M (sed בן pro בר) En. | [b] M. | [c] En.

ואף היא קמת למיפק לאפיה. אמר לה ההוא רשיעא: ,,ואת להיכא אולת[a]?" אמרה ליה: ,,יודע צדיק נפש בהמתו[d]". אתת לאתחזוא[ה][b] ליה, קא מדחן לה רבנן. אמר להון: ,,[h]הניחו לה, שלי ושלכם שלה הוא[h]". שמע בר כלבא שבוע ואיתשיל על נידריה, [c]ואישתרי מן ניכסיה[c].

6. Alexander und die Amazonen.

Alexander and the Amazons. Tam 32 F.

אמר להון: ,,בעינא דאיזיל למדינת אפריקי." אמרו ליה: ,,לא מצית אולת, דפסקי [h]הרי חושך[h]". אמר להון: ,,לא סגי דלא אזילנא; [a]אטו הכי משיילנא[a] לכו; אלא מאי אעביד?" אמרו ליה: ,,אייתי חמרי לובאי[b] דפרשי בהברא, ואייתי קיבורי דמתני וקטר בהאי גיסא; וכי אתית, [c]נקטת בגווייהו[c] ואתית[d]". עבד הכי ואזל. מטא לההוא מחוזא דכוליה[e] נשי. בעי[f] למיעבד קרבא בהדיהי. אמרי ליה: ,,אי קטלת לן, אמרי: ,נשי קטל'; אי קטלינן[g] לך, אמרי דנשי קטלוה". אמר להי: ,,אייתו[h] לי נהמא". אייתו ליה נהמא דדהבא[h] אפתורא דדהבא[h]. אמר להי: ,,מי אכלי אינשי נהמא דדהבא?" אמרו ליה: ,,אלא לא הוה[i] לך נהמא באתרך, דשקלת ואתית להכא?" כד נפיק ואתי, כתב אבבא דמחוזא: ,אנא אלכסנדרוס הויתי שטיא, עד דאתיתי למדינת אפריקי דנשייא ויליפית עצה[h] מן נשייא'. כי שקיל ואתי, יתיב אההוא מעיינא, קא אכיל נהמא. הוו בהדיה[j] גילדני דמליחי[k]. בהדי[l] דמחוורי להו, נפל בהו ריחא[m]. אמר: ,שמע מינה, האי מעיינא מ[p]גן עדן[p] קאתי'. איכא דאמרי: שקא מהנהו מיא וטרא באפיה. איכא דאמרי: אידלי כוליה, עד

---

[d] Pr 12^{10}. ‖ 6. [a] mg laud lect: דאמטול הכי קא משריארלנא. | [b] IB לובי FM. | [c] mg. | [d] גאתית F. | [e] IB. | [f] = M בעא IB. | [g] M קטרלנא IBF. | [h] IBM | [i] M הו(ו)ת FIB. | [j] בהדי F. | [k] דמלחי mg מלאי F מילחי M דמלחא IB. | [l] בהדיה F. | [m] IB רוחא F^vid M.

דמטא לפתחא דגן עדן;[n] רמא קלא: „פתחו לי בבא“. אמרו ליה: „זה השער לייי צדיקים יבואו בו“[o]. אמר להו: „אנא מלכא, אנא מיחשב חשיבנא; הבו לי מידי“. יהבו ליה גולגלתא חדא, אתא תקליה לכוליה כספא ודהבא דיליה בהדיה, ולא הוה תקיל. אמר להו לרבנן: „מאי האי?“ אמרו ליה: „גילגלא[p] דבשרא ודמא הוא, דלא קא שבע“. אמר להו: „ממאי דהכי הוא?“ שקלו[q] קליל עפרא[r], אלתר תקל. דכתיב[s]: ‚שאול ואבדון[t] לא תשבענה, ועיני אדם לא תשבענה‘.

B.

1. Ein reifer Knabe. *A Ripe Boy.* Ber 48[a] 𝔅.

אביי ורבא [a]בריה דרב חנן[a] הוו יתבי קמיה דרבה. אמר להו רבה: „[b]למאן מברכינן[b]?“ אמרו ליה: „לרחמנא“. — „ורחמנא היכי יתיב?“ — רבא אחוי לשמי טללא; אביי נפק לברא, אחוי כלפי שמיא. אמר להו רבה: „תרויכו רבנן הויתו, מיהו[b], [c]בוצינא מכניה ידיע[c].“

2. Ein strenger Lehrer. *A Strict Teacher.* Ḥul 107[b] M.

אבוה דשמואל אשכחיה לשמואל דהוה קבכי. אמר ליה: „אמאי קבכית?“ אמר ליה: „דמחייאן רבאי.“ אמר ליה: „אמאי מחייך?“ אמר ליה: „דאמר לי: ‚ספית[a] לבראי, כי לא משית ידך‘.“ אמר ליה: „אמאי לא משית?“ אמר ליה: „איהו אכיל, ואנא משינא?“ אמר ליה: „לא מיסתא דלא גמרת, אלא מימחא נמי מחית!“

---

n + כי מטא לפתחא דגן עדן F superscr. | o Ps 118[20]. | p + דערנא 𝔅M. | q M שקלי F𝔅. | r + (ו)כסרוה 𝔅M. | s Pr 27[20]. | t + נגדו F, cf Jb 26[6].

1. a M. | b Hal-ged. | c Teš-geon. || 2. a 𝔅.

3. Ein grausamer Vater. *A Cruel Father*. Erub 22[a] 𝔅.

רבִ אדא בר מתנא הוה קאזיל לבי רב. אמרה ליה דביִתהו:
„ינוקי מאי אעביד להו?“ אמר לה: „מי שלימו[a] להו קראמי[b]
דאנגמא[a]?“

4. Ein gleichgiltiger Vater. *An Indifferent Father*.
Šab 151[b] M.

רבי חנינא שכיבא ליה ברתיה, ולא הוה קבכי עילווה.
אמרה[a] ליה דביתהו: „תרנגולא אפק[ת] מביתך?“ אמר לה:
„תרתי, תכלא ועיורא?“

5. Eine grausaume Schwiegermutter. *A Cruel Mother-in-law*.
Šab 26[a] M.

ההיא[a] חמתא דהוה סניא לכלתא, אמרה לה: „ווילי איקשטי
במשחא דאפרסמא.“ אזלא איקשטא. כי אתאי, אמרה לה: „ווילי
ואתלי אשרגא“. אזלא איתלאי אשרגא, אינפח בה נורא זאכלתה.

6. Ein Mißverständnis. *A Misunderstanding*. Pes 42[a] M_1.

אמר רב יהודה: „אשה[h] לא תלוש אלא במים שלָנו[h].“
דרשה רב מתנה בפפוניא, שָׁקלי כולי עלמא חצביהו ואָתו לגביה.
אמר להו: „אנא במיא דביתו[a] אמרי.“

7. Ein rätselhaftes Testament. *An Enigmatic Will*.
B. b. 58[a] F.

ההוא דאמר להו: „חביתא דעפרא לחד בראי, חביתא דגרמי
לחד בראי, חביתא דאודדי[a] לחד בראי. לא יָדעי מאי קאמר.
אתו לקמיה דרבי בנאה, אמר להו: „אית לכו ארעא?“ אמרו
ליה: „אין.“ — „אית לכו חיותא?“ אמרו ליה: „אין.“ — „אית
לכו ביסתרקי?“ אמרו ליה: „אין.“ — „אי הכי, הכי קאמר.“

---

3. [a] ArM. | [b] קוראמי RaM, קורמי 𝔅, קירמי M, קרמי En. ||
4. [a] 𝔅. || 5. [a] 𝔅. || 6. [a] 𝔅 דביתי MM_1. || 7. [a] דאודדיה F.

8. Ein fleißiger Gelehrter. *An Industrious Scholar.*

Erub 65 a B.

אמרה ליה ברתיה דרב חסדא לרב חסדא: „לא בעי מר מינם פורתא?“ אמר לה: „השתא אתו יומי דאריכי וקטיני, ונינום טובא.“

9. Ein zuvorkommender Lehrer. *An Obliging Master.*

Sanh 10 b B.

אמר ליה אביי לרב יוסף: „עד האידנא מאי טעמא לא פריש לן מר הכי?“ אמר להו: „לא הוה ידענא דצריכיתו; מי בעיתו מנאי מילתא ולא אמרי לכו?“

10. Ein gewissenhafter Richter. *A Conscientious Judge.*

Ib. 7 b—8 a M.

אושפיזכניה דרב אתא לקמיה לדינא, אמר ליה: „דינא אית לי.“ אמר ליה: „פסילנא לך לדינא.“ אמר ליה רב לרב כהנא: „פוק דייניה.“ חזייה דהוה קגיים ביה, אמר ליה: „אי צייתת, צייתת; ואי לא, מפיקנא לך רב מאוניך.“

11. Ein Weiser, aber kein Rabbi. *A Sage, but no Rabbi.*

B. m. 85 b H.

שמואל ירחנאה אסיה דרבי הוה. חלש רבי בעיניה, אמר ליה: „אימלי לך סמא.“ אמר ליה: „לא יכילנא.“ — „אשטר לך משטר.“ — „לא יכילנא.“ אותיב ליה גובתא דקניא תותי בי סדייה, ואיתסי. הוה קא מצטער רבי למסמכיה, ולא קא מסתייעא מלתא. אמר ליה: „לא ליצטער מר כולי האי. לדידי חזי לי סיפרא דאדם הראשון, וכתיב ביה: שמואל ירחינא חכים יהוי, ורבי לא יתקרי; ואסותיה דרבי על ידיה תהא.“

12. Das Eigentum des Nächsten.

The Property of one's Fellow-man. B. m. 24[a] H.

מר זוטרא חסידא אגניב ליה כסא דכספא מאושפיזא[a], חזייה לבר בי רב דמשי ידיה וכפר בגלימא דחבריה. אמר: „האי הוא, דלא איכפת ליה אממונא דחבריה.“ כפתיה ואודי.

13. Du sollst nicht töten. *Thou shalt not kill.*

Pes 25[b] (= I̯oma 82[b]; Sanh 74[a]).

ההוא דאתא לקמיה דרבא, אמר ליה: „[a]אמר לי מרי דוראי[ab]: זיל קטליה לפלניא; ואי לא, קטילנא[c] לך!“ אמר ליה: „[d]ניקטלך ולא תקטול! מאי חזית דדמך סומק טפי, דילמא דמא דחברך סומק טפי[d]?“

14. Gib, daß man den Deinen gebe.

Give that they may give to thy Children. Šab 151[b] 𝔅.

אמר לה רבי חייא לדביתהו: „כי אתי עניא, אקדים ליה ריפתא, כי היכי דליקדמו לבניך.“ אמרה ליה: „מילט קא לייטת להו.“ אמר לה[a]: „קרא קא כתיב[b]: כי בגלל הדבר הזה.“

15. Wohltätigkeit erlöset aus dem Tode.

Charity delivereth from Death. Šab 156[b] 𝔅.

רבי עקיבא הויא ליה ברתא, אמרי ליה כלדאי: „ההוא יומא דעיילא לבי גננא, טריק לה חויא ומיתא.“ הוה [a]דאיג אמילתא[a] טובא. ההוא יומא שקלתה למכבנתא, דצתא[b] בגודא, איתרמי איתיב בעיניה דחויא. לצפרא, כי קא שקלא לה, הוה

---

12. [a] H*: ־זירה Hc. || 13. [a] MM₁. | [b] 𝔅 Ra[M] Han[M]: דודאי MAr? דירדי M₁. | [c] 𝔅 I̯oma. | [d] M₁ I̯oma. || 14. [a] M. | [b] De 15[10]. || 15. [a] דאיגא מילתא 𝔅 En mend. | [b] En.

קא סריך ואתי חיויא בתרה. אמר לה אבוה: „מאי עבדת?“ אמרה לה: „בפניא אתא עניא, קרא אבבא, והוה טריד כולי עלמא בסעודתא, וליכא דשמעיה: קאמינא אנא[c] שקלתיה לדסתנא[d] דיהבת לי, יהבתיה ניהליה[b].“ אמר לה: „מצוה עבדת.“ נפק רבי עקיבא ודרש: „וצדקה תציל ממות[e],“ [h]ולא ממיתה משונה, אלא ממיתה עצמה[h].

16. Idem. Ib.

שמואל ואבלט הוו יתבי, והוו קאזלי הנך אינשי לאגמא. אמר ליה אבלט לשמואל: „האי גברא אזיל ולא אתי, טריק ליה חיויא ומיית“. אמר ליה שמואל: „אי בר ישראל הוא, אזיל ואתי“. אדיתבי, [a]אזל ואתא[a]. קם אבלט[a] שדיה לטוניה[b], אשכח ביה חיויא דפסיק ושדי בתרתי גובי. אמר ליה שמואל: „מאי עבדת?“ אמר ליה: „כל יומא הוה מרמינן ריפתא בהדי הדדי ואכלינן. האידנא הוה איכא חד מינן דלא הוה ריפתא בהדיה[c], הוה קמכסיף[c]. אמינא להו: „אנא קאימנא ומרמינא[c]“. כי מטאי לגביה[d], שואי נפשאי כמאן דשקלי[a] מיניה, כי היכי דלא ליכסיף“. אמר ליה: „מצוה[h] עבדת“. נפק שמואל ודרש: ‚וצדקה תציל ממות, ולא ממיתה משונה, אלא ממיתה עצמה‘.

17. Bedecke dein Haupt. *Cover thy Head.* Ib.

אימיה דרב נחמן בר יצחק אמרי לה כלדאי: „בריך גנבא הוי[a]“. לא שבקתיה גלויי רישיה. אמרה ליה: „כסי רישיך, כי היכי דתיהוי עלך אימתא[a] דשמיא, ובעי רחמי“. לא הוה[a] ידע אמאי קאמרה ליה. יומא חד יתיב קא גריס תותי דיקלא, נפל גלימא מעילוי[a] רישיה, דלי עיניה, חזא[b] לדיקלא, אלמיה יצריה, סליק פסקיה לקיבורא[a] בשיניה.

---

c M. | d Ar. | e Pr. 11 4. || **16.** a M. | b En. לטוני IB. | c En. | d En לגבי IB. || **17.** a M. | b חזאה IB En.

18. Die Zerstreuung Israels. *Israel's Dispersion.* Pes 86ᵇ M₁.

אמר ליה ההוא מינא לרבי יהודה נשיאה: ,,אנן עדיפינן
טינכו: בדידכו כתיב[a]: ,,כי ששת חדשים ישב שם יואב וכל
ישראל עד הכרית כל זכר באדום', ואנן הא כמה שני איתנכו
גבן, ולא קא עבדינן לכו מידי''. [b]אמר לו: ,,רצונך יטפל לך
תלמיד אחד?'' נטפל לו[b] רבי אושעיה, אמר ליה: ,,משום דלא
ידעיתו, היכי תעבדו: תקטלונהו כולהו, לא טלכיתו עילוייהו;
תקטלונהו להנך דמלכיתו עילוייהו, קרו לכו טלכותא קטיעתא''.
אמר ליה: ,,[b]גפה של[b] רומי[p], בה סלקינן ובה נחתינן''.

19. Werdet ihr wie wir. *Be ye like unto us.* Sanh 39ᵃ B.

אמר ליה קיסר לרבי תנחום: ,,תא ליהוי כולן לעמא חד''.
אמר: ,,לחיי; אנן דמהלינן, לא מצינן טיהוי כוותייכו; אתון
מהליתו והוו כוותן''. אמר ליה: ,,מימר שפיר קאמרת[a], מיהו
כל דזכי למלכא לשדיוה לביבר''. שדיוה לביבר, ולא אכלוה.
אמר ליה ההוא מינא: ,,האי דלא אכלוה[a], משום דלא כפון
הוא''. שדיוה לדידיה ואכלוה.

20. Der Esel des Messias. *The Messiah's Ass.* Ib. 98ᵇ B.

אמר ליה שבור מלכא לשמואל: ,,[a]אמריתון, משיח[a,b] על
חמרא אתי; אישדר ליה סוסיא ברקא[l] דאית לי''. אמר ליה:
,,טי אית לך [a]כאר הור גונא?[a,c]''

21. Heute, wenn ihr gehorcht. *To-day, if ye hearken.*
Ib. 98ᵃ K.

רבי יהושע בן לוי אשכחיה לאליהו ולרבי שמעון בן יוחי
דהוו קיימי אפיתחא דגן עדן, אמר להו: ,,אתינא לעלמא דאתי?''

ח
  18. ᵃ 1 Reg 11¹⁶. ‖ 19. ᵃ MEn. ‖ 20. ᵃ Ar. | ᵇ בהרג Ar.lect. |
ᶜ גו(ר)נג KM.

א[מרו] ליה: „[h]אם ירצה אדון זה[h]“. אמר רבי יהושע בן לוי:
[h]שנים ראיתי, וקול שלשה שמעתי[h]“. אמר להו: „לאימת אתי
משיח?“ אמרו ליה: „זיל שייליה לדידיה!“ — „היכא יתיב?“
— „אפיתחא דרומי“. — „ומאי סימניה?“ — „יתיב ביני עניי
[h]סובלי חלאים[h], וכולהו שרו ואסרי בחד זימנא, ואיהו שרי חד
ואסיר חד, אמר: דילמא מתבעינא[a] ולא איעכב“. אזל לגביה,
אמר ליה: „[h]שלום עליך, רבי[ab]!“ אמר ליה: שלום עליך, בר
ליואי!“ אמר ליה: „לאימת אתי מר?“ אמר ליה: „היום[h]“.
אתא לגבי[c] אליהו, אמר ליה: „שקורי שקר בי, דאמר לי
‚היום‘“. אמר ליה: „היום אם בקולו תשמעו“[d]. אמר ליה:
מאי אמר לך?“ אמר ליה: „שלום עליך, בר ליואי“. אמר ליה:
„אבטחך לך ולאבוך לעלמא דאתי“.

22. Weder freien noch sich freien lassen.

They neither marry, nor are given in Marriage. B. b. 28[a] F.

רבי בנאה הוה קא מציין מערתא. כי מטא[a] למערתא
דאברהם, אשכחיה לאליעזר עבד אברהם דקאי אבבא. אמר ליה:
„מאי קעביד אברהם?“ אמר ליה: „גאני בכנפה דשרה, וקא
מעיינא ליה ברישיה“. אמר ליה: „זיל אימא ליה: בנאה קאי
אבבא“. אמר ליה: „ליעול וליתי: מידע ידיע[b] ד[h]יצר הרע[h] בהאי
עלמא לא שליט“. ציין ונפק.

23. Das Wissen der Toten. *The Knowledge of the Dead.* Ib.

ההוא אמגושא דהוה קא חטיט שכבי, כי מטא למערתא
דרב טובי בר מתנה, תפסיה בדיקניה[a]. אתא אביי, בעא במטותא
מיניה, שבקיה. הדר אתא, תפסיה בדיקניה[a]. אתא אביי, ולא
שבקיה, עד דאיתי מספרא, וגזיוה[b] לדיקניה[a].

---

21. [a] ת superscr. | [b] + ומורי superscr. | [c] לגביה K. |
[d] Ps 95⁷. ‖ **22.** [a] מתא F | [b] ידע M. ‖ **23.** [a] IB. | [b] וגריזוה F וגזו H.

24. Idem. Ber 18[b] M.

ועירי אפקיד זוזי גבי [a]בת אושפיזכניה[a]. עד דאתא מבי רב, נח נפשה דרביתא[b] ולא פקידא. אזל בתרה ל[h]חצר מות[h], אמר לה: „זוזי היכא?“ — אמרה ליה: „מתותי[c] צינורא דדשא בדוך פלן; זיל שקלינהו; ואימ׳ לי לאימא, תשדר גובתא דכוחלא ומסרקאי בידה דפלניתא בת פלניתא דאתיא למחר“.

25. Idem. Ber 18[b] M.

אבוה דשמואל הוו מפקדי זוזי דיתמי גביה. עד דאתא שמואל מבי רב, נח נפשיה דאבוה והוו קא קרו ליה בר אכיל[a] זוזי דיתמי. אזל בתריה[b] לחצר מות. אמר להו: „בעינא אבא“. אמרו ליה: „אבא טובא איכא הכא“. אמר להו: „בעינא אבא בר אבא“. אמרו ליה: „אבא בר אבא[c] טובא איכא הכא“. אמר להו: „בעינא אבא בר אבא אבוה דשמואל“. אמרו ליה: „סליק למתיבתא דרקיעא“. — אדהכי והכי, חזייה ללוי דיתיב אבראי. אמר ליה: „מאי טעמא דיתבת אבראי?“ — „דאמרי לי: כל כי הנך שני דלא עיילת למתיבתא דרב אפס וחלישתיה[d] לדעתיה, לא מעיילינן לך למתיבתא דרקיעא“. — אדהכי והכי, אתא אבוה, [e]חזייה, בכא[e] ואחיך. אמר ליה: „מאי טעמא בכית?“ אמר ליה: „דלעגל אתית, דקריבו יומך לממת“. — „ואמאי חייכת[f]?“ אמר ליה: „דחשיבת טובא בהאי עלמא“. אמר ליה: „אי חשיבנא כולי האי, ניעיילוה ללוי“. — דבריה ללוי ועיילוה. — אמר ליה: „זוזי דיתמי היכא יהיבי?“ — „יהיבי באמתא דריחיא, עילאי ותתאי דידך, ואמצעי[g] דיתמי; דאי גנבי, ליגנבו מדידך; ואי אכלא ארעא, תיכול מדידך“.

---

24. [a] אושפיזכתיה 𝔐. | [b] superscr. | [c] מתחות Ar. ‖ 25. [a] prm מאן ד superscr. | [b] superscr.; אבתריה 𝔐. | [c] + נמי 𝔐. | [d] ואחלישתיה 𝔐. | [e] חזייה דהוה קא בכי 𝔐. | [f] אחיכת 𝔐. | [g] ומיצעי 𝔐.

26. Was Gott tut, das ist wohlgetan.

Whatever the Lord doeth, is for the Best. Ber 60[b] M.

רבי עקיבא הוה קאזיל באורחא, הוה בהדיה תרנוגלא חמרא ושרגא. כי מטא להה‌וא [ביתא], בעא למבת בליליא, לא יהבו ליה אושפיזא. נפק ובת בדברא; אתא אריא ואכלא לחמרא, אתא תעלא ואכלה לתרנוגלא, אתא זיקא כבייה לשרגא. אמר: „כל דעביד רחמנא לטב“. אתא גייסא שבייה[a] לביתא. אמר: „היינו דאמרי לכו: ‚כל דעביד רחמנא לטב‘.“

27. Heilige den Sabbat. *Keep the Sabbath Holy.* Šab 119[a] 𝔅.

יוסף מוקר[a] שבי הוה ההוא גוי[h] בשבבותיה, דהוו[a] נפישי נכסיה טובא. אמרו ליה כלדאי: „כולהו נכסיך[b] יוסף מוקר שבי אכיל להו“. אזל זבנינהו לכולהו נכסיה[b], זבן בהו מרגניתא, אותבה בסייניה. בהדי דקא עבר מברא, אפרחיה זיקא שדייה במיא, בלעיה כוורא. אסקוה אייתוה אפניא דמעלי שבתא, אמרי: „מאן זבין כי השתא?“ אמרי להו: „זילו אמטיוה לגבי יוסף מוקר שבי דרגיל דזבין“. אמטיוה ניהליה, זבניה, קרעיה, אשכח ביה מרגניתא, זבנה[b] בתליסר עיליתא דדינרי דדהבא. פגע ביה ההוא סבא, אמר: „מאן דיזיף שבתא, פרעיה שבתא“.

28. Wahrheitsstadt. *Truth-town.* Sanh. 97[a] M.

אמר רבינא: מריש הוה אמינא, ליכא קושטא בעלמא. אמר לי ההוא מרבנן ורב טבות שמיה (ואמרי לה: רב טביומי שמיה), דאי הוו יהבי ליה כל חללי עלמא, לא הוה משני בדיבוריה: „כי איקלעי לההוא אתרא דקושטא שמיה, ולא משני בדיבורי[הו], ולא הוה מאית איניש מהתם ולא[a] שניה; נסיבי איתתא מיניהו, והוו לי תרי בני“. יומא חד הוה יתבא דביתהו וקא חייפא רישיה, אתיא שבבתא טרפא אדשא. א[מה]: „אמינא

26. [a] 𝔅 En. || 27. [a] M. | [b] Ar. || 28. [a] בלא rell.

לאו אורח ארעא; אמרי לה: ‚ליתה הכא‘.“ שכיבו לה בני[b]; אתו אינשי לקמי[ה], אמרו: „מאי האי?“ „אמינא להו: ‚הכי הוה מעשה[h]‘; אמרו לי: ‚בְמטותא מינך בענן, פוק מאתרין, ולא תיגרי בהו מותנא בהנך אינשי‘.“

29. Wie man sich als Gast benimmt.

The Etiquette of a Guest. Pes 86[b] M_1.

רב הונא בריה דרב נתן איקלע לבי רב נחמן בר יצחק. אמרי ליה: „מאי שמך?“ אמר להו: „רב הונא“. אמרי ליה: „תיב אפוריא“, ואיתיב. יהבו ליה כסא, קבליה בחדא וימנא, שתייה, איפסיק ביה, ולא אהדר אפיה. אמרי ליה: „מאי טעמא קרית נפשך ‚רב הונא‘?“ אמר להו: „[h]בעל השם[h] אנא. — „מאי טעמא קבילת כסא בחדא וימנא?“ אמר להו: „[h]מסרבין לקטן, ואין מסרבין לגדול“[h]. — „ומאי טעמא כי אמרו לך: ‚תיב אפוריא‘, איתיבת?“ אמר להו: „[h]כל שאומר לך בעל הבית עשה“[h]. — „ומאי טעמא אישתיתיה לכסך בתרי[a] זימני?“ אמר להו: „דתניא: ‚[h]השותה כוסו בבת אחת, הרי זה גרגרן‘[h].“ — „ומאי טעמא לא אהדרת אפך?“ אמר להו: „‚כלה‘[h] תנן“.

30. Eine kluge Frau und eine törichte Frau.

A Wise Woman and a Foolish Woman. Sanh 109[b]—110[a] K.

אמר רב: [h]און בן פלת אשתו הצילתו[h]. אמרה ליה: „מאי נפקא לך מינה? אי מר רבה, ואנת תלמידה; ואי מר רבה, אנת תלמידה“. אמר לה: „ומאי איעביד? הואי בעיצה[h] ואישתבעי בהדייהו“. אמרה ליה: „ידענא[a] דכולה כנישתא[a] קדישי נינהו, (דכתיב[b]: ‚כי כל העדה כולם קדושים‘)“. אמרה ליה: „תיב דאנא מצילנא לך“. אשקיתיה חמרא וארויתיה ואגניתיה גואי, איתיבה[c] על בבא וסתרה למזייה; כל דאָתי, חזייה, הְדר. אדהכי והכי, איבלעו להו. — איתתיה דקרח אמרה

---

b = בניה IB En. ‖ 29. a IBM. ‖ 30. a IBM. | b Nu 16³. | c En.

ליה: „חזית מאי קא עביד משה? איהו הוה[a] מלכא, לאחוה
שויה כהנא רבא, לבני אחוה שוי [h]סגני כהנים[h]; אי אתיא
תרומה[h], אמר: תיהוי לכהן[h]; אי אתיא חלה[h], אמר: תיהוי
לכהן; [h]מעשר ראשון[h] דשקליתו אַתּוּ[d], אמר[e]: הבו חד מעשרא
לכהן; ותו, גייז לכו למזייכו ומטליל בכו[f] ככפותא, עייניה[e] יהיב
במזייכו[g]“. אמר לה: „הא איהו נמי קא עביד!“ אמרה ליה:
„כיון דכולהו[a] רבותא בהדיה נינהו[g], ‚תמות נפשי עם פלשתים‘
הוא דקא עביד“. ועוד דקאמר לכו: ‚עיבידו תכלת‘[h]; אי סלקא
דעתך תכלתא [h]חשיבא היא[h] מצוה[h], אפיק [a]גלימי דתכלתא[a]
וכסינהו לכולהו מתיבתך“. והינו דכתיב[i]: ‚חכמת[j] נשים בנתה
ביתה‘, [h]זו אשתו של און[h]; ‚ואולת בידה[k] תהרסנה‘, [h]זו אשתו
של קרח[h].

31. Die Männer von Sodom. *The Men of Sodom.*

Sanh 109 M (ordo qui in 𝔅).

[a]אמרי אנשי סדום[a]: ‚דאית ליה תורא נרעי[b] חד יומא;
דלית ליה, נרעי[b] תרי יומי‘. ההוא יתמא בר ארמלתא יהבו
ליה תורי למרעי, אזל שקלינהו וקטלינהו; אמר להו: „דאית
ליה תורא[c], נישקול חד משכא; דלית ליה, נישקול תרי“. אמרו
ליה: „מאי האי?“ אמר להו: „סוף דינא כתחלת[h] דינא; מה
תחלת דינא דאית ליה תורא נרעי[b] חד יומא, דלית ליה נרעי[b]
תרי יומי, אף סוף דינא דאית ליה נישקול חד משכא, דלית
ליה נישקול תרי“.

‚דעבר במברא, ניתיב זוזא; דלא עבר במברא, ניתיב תרי‘.
דהוה רמי ליבני, אתי כל חד, שקיל חד; אָמר ליה: „אנא חדא
דשקלי!“ דהוה שדי תומי או שמכי, אתי כל חד, שקיל חד;
אָמר ליה: „אנא חד דשקלי!“

---

[d] אתון Kc. | [e] superscr. | [f] M. | [g] Kc. | [h] mg. | [i] Pr 14 1. | [j] sic; חכמות 𝔅M (ut Biblia). | [k] בידיה En (ut Biblia) ‖ **31.** [a] superscr. | [b] En Ar. | [c] K.

ארבעה[d] דייני הוו בסדום: שקראי ושקרוראי זייפאי[e] ומצלי דין. דמחי ליה לאיתת חבריה ומפלה, אמרי ליה: „הבה[c] ניהליה דמיעברה ניהליך[c]. דפסיק ליה לאודנא דחמרא דחבריה, אמרי ליה: „הבה[c] ניהליה[c] עד דקדחה“[f].

דפדי[g] ליה לחבריה, אמרי ליה: „הב ליה אגרא, דשקיל לך דמא“. מאן דעבר אארבא[h] יהיב[h] ארבעה זוזי; דעבר במיא, יהיב[h] תמניא זוזי. וזמנא חדא אתא ההוא כובס[h], איקלע להתם. אמרו ליה: „הב ארבעה זוזי“. אמר להו: „אנא במיא עברי“. אמרו ליה: „[h]אם כן[h], הב תמניא זוזי“. לא יהב. פדיוה[i]. אתא לקמי דיינא, אמר ליה: „זיל הב ליה ארבעה זוזי, דשקיל לך דמא, ותמניא דעברת במיא“. אליעזר עבד[h] אברהם איתרמי להתם, פדיוה[i]. אתא לקמי דיינא, אמר ליה: „הב ליה אגרא, דשקיל לך דמא“. שקל גללתא, פדייה[j] לדיינא. אמר ליה: „מאי האי?“ אמר ליה: „אגרא דנפיק לי מינך, יהביה ניהליה להאי!“ אמר ליה: „ולואי כדקיימי, קיימי!“

הויא להו פורייתא[k] דהוו מגנו עלה[l] אורחי; כי מאריך, גייזי מיניה; דהוה גוץ מתחי ליה. אליעזר עבד אברהם איקלע להתם, אמרו ליה: „קום גני אפוריא!“ אמר להו: „נידרא נדרי, מן יומא דמיתת שרה, לא גנינא אפוריא“.

כי הוה מתרמי להו עניא, יהבי ליה כל חד וחד דינרא, וכתיב שמיה עליה, וריפתא לא הוו ממטו ליה[a]. כי הוה מאית, אתו כל חד וחד שקיל דידיה.

[m]כי הוו עבדי הלולא, והוה אתי אכסניא, ומזמין יתיה חד מנהון, הוה להו איסרא דהוו צלבין ליה. אליעזר עבד אברהם אול אשכח להו הלולא, אול יתיב לגבי סעודתא בעקבא דכולהו.

---

[d] M* = rell; ששה Mc, duo nomina אפשקר קפשקר Mmg addit. | [e] זרריפא K. | [f] + וכן לאמתא Msuperscr. | [g] M*KtF; דפדע Mc דפדעיה Kmg. | [h] FK. | [i] M*K*; פרעוה McKc. | [j] M*KF; פרעיה Mc. | [k] ꝸB En K כורסייתא M. | [l] rell; עליה M. | [m] mg.

אמר ליה: „מאן זמנך הכא?“ אמר ליה: „את“. שקל גלימיה ורהט. עבד לכולהו הכי, עד דמטא לגבי דיינא. אמר ליה: „מאן זמנך?“ אמר ליה: „את“. שקל גלימיה ורהט. שקלו כולהו גלימייהו ורהוט. יתיב עלוי[n] סעודתא ואכלה[m].

ההיא רביתא[o] דקא מפקא ריפתא לעניא בחצבא, איגלאי[o] מילתא; שפיוה דובשא ואוקמוה על איגר שורא, אתו זיבורְתא[p] ואכלוה. והיינו דכתיב[q]: ‚ויאמר יי זעקת סדום ועמורה כי רבה‘, ואמר רב יהודה אמר רב: ‚[h]על עסקי ריבה‘[h].

32. Sanherib. *Sennacherib.* Sanh. 95[b] M.

אמר רבי אבהו: [h]אלמלא מקרא כתוב אי אפשר לאומרו[h], דכתיב[a]: ‚ביום ההוא יגלח יי בתער השכירה‘. אתא קודשא בריך הוא, אידמי ליה כגברא סבא, אמר ליה: „אי אֲזלת לגבי הנך [h]מלכי מורח ומערב[h] דאיתיתינהו לבניהו וקטלתינהו, מאי אֲמרת להו?“ אמר ליה: „ההוא גברא נמי בההוא פחדא הוא[b] יתיב“. אמר ליה: „היכי נעביד?“[c] אמר ליה: „זיל שני נפשך, כי היכי דלא לידעוך“. — „במאי אשני?“[c] אמר ליה: „זיל אייתי לי מספרא ואיגזייך“. — „מהיכא?“ אמר ליה: „עול לההוא[d] ביתא ואייתי“. אזל אשכחינהו למלאכי, אידמו ליה לגברי, והוו קטחני קשייתא. אמר להו: „הבו לי מספרא“. אמרו ליה: טחון[e] חד גריוא דקשייתא[f] [c]וניתן לך“. טחן חד גריווא דקשייתא[c], יהבו ליה מספרא. עד דאת[א][g], איחשיך[b]“. אמר ליה: „זיל אייתי נורא“. [h]אייתי ליה[h]. בהדי דקנָפח[i] ליה, איתלי נורא בדקניה. אזל גוזיה ולרישיה[j]. היינו דכתיב[a]: ‚וגם את הזקן תספה‘. (אמר רב פפא: היינו דאמרי אינשי: ‚גרידת[יה][k] לארמאה שפיר[l], איתלי נורא בדיקניה, לא שבעת

---

[n] עלויה Mmg. | [o] rell. | [p] ז(ר)בורי 𝔅F דבורי En. | [q] Gen 18²⁰. ||
32. [a] Is 7²⁰. | [b] K. | [c] mg. | [d] 𝔅 En. | [e] טחן K. | [f] 𝔅 En K. | [g] דאתי K. | [h] superscr. | [i] פח eras. | [j] לרישיה rell. | [k] = K גרעתיה Ar. | [l] + ליה, quod postea deletum. שפר ליה En K ושַׁפר ליה Ar.

חוכא[h] מיניה׳.) אזל אשכח דפא מתיבותא דנח, אמר: „היינו
אלהא רבא דשובי[ה][m] לנח מטופנא; אי אזיל ההוא גברא
ומצלח, מקרב להו לתרין בנוהי קמ[ך]׳. שמעו בנוהי וקטלוה.

33. Eleazar, Sohn des R. Simeon.

Eleazar Son of R. Simeon. B. m. 83 b—84 b F.

רבי אלעזר ברבי שמעון אשכחיה ל[a]פרהגבנא[a] דמלכא
דתפיש גנבי. אמר ליה: „היכי יכלת להו? לאו בחיותא[b]
מתילי, דכתיב[c] בהו: ‚בו תרמוש כל חיתו יער׳?“ (איכא
דאמרי: מהאי קרא[d] אמר ליה: ‚יארוב במסתר כאריה בסוכו
יארב לחטף עני יחטף עני [e]במשכו ברשתו[e].׳)[f] אמר ליה: „מאי
אעביד? הרמנא דמלכא הוא“. אמר ליה: „תא אגמרך, היכי
תעביד: עול בארבע[g] שעי לחנותא וחזי מאן שתי חמרא
וקמנמנם[h], עיין אבתריה: אי עיבידתיה בליליא הוא, רדודי קא
רדיד, ואי לא, גנבא הוא; אי צורבא מרבנן הוא, קדומי קדים
לגירסיה; אי פועל[h] הוא, קדומי קדים לעבידתיה[i]; דלא הכי
והכי, תפשיה[j]“. אישתמעת מילתא בי מלכא, אמ׳ ל׳: „קריינא
דאיגרתא, איהו ליהוי פרוונקא“. הוה קא תפיש ואזיל. שלח
ליה רבי יהושע בן קרחה: „[h]חומץ בן יין! עד מתי אתה מוסר
בניו של אלהינו להריגה?[h]“ שלח ליה: „[h]קוצים אני מכלה מן
הכרם[h]“. שלח[k]: „[h]בעל הכרם יכלה את קוציו[h]“. פגע[l] ההוא
כובס[h], אמר ליה: „חומץ בן יין! עד מתי אתה מוסר עמו של
אלהינו להריגה?“ אמר: „מדחציף כולי האי, שמע מינה, רשע[h]
הוא“. אחוי עליה, תפשוה. בתר דעבד, תב מדעתיה, ובעי

---

m דשיזביניה K. ‖ 33. a = M Ar פרה גנבא H פרהגונה (א) 𝔅 En. | b ב = HMvid כ 𝔅 En. | c Ps 104 20. | d Ps. 10 9. | e למשכו ברשותו F. | f + (H א״ל דילמא (ק)שקלת צדיקי ו(ק)שבקת רשיעי 𝔅 En HM. (H רשיעיא) | g rell. | h וקמנמם F. | i לעבודתיה F. | j תיפשר׳ M. | k + ליה rell. | l + ביה rell.

לפרוקיה, ולא הוה קא מסתייעת מילתא. קרי אנפשיה: ,שומר פיו ולשונו שומר מצרה[m] נפשו[n]'. אסקוה לוקיפה, קא אזיל ואתי תותיה וקא מצטער. [h]אמ[רו] לו: ,,רבי, אל ירע לך! הוא ובנו בעלו נערה המאורסה[o] ביום הכיפורים". הניח ידו על כריסו, אמר: ,,כרסי ובני מעיי, שישו! ומה ספיקות שלכם כך, ודאות על אחת כמה וכמה! מובטחני בכם שאין רימה ותולעה שולטת בכם[h]". ואפילו הכי, לא מייתבא דעתיה. אשקיוה[p] סמא דשינתה[q], ועילוה לביתא[r] דשישא, וקרעוה[s] לכרסיה, והוו מפקי מיניה דיקולי דתרבא, ומותבי בשימשא בתמוז[p] ואב[p], ולא מסרח[t].

ואפילו הכי לא סמיך ר' אלעזר בר' שמעון אדעתיה[u]. קביל עליה יסורי. בליליא הוו מייכין ליה שיתין נמטי, לצפרא מפקין מיניה שיתין משכלי דמא וכיבא. וכל יומא עבדא ליה דב[י]תהו שיתין מיני[v] ליפדא דהוה אכיל ובארי[w], ולא שבקא ליה למיפק לבי מדרשא, סברא, דילמא חל[י]ש. בליליא אמר: ,,[h]אחי וריעי, בואו[h]!" לצפרא אמר: ,,[h]אחיי וריעי, צאו (מפני ביטול תורה[h])! יומא חד שמעתיה דביתהו, אמרה ליה: ,,[h]כיליתה ממון של בית אבא[h]!" שבקתיה ונפקת לבי[x] נשה. ההוא יומא אתו[y] שיתין[z] ספוני[a], ואייתי ליה שיתין ארנקי, ועבדו ליה שיתין מיני לפדא. אמרה לה דביתהו לברתא: ,,איזילי חזי אבוך מאי קא הויא עליה!" אתאי חואי, אמר לה: ,,[h]שלנו גדולה משלכם[h]". קרי אנפשיה: ,היתה כאניות סוחר ממרחק תביא לחמה[b]'.

---

[m] text. masor. מצרות. | [n] Pr 21[23]. | [o] = HM; art. > 𝔅 En. | [p] = H. | [q] דשונאתא H. | [r] + בי F* (דבי Fc); confusae sunt duae lectt. | [s] H עיה-Fvid. | [t] + (כל תרבא נמי לא מסרח? — כל תרבא כי אית ביה סוריקי סומקי מסרח, האי אע"ג דאית ביה שורייקי סומקי לא מסרח) H שוריקי M = [סוריקי; Fmg סורייקי 𝔅 En; סוריקי [סורייקי M· שוריאקי H שורייקי 𝔅 En. | [u] rell. | [v] נימי F. | [w] ובוארי F? | [x] inscr. | [y] איתו F. | [z] > rell. | [a] סיפני F. | [b] Pr 31[14].

ההוא יומא איברי[c] ליה עלמא ונפק[d] לבי מדרשא. איתייו[e] שיתין מיני דמא, טהרינהו. הוו קא מרנני רבנן, אָמרי: סלקא דעתך, לא הוה בהו חד טמא[h]? אמר להו: „[h]אם כמותי הוא, יהו כולם זכרים; ואם לאו, תהא נקבה אחת ביניהן“. היו[f] כולם זכרים, והעלו[g] להם אלעזר על שמו. (אמר רבא[h]: [h]כמה פיריה וריביה בטלה אשה[i] זו מישראל[h]!)

כי נח נפשיה, אמר לה לדביתהו: „מידע ידענא דרבנן נָקטי בדעתיהו עילַוַי[j], ולא נהגי בי יקרא כדמִבְּעי לי[k]; אסקין אגניין בעיליתא, ולא תיסתפי מינאי“. אמר רבי שמואל בר נחמני: אישתעיא לי אימא דמר נתן[l] דאישתעיא לה[m] דביתהו דרבי אלעזר בר׳ שמעון: לא בציר מתמני סרי[n] ולא טפי מעשרין וארבע[o] דאגניתיה בעיליתא; וכי הוה מעַיְינא ליה ברישיה, והוה מיתעקר שעריה, מְלא דוכתא דמא. יומא חד חזייה מורנא דקא נפיק מאוניה, חלש דעתה[p]; איתחזי[q]: „לההיא דשמעית בצורבא[r] מרבנן, ולא מחאי[s] כי דימבעי ליה“. כי הוו אָתו בתרי[t] לדינא, מר מסדר דיניה ומר מסדר דיניה, נָפקא בת קלא מעיליתא ואמ[רה]: „[h]איש פלוני, אתה זכאי! איש פלוני, אתה חייב![h]“ יומא חד הות קא מינצייא שיבבתה[u], אָמרה: „[h]תהי כבעליך שלא ניתן לקבורה[h]“. אָמרי רבנן: הא ודאי לאו אורח ארעא. שלחו ליה[v] לבני בירי לאסוקיה[w], סליקו רבנן לאיעסוקי ביה, לא שבקינהו בני בירי, דכל כמה דהוה מנח גביהו, לא שלטא[x] בהו [h]חיה רעה[h]. איתחוי ליה רבי שמעון בן יוחיי אבוה דרבי אלעזר לרבנן בחילמא: „[h]פרידא אחת יש לי ביניכם, ואי אתם מביאין אותה אצלי[h]“. יומא חד מעלי יומא דכיפורא הוה,

---

[c] ־ראי F. | [d] ונפקא F. | [e] איתו M אייתו rell. | [f] יהו F. | [g] ויעלה F. | [h] ר׳ HM. | [i] cf. Ra; רשעה rell. | [j] ־וִיה F; ־ואי H. | [k] להו F. | [l] יונתן HM יוחנן ꝟB En. | [m] ליה F. | [n] ꝟB EnM סר FH. | [o] וארבעה F ותרתין HM ותרין ꝟB En. | [p] ־תיה F. | [q] + לי בחילמא | [r] אלא מידי ??לי א״ל Fmg. | בזילותא דצורבא Fc. | [s] ꝟB EnM אמחאי H מיחאי F. | [t] H בתריה F. | [u] prm בהדי rell. | [v] l. להו. | [w] quaedam hic omissa videntur. | [x] שליטא F.

אגב דהוו טרידי, סליקו רבנן ואסקו[y], [z]אזול ואמטיה[z] למערתא דאבוה, אשכחו עכנא דאהדרה[a] למערתא דאבוה. אמרו ליה[b]: ,,עכנא עכנא, [h]פתח[c] פיך, ויכנס בן אצל אביו[h]‘‘. פתחה להו, עיילוה.

34. Die Bedeutung des R. Ḥijja. *The Greatness of R. Ḥiyya.*

Ib. 85 b H.

כי הוו מינצו רבי חנינה ורבי חייא, אָמר ליה רבי חנינא: ,,בהדאי דידי מינצית? דאי משתכחא תורה[h] מישראל[h], מהדרנא לה מפילפולאי‘‘. אמר ליה רבי חייא: ,,בהדאי דידי מינצית? אנא עבידנא [h]לתורה שלא תשתכח מישראל[h]: שדינא כיתנא, וגדילנא נשבי, וציידנא טאבי, ועבדינא מגילאי טפי, וכתיבנא חמשא חומשי, וסליקנא למתא דלית בה מקרי דרדקי, ומקרינא חמשה ינוקי בחמשה חומשי, ומתנינא שיתא ינוקי בשיתא סידרי, ואמינא להו: ,עד דהדרנא, אקרו בהדי הדדי, ואתנו בהדי הדדי‘; ועבדי לתורה[h] דלא משתכחא מישראל‘‘.

35. Idem. Ib.

אמר רב חביבא: אישתעי לי רב חביבא בר סומקי: חזאי להוא מרבנן דהוה שכיח אליהו גביה; בפניא הוו שפירן עיניה, לצפרא הוה כדמיקליין עיניה בנורא. אמרי ליה: ,,מאי האי?‘‘ אמר: ,,דאמרי לאליהו: ,אחזי לי רבנן צדיקי כי סלקי ונחתי למתיבתא דרקיעא‘; ואמר לי: ,בכולהון גוהרקין איסתכל לבר מגוהרקא דרבי חייא דלא תיסתכל‘. — ,ומאי סימני[a]?‘ — ,בכולהו גוהרקי עיילי מלאכי, לבר מגוהרקא דרבי חייא, דלא עיילי מלאכי, דמנפשיה סליק ונחית‘. לא מצאי לאוקומי אנפשאי, ואסתכלי ביה‘‘. אתו תרי בוטאטי[b] דנורא, מחו לעיניה וסמיוה. ,,אזלי ואשתטחי אמערתיה, אמרי ליה: ,מתניתא דמר תנינא‘. ואיתסאי‘‘.

---

y l. ־וה. | z l. אזול ואמטיוה. | a ־רו F. | b l. לה = rell. | c פתחי rell. |
35. a סימנירה F. | b = בוטטי FM Ar בוטאשי H.

36. Idem. Ib. F.

אליהו הוה שכיח במתיבתא[a] דרבי. יומא חד איעכב ולא אתא; כי אתא, אמר ליה: ,,מאי טעמא איעכב[b]?“ אמר ליה: ,,אדמוקימנא לאברהם וממשינה ליה ידיה ומצלי ומיגיננא[c] ליה, ואדמוקימנא ליה ליצחק וממשינא ליה ידיה ומצלי[d] ומגיננא, וכן ליעקב“. אמר ליה: ,,ואוקמינהו להו בהדי הדדי!“ — ,,דחקי ליה[e] שעתא, ואתי משיח[h] בלא ומניה“. אמר ליה: ,,[h]יש דוגמתן בעולם הוה[h]?“ אמר: ,,איכא ר׳ חייא ובניו[h]“. גזר[f] תעניתא, אותבינהו קמי[g] תיבותא[h], אמ[רו] ,[h]משיב הרוח[h]‘, נשא זיקא; אמ[רו], [h]מוריד הגשם[h]‘, אתא מיטרא; כי מטא, [h]מחייה המתים[h]‘, אמרו ברקיעא: ,,מאן גליא להא מילתא?“ — ,,אליהו“. אתיוה ומחיוה שיתין פולסי דנורא. אתיהיב ליה רשותא, הוה כי דובא; על[i] ביניהו וטרדינהו.

37. Die Weisheit des R. Banna'a. *The Wisdom of R. Banna'a.*
B. b. 58 H.

ההוא גברא דשמעא לדביתהו דהוה אמרה לברתה: ,,אמאי לא צניעא הך איתתא באיסורא? עשרה בני אית לה להך איתתא ולית לה מגברה אלא חד“. כי קא שכיב, אמר להו: ,,כלהו נכסי לחד ברא“. לא ידעי להי מינייהו; אתו לקמיה דרבי בנאה, אמר להו: ,,זילו חבוטו[a] לקבריה דאבוכון, עד דאמר לכו“. אזול, פש חד מיניהו דלא אזל. אמר: ,,כולהו נכסי דהאי“. אזלו ואכלו ביה קורצא [b]בי מלכא[b], אמרו ליה: ,,איכא חד גברא ביהודאי דמפיק ממונא בלא סהדי ובלא מידי[c]“. אתיוה, חבשוה[d]. אתת דביתהו, אמרה להו: ,,עבדא הוה לי, קטלוה, פסקוה לרישיה, פשטוה למשכיה; אוקמוה, וקא

---

36. [a] F[c]. | [b] adde מר. | [c] ומגנינא rell. | [d] ומצליה F. | [e] l. לה? | [f] גזור F. | [g] קמיה F. | [h] H תיבתא F[vid]. | [i] F[superscr]. ||
37. [a] IB En F חבטו H. | [b] rell קמיה דשבור מלכא H. | [c] rell ראיה H. | [d] rell > H.

משקו ביה מיא; לא דמי קא יהבו לי, ולא אגרא קא יהבו לי“. לא הוו ידעי, מאי קאמרה להו. אָמרי: „אפקוה לסבא דיהודאי, דילמא ידע“. נפק אמר להו: „ודנוקא קאמרה“. אָמרי: „הואיל[h] וחכים כולי האי, ליתיב אבבא ולידין דינא“. חזא דכתיב אבבא דאבולא: „כל דיין דמתקרי לדין, לא שמיה דיין“. אמר: „[h]אלא מעתה[h], אפלו אתי איניש מעלמא ומקבע ליה ומנא לבי דינא, הכי נמי דאפסיל ליה? אלא [e]הכי כתובו[e]: ‚כל דיין דמתקרי לדין ויגבון מיניה ממון בדין, לא שמיה דיין‘.“ כתבו הכי: „ברם סבא דיהודאי כך אמר: ‚כל דיין דמתקרי לדין ויגבון מיניה ממון בדין, לא שמיה דיין‘.“ חזא תוב דהוה כתיב: „בריש כל מותא אנא דם, ובריש כל חיין[f] אנא חמר“. אמר להו: „אלא מעתה, דנפיל מאיגרא ומית, דנפיל מן דקלא ומית, הכי נמי דדם קטיל ליה? ודימטא לממת[g] ואשקיוה חמרא, חיי? אלא כתובו הכי: ‚בריש כל מרעין אנא דם, בריש כל אסואן אנא חמר‘.“ [h]כתבו: „ברם סבא דיהודאי כך אמר: ‚בריש כל מרעין אנא דם, בריש כל אסואן אנא חמר[h]; באתר[i] דלית חמר, תמן מתבעין סמנין‘.“

38. Die Bekehrung des Reš Laḳiš.
The Conversion of Resh Laḳish. B. m. 84[a] F.

יומא חד הוה קא סחי במיא בירדנא, אתא ריש לקיש [a]דמייה באיתתא[a], דצייה לרומחא, [b]שוור לירדנא[b] אבתריה[c]. אמר ליה: „חילך לאורייתא[d]!“ אמר ליה: „שופרך לנשי!“ אמר ליה: „אי הָדרת בך, אית לי אחתא דשפירא מינאי ויָהיבנא לך“. הדר ביה. בעא[e] למיהדר לאיתויינהו למניה, ולא אמצי. אקרייה ואיתנייה ושוייה גברא רבה. יומא חד[f] הוה יתיב[g] בית מדרשא וקאָמרי: [h]הסייף והסכין והרומח והפגיון מגל קציר ומגל

[c] היכי כתיבי H, sed cf. infra. | [f] 𝔅 F חיויא M חיי HEn. | [g] FM למימת 𝔅 En לימות H. | [h] mg. | [i] rell באתרא H ובאתרא Hmg. ‖ 38. [a] אדמיי' כאיתת' M = סבר איתתא הוא H. | [b] tr F. | [c] אברתיה F. | [d] Fc. | [e] H בעיא F. | [f] > F. | [g] l. יתבי.

יד מאימתי מקבלין טומאה? משעת גמר מלאכה. איזהו גמר מלאכתן?[h] ר׳ יוחנן אמר: [h]משעה שיצרפינו בכבשן[h]; ריש לקיש אמר: [h]משעה שיצחצחינו במים[h]. אמר ליה: „ליסטאה בלסטיותיה[h] ידע“. אמר ליה: „מאי אהנית לי? התם קרו לי[i] רבי, הכא קרו לי[i] רבי“. אמר ליה: „לא אהנאי לך, דקריבתך [h]תחת כנפי השכינה[h]?“

חלש דעתיה דר׳ יוחנן; איחלש ריש לקיש. אתאי דביתהו אמרה ליה: „חזי לדידי!“ לא אשגח בה[j]. — „חזי לבניה[k] ולבנתיה[l]!“ לא אשגח בה[m]. קרי עלה: ‚עזבה יתומיך אני אחייה ואלמנותיך עלי תבטחו[n]‘[o]. נח נפשיה דריש לקיש, הוה קא מצטער ר׳ יוחנן אבתריה. אמרי רבנן: מאי נעביד ליה דמיתבא[p] דעתיה? ליתי ר׳ אלעזר בן פדת דמחדדן[q] שמעתתיה, ניעול. עייל לקמיה. כל מילתא דהוה [r]קאמר, הוה[r] אמר ליה: „תניא דמסייעא לך“. [s]אמר ליה: „את[s] כבר לקישא? בר לקישא כי הוה אמינא שמעתא, מקשי לי[t] עשרין וארבעה קושייתא[u], ומפריקנא ליה עשרין וארבעה פירוקי[v], וממילא[w] רווחא שמעתא; ואת אמרת: ‚תניא דמסייעא[x] לך‘! אטו אנא[y] לא ידענא דשפיר קאמינא?“ הוה אזיל קא קרע מניה[z] ואמר: „בר לקישא היכא את? בר לקישא היכא את?“ עד דשף דעתיה, ובעו רבנן רחמי עליה ונח נפשיה.

39. Der Tod des Rabba b. Naḥmani.

The Death of Rabba b. Naḥmani. Ib. 86[a] F.

אמר רבינא[a]: אישתעי לי חמא בר ברתיה דחסא[b], דרבה בר נחמני בשמדא נח נפשיה. אולו אכלו ביה קורצא בי מלכא,

---

h H 𝔍𝔅 En בליסטאותיה M בליסטאיה F. | i ליה F. | j H ביה F. | k l. לבנייו? | l נותיה-F; l. ולבנתיו? | m ביה F. | n חי-F חנה-En. | o Je 49[11]. | p H דליתריבה F. | q HM דו-F vid. | r H >F. | s Fc. | t ליה F. | u 𝔍𝔅 En H יאתא-M שמעתתא F. | v HM פרוקי 𝔍𝔅 En פירקי F. | w 𝔍𝔅 En M ומימלא F. | x H. | y H אנן F. | z מיניה F. || 39. a רב כהנא rell. | b superscr.

אמרי: ,,איכא גברא ביהודאי דקמבטל תליסר אלפי גברי ירחא
בקיטא וירחא בסיתוא מכרגא‘‘. שדרו פריסתקא[c] דמלכא אבתריה,
ערק[d] [e]לצריפא דעינא, ומצריפא דעינא לשיחא, ומשיחא לאפדנא
דשבח[e], אזל פריסתקא דמלכא אבתריה, [f]איקלע לההוא אושפיזא
דהוה ביה[f], אשקיוה תרי כסי [g]ודליוה לתכא מקמיה[g], הדר
פרצופיה לאחוריה. אתו[h] לגביה אמרו ליה: ,,מאי נעביד? גברא
דמלכא הוא‘‘. אמר להו: ,,הדרו[i] לתכא ויהבו ליה כסא, דהשתא
הדר[j] פרצופיה‘‘. עבדו ליה הכי ואיתסי. אמר: ,,מידע ידענא
דגברא דקא בעינא ליה הכא ניהו; מיהו, אי קטלי לההוא גברא,
לא מודע; אי מצערו ליה, מודע‘‘. עיליה[k] לביתיה, אחדא לבבא.
איתרחיש ליה ניסא, פרק אשיתא, נפק. אזל לאגמא. אשכח
גירדא דדיקלא, הוה קא יתיב עליה. קא מיפלגי במתיבתא
דרקיעא: [h]אם בהרת קודמת[l] לשער לבן, טמא; ואם שער לבן
קודם לבהרת, טהור; ספק[h] מאי? אמר [h]הקדוש ברוך הוא:
טהור[h], מתיבתא דרקיעא אמרי: ,,טמא[h]. אמרי: מאן נוכח?
נוכח רבה בר נחמני, דאמר רבה בר נחמני: [h],אני יחיד בנגעים
ואהילות[h]‘‘. אתא שליח אבתריה, לא הוה יכיל למיקרבא ליה,
דלא הוה שתיק פומיה מגירסיה. שמע קלא דריגשא[m] באגמא.
הוא סבר, פריסתקא דמלכא הוא; אישתיק, יכיל ליה. כי קא
ניחא נפשיה, אמר: [h],טהור, טהור[h]‘‘. [h]יצתה בת קול ואמרה:
,אשריך רבה בר נחמני שגופך טהור ויצתה נשמתך[n] בטהרה[h]‘‘.
נפל פיתקא ארישא דאביי: ,רבה בר נחמני [h]נתבקש לישיבה
של מעלה[h]‘‘. לא הוו ידעי, היכא הוה שכיב. חוו ציפרי דהוו
קיימי באגמא, וקא עבדו ליה[o] טולא[p]. אזלו אשכחו, וספדוה
תלתא יומין ותלתא לילותא. נפק להו פיתקא דרקיעא: [h],כל
הפורש יהא בנדוי[h]‘‘. ספדוה שבעת יומין ושבעת לילותא. נפק
להו פיתקא מרקיעא: [h],לכו לביתכם[q] לשלום[h]‘‘. [r]ההוא יומא דנח

---

[c] prm פירי. | [d] HM. | [e] codd. inter se omnino differunt. | [f] cf. H. |
[g] H. | [h] אתא F. | [i] הדורו F. | [j] הדור F. | [k] עילויה F. | [l] rell. |
[m] ריגשא F, sed prm דגרסיה, quod deletum est. | [n] rell תיך- F. |
[o] H להו F. | [p] H הולא F. | [q] rell כו- F.

נפשיה, דלי ועפא, דלייה לההוא טייעא כי רכיב אגמלא מחד גיסא דנהר פפא, שדייה באידך גיסא. אמר: „מאי היא?“ אֲמרי ליה: „נח נפשיה דרבה בר נחמני“. [h]אמר לפניו[h]: „ריבוניה דעלמא! רבה דידך, ועלמא דידך; אמאי מחרבת ליה?[r] מיד נח זעפא.

40. Stücke aus dem „Kapitel der Frommen“.

Stories from the „Chapter of the Saints“.

a) Taan 20^b—21^a M_1.

אמר ליה רבא לרפרם בר פפא: „לימא לן מר מהני מילי מעלְיָתא דהוה עביד רב הונא“. אמר ליה: „ביומא דעיבא מפקין ליה בגוהרקא דדהבא, וסייר ליה[a] לכולה מתא: כל אשיתא דהוה[b] רעיעא, הוה סתר לה; אי איפשר ליה למרה, בני לה; ואי לא, בני לה איהו מדנפשיה. וכל בהדי פניא דמעלי שבתא משדר שליתא, וכל ירקא דהוה יתיר[c] להו לגינאי, זבין ליה ושדי ליה לנהרא . . . כי הוה כריך ריפתא, הוה פתח לה לדשא, אָמר: ,כל דצריך ליעול וליתי‘. (ואיכא דאמרי: מילתא דשיבתא הוה גמיר, הוה [d]מומין ליה[d] כווא דמיא ותלי ליה[e], אמר: ,כל דצריך, ליעול ליתי[f], דלא ליסתכן.‘) אמר ליה: „כולהי מצינא מקיימנא, לבר מיהא, משום דנפישי בני חילא במחווא“.

b) Ib. 21^a M_1.

אילפא ורבי יוחנן הוה דחיקא להו מילתא טובא, אֲמרי: „ניקום ניזיל נעביד עיסקא ונקיים[a] בנפשין ,אפס כי לא יהיה בך אביון‘[b].“ אזלו איתיבו[c] תחותי ההיא אשיתא רעיעא[d]. הוו קא כרכי ריפתא, שמעיה רבי יוחנן דקאמר ליה[e] מלאך

---

[r] H. || 40a. [a] לה 𝔅 En. | [b] דהו(ו)ת id. | [c] M_1c. | [d] M_1c מלי 𝔅 En. | [e] 𝔅 En לה M_1. | [f] + ולידכי ידיה mg. || 40b. [a] rell ומקיים M_1. | [b] De 15^4. | [c] אותיבו M_1. | [d] exspectaveris רעיעתא. | [e] M_1c. |

ל[e]חבריה: ,,תא נשדייה עלייהו ונקטלינהו[f], [h]שמניחין חיי עולם ועוסקין בחיי שעה[h]". אמר ליה אידך: ,,שבקינהו, דהד מניהו קיימא ליה שעתא". אמר ליה רבי יוחנן לאילפא: ,,שמע מר מידי?" אמר ליה: ,,לא". אמר: ,,שמע מינה, אנא הוא דקיימא לי שעתא. [g]איהדר אזיל[g] אנא אקיים בנפש[h] ,כי לא יחדל אביון מקרב הארץ'[i]." עד דאתא אילפא, מלך רבי יוחנן. כי אתא אילפא, אמרו ליה: ,,אי איתיב מר וגרים, לא מר הוה מליך?"

c) Ib. M.

ומאי[a] קרו ליה נחום איש גם זו? דכל דהוה סלקא ביה, הוה אמר: [h],גם זו לטובה'[h]. וימנא חדא שדרו רבנן דורון לקיסר מלכא. אמרי: ,בהדי מאן נשדר?' אמרי: ,בהדי נחום איש גם זו, ד[h]מלומד בניסין'[h]. שדרוה בהדיה. אזל גנא בההוא דיורא, קמו הני דיוראי שקלו כל מה דהוה בסיפטיהו ומלונהו עפרא. כי מטא להתם, שרינהו[b] לסיפטיהו, חזנהו דמלו עפרא, אמר: ,אחוכי קא מחייכי בי[b] יהודאי; פקידו[b] עליה למיקטליה'. אמר: ,גם זו לטובה'. אתא אליהו, אידמי ליה כחד מיניהו. אמר להו: ,,דילמא מעפרא דאברהם הוא, דהוו שדו מיניה גילי והוו גירי וחרבי למיקטל שנאוהי (שנאמר[h][c]: ,יתן כעפר חרבו')". [b]הויא ההיא[b] מדינתא דלא מצו למיכבשה; בדקו מיניה[b] עלה, וכבשוה. עיילונהו לבי גנזא, ומלנהו[d] לסיפטייהו[e] [h]אבנים טובות ומרגליות[h]. אמטו להוא דיורא. אמרו ליה: ,,מאי אמטית בהדך, דעבדו לך כולי האי?" אמר להו: ,,מאי דשקלי[b] מהכא, אמטאי להתם". קמו אינהו נמי, אמטו מההוא עפרא. קם מלכא, בדקו וקטלונהו להו לכולהו דיוראי[b].

---

f ־הי־ M_1. | g איהדר אזיל אי הדר אזיל M_1* M_1c. | h בנפשאי M_1c. | i De 15^{11}. ‖ **40c.** a ואמאי 𝔅 En. | b M_1. | c Is 41^2. | d ומלינהו M_1 ומלונהו En. | e לטיפטיריהו mend.

d) Ib. 21^{b}—22^{a} M.

אבא אומנא כל יומא אתי ליה שלמא ממתיבתא דרקיעא, לאביי ממעלי שבתא למעלי שבתא, לרבא ממעלי יומא דכפורי למעלי יומא דכפורי. חלשא דעתיה דרבא מדאביי, והוה קחלשא דעתיה דאביי משום דאבא אומנא. אמרו ליה: „לא מצית למעבד כעובדי דאבא אומנא“. מאי עובדיה דאבא אומנא? כי הוה עביד מילתא, הוה ליה דוכתא דגברי לחודייהו ודנשי לחודייהו, והוה ליה לבושא [a]דאית ביה ביזעי[a], דכי אתיא איתתא, הוה מלביש לה, כי היכי דלא ליסתכל בה. והוה ליה דוכתא דצניעותא מאבראי למרמי ביה פשיטי: דאית ליה, רמי; דלית ליה, עייל ונפיק, אתי אזיל, ולא מיכסיף. כי הוה חזי צורבא מרבנן דלא אפשר ליה, אמר ליה: „שקול הנך פריטי בהלואה[h] ואיבראי נפשך[a]“. זימנא חדא[a] שדור זוגא דרבנן למיבדקיה[a], אזלו לביתיה, אוכלינהו[a] ואשקינהו ומך להו ביסתרקי. לצפרא כרכינהו[b] ואייתינהו לשוקא. [a]אמרו ליה[a]: „לישיימינהו מר“. אמר להו: „הכי והכי שוו“. אמרי: „דילמא שוו טפי“. אמר להו: „בהכי שקלי להו“. אמרו ליה: „במה חשדתינן?“ אמר להו: „מילתא דמצוה[h] איזדמנא להו לרבנן, וכסיפא להו למימרא“. אמרו ליה: „לישקלינהו מר“. אמר להו: „מההיא שעתא אסחתינהו מדעתאי לצדקה[h]“. הוה קא חלשא[c] דעתיה דרבא באביי, אמרו ליה: „מסתיך דקא מגנא זכותיך אכולה כרכא“.

e) Ib. 22^{a} M_1.

רב ברוקא חוזאה הוה קאי בשוקא דבי לפט, אתא אליהו איתחזי ליה. אמר ליה: „מאן איכא בהאי שוקא דאתי לעלמא דאתי?“ אמר ליה: „לא איניש“. אדהכי[a], אתא גברא דסיים מסאני אוכמי ולא הוה רמי חוטי, אמר ליה: „האי בר עלמא

40 d. [a] M_1. | [b] כרכונהי M_1. | [c] IB. ‖ 40 e. [a] + והכי M.

דאתי״. קרא ליה ולא אתא לגביה. אול[b] בתריה. אמר ליה: „מאי עובדך?״ אמר ליה: „זנדקנא[c] אנא, ואֲסרנא גברי לחודיהו ונשי לחודיהו, ובליליא רמינא פוריי בין גברי לנשי, כי היכי דלא ליתעבד איסורא. כי חֲזינא [h]בת ישראל[h] דיהבי גוים[h] עיניהו עלה, מסרנא נפשי ומצילנא לה. זימנא חדא איתרמאי [h]נערה המאורסה[h], בעו למינסה[d]; איתאי דורדיא דחמרא, שדאי[e] לה בשיפולה[f], אֲמינא להו: ‚דשתנא היא׳.״ — „מאי שנא דסֲיימת מסני אוכמי?״ — „כי היכי דלא לידעו דיהודאה אנא; דכי הוה מילתא דצינעא ובעו למיגזר גזירתא, מגלו לי ואמינא להו לרבנן ובעו רחמי ומבטלין לה״. — „מאי טעמא כי קריתך, לא אתית?״ — „בההיא שעתא הוו גזרי גזירתא, אֲמינא: ‚ברישא אשמעה ואשלח להו לרבנן דליבעי רחמי עלה דמילתא׳.״ אדהכי[a] אתו תרי אחריני[g], אמר ליה: „הני נמי בני עלמא דאתי נינהו״. אמר להו: „מאי עובדיכו?״ אמרו ליה: „אינשי בדוחי[f] אנן; וכי חֲזינן איניש דעציבא דעתיה, מבדחינן ליה. אי נמי, בתרי דאית להו תגרא בהדי הדדי, טרחינן ועבדינן להו שלמא״.

f) Ib. 23 a M_1.

אמר רבי יוחנן: [h]כל ימיו של אותו צדיק היה מצטער על מקרא זה[h], ‚שיר המעלות בשוב יי את שיבת ציון היינו כחולמים׳[a]. אמר: ‚איפשר [h]שבעים שנה[h] כחלמא?׳ יומא חד הוה קא אזיל באורחא, חזא ההוא גברא דקא נטע חרובא, אמר: „מכדי חרובא עד שבעין שנין לא טעין; פשיטא לך דחֲיית שבעין שנין ואֲכלת מיניה?״ אמר ליה: „ואנא עלמא אשכחתיה: כי היכי דשתלי[b] לי אבהתי, אנא נמי אשתיל לבנאי״. איתיב קא כריך[c] ריפתא, אתיא ליה שינתיה, ניים. אהדריה ליה משינתא, איכסי מעינא, ניים שבעין שנין. כי קם[c], חזא גברא דקא מנקיט חרובי

---

b + איהו M. | c זנדוקנא B זנדוקא En; an leg. est זנדנקא? | d En למינסבה MM_1 mend. | e Ar. | f M. | g אחר M. ‖ **40f.** a Ps 126¹. | b שתלו En שתילו M. | c rell.

מההוא[d] חרובא. אמר ליה: ,,ידעת מאן שתיל להאי חרובא?" אמר ליה: ,,הכי, אבוה דאבא". — ,,ומאן את?" — ,,בר בריה דההוא סבא". אמר: ,ודאי[h] שבעין שנין כחלמא'. אזל לביתיה, אמר להו: ,,בריה דחוני[p] המעגל[h] מי מקים?" אמרו ליה: ,,בריה ליתיה, בר בריה איתיה". אמר להו: ,,אנא הוא". לא המנוה[e]. אזל לבי מדרשא, שמעינהו לרבנן דקא אמרי, נהירא להו[f] שמעתא כהנך שני דחוני המעגל, כי הוה עייל לבי מדרשא, כל קושיא דהוה להו לרבנן, הוה מפריק. אמר להו: ,,אנא הוא". לא המנוה, לא נהגו[g] ביה יקרא כד מבעי ליה. בעי רחמי, נח נפשיה. (אמר רבה[h]: היינו דאמרי אינאשי: ,או חברא או מיתותא[i]'.)

g) Ib. 23 M_1.

אבא חלקיה[p] בר בריה דחוני המעגל הוה. וזימנא חדא איצטריך עלמא למטרא, שדור רבנן זוגא דרבנן לגביה למבעא רחמי ומיתא מטרא. אזול[a] לביתיה, לא אשכחוה. אזלו לגביה לדברא, אשכחוה דהוה קא רפיק ריפקא; יהבו ליה שלמא, לא אסבר להו אפי. בפניא הוה קא מנקיט ציבא; כי קא אתא, דרא ציבי אחד כתפיה, וגלימיה אחד כתפיה. כולא אורחא לא סיים מסאניה; כי מטא למיא, סיים מסאניה. [b]כי מטא היזמי והגי, דלייה ללבושיה[bc]. [b]כי מטא למתא, נפקא דביתהו לאפיה כי מקשטא[b]. כי מטא לביתיה, עילא דביתהו ברישא, והדר עייל איהו אבתרה. איתיב, כרך ריפתא, ולא אמר להו לרבנן: ,,איתיבו כרוכו ריפתא". פלג ריפתא לינוקי; יהב ליה לקשישא חדא, ולזוטרא תרתי. אמר לה לדביתהו: ,,ידענא דרבנן [d]אמטול מטרא[d] אתו להו; קום נסלק לאיגרא נבעי רחמי, איפשר דמרצי קודשא בריך הוא ואתי מטרא". קם איהו בהא זויתא, ודביתהו בהא זויתא; קדים סליק עננא מזויתא ד[e]דביתהו. נחית, אמר

[d] En. | [e] + אנא הוא M_1. | [f] לך rell. | [g] נהגוה M_1. | [h] רבא ℔ En. | [i] מיתתא M_1. ‖ **40g.** [a] M_1c. | [b] M_1c; tr ord M_1*. | [c] M. | [d] אמטו ולמטרא M_1. | [e] ℔ En.

להו: „מאי[f] אתו רבנן?“ אמרו ליה: „שדרינן לגביה דמר למבעא רחמי ומיתי[g] מטרא“. אמר להו: „[h]ברוך המקום שלא הצריך אתכם לאבא[h] חלקיה[h]“. אמרו ליה: „ידעינן דמטרא מחמת מר הוא דאתא, אלא נימא לן מר הני מילי דתמיהא לן טובא! מאי טעמא כי יהבינן ליה שלמא למר, לא אסבר לן אפי?“ — „אגיר יומא הואי, אֲמינא: ‚לא איפגר.‘“ — „מאי טעמא דרא מר ציבי אכתפיה חד, וגלימיה אחד כתפיה?“ — „[h]טלית שאולה היא[h]: להכי שאילה לי, להכי לא שאילה לי[i].“ — „מאי טעמא כל[j] אורחא לא סיים מר מסאניה, כי מטא מר מייא סיים מסאניה?“ — „כולא אורחא קא חזינא, במיא לא קא חזינא.“ — „מאי טעמא כי מטא מר היזמי והגי, דלייה מר ללבושיה?“ אמר להו: „[h]זה מעלה ארוכה[k], וזה אינו מעלה ארוכה[h].“ — „מאי טעמא נפקא דביתהו דמר לאפיה כי מקשטא?“ — „[h]שלא אתן עיני באשה אחרת[h].“ — „מאי טעמא עילא איהי ברישא, ומר אבתרה?“ אמר להו: „לא בדיקיתו לי.“ — „מאי טעמא לא אמר לן מר: ‚כרוכו ריפתא‘.“ — „לא הוה נפישא רִפתא[a], ואמינא: ‚לא אחזיק בהו ברבנן [h]טובת חנם[h].‘“ — „מאי טעמא יהיב[l] ליה לקשישא חדא, ולזוטרא תרתי?“ — „האי קאי בביתא, והאי קאי בבי מדרשא.“ — „מאי טעמא קדים וסליק עננא מההיא זויתא דהות קימא דביתהו דמר?“ — „משום דאיתתא שכיחא בביתא ומקרבה הנייתה.“ [m](אי נמי, „הנך בירויני דהוו בשיבבותי, אנא בעינא רחמי עליהו דימותו, והיא בעיא רחמי דמהדרי בתיובתא“)[m].

h) Ib. 24^{b}—25^{a} M_1.

אמר רב יהודה אמר רב: [h]בכל יום ויום בת קול יוצאת ואומרת: ‚כל העולם כולו אינו נזון אלא בשביל חנינא בני, וחנינא בני דיו קב חרובין מערב שבת לערב שבת‘[h]. כל מעלי

---

f אמאר rell. | g מיתר M_1. | h rell. | i M לרה M_1. | j En M כולא IB > M_1. | k הוא quod sequitur deletum est. | l יהב En. | m > M.

שבתא הוה רגילא דביתהו דשדיא אקטרתא בתנורא משום כסופא. הות לה ההיא שיבבתא, אמרה: „מכדי ידענא דמידי לית לה, אֵזיל אחזי, מאי האי“. אזלא אשכחתיה לתנורא דמלי ריפתא ואגנה דמליא[a] לישה[b], אמרה לה: „פלניתא, איתא[c] מסא, דחריכא[d] ליך ריפתיך[d].“ (תנא: [h]אף היא להביא מרדה נכנסת, מפני שמלומדת בניסין[h].)

אמרה ליה[e] דביתהו: „מטיבותא דגניזא להו לצדיקי דעלמא דאתי בעי רחמי דליתנון לך מידי.“ בעא רחמי, שדו ליה כרעא דפתורא דדהבא. חזאי בחילמה[f] דכולי עלמא קא אכיל אפתורא דתלת כרעי, [g]ואינהו[h] על תרתי כרעי[g]. אמרה: „בעי רחמי ולשקלוה.“ בעא רחמי ושקלוה. (תנא: [h]גדול נס האחרון יותר מן הראשון[h], דגמירי: „מיהב יהבין, משקל לא שקלין“.)

i) Ib. 25[a] G.

חד יומא דמעלי שבתא חז[ייה] לברתיה דהוה[a] עציבה. אמר לה: „בתי[h], אמאי עציבת?“ אמרה ליה[b]: „אבא, חליף[c] לי כווא דמשחא לכווא דחלא, ושדיתיה בשרגא.“ אמר לה: „[h]בתי, מי שאמר לשמן והדליק, יאמר לחומץ וידליק[h].“ (תנא: [h]היתה דולקת והולכת עד שנטלו ממנה אור להבדלה[h].)

הוו[d] ליה הנך עיזי. אמרו ליה: „קא מפסדן עיזך.“ אמר להו: „אי קא מפסדן, ליכלינהי דובי; ואי לא, כל חדא וחדא תיתי דובא בקרנא.“ לפניא אתיא כל חדא וחדא דובא בקרנא.

הויא ליה ההיא[e] שיבבתא דבנת ביתא, ולא מטו כשורי, אתיא לקמיה, אמרה ליה: „רבי, בניתי ביתא, ולא קא מטו כשורי.“ אמר לה[f]: „מה שמך?“ אמרה ליה: „איכו[g].“ אמר לה: „איכו[g], איכו[g], נימטו[h] כשוריך.“ (תנא: [h]פלימו[p] אומר:

40h. [a] = En דמלי M. | [b] לירשא M. | [c] איתי M איתאי Ar[M]. | [d] M. | [e] M_1c. | [f] בחילמיה M_1. | [g] mg. | [h] ואיהו EnM. || **40i.** [a] ת(ו)דהו IB EnM. | [b] לה G. | [c] איחליף M_1 איחלף EnM. | [d] הוויין M הויא M_1. | [e] IB En. | [f] rell. | [g] G[vid] IB איבו $EnMM_1$. | [h] IB MM_1 לימטו En אימטו G.

אני ראיתי את הבית שהיו קורותיו יוצאות אמה לכאן ואמה לכאן, אמרו: ,זה הבית שקירה רבי חנינא בן דוסא בתפלתו'[h]. ואמרי לה: [h][i]סניפין עשאום[h][i].)

k) Ib.

רבי אלעזר בן פדת הוה דחיק[a] ליה עלמא טובא. אזל ועבד מילתא; אתא לביתיה, ולא אשכח מידי למיכל. אשכח ברה דתומה, שדיה ליה בפומיה. חלש ליביה, אזל גנא לבי מדרשא. אתו רבנן לשיולי ביה, וחזיוה דבכא וחייך ונפק[b] צוציתא דנורא מאפותיה. כי איתער, אמרו ליה: „אמאי בכית וחייכת ונפק צוציתא דנורא מאפותיך?“ אמר להו: „אתא שכינה[h], אמרי קמיה: ,רבוניה דעלמא כולי, עד אימת אידון ואיזיל[c] בהאי דוחקא?' אמר לי: ,ניחא לך דאחרביה לעלמא והדר איבריה? איפשר דמתרמי לך שעתא דמזוני!' אמרי קמיה: ,כולי האי, ואיפשר? — שני דחיי נפישי, או דחיינא?' אמר לי: ,דחיית'. — ,אי הכי, לא בעינא. — לעלמא דאתי מאי יהבת לי?' — ,יהיבנא לך תליסר נהרי דמשכי אפרסמא, דמשית בהו ידך ומענגת בהו'. ואמרי קמיה: ,ריבוניה דעלמא! הני, ותו לא?' — אמר לי: ,ולחברך מאי ניתיב להו?' אמרי קמיה: ,ריבוניה דעלמא! ומגברא דלית ליה קא בעינא'. טרק לי באסקוטלא[d] באפותאי ואמר לי: ,אלעזר ברי, גרו[e] בך גיראי'.“

41. Der Untergang des jüdischen Staates.

The Fall of the Jewish State. Giṭ 55[b]—57[a] M.

אמר רבי יוחנן: מאי דכתיב[a] ,אשרי אדם מפחד תמיד ומקשה לבו יפול ברעה'? אקמצא ובר קמצא חריב ירושלם, אתרנגול ואתרנגולתא חריב טור מלכא, אשקא דדייספק[b] חריב ביתר. ‖

---

[i] סנאפי הוה M_1. ‖ **40k.** [a] דחיקא G. | [b] IB EnM_1 ונפיק G. | [c] ואזיל $EnMM_1$ ואיזול G. | [d] Gc. | [e] א(י)גרו $EnMM_1$. ‖ **41.** [a] Pr 28^{14}. | [b] דדיספק En Ar.

‚אקמצא ובר קמצא חריב ירושלם‘, דההוא גברא דרחמיה
קמצא ובעיל דבביה בר קמצא עבד סעודתא, אמר לשמעיה:
„זיל אייתי לי קמצא“. אזל אייתי ליה בר קמצא. אתא
אשכחיה דהוה יתיב, אמר ליה: „מכדי ההוא גברא בעיל דבביה
דההוא גברא הוא, מאי בעית הכא?“ א״ל: „הואיל[h] ואתאי,
שבקן, ויהיבנא לך דמי דאכילנא ושתינא.“ א״ל: „לא.“ —
„יהיבנא לך דמי פלגא דסעודתיך“. א״ל: „לא“. — „יהיבנא
לך דמי כולא סעודתיך“. א״ל: „לא“. נקטיה בידיה ואפקיה.
אמר: ‚הואיל והוו יתבי רבנן ולא מחו ביה, איזיל איכול בהו
קורצא בי מלכא‘. אזל אמר ליה לקיסר: „מרדו בך יהודאי.“
א״ל: „מי יימר?“ א״ל: „שדר להו קרבנא, חזית אי מקרבי
ליה.“ אזל שדר בידיה עיגלא תילתא[c]. בהדי דקאתי, שדא ביה
מומא ב[h]ניב שפתים[h] (ואמרי לה: ב[h]דוקין[d] שבעין[h]), דוכתא
דלדידן מומא ולדידהו לאו מומא. סבור רבנן לקרוביה משום
[h]שלום מלכות[h]. אמר להו ר׳ זכריה בן אבקולם: „[h]יאמרו, ‚בעלי
מומין קרבין לגבי מזבח‘[h].“ סבור למיקטליה, דלא ליזיל ולימא.
א׳ להו ר׳ זכריה בן אבקולם: „[h]יאמרו, ‚מטיל מום בקדשים
יהרג‘[h].“ א״ר יוחנן: [h]ענותנותו של ר׳ זכריה בן אבקולם החריבה
ביתינו ושרפה את היכלנו, והגלתנו מארצנו[h]. ‖ שדר עילויהו לנירון
קיסר. כי אתא, שדא[e] גירא למורח[h], אתא ונפל בירושלם; [f] למערב[h],
אתא נפל בירושלם[f]; [h]לארבע רוחות השמים[h], אתא נפל בירושלם.
א״ל לינוקא: „פסוק לי פסוקך.“ א״ל: ‚ונתתי את נקמתי באדום
ביד עמי ישראל‘[g]. [h](וההוא ינוקא הוה מגמגם בין ‚באדום‘ ובין
‚באדם‘.)[h] אמר: ‚קודשא בריך הוא בעי לחרובי ביתיה, ובעי
לכפורי ידיה בההוא גברא!‘ ערק ואזל איגייר, ונפק מיניה ר׳
מאיר. ‖ שדריה עילויהו לאספסיינוס, אתא צר עלה תלת שני.
הוו בה הנהו תלתא[f] עתירי: נקדימון בן גוריון ובן כלבא שבוע
ובן ציצ[ת] הכסת ... חד אמר: ‚אנא זיינא[i] לכו בדחיטי ושערי‘;

---

[c] תלתא BEn תולתא Ar. | [d] בחריץ Ar. | [e] BEn שדר M. | [f] BEn. |
[g] Ez 25 14. | [h] > BEn. | [i] זירנא BEn.

וחד אמר: ‚בדִמשחא ומילחא‘; וחד אמר: ‚בדציבי‘. ושבחו רבנן
לדציבי מכולהו (דרב חסדא כל אקלידיה הוה מסר ליה לשמעיה,
בר מציבי; דאמר רב חסדא: אכלבא דחיטי בעיא שיתין אכלבי
דציבי). הוה[f] להו מיזן עשרין וחדא שתא. ‖ הוו בהו הנהו בריוני.
אמרו להו רבנן: „ניפוק ונעביד שלמא בהדיהו“. לא שבקונהו[f].
אמרו להו אינהו: „ניפוק ונעביד קרבא בהדיהו“. אמרו להו
רבנן: „לא מסתייעא מילתא“. קמו קלונהו להנהו אמברי, והוה
כפנא. ‖ מָרְתא בת ביתוס עתירתא דירושלם הואי. שדרה לשלוחה,
אמרה: „אייתי לי סמידא“. אדאזל, אודבַן. אמר לִה: „סמידא
ליכא, חיור[תא] איכא“. אמרה ליה: „זיל אייתי“. אדאזל,
אודבן. אתא אמר לה: „חיורת[א] ליכא, גושקרא איכא“. אמרה
ליה: „זיל אייתי“. אדאזל, איזדבן. אתא אמר לה: „גושקרא
ליכא, קמחא דשערי איכא“. אמרה ליה: „זיל אייתי“. אדאזל,
אזדבן. הוה שליפא מסאנא, אמרה: ‚איפוק ואחזי אי משכחנא
מידי למיכל‘. איתיב לה פרתא בכרעא, ומתה[h]. קרי עלה רבן
יוחנן בן זכאי: ‚הרכה בך והענוגה וגו‘‘.[k] (ואיכא דאמרי:
גרוגרת[h] אכלה מדרבי צדוק, ומתה[h]. דר‘ צדוק איתיב ארבעין
שנין בתעניתא[l]. כי הוה אכיל מידי, הוה מתחזי מאבראי; וכי
הוה ברי, מייתו ליה גרוגר[ות], מייץ מיהו ושדי להי.) כי הוה
ניחא נפשה, אפיק[ה] לכל דהבא וכספא שדיתיה בשוקא. אמרה:
‚האי למאי מבעי לי?‘ והיינו דכתיב[m]: ‚כספם בחוצות ישליכו
וגו‘‘. ‖ אבא סקרא ריש בריוני דירושלם בר אחתיה דרבן יוחָנן
בן זכאי הוה. שלח ליה: „תא בצנעא לגבאי“. אתא אמר ליה:
„עד אימת עבדיתו הכי וקטליתו ליה לעלמא בכפנא?“ א"ל:
„ומאי אעביד? דאי אמינא להו מידי, קטלי לי.“ א"ל: „חזי[f]
לי תקנתא לדידי; איפוק, איפשר דהוי הצלה[h] פורתא“. א"ל: „נקוט
נפשך בקצירי, וליתו כולי עלמא, ולישיילו בך, ולימרו דנח נפשיה;
ואייתי מידי סריא ואנח גבך, וליעסקו בך תלמידך; דאינהו ידעי
דחייא קליל ממיתא“. עבד הכי. [h]נכנס בו רבי אליעזר מצד

k De 28^{56}. | l + דלא ליחרוב ירושלם 𝔅En. | m Ez 7^{19}.

אחד, ורבי יהושע מצד אחד[h]. כי מטו לפיתחא, בעו למידקריה.
אמר להו: „יאמרו[h]: ‚רבן דקרו‘[h].“ בעו למדחפיה, אמר להו:
„יאמרו[h]: ‚רבן דחפו‘[h].“ פתחו ליה בבא. כי מטא התם, אמר:
„שלמא עלך מלכא, שלמא עלך מלכא“. א"ל: „מיחייבת תרי
קטלי: חדא, דלאו מלכא אנא וקא קרית לי מלכא; ועוד[h], אי
מלכא אנא, עד האידנא אמאי לא אתית לגבאי?“ א"ל:
„דקאמרת ‚לאו מלכא אנא‘, סברא[n] מלכא את; אי לאו מלכא
את, לא מימסרא ירושלם בידך, דכתיב[o]: ‚[p]והלבנון ב[p]אדיר יפול‘,
[h]ואין ‚אדיר‘ אלא מלך[h], שנאמר[q]: ‚והיה אדירו ממנו‘[r]; ודקאמרת,
אי מלכא אנא, אמאי לא אתית לגבאי?‘, בריוני[s] דאית בן[s] לא
שבקין.“ א"ל: „[h]אילו חבית של דבש ודרקון כרוך עליה, לא
היו שוברין את החבית בשביל דרקון[h]?“ (קרי עליה רב יוסף
(ואיתימא רבי עקיבא): ‚משיב חכמים אחור ודעתם יסכל[t]‘;
איבעי ליה למימר: ‚שקלינן צבתא ושקלינן ליה לדרקון וקטלינן
ליה, וחביתא[f] שבקינן לה‘.) אדהכי, אתא פריסתקא, א"ל: „קום,
דמית קיסר, ואימנו חשיבי דרומאי לאותובך ברישא.“ הוה סיים
מסאניה חדא, בעי למיסיימיה לאחרינא, לא עייל; בע[א] למישלפיה
לאידך, לא נפק. א"ל: „לא תצטער, דכתיב[u]: ‚ושמועה טובה תדשן
עצם‘.“ א"ל: „מאי תקנתיה?“ — „ליתי איניש דלא מייתבא
דעתך מיניה, וליחלוף קמך, דכתיב[v]: ‚ורוח נכאה תיבש גרם‘.“
עבד הכי, עייל. — „ומאחר[h] דחכימיתו כולי האי, אמאי לא אתיתו
לגבאי?“ א"ל: „ולא אמרי לך?“ — „אנא נמי אמרי לך.“
א"ל: „מיזל אזילנא, ואיניש אחרינא משדרנא.“ א"ל: „בעי מינאי
מילתא, ואתן לך.“ א"ל: „[h]תן לי יבנה וחכמיה[h], ושושילתא
דרבן גמליאל, ואסוותא דמסיין ליה לרבי צדוק.“ (קרי עליה
רב יוסף (ואיתימא רבי עקיבא): ‚משיב חכמים אחור ודעתם יסכל‘;
איבעי ליה למימר: ‚שבקינהו האי זימנא‘. והוא סבר: ‚דילמא

---

n איברא 𝔅En. | o Is 10^{34}. | p Mc. | q Je 30^{21}. | r + ואין לבנון אלא בית המקדש שנ' ההר הטוב הזה והלבנון 𝔅En. | s 𝔅En דאיבן M. | t Is 44^{25}. | u Pr 15^{30}. | v ib. 17^{22}.

כולי האי לא יהבו[w], והצלה פורתא נמי לא הויא‘. — אסוותא דמסיין ליה לרבי צדוק מאי היא? — יומא קמא אשקיוה מיא דפארי, למחר מיא דסיפוסקא, למחר מיא דקימחא, עד דרויח מיעיה פורתא.) . . .

‚אתרנגול ותרנגולתא חריב טור מלכא‘. דהוו נהיגי כי הוו מפקי חתנא וכלתא מפקי קמיהו תרנגולא ותרנגולתא, [h]כלומר: ‚פרו ורבו כתרנוגלין‘[h]. יומא חד הוה קחליף גונדא דרומאי, שקלונהו מיניהו; נפול עליהו, מחונהו. אתו אמרו ליה לקיסר: „מרדו בך יהודאי.“ אתא עליהו. הוה בהו חד בר דרומא דהוה קפיץ מילא וקטיל בהו. שקליה קיסר לתאגיה ואותביה אארעא, אמר: ‚רבוני דעלמא כולי! אי ניחא קמך, לא תמסריה לההוא גברא לדידיה ולמלכותיה ביד[יה] דחד גברא.“ אכשליה פומיה לההוא בר דרומא ואמר: ‚הלא אתה אלהים זנחתנו פרצתנו ולא תצא בצבאותינו.[x] (דוד נמי אמר הכי? — דוד אתמוהי קמתמה.) על ל[h]בית הכסא[h], אתא דרקונא, שמטיה לכרכשיה. אמר: ‚הואיל ואתרחיש לי ניסא, אשבקינהו האי זימנא‘. שבקינהו, ואזל[f]. איזדקור, אכול ושתו, ואדליקו שרגי עד דאתחזי ביליונא[f] דגושפנקא ברחוק מילא. אמר: ‚מיחד[א] קא חדו לי‘. הדר אתא עליהו. א״ר יוסי: תלת מאה אלפי שלופי סייפי עיול לטור מלכא, וקטלו בה תלתא יומי ותלתא לילוותא, ובהך גיסא הלולי וחינגי, ולא הוו ידעי הני בהנך והנך בהני . . .

‚אשקא דדייספק חריב ביתר.‘ דהוו נהיגי כי הוה מתייליד ינוקא, שתלי ארזא, ינוקתא תו שתלי תורניתא, וכי הוו מינסבי, קייצי להו ועבדי להו גננא. יומא חד הוה קחלפה ברתיה דקיסר, איתבר שקא דדייספק. קצו ארזא ועיילו לה. נפול עליהו, מחונהו. אמרו ליה לקיסר: „מרדו בך יהודאי.“ אתא עילוייהו.

---

[w] + עביד M; est alt lectio. | [x] Ps 60 [12].

42. Wundererzählungen. *Wonder-stories.*

B. b. 73^a—74^b H.

אמר רבא: אשתעו לי נחותי ימא: בין גלא לגלא תלת מאה פרסי, ורומיה[a] דגלא תלת מאה פרסי, ומנא חדא דלינן גלא וחזיתיה בי[b] מרבעתיה דכוכבא, והוה כי מיבוק[c] ארבעי גריוי חרדלא; ואי דלי לן טפי, הוה קָלי לן מהבלא. רמא ליה גלא קלא לחבריה: „מי שבַקת מידי בעלמא דלא חָריבתיה?“ אמר ליה: „תא חזי בגבורתיה דמריך, דאפלו כמלא חוטא דחלא[d] לא עברי; שנאמר[e]: ‚האותי לא תיראו נאם י׳.‘“

ואמר רבא: אשתעו לי נחותי ימא: האי גלא דאתי[f] לטבועי ספינתא אית ליה ברישיה כי ציצתא דנורא חיורא, ואית להו[g] אילואתא דחקיק עליהו, *אהיה אשר אהיה י׳ צבאות*, ומחינן ליה בגויהו[h], ונייח.

ואמר רבא: לדידי חזי לי הורמיז[i] בר לילואתא[k] דהוה קא משואר אקובנאה[l] דמחוזא, ורהיט פרשא בי רכבי סוסיא מתתאי ולא יכיל ליה. ומנא חדא סרגי[m] ליה תרתי כודניאתא אתרי גשרי דאגנג[n], ושוור מהאי להאי ומהאי להאי, ונקיט תרי מוגי מיא בידיה, ושפיך מהאי ומהאי להאי, ולא נטף[o] נטופתא[p] מיניהו. וההוא יומא ‚יעלו שמים ירדו תהומות‘[q]. שמע[r] מלכותא עילוה וקטעתיה[s].

אמר רבה בר בר חנה: לדידי חזי לי אוזילא[t] בר יומיה דהוה *כהר תבור* (והר תבור כמה הָוי? ארבעין פרסי), משכא דצואריה תלתא פרסי, בי מרבעיה[u] דרישיה פרסא ופלגא; ורמא כפותא וסכריה לירדנא.

---

42. [a] ו pr > H. | [b] l. לבי. | [c] H* = מבזק M cf Ar. | [d] דחרדלא H. | [e] Je 5^{22}. | [f] דאתיא H. | [g] l. לן. | [h] בגוית H. | [i] = Ar cf RŠbM, הורמין rell. | [k] לילאת׳ M לילתא ArEn. | [l] = Ar. | [m] סרגו Ar. | [n] דרוגנג 𝔅 דדונג En דרו:ג M דדורנג Ar. | [o] נטפא 𝔅EnM. | [p] פ superscr. | [q] Ps 107^{26}. | [r] שמעת En. | [s] = M. | [t] Hc = M. | [u] + דראימא, sed del.

ואמר רבה בר בר חנה: לדידי חוי לי ההיא[v] אקרוקתא דהויא[v] כי אקרא דהגרוניא (ואקרא דהגרוניא כמה הָוֵי[w]? שיתין בתי). אתא תנינא בלעה, אתא פשקצא[x] בלעת[y] לתנינא, וסליק ויתיב באילנא. תא חזי חיליה דאילנא כמה הוי. (אמר רב פפא בר שמואל: אי לאו דהואי התם לא הימני.)

ואמר רבה בר בר חנה: זמנא חדא הוה קא אזילנא בספינתא וחזינא ליה לההוא כוורא דעילא ליה אכלה טינא באוסיה, ומית, ואגדיה[z] מיא ושדייה[a] לגודא: חריבו מיניה שתין מחוזי, אכלו מיניה שיתין מחוזי[b], מלחו מיניה שתין מחוזי, מגולגלא דעיניה עבדי תלת מאה גרבי משחא. לישנא כי הדרינן ואתינן, הוה[c] קא מנסרין מגרמיה קורי למבנְיָה להנך מחוזי.

ואמר רבה בר בר חנה: זימנא חדא הוה קא אזילנא בספינתא וחזינא לההוא כוורא דיתיב[d] חָלתא על גביה, וקדח עליה חיזרתא. סברינן דיבישתא הוא, וסלקינן לישינן ואפינן. חם גביה[e] דכוורא, ואיתהפיך; ואי לאו דהות ספינתא מקרבא לן, הוה מטבע[f] לן.

ואמר רבה בר בר חנה: זמנא חדא הוה קא אזילנא בספינתא ואזלא ספינתא בין שיצא לשיצא דכורא תלת יומי ותלת לילואתא, איהו בדלא[g] ואנן בשפלא[g]. (ודילמא אמרת לא מסגיא ספינתא טובא? כי אתא רב דימי, אמר: [h]כי חם[h] קומקומא, סגיא ספינתא שיתא פרסי. ואיכא דאמרי: שדי[i] גירא פרשא, ולא יכיל להי[j]. אמר רב אשי: ההוא גולדנא דימא הוא, דאית ליה תרי שיצי.)

ואמר רבה בר בר חנה: זמנא חדא הוה קא אזילנא בספינתא, וחזינא לההיא צפורתא[k] דהוה קימא עד קרסולה במיא, ורישיה[l] מטי לרקיעא. סברנא דליכא מיא דנפישין[m], בעינא למיחת לצנוני נפשין. נפק בת קלא ואמרה לן: „הכא בעיתו לצנוני

---

v 𝔅M (האי H ההוא En, דהוה HEn). | w הויא 𝔅M. | x = Ar. | y ובלעיה MAr. | z ואדחוהי 𝔅En. | a ושדיוה id. | b ־זא H. | c pl. M. | d דיתבא 𝔅EnM. | e rell גבה H. | f ־עא H. | g = M. | h כמיחם rell. | i cf. 𝔅EnM שדיא H. | j ליה H. | k צפרתא En. | l sic omn. | m ־שן H.

נפשיכו, דנפל ליה הצינא דבי נגרי שבע[n] שנין ולא מטא ארעא?“ ולא משום דעמיקי מיא, אלא משום דרדפי מיא. (אמר רב אשי: ההוא [h]ויז שדי[h] הוה, דכתיב[o]: ‚וזיז שדי עמדי‘.)

ואמר רבה בר בר חנה: זמנא חדא הוה קא אזילנא במדברא וחזינא להנך אווזי דינתור גדפיהו משומניהו, ונגיד ואתי חוטא דמשחא מיניהו. אמרי להו: „אית לן בגויכו חולקא לעלמא דאתי?“ חדא דליא לי אטמא, וחדא דליא לי גדפא. כי אתאי לקמיה דרבי אלעזר, אמר לי: [h]עתידין ישראל ליתן עליהן דין[h].

אמר רבה בר בר חנה: זמנא חדא הוה קא אזילנא במדברא, והוה בהדן ההוא טייעא דהוה מורח בעפרא, אָמר: ‚האי אזיל לדוכתא פלן, והאי אזיל לדוכתא פלן‘. הבנן ליה עפרא אמר: „מרחקיתון ממיא תמניא פרסי.“ הבנן ליה, אמר: „מרחקיתון[p] תלתא[q] פרסי. הפכינן ליה עפרא, ולא יכלינן ליה.

אמר לן: „תא אחוי לכו [h]מתי מדבר[h]“. אזלאי וחזאי דדמוכי כמאן דמיבסמי וגנו, והוה חד מיניהו גני אפרקיד, וכיפן בירכיה. ועאל טייעא כי רכיב ונקיט רומחא בידיה, ולא נגע ביה[r]. פיסקי ושקלי חוטא דתכלתא מיניהו, ולא איסתגיא גמלן. אמר: „דילמא חד מיניכו שקל מידי מיניהו? ניהדר להו. דגמירי, דמאן דשקיל מידי מיניהו, לא מסתגי ליה.“ הדרינן ליה וסגינן. כי אתאי לבי מדרשא, אָמרי לי: „כל אבא חמור[h] כל בר חנה סיכסא. מכדי הנך חוטין וחלייתא אי [h]כבית שמאי[h] אי [h]כבית הלל[h], הוה מיבעי לך למימנינהו ומיתי ומימר“.

אמר לן: „תו אחוי לכו [h]הר סיני[h].“ אזלאי וחזאי דהדרי עקרבי כחמרי לובייתא. נפק בת קלא ואמרה: ‚[h]אוי לי שנשבעתי; ועכשיו שנשבעתי, מי מפר לי[h]?‘ כי אתאי לבי מדרשא, אמרו: „כל אבא חמור, כל בר חנה סיכסא. הוה לך למימר: ‚[h]מופר לך, מופר לך[h]‘“. ואנא סברי: דילמא שבועה ד[h]דור המבול[h] הוה. (ורבנן? — ‚אוי‘ לא לימא.)

---

[n] prm הא rell. | [o] Ps 50 11. | [p] מרחיקיתון H. | [q] M תלת H. |
[r] rell ביִ H = ביה.

אמר לן: תו אחוי לכו בי בלועי דקרח. אחוי לן [s]ההוא בועא דהוה נפיק מיניה חוטא דקוטרא. איתי גבבא דעמרא, אמשייה[t] במיא, וכרכיה ארומחיה, ודחציה[s]; איקלי ואיחרך. אמר לי: „אצית איזי מאי דשמעת מהכא.“ ושמעית דקאמרי: [h]„משה ותורתו אמת והן בדאין“[h]. אמר לי: „כל תלתין יומין מהדרא להו גיהנם כ[h]בשר בקלחת[h], ואמרי הכי: [h]„משה ותורתו אמת, והן בדאין“[h].“

אמר לן: „תו אחוי לכו, היכא דסחיף[u] רקיעא עילוי ארעא.“ אחוי לן. חזאי לההיא כוּתא, שקלתה[v] לסלתאי ואנחתה בגווה. עד דצליי, הדר גילגלא, ולא אשכחתה[w]. אמרי: „דילמא [h]חס ושלום[h] גנבי איכא הכא.“ אמר לי: „אינטר עד למחר כי השתא, הדר גלגילא לדוכתיה ושקלת ליה.“

רבי יוחנן משתעי: זימנא חדא הוה קא אזילנא ב[h]ספינה[h] ודלי ההוא כוורא רישיה, ודמיָין עיניה לתרי סיהרי, ונפלו מיא מתְרי[x] זימיה[y] כתרי מברי[z] דסורא.

רב ספרא משתעי: זמנא חדא הוה אזילנא בספינתא, ודלי הדוא כוורא רישיה, והוה אית ליה תרי קרני, וחקוק[a] עליהו: [h]„אני בריה קלה שבים[h], והָוינא תלת מאה פרסי, ומזַמן לפומיה ד[h]לויתן“[h]. (אמר רב אשי: ההוא עיזא דימא הוא וכחישא[b].)

רבי יונתן משתעי: זמנא חדא הוה אזלינן ב[h]ספינה[h], וחזינא לההיא קרטליתא דהוה מְדבק בה [h]אבנים טובות ומרגליות[h], והדר לה מינא דכוורא דשמיה כרשי[c]. נחית בר אמודאי לאיתויי[d], בעא למקטליה. סליק, דרא זיקא דחלא ונחית. נפקא בת קלא ואמרה: ‚מאי עב[י]דתיכו בהרי קרטליתא דדביתהו דרבי חנינא בן דוסא, דאית בה תכלתא דשריא[e] חוטי לצדיקי לעלמא דאתי?‘

---

[s] cf Ar nomine ספרים אחרים. | [t] וטמשיה Ar. | [u] ־פא H. | [v] שקלתא 𝔅M שקליתה En שקלתיה H. | [w] = M תיה H. | [x] מהרתי rell. | [y] 𝔅MAr קימיה H אוסייה En cf RŠbM. | [z] 𝔅Ar מיכרי M מכרי En סברי Ar ed. pr. 𝔓V סכרי Geršms. | [a] וחקיק rell. | [b] דבחישא rell. | [c] כרשא 𝔅 כרישא Ar כריש M. | [d] לאיתויה M. | [e] l. דשריא.

רבי יהודה הינדואה משתעי: זמנא חדא הוה קא אוילנא בספינתא וחזינא לההוא[f] אבן[h] טבא[g] דהדר לה תנינא, נחית בר אמודאי ואיתי לה, ואתא תנינא וקא בָלְעָהּ לספינתא. אתא פשקצא וקטליה, איתהפיכו מיא לדמא. אתא תנינא חבריה, שקלה[h], אתנחתה עילויה, ואחייה. הדר וקא בָלַע לספינתא, הדר אתא ההוא פשקצא וקטליה, שקלה[h] ופרח. בהדי דקא פרח, נפלה בספינתא עילוי הנך צפורי[i] דהוו מליחי. חַיָין, שקלוה ופרות. . . .

אמר רב אשי: אשתעי לי הונא בר נתן: זמנא חדא הוה קא אוילנא במדברא והוה בהדן אטמא. פתחנא ונקירנא, איתנחה עילוי עשבי וחלמה. איתינן ציבי וטוינא. לישנא הדרנא אתאי, הוה קא מלחשן[j] גומרי. כי אתא[י] לקמיה דאמימר, אמר לי: „עשבי סמתרי הוה, וגומרי דריתמא הוה."

43. Halachische Stücke. *Halakic Texts.*

a) Ber 2a—3a M.

תנא היכא קאי, דקתָני ‚מאמתי'? ותו, מאי שנא דתָני ‚בערבין', ניתני ‚בשחרין' ברישא? — תנא אקרא קאי, דכתיב[a]: ‚בשכבך ובקומיך', זהכי קָאָמר: [h]‚זמן קרית שמע[h] ד[h]שכיבה[h] אימת? [h]משעה שהכהנים נכנסין לאכול בתרומתן'[h]. || ואיבָעית אימא: תנא יָליף מ[h]ברייתו של עולם[h], דכתיב[b]: ‚ויהי ערב ויהי בקר יום אחד'. || אי הכי, סיפא דקתני: ‚בשחר מברך שתים לפניה ואחת לאחריה, בָערב שתים לפניה ושתים לאחריה', ניתני ‚בערב' ברישא? — תנא[c] פָתח ב‚ערבית' ברישא[c] והָדר תני ‚שחרית', ואדקאי[d] ב‚שחרית' מְפָרֵש כל מילי ד‚שחרית', והדר מפרש מילי ד‚ערבית'.

---

[f] ההו' M. | [g] טוב' M. | [h] MEn -ליה H. | [i] ציפרר rell. | [j] mg מלחרנך H לחר M. || **43 a.** [a] De 6^7. | [b] Ge 1^5. | [c] ordo verborum Mc. | [d] א pr superscr.

מתני׳[e]. משעה שהכהנים נכנסין לאכול בתרומתן] [f]מִכְּדִי,
כָּהֲני מאימת קָאָכלי בתרומה[h]? [h]מצאת הכוכבים[hf]; ניתני ,משעת
צֵאת הככבים!‘ — מילְתא אגַב אורחיה קמשמע לַן, דכהני[g]
אימת אָכְלִי[h] בתרומתן[h], משעת צאת הככבים. ו[i]הא[i] קמשמע
לן, דכפרה[h] לָא מעכבא להו[i], כִּדְתַנְיָא: ,ובא השמש וטהר ואחר
יאכל מן הקדשים‘[j] ביאת שמשו מעַכַּבתּוֹ לאכול בתרומה, ואֵין
כפרתו מעכבתו לאכול בתרומה. ‖ וממאי דהאי ,ובא השמש וטהר‘
[h]ביאת שמשו[hk] הוא ,ומאי ,וטהר‘ ,טהר יומא‘, ו[l]דילמא .[h]ביאת
אורו[hk] הוא, ומאי ,וטהר‘ ,טהר גברא‘? אמר רבא בר רב
שילא: [h]אם כן[h], ליכתוב קרא ,וְיִטהר ואחר יאכל מן הקדשים‘,
מאי ,וֹטהר‘? שמע מינה ביאת שמשו הוא, [i]ומאי ,וטהר‘? ,טהר
יומא‘[i], כִּדְאָמרי אֱינָשֵׁי: ,[i]אִי[i]עְרִב[m] שימשא ואידַּכִּי יומא‘.
במערבא האי דרבה בר רב שילא לא שמיע להו, ובָעוֹ לה
מִיבְעָא: האי[n] ,ובא השמש וטהר‘ ביאת שמשו הוא, ומאי ,וטהר‘
,טהר יומא‘, או[n] דילמא ביאת אורו הוא, ומאי ,וטהר‘ ,טהר
גברא‘? ופשטו[o] להּ[p] מִבָּרַיְיתָא, מדקתני בברייתא: ,סימן לדבר,
עד צאת הככבים‘, שמע מינה, ביאת שמשו הוא; ומאי ,וטהר‘
,טהר יומא‘.
אמר מר: ,משעה שהכהנים נכנסין לאכול בתרומתן‘.
ורמינְהִי: ,מאמתי קורין את שמע בערבין? משעה שעני נכנס
לאכול פתו במלח ועד שעה שעומד ליפטר מתוך הסעודה‘.
סיפא ודאי פליגא אמתניתין, רישא מי אָמְרינַן דִּפְלִיגא אמתניתין?
— דילמא[i] ,עני‘ ו,כהן‘ חד שיעורא הוא. ‖ ו,עני‘ ו,כהן‘ חד
שיעורא הוא? ורמינהי: ,מאמתי מתחילין לקרות קרית שמע
בערבין? משעה שבני אדם נכנסין לאכול פתן בערבי שבתות,
דברי רבי מאיר; וחכמים אומרים: משעה שהכהנים זכאין לאכול

---

[e] sup ras. | [f] mg. | [g] Mc דכהֲנין M*. | [h] אַוּכְּלִי Mc אוכלין M*. | [i] superscr. | [j] Le 22[7]. | [k] tr Ar; lectio Ar.ina laudatur in mg; nostra est Rašiana lectio; ab interpretatione Rašiana abscedunt Tosafot q. v. | [l] M*. | [m] sic vocal. instruct. | [n] Mc. | [o] ופשרטו M וּפַשְׁטוּ sic voc. instr. Mc. | [p] IB ליה M.

בתרומתן, וסימן לדבר, עד צאת הככבים. ואף על פי שאין ראיה
לדבר, זכר לדבר; שנאמר[q]: ,ואנחנו חציים[r] עשים במלאכה
וחצים מחזיקים ברמחים מעלות השחר עד צאת הככבים‘;
ואומר[s]: ,והיה[t] לנו הלילה ל[u]משמר, והיום ל[u]מלאכה‘. (מאי
,ואומר‘? — וכי תימא ,מעלות השחר‘ לאו יממא, ומכי איעריב
שימשא ליליא הוא, ומשום [h]בנין בית המקדש[h] אינהו מקדמי
ומחשכי; תא שמע ,והיה לנו הלילה למשמר והיום מלאכה‘).
קסלקא דעתך ד[h],בני אדם בערבי שבתות‘[h] היינו ,עניים‘, ואי
סלקא דעתך, ,עני‘ ו,כהן‘ חד שיעורא הוא, רבנן היינו רבי
מאיר! אלא שמע מינה, שיעורא ד,עני‘ לחוד, ושיעורא ד,כהן‘
לחוד! — לא לעולם[hi] ,עני‘ ו,כהן‘ חד שיעורא הוא [f]ו[h]רוב
בני אדם[h] לאו היינו עניים[f]. ‖ ו,עני‘ ו,כהן‘ חד שיעורא הוא?
ורמינהי: ,מאמתי מתחילין לקרות קרית שמע בערבית? משעה
שקדש היום בערבי שבתות, דברי רבי אליעזר; רבי יהושע
אומר: משעה שהכהנים טהורים[v] לאכול בתרומתן; רבי מאיר
אומר: משעה שהכהנים טובלין לאכול בתרומתן. אמר לו רבי
יהודה: והלא כהנים מבעוד יום טובלין? רבי חנינא אומר:
משעה שעני נכנס לאכול פתו במלח; רבי אחאי (ואמרי לה:
רבי אחא) אומר: משעה שבני אדם נכנסין להסב.‘ ואי סלקא
דעתך, ,עני‘ ו,כהן‘ חד שיעורא הוא, רבי חנינא היינו רבי
יהושע! אלא לאו שיעורא ד,עני‘ לחוד, ושיעורא ד,כהן‘ לחוד? ‖
הי מינייהו מאוחר[h]? — אמר רב נחמן בר יצחק: מסתברא
ד,עני‘ מאוחר, דאי סלקא דעתך, ד,עני‘ מוקדם[h], רבי חנינא
היינו רבי אליעזר! אלא שמע מינה, ד,עני‘ מאוחר, שמע מינה!

אמר מר: ,א״ל רבי יהודה: והלא כהנים מבעוד יום היו
טובלין‘. שפיר קאמר ליה רבי יהודה לרבי מאיר! — אמר לך
רבי מאיר[f]: מי סברת א[h]בין[w] השמשות[h] דידך קאמינא, אבין
השמשות דרבי יוסי קאמינא, דאמר: [h]בין השמשות כהרף עין,
זה נכנס וזה יוצא[h]. ‖ במאי קמיפלגי? — בבית השמשות

---

q Ne 4[15]. | r > text mas. | s ib.[16] | t ויהיו text. mas. (cf Norzi). | u > text. mas.; cf v. [10] | v seq נכנסין. | wMc; אבירה M* vid.

קמיפלגי; רבי יהודה סבר: בין השמשות טובא הוי, [h]הילכך, מבעוד יום טובלין[h]; ורבי מאיר סבר לה כרבי יוסי, דאמר: בין השמשות כהרף עין, זה נכנס וזה יוצא, ואי אפשר לעמוד עליו. ‖ קשיא דרבי מאיר אדרבי מאיר! — תרי תנאי ואליבא דרבי מאיר. ‖ קשיא דרבי אליעזר אדרבי אליעזר! — איבעית, אימא: סיפא רבי אליעזר הוי, רישא לאו רבי אליעזר; ואיבעית, אימא. תרי תנאי ואליבא דרבי אליעזר.

b) Pes 102[b]—104[a] M_1.

גופה: יום טוב שחל להיות אחר השבת, אמר רב: יקנה; ושמואל אמר: ינהק; ורבה אמר: יהנק; ולוי אמר: קניה; [a]ורבנן אמרי: קינה[a]; מר בריה דרבנא אמר: נקיה; מרונא משמיה דרבי יהושע בן לוי אמר: נהיק. ‖ שלח ליה אבא אבוה דשמואל לרבי: „[h]ילמדנו רבינו, סדר הבדלות היאך?[h]“ שלח ליה[b]: „[h]כך אמר ר׳ ישמעאל בר׳ יוסי, שאמר משום אביו, שאמר משום רבי יהושע בן חנניה: נהיק“. ‖ אמר ר׳ חנינא: [h]משל למלך יוצא והפרכוס נכנס, מלוין את המלך, ואחר כך יוצאין לקראת הפרכוס[h]. ‖ היכי דאיכא זמן[h], היכי עביד? אביי אמר: יקזנה; רבא אמר: יקנהז. והילכתא כרבא.

רב הונא בר יהודה איקלע לבי רבא, איתו לקמיה [h]מאור ובשמים[h], שקל ובריך אבשמים ברישא. אמרי ליה: „והא בית שמאי ובית הלל דמודו, ברישא מאור, [h]ואחר כך[h] בשמים (דתנן[c]: בית שמאי אומרין: נר ומזון בשמים והבדלה; ובית הלל אומ׳: נר בשמים מזון והבדלה)“! ענו רבא בתריה: [h]„זו דברי רבי מאיר; אבל ר׳ יהודה אומר: לא נחלקו בית שמאי ובית הלל על המזון שהוא בתחלה, ועל הבדלה שהיא בסוף; על מה נחלקו? — על המאור ועל הבשמים, שבית שמאי או׳: מאור, ואחר כך בשמים; ובית הלל אומ׳: בשמים, ואחר כך מאור[h]. ו[d]אמר ר׳ יוחנן: [h]נהגו העם כבית הלל[h], ואליבא דר׳ יהודה“.

43b. [a] mg. | [b] BM לו M_1. | [c] BM דתניא M_1. | [d] BM.

רב יעקב בר אבא איקלע לבי רבא, בריך רבא אכסא קמא ואכסא דבִרְכתא. אמר ליה: „לְמָה לך? הא בָרֵיכנא חֲדא ומנא!“ אמר ליה: „כי הוינן בי ריש גָלותא, הכי עבדינן“. אמר ליה: „בי ריש גלותא, ספק[h] מיתו לן, ספק לא מייתו לן; הכא, קַמַן מנח, ודעתַין עילָויה!“ אמר ליה: „אנא דְעַבְדִי כתלמידי דרב: דרב ברונא ורב חננאל תלמידי דרב הוו יָתבי בסעודתא, קאי עליהו רב ייבא סבא; אמרו ליה: ‚הבו[e] נבריך!‘ ולבסוף אמרו ליה: ‚הבו נישתי‘. אמ׳ להו: „הכי אמר רב: כיון דאמריתו ‚הבו ניבריך‘, איתסר לכו למישתי‘.“

אמימר ומר זוטרא ורב אשי הוו יתבי בסעודתא, קאי עליהו רב אחא בריה דרב אשי. אמימר בריך אכל כסא וכסא; מר זוטרא בריך אכסא קמא ואכסא דברכתא; רב אשי בריך אכסא קמא, ותו לא בריך. || אמר רב אחא בריה דרבא: „אנן כמאן נעביד?“ אמימר אמר: „אנא מימלך אנא“. מר זוטרא אמר: „אנא דעבדי כתלמידי דרב“. רב אשי אמר: „לית הילכתא כתלמידי[f] דרב; דהא [h]יום טוב אחר השבת[h], ואמר רב: יקנה“. — ולא היא, התם לא עקר דעתיה ממשתיא, הכא עקר דעתיה ממשתיא. || כי[g] מטא לאבדולי, קם שמעיה, אדליק אבוקה[h] משרגא. אמ׳ ליה: „והא מנחא שרגא!“ אמ׳ ליה: „שמעא דעתא[h] דנפשיה עביד“. אמ׳ ליה: „אי לאו שמיע ליה מיניה דמר, מי הוה עביד?“ אמ׳ ליה: „ולא סבר לה מר להא דאמ׳ רבא: [h]‚אבוקה להבדלה מצוה מן המובחר‘[h]?“ || פתח ואמר: [h]המבדיל בין קדש לחול בין אור לחשך בין ישראל לגוים[h] וכו׳. אמר ליה: „למה לך כולי האי? והא אמ׳ רב יהודה אמ׳ שמואל: [h]‚המבדיל בין קדש לחול‘ זו היא הבדלתו של ר׳ יהודה הנשיא“[h]. אמר ליה: „אנא כי הא סבירא לי, דאמ׳ ר׳ אלעזר אמ׳ ר׳ הושעיא: [h]הפוחת לא יפחות משלש, והמוסיף לא יוסיף על שבע“[h]. אמר ליה: „והא מר לא תלת אמר, ולא שבע אמר!“ אמ׳ ליה: [h]„בין יום השביעי לששת

---

[e] M_1*. | [f] M_1c = 𝔅M. | [g] superscr. | [h] אדעתא M.

ימי המעשה, מעין חתימה היא[h]. דאמ׳ רב תחליפא בר אבימי אמ׳ שמואל: [h]המבדיל צריך שיאמר מעין חתימתה סמוך לחתימתה״.[h] ופומבדיתאי אמרי: [h]מעין פתיחתה סמוך לחתימתה[h]. מאי ביניהו? — איכא ביניהו [h],יום טוב שחל להיות אחר השבת׳[h] דחתמינן ,המבדיל בין קדש לקדש׳: מאן דאמר: ,מעין חתימתה סמוך לחתימתה׳, בעי למימר ,בין קדושת שבת לקדושת יום טוב הִבְדַּלְתָּה׳; ומאן דאמ׳: ,מעין פתיחתה סמוך לחתימתה, לא בעי למימר ,בין קדושת שבת לקדושת יום טוב הבדלתָה׳.

c) R. h. 2^a—3^a M_1.

למלכים] למאי הלכתא? אמר רב חסדא: לשטרות[h]; דתנן: שטרי חוב המוקדמין פסולין, והמאוחרין כשרין.

תנו רבנן: מלך שעמד בעשרים ותשעה באדר, כיון שהגיע אחד בניסן, עלתה לו שנה; ואם לא עמד אלא באחד בניסן, אין מונין לו שנה עד שיגיע ניסן אחר.

אמר מר: ,מלך שעמד בעשרים ותשעה באדר, כיון שהגיע אחד בניסן, עלתה לו שנה.׳ הא קמשמע לן, דניסן [h]ראש השנה למלכים, ויום אחד בשנה חשוב שנה[h].

,ואם לא עמד אלא באחד בניסן, אין מונין לו שנה עד שיגיע ניסן אחר׳. פשיטא! — לא צריכה דאימנו ליה[a] מאדר, ולא אמליך עד חד בניסן, מהו דתימא נמנו ליה תרתין שנין; קמ״ל.

ת״ר: מת באדר ועמד אחר תחתיו באדר, מונין שנה לזה ושנה לזה. מת בניסן ועמד אחר תחתיו בניסן, מונין שנה לזה ולזה. מת באדר ועמד אחר תחתיו בניסן, מונין שנה ראשונה לראשון, ושנייה לשני.

אמר מר: ,מת באדר ועמד אחר תחתיו באדר, מונין שנה לזה ולזה.׳ פשיטא! — מהו דתימא שַׁתָּא לבתרי לא מְיַנֵּן, קמ״ל. || ,מת בניסן ועמד אחר תחתיו בניסן, מונין שנה לזה

---

43 c. [a] עליה Mc.

ולוה'. פשיטא! — מהו דתימא כי אמרינן ,יום אחד בשנה חשוב שנה' *h*בסוף[b] שנה, אבל בתחלת שנה*h* לא אמרינן, קמ"ל. ‖ ,מת באדר ועמד אחר תחתיו בניסן, מונין ראשונה לראשון, ושנייה לשני'. פשיטא! — לא צריכא דאימנו ליה[a] מאדר ו*h*מלך בן מלך*h* הוא, מהו דתימא נימנו ליה תרתין שנין, קמ"ל.

אמ' ר' יוחנן: *h*מנין למלכים שאין מונין להם אלא מניסן? שנאמר[c]: ,ויהי בשמונים שנה וארבע מאות שנה לצאת בני ישראל [d]מארץ מצרים[d] בשנה הרביעית בחדש זיו הוא החדש השני למלוך שלמה על ישראל'. מקיש מלכות שלמה ליציאת מצרים מה יציאת מצרים מניסן, אף מלכות שלמה מניסן*h*.

ויציאת מצרים גופה[e] מנא לן דמניסן מנינן, דילמא מתשרי מנינן? — לא ס"ד[f], דכתיב[g]: ,ויעל אהרן הכהן אל הר ההר על פי ,י, וימת שם בשנת הארבעים לצאת בני ישראל מארץ מצרים בחדש החמישי באחד לחדש'. וכתיב[h]: ,ויהי בארבעים שנה בעשתי עשר חדש באחד לחדש'. מדקאי באב וקרי ליה שנת הארבעים, וקאי בשבט וקרי ליה שנת ארבעים מכלל ד*h*ראש השנה*h* לאו תשרי הוא. ‖ בשלמא האיך מפרש ליציאת מצרים, אלא האי, ממאי דליציאת מצרים, דילמא *h*להקמת המשכן*h*? כדאמר רב פפא: „,שנת עשרים[i] *h*לגזירה שוה*h*", הכא נמי ,ארבעים[j] לגזירה שוה: מה התם ליציאת מצרים, אף הכא ליציאת מצרים. ‖ וממאי דמעשה*h* ד[d]אב קדים, דילמא מעשה דשבט קדים? — לא ס"ד, דכתיב[k]: ,אחרי הכותו את סיחון מלך האמורי', וכי נח נפשיה דאהרן, אכתי הוה סיחון קיים (דכתיב[l]: ,וישמע הכנעני מלך ערד יושב הנגב' *h*מה שמועה שמע? — שמע שמת אהרן, ונסתלקו ענני כבוד מישראל, וכסבורין: נתנה רשות להלחם בישראל. והינו דכתיב[m], ויראו כל העדה כי גוע אהרן', ואמר ר' אבהו: אל תיקרי ,ויראו'

---

[b] prm הני מילי M_1 superscr. | [c] I Reg 6¹. | [d] superscr. = IBM. | [e] IB גופיה MM_1. | [f] mg = IBM. | [g] Nu 33³⁸. | [h] De 1³. | [i] Ne 1¹. | [j] mg. | [k] De 1⁴. | [l] Nu 21¹. | [m] ib. 20²⁹.

אלא ,ויִראו[n]', וכדריש לקיש, דאמר ריש לקיש: [h],כי' משמֵש בארבע לשונות[h]: אי, דילמא, אלא, דהא. || מי דמי? הכא[o] כנען, הכא סיחון! — תאנא: הוא כנען, הוא סיחון, הוא ערד; ,סיחון' שדומה לסייח שבמדבר, ,כנען' על שם מלכותו, ומה שמו? ,ערד' שמו. איכא דאמרי: ,ערד' שדומה לערוד שבמדבר, ,כנען' על שם מלכותו, ומה שמו? סיחון שמו.).

ואימא ראש השנה אייר? — לא ס"ד ,דכתיב[p]: ,ויהי בחדש הראשון בשנה השנית באחד לחדש הוקם המשכן', וכתיב[q]: ויהי בשנה השנית בחדש השני בעשרים בחדש נעלה הענן מעל משכן אהל מועד'; מדקאי בניסן וקרי ליה שנה שנית, [j]וקאי באייר וקרי ליה שנה שנית[j], מכלל דאייר לאו ראש השנה הוא.

ואימא ראש השנה סיון? — לא ס"ד, דכתיב[r]: ,בחדש השלישי לצאת בני ישראל מארץ מצרים'; ואם איתא, ,בחדש השלישי בשנה השנית[s]' מיבעי ליה!

ואימא תמוז? ואימא אב? ואימא אלול? — אלא אמ' ר' אלעזר מהכא: ,ויחל לבנות בחדש השני בשנת ארבע למלכותו'[t]; מאי ,שני'? לאו [h]שני לירח שמונין בו למלכותו[h]'? || מתקיף לה רבינא: ואימא ,שני בחדש'? — [h]אם כן[h], ,שני בחדש' בהדיא הוה[u] כתיב. || ואימא ,שני בשבת'? אמר רב אשי: חדא ד,שני בשבת' לא אשכחן דכתיב; ועוד[h], מקיש ,שני' בתרא ל,שני' קמא, מה ,שני' קמא חדש, אף[h] ,שני' בתראה חדש.

תניא כותיה דר' יוחנן: מנין למלכים שאין מונין להם אלא מניסן, שנאמר: ,ויהי בשמונים שנה; ואומר: ,ויעל אהרן'; ואומ': ,ויהי בארבעים; ואומ': ,אחרי הכותו'; ואומ': ,וישמע הכנעני מלך ערד'; ואומ': ,ויראו כל העדה'; ואומ': ,ויהי בחדש הראשון'; ואומ': ,ויהי בשנה השנית'; ואומ': ,בחדש השלישי'; ואומ': ,ויחל לבנות בחדש השני בשני'.

---

[n] vocalis in cod. | [o] התם 𝔅M. | [p] Ex 40^{17}. | [q] Nu 10^{11}. | [r] Ex 19^{1}. | [s] 𝔅M השני M_1. | [t] II Chr 3^{2}. | [u] 𝔅M > M_1.

d) Giṭ 36a—37a M.

והילל הזקן כו׳] תנן התם: פרוסבל אינו משמט, ווה אחד מן הדברים שהתקין הילל, שראה את העם שנמנעו מלהלוות זה עם[a] זה, ועברו על מה שכתוב בתורה[b] ‚השמר לך פן יהיה דבר עם לבבך וגו׳‘, התקין פרוסבל. ווהו גופו של פרוסבל: ‚מוסרני לכם פלוני ופלוני הדיינין שבמקום פלוני כל חוב שיש לי אצל פלוני שאגבנו כל זמן שארצה‘, והדיינין חותמין למטה או העדים. ‖ ומי איכא מידי דמדאורייתא משמטא, והתקין[h] הילל דלא משמטא? אמר אביי: [h]בשביעית בזמן הזה[h], ורבי היא; דתניא: רבי אומר: ‚ווה דבר השמטה שמוט[c]‘, בשתי[d] שמיטות הכתוב מדבר, אחת שמטת קרקע, ואחת שמטת כספים: בזמן שאתה משמט קרקע אתה משמט כספים, ובזמן שאין אתה משמט קרקע אי אתה משמט כספים — ותקינו רבנן ד[h]תשמט, זכר לשביעית[h]; ראה הילל שנמנעו העם מלהלוות זה את זה, עמד והתקין פרוסבל. ‖ ומי איכא מידי דמאורייתא לא משמטא[d] שביעית, ותקינו רבנן דתשמט? אמר אביי: [h]‚שב ואל תעשה‘[h] הוא. ‖ רבא אמר: [h]הפקר בית דין הפקר[h]. דאמר רבי יצחק: [h]מניין שהפקר בית דין הפקר? שנאמר[e]: ‚כל אשר לא יבא לשלשת הימים בעצת השרים והזקנים יחרם כל רכושו והוא יבדל מקהל הגולה‘. רבי אלעזר אמר: מהכא: ‚אלה הנחלות אשר נחלו אלעזר הכהן ויהושע בן נון וראשי האבות וגו׳‘[f]; [h]וכי מה ענין ‚ראשים‘ אצל ‚אבות‘? אלא לומר לך, מה אבות מנחילין את בניהן כל מה שירצו, אף ראשים מנחילין את העם כל מה שירצו.[h] ‖ איבעיא להו: כי התקין הילל פרוסבל, לדָריה הוא דתקין, או דילמא לדרי עלמא נמי דתקין? (למאי נפקא מינה? — לבטוליה; אי אמרת, לדריה תקין, מבטלינן; אלא אי אמרת, לדרי עלמא תקין, הא [h]‚אין בית דין יכול לבטל דברי ב״ד חבירו אלא אם כן גדול הימנו בחכמה ובמניין‘[h]; מאי?) תא שמע, דאמר שמואל: ‚לא כתבינן

---

43 d. [a] את XB. | [b] De 15^{9}. | [c] ib. ^{1}. | [d] XB. | [e] Ezr 10^{8}. | [f] Jos 19^{51}.

פרוסבל אלא או בבי דינא דסורא או בבי דינא דנהרדעא׳. ואי סלקא דעתך, לדרי עלמא נמי תקין, בשאר בי דינא נמי ליכתבו! — דילמא כי תקין הילל לדרי עלמא, כגון בי דינא דר׳ אמי ור׳ אסי דאלימי לאפקועי ממונא, אבל שאר דייני, לא. ‖ ת״ש דא׳ שמואל: ,הא פרוסבל עולבנא דדייני היא, [h]אם אישר חיל[h], אבטליניה׳. — הכי[g] קאמר: אי [h]איישר חייל יותר מהלל[h] אבטליניה. ‖ ורב נחמן אמר: אוקמיניה ,אוקמיניה׳? הא מיקיים[h] וקאי! אלא אימא ביה מילתא דאע״ג דלא כתוב[h] ככתוב דמי.

איבעיא להו: האי עולבנא לישנא דחוצפא הוא, או לישנא דניחותא הוא? ת״ש דא׳ עולא: [h],עלובה כלה שזינתה בקרב חופתה׳[h]. אמר רב מרי ברה דבת שמואל: מאי קראה? ,עד שהמלך במסבו נרדי נתן ריחו׳[i]. אמר רבא: אכתי חביבותא היא גבן, דכתיב ,נתן׳ ולא כתיב ,הסריח׳[h]. תנו רבנן: הנעלבין ואינן עולבין, שומעין חרפתן ואינן משיבין, עושין מאהבה[d] ושמחין ביסורין[d], עליהן הכתוב אומר[k]: ,ואהביו כצאת השמש בגבורתו׳.

מאי פרוסבל? אמ׳ רב חסדא: פרס בולי ובוטי; ,בולי׳ [h]אלו עשירים[h] (דכתיב[l]: ,ושברתי את גאון עוזכם׳. תני רב יוסף: [h]אלו בולאות שביהודה[h]), ,בוטי׳ [h]אלו עניים[h] (דכתיב[m]: ,העבט תעביטנו׳). א״ל רבא ללעווא: מאי פרוסבל? א״ל: פורסא דמילתא.

---

[g] prm אבטליניה? והא אין בית דין יכול לבטל דברי בית דין חברו אלא א״כ גדול הימנו בחכמה ובמנין! 𝔅. | [h] 𝔅 מיקם M. | [i] Ca 1[12]. | [k] Jd 5[31]. | [l] Le 26[10]. | [m] De 15[8].

Addenda.

p 24*, l. 9. [1] Ber 6[b] Ar.

p 25*, l. 12. [1] Taan 24[a], pr pars Ar, alt M_1.

p. 29*, l. 15, 23. [1] Ḳid 81[a] M (דל 𝔅). ‖ [2] sic M (אי superscr).

p 32*, l. 14 ff. [1] Ar. ‖ [2] Ḳid 58[a] (פלגאה M). ‖ [3] Ieb 58[a] M. ‖ [4] En. ‖ [5] Sanh 93[a] Ar. ‖ [6] H.

A.

Aramäisches Wörterverzeichnis.

Aramaic Glossary.

א

א (§4*ej*) = עַל q. v.

אב (§13*c*) n. m.; d. אַבָּא (etiam pro sf. 1 s.); sf. 1 p. †אֲבוּנָא, אֲבוּן; 2 s. m. & f. אֲבוּךְ; 2 p. אֲבוּכוֹן; 3 s. m. †אֲבוּהִי, אֲבוּהַ; 3 s. f. †אֲבוּהָא, אֲבוּהַ; p. a. אֲבָהָן (§20*g*), d. אֲבָהָתָא; sf. 1 s. †אֲבָהָתִי; 1 p. אֲבָהָתַין; 2 p. אֲבָהָתֵיכוֹ; 3 p. אֲבָהָתֵיהוֹ: Vater, *father;* אֲבוּהַ דְּאַבָּא mein Großvater, *my grandfather;* p. Väter, Vorfahren, *fathers, ancestors.*

אבד vb. **Pe.**, Pf. 3 s. m. c. sf. 1 s. אַבְדַן (§61*e*); Pt. p. m. †אָבְדִין: verloren gehen, *be lost.* | **Itpe.**, Pt. מִתְּבֵד: id. | **Pa.**, Inf. c. sf. 3 p. לְאַבְּ[וֹ]דְנְהוֹ: vernichten, *destroy.* | **Af.**, Imp. s. m. אוֹבֵד: verlieren, *lose.*

אַבּוּב v. נבב.

אַבּוּלָא (ass.) n. m. Stadttor, *city gate.*

[אַבְקָא] n. m. Staub, *dust.*

אִבְרָא v. בְּרַם.

אַגַּדְתָּא v. נגד.

אַגְמָא n. m. Sumpf, *swamp.*

אַגָּנָא n. m. (f.) Becken, *basin.*

אגר vb. **Pe.**, Pf. 1 p. †אֲגַרְנַן, sf. 3. s. m. †אֲגַרְנוּהַ; Pt. act. 1 s. אוֹגַרְנָא, אָגְרְנָא; pass. אֲגִיר: mieten, *hire.* | **Itpe.**, Pf. 2 s. אִתְּגַרְתְּ: sich vermieten, *hire oneself out.* | **Af.**, Pf. 3 s. m. אוֹגַר; Inf. c. sf. 3 s. f. אוֹגוֹרַהּ; Pt. act. מוֹגַר: vermieten, *rent.* | **Ittaf.**, Pt. מִתּוֹגַר: vermietet werden, *be rented.* ‖ אַגְרָא n. m. Lohn, *hire, reward.*

אִגָּרָא n. m.; c. אִגָּר: Dach, *roof.*

אִגַּרְתָּא n. f. Brief, *letter*.

אַד־ (= אַד דְ §4*k*) = עַד דְ §4*e* v. עַד.

[אֲדָדָא] §4*e* n. m.; p. אֲדָדֵי: Wollflocken, *flakes of wool*.

אֻדְנָא (et אֻנָּא §4*j*) n. f.; sf. 3 s. m. אֻנֵּהּ; p. אֻדְנֵי, c. sf. 2 s. m. אֻנָּיךְ: Ohr, *ear*.

או conj.: oder, *or*. או ... או entweder – oder, *either – or*.

אוב. אָבָא n. m. Wald, *forest*.

אודא n. m.; p. אודי: Schürholz, Brand, *kindling wood, firebrand*.

[אֲוָזָא] n. m.; p. אֲוָזֵי: Gans, *goose*.

אוץ vb. **Pe.**, Inf. c. sf. 3 p. f. מֵאָצִנְהִי l. מיצאנהי; Pt. act. אָיֵץ: drücken, *press*. | **Pa.**, Inf. c. sf. 3 p. מַיְצִנְהוּ; Pt. act. מַיֵּץ: id.

אוֹרְיָן, אוריתא v. ירא.

[1]אֲזַל (אֲזָא §4*o*) vb. **Pe.**, Pf. 1 s. אֲזַלִי (אֲזָלִי); 3 f. †אֲזַלַת, אֲזַלָא, p. †אֲזַלוּ, אֲזוּל; Impf. 1 s. אֵיזַל; 3 p. לֵיזְלוּ; Imp. s. m. זֵל, f. זִלִי, אֲזִלִי; Pt. אָזֵל, 1 s. אָזְלְנָא (אָזְלִינָא); 2 s. m. אָזְלַתְּ, f. אָזְלַתְּ, p. אָזְלִיתוּ l. אזילתו: 1. gehen, *go, walk*; 2. fortsetzen, *go on*: הֲוָה קָא תָפֵשׂ וְאָזֵל er fuhr fort, (Diebe) zu fangen, *he went on capturing (thieves)*; קָא אָזֵל וְאָתֵי er ging fortwährend, *he kept walking*.

[2]אזל. אַיְלָא n. m. Gazellenjunges, *the young of a gazelle*.

אח (§13*c*) n. m.; sf. 1 f. †אַחִי, †אַח; p. אַחֵי (§20*a*), sf. 3 s. f. אַחֶהָא: Bruder, *brother*. || אֲחָתָא n. f.; sf. 1 s. †אֲחָתִי, אֲחָתִי; 2 s. m. אֲחָתָיךְ; p. אַחְוָתָא, sf. 3 s. m. אַחְוָתֵהּ: Schwester, *sister*.

[1][אחד.] חַד (§6*a*) adj., d. חֲדָא, f. חֲדָא (constructio §52*b*): eins, ein, einzeln, einzig, *one, single*. | כָּל־חַד וְחַד ein jeder, *every one*. | חֲדָא ... וְחֲדָא die eine – und die andere, *the one – and the other*. | חַד בְּשַׁבָּא Sonntag, *Sunday*. | עַל־חַד תְּרֵין doppelt, *double*. || כַּחֲדָא zusammen, *together*. || לְחוּד besonders, *separately*; sf. 2 s. m. לְחוּדָךְ du allein, *by thyself*, 3 p. לְחוּדַיְהוּ. || הֲדָדֵי (§4*e*) einander, *each other*. || בַּהֲדֵי

(ib.) praep., sf. 1 s. בַּהֲדַי; 2 s. m. בַּהֲדָךְ; 2 p. בַּהֲדַיְכוֹ; 3 s. m. בַּהֲדֵיהּ; 3 p. m. בַּהֲדַיְהוֹ; f. בַּהֲדַיְהֵי: bei, mit, *with.* ‖ בַּהֲדֵי דְ conj. während, *while.* ‖ לְהֲדֵי präp. in der Richtung auf, *toward.* ‖ חַד סַר, חֲדֵיסַר, f. חַד סְרֵי 11.

[2] אחד vb. **Pe.**, Pf. 3 s. m. c. sf. 3 s. f. אַחֲדָא: schließen, *close.* | **Itpe.**, Pf. 3 s. m. אִתְּחֵד pass.

אחך vb. **Pe.**, Pt. act. s. m. אָחֵךְ: lachen, *laugh.* V. חוך.

אחר vb. **Pa.**, Imp. p. c. sf. 3 s. f. אַחֲרוּהַ; Inf. c. sf. 3 s. m. לְאַחוֹרֵהּ; zurückhalten, *delay.* ‖ אָחְרִינָא adj., f. אָחְרִתִּי (§18*b*); p. m. אָחְרִינֵי, f. אָחְרָנְיָתָא: ein anderer, *another.* ‖ אַחוֹרֵי praep., sf. 1 s. לְאַחוֹרַי; 3 s. m. לְאַחוֹרֵיהּ: hinter, *behind.*

אַחֲתָא v. אח.

אַטּוּ v. טען.

אַטְמָא (§4*e*) n. m. (f.) Schenkel, Hüfte, *thigh.*

אִי conj. wenn, *if* (§73). אִי ... אִי ob – oder, *whether – or.* | אִיכוֹ wenn doch, *if only, would that.*

אִידֵי (?§9*e*) pron. dem. אִידֵי וְאִידֵי dieses und jenes, beides, *this and that one, both.*

אַיְדֵי v. יַד.

אִידֵךְ (?§9*g*) pron. dem., f. אִידָךְ: jener, der andere, *that, the other.*

אֵידֵן v. דֵּן.

אֵיהוּ (§8*b*, *ε*) pron. pers., f. אִיהִי: er, sie, *he, she.*

איזי (etym.?) adv. nun, doch, *I (we) pray, now.*

אִיכָּא v. אִית. ‖ אִיכוֹ v. אִי.

אֵילֵימָא v. אמר.

אִילָנָא (§18*b*) n. m., p. d. †אִילָנַיָּא: Baum, *tree.*

אֵימְתָא n. f. Furcht, *fear.* אֵימְתָא דִשְׁמַיָּא die Furcht Gottes, *fear of God.*

אִין adv. ja, *yes.*

[*אַיִן, אָן] adv.: מְנָא (§24*g*) woher? *whence?*

אִית, אִיתַי part., sf. 1 p. אִיתַנַּן; 2 p. אִיתְנְכוֹ; 3 s. m. אִיתֵהּ; s. f. אִיתָא; p. m. אִיתְנְהוֹ, f. אִיתְנְהֵי: es gibt, *there is, are* (§62). | אִיכָּא id. | לָא אִית, לֵית (§6*b*; 5*d*) sf. 3 s. m. †לֵיתוֹהִי, לֵיתֵהּ, f. לֵיתַהּ, p. m. לֵיתְנְהוֹ; לֵיכָּא .. es gibt nicht, *there is not, are not* (ib.).

אֲכַל vb. **Pe.**, Pf. 1 s. אֲכַלִי, sf. 3 s. f. אֲכַלְתַּהּ; 3 p. †אֲכַלוּ, אֲכוּל, sf. 3 s. f. אֲכְלוּהָ; Impf. 1 s. אֵיכַל; 2 p. †תֵּיכְלוּן, sf. 3 p. m. תֵּיכְלִינְהוֹ (pro ־לְנְהוֹ); 3 s. m. c. sf. 3 s. f. נֵיכְלַהּ, 3 p. m. c. sf. 3 s. f. נֵיכְלִינְהִי; Imp. s. m. †כּוֹל, אֱכֹל; p. אִכְלוּ; Inf. לְמֵיכַל; Pt. act. p. m. †אָכְלִין; 1 s. אָכְלְנָא, 2 s. אָכְלַתְּ; pass. אֲכִיל: essen, verzehren, *eat, consume*. אֲכַל קֻרְצָא בְּ' verleumden, *slander*. | **Itpe.**, Pt. pl. m. מִתְּכְלִי, pass. | **Af.**, Pf. 1 s. c. sf. 3 s. m. אוֹכַלְנֵהּ; 3 s. m. c. sf. 3 p. m. אוֹכְלִנְהוֹ; Impf. 1 s. c. sf. 2 s. f. אוֹכְלִךְ; Inf. לְאוֹכוֹלֵי; Pt. act. מְאַכֵּל: speisen, *feed*. ‖ אַכְלָה (?) טִינָא Schlammfresser, *mud-eater*. ‖ מֵיכְלָא n. m. Speise, *food*.

אכלבָּא (pers.?) n. m., p. אכלבֵּי: Speicher, *store-room*.

[אֻכָּם] adj., d. אֻכָּמָא, p. a. אֻכָּמֵי; f. d. אֻכַּמְתָּא, אֻכַּמְתִּי: schwarz, *black*.

אַכְסַנְיָא (gr.) n. m. Fremder, *stranger*.

אכף vb. **Pe.**, Pf. 3 s. f. אִכְפַּת לֵהּ א׳ es kümmert ihn um, es geht ihn an, *he has concern for;* Pt. act. s. f. אָכְפָה sie drängt, *she urges*.

אִכָּפָא n. m. Sattel, *saddle*.

אַכַּתִּי (etym. ?) adv. noch, *yet*.

אֶלָּא v. אִן.

אֱלָהָא n. m. Gott, *God*.

[אלותא] n. f., p. אַלְוָתָא: Kolben, *club*.

אַלְיְתָא n. f., sf. 3 s. m. אַלְיְתֵהּ: Fettschwanz, *fat tail*.

אִלֵּ(י)ן (§9*a*) pron. dem. p. diese, *these*.

אִלֵּךְ (§9*f*) pron. dem. p. jene, *those*.

אֲלַכְסוֹנָא (gr.) n. m. Diagonale, *diagonal*.

אלם vb. **Pe.**, Pf. 3 s. m. c. sf. 3 s. m. אַלְמֵהּ: überwältigen, *overcome*. ‖ אַלִּים adj., p. אַלִּימֵי: stark, *strong*.

אלף (ילף) vb. **Pe.**, Pf. 1 s. †יְלֵפֵת; Impf. 1 p. נֵילַף; 3 p. f. †לֵילְפָן; Inf. לְמֵילַף; Pt. act. יָלֵף, 1 p. יָלְפִינַן: lernen, deduzieren, *learn, derive*. | **Pa.**, Impf. 3 s. m. c. sf. 2 s. m. נַלְפָךְ (§4*l*); Pt. act. s. m. c. sf. 2 s. m.

מַלְּפָךְ; pass. s. f. מַלְּפָא: unterrichten, *instruct.*

אַלְפָּא n. m., p. †אַלְפִּין, אַלְפֵי: tausend, *thousand.*

אַלְתַּר v. אַתְרָא.

אַמָא v. אֲמַר.

[אמברא] (pers.) n. m., p. אַמְבָּרֵי: Magazin, *store.*

אמד (§4*e*) vb. **Pe.**, Impf. 3 s. m. לֵימֹד: tauchen, *dive.* || [אמודא] n. m., p. אָמוֹדָאֵי: Taucher, *diver.* בַּר אָמוֹדָאֵי id.

אַמְתָא (§13*b*) n. f., s. f. 3 s. m. אַמְתֵהּ; p. d. אַמְהָתָא: Magd, *maid.* || אַמְהוּתָא: Magddienst, *servitude.*

אַמַּטּוּל v. נטל.

¹אמם. אִמָּא n. f., sf. 1 s. אֵם; 2 s. f. אִמֵּךְ; p. אִמְּהָתָא: Mutter, *mother.*

²אמם. אַמְּתָא n. f., sf. 3 s. m. אַמְּתֵהּ; p. אַמְּהָתָא: 1. Elle, *cubit.* 2. membrum virile.

³אמם. אַמְּתָא n. f., c. אַמַּת, אַמְּתָא דְרִחְיָא, אַמַּת רִחְיָא; das Gestell der Mühle, *the frame of a mill.*

⁴אמם. [אֻמְּתָא] n. f., sf. 3 s. m. אֻמְּתֵהּ: Volk, *people.*

[אמן] vb. **Haf.**, Pf. 1 s. הֵימְנִי; 3 p. c. sf. 3 s. m. הֵימְנוּהּ; Impf. 1 p. c. sf. 3 p. m. נְהֵמְנִנְהוּ; Pt. pass. מְהֵימַן, 1 s. מְהֵימְנָא (־מַנְנָא): glauben, *believe;* pt. pass. glaubenswürdig, *trustworthy.* || הֵימָנוּתָא n. f. Treue, *faith.*

אֻמָּנָא n. m. Handwerker, Aderlasser, *artisan, cupper.*

אֲמַר vb. **Pe.**, Pf. 1 s. אֲמַרִי, sf. 3 s. f. אֲמַרְתַּהּ (אֲמַרִיתַהּ); 1 p. אֲמַרְן; 3 s. c. sf. 3 s. f. אֲמַרַהּ; 3 p. †אֲמַרוּ, אֲמוּר, sf. 3 s. f. אַמְרוּהָ; Impf. 1 s. אֵימַר (אֵימָא); 2 p. m. †תֵּאמְרוּן (תֵּימְ׳), תֵּימְרוּ; 3 s. †יֵימַר, לֵימָא, sf. 3 p. m. לֵימְרִנְהוּ; Imp. s. m. אֵמָא, f. אֵמַרִי (אֵמְרִי); Inf. לְמֵימַר, לְמֵימְרָא; Pt. act. s. m. אָמַר, p. m. †אָמְרִין; 1 s. אָמַרְנָא (אָמֵינָא); 1 p. אָמְרִינַן; 2 s. אָמְרַתְּ; 2 p. אָמְרִיתוּ(ן): sagen, *say.* | אֵימַר דְּ: ich sage, daß, *I say, that.* | וְאִיתֵימָא: und wenn du sagst, *and if you say* = oder, *or.* | אִילֵימָא wenn etwa, *if perchance.* | **Itpe.**, Pf. 3 s. m. אִתְּמַר; Impf. 3 s. f. תִּתְּמַר; Pt. s. f. מִתְאַמְרָא: pass. || אָמוֹרָא n. m., d. אָמוֹרָאָה:

1. Dolmetscher, *interpreter;* 2. Āmōrā.

אִמַּר n. m., pl. d. †אִמְּרַיָּא: Lamm, *lamb.*

אֵמַת adv. wann? *when.* | עַד־אֵמַת: wie lange? *how long?* | כָּל־אֵמַת דְּ conj. so oft als, *as often as.*

[אִן־: wenn, *if.*] | אֶלָּא conj. nisi.

אֲנָא (§8*b*) pr. pers. 1 s. ich, *I.*

†אִנּוּן, אִנְהוּ (§8*b*) pron. pers. 3 p. m.; אִנְהִי 3 p. f. sie, *they.*

אנח vb. **Itpe.**, Pf. 3 s. m. אִתְּנַח; Inf. אִתְּנוּחֵי; Pt. s. m. מִתְּנַח; 2 s. מִתְּנַחַתְּ: seufzen, *sigh.*

†אֲנַחְנָא (§8*b*) pron. pers. 1 p. wir, *we.*

אִנֵּךְ (§9*g*) pron. dem. pl. jene, die andern, *those, the others.*

אֲנַן (§8*b*) jüngere Form für, *the common form for* אֲנַחְנָא.

אנס vb. **Pe.**, Inf. מֵינַס, sf. 3 s. f. לְמֵינְסַהּ; Pt. pass. אֲנִיס: zwingen, notzüchtigen, *force, rape.* | **Itpe.**, Pf. 3 s. m. אִתְּנֵס: pass.

אנף . [אַפֵּי] n. du., c. אַפֵּי; sf. 2 s. m. אַפָּךְ; 3 s. m. אַפֵּיהּ: Gesicht, *countenance;* Art, *species.* || בְּאַפֵּי, בְּאַנְפֵּי† praep., sf. 1 s. †בְּאַנְפַּי, לְאַפַּי; 1 p. †בְּאַנְפַּנָא; 2 s. m. בְּאַפָּךְ; 3 s. m. (בְּאַפּוֹי) בְּאַנְפּוֹהִי; 3 p. m. †בְּאַפֵּיהוֹ, בְּאַנְפֵּיהוֹ: vor, *before.* || כְּלַפֵּי praep. gegen hin, *towards.* || אַפּוּתָא n. f., sf. 1 s. אַפּוּתִי; 2 s. m. אַפּוּתָיךְ; 3 s. m. אַפּוּתֵהּ: Nase, Stirn, *nose, forehead.*

אֱנָשׁ, אֱנֵשׁ, אֱנֵשׁ, אֱנָשׁ n. m., p. אֱנָשֵׁי: 1. Mensch, *man;* 2. jemand, *some one.* לָא אֱנָשׁ: niemand, *none.* | בַּר אֱנָשׁ, בַּר נָשׁ – p. בְּנֵי אֱנָשֵׁי: Mensch, *man (individual).* | בֵּי נָשַׁי, נָשַׁהּ: das Haus meiner, ihrer Eltern, *the home of my, her parents.*

אַתְּ, אַנְתְּ (§8*b*) pron. pers. 2 s. du, *thou.*

†אִנְתְּתָא, אִתְּתָא n. f., s. c. †אִתַּת; sf. 2 s. m. אִתְּתָךְ; 3 s. m. †אִנְתְּתֵהּ, אִתְּתֵהּ; p. נְשֵׁי, †נְשַׁיָּא, sf. 2 p. m. נְשֵׁיכוֹ: Frau, *woman, wife.*

אַנְתּוּ, אַתּוּן, אַתּוּ (§8*b*) pron. 2 p. m. ihr, *you.*

אסא vb. **Pa.**, Inf. †אַסָּאָה, אַסּוּיֵי; Pt. act. p. m. †מַסְּיִן, מַסּוּ; 1 s. מַסֵּינָא: heilen, *cure.* |

Itpa., Pf. 1 s. אִתַּסֵּי; 3 s. m. אִתַּסִּי, s. f. †אִתַּסִּיאַת; Impf. 3 s. m. לִתַּסֵּי: pass. || אָסְיָא n. m., p. d. אָסְוָתָא: Arzt, *physician.* || אָסוּ n. f., d. אָסוּתָא; p. a. אָסְוָן: Heilung, Heilmittel, *cure*, *medicament.*

[אִסְּדָא] n. m., sf. 1 p. אִסָּדַן: Polster, *cushion.* בֵּי סַדְיָא, sf. 3 s. m. בֵּי סַדְיֵהּ: id. | אַאִסָּדַן uns zu Häupten, *by our head-side.*

[אֶסְיָא] n., p. c. sf. 3 s. m. אֶסְיֵהּ: Nasenloch, *nostril.*

אַסְמַכְתָּא v. סמך.

אִסְקְטְלָא (gr.) n. Fingerschnippchen, *snapping with the thumb.*

אִסְקַרְיָא (gr.) n. Segelstange, *sail-yard.*

אֲסַר vb. **Pe.**, Pf. 3 s. f. c. sf. 3 s. f. אֲסַרְתַּהּ, 3 p. m. אַסַרְתִּנְהוּ; Pt. act. אָסַר (אָסֵר), p. אָסְרִי 1 s. אָסַרְנָא; pass. s. f. אֲסִירָא: binden, fesseln, beschwören, verbieten, *bind, imprison, bind by spell, forbid.* | **Itpe.**, Impf. 1 s. אִתְּסַר; 3 s. m. לִתְּסַר, f. תִּתְּסַר: verboten werden, *be forbidden.* || אִסָּרָא n. m. Entsagungsgelübde, *binding obligation.* || אִסּוּרָא n. m. Verbot, Verbotenes, Sünde, *prohibition, anything forbidden, sin.*

אִסְתְּנָא n. m. Nordwind, *northwind.*

[אסתנים ἀσθενής adj.] vb. denom., Pf. 3 s f. אִתְּנַסָא: siech werden, *fall sick.*

אֲפָא vb. **Pe.**, Inf. לְמֵיפָא, sf. 3 p. m. לְמֵיפִנְהוּ; Pt. act. 1 p. אָפֵינַן: backen, *bake.*

אַפַּדְנָא n. m. Palast, *mansion.*

אַפּוּתָא v. אנף.

אפך v. הפך.

אפל vb. **Af.**, Pt. act. 2 s. מַאְפַּלְתְּ: dunkel machen, *darken.*

אַפְּרְסְמָא n. m. = βάλσαμον = hebr. בָּשָׂם.

אִפְשָׁר v. פשר.

אצבעא v. צבע.

אַקְטַרְתָּא v. קטר.

[אקלידא] (gr.) n. m., p. אַקְלִידֵי: Schlüssel, *key.*

אַקְרָא (gr.) n. Burg, *citadel.*

אַקְרוּקְתָא (§4*e*) n. f. Frosch, *frog.*

אַרְבָא (§4*e*) n. f. Boot, *boat.*

אַרְבַּע, אַרְבְּעָה v. רבע.

אַרְזָא n. m., p. †אַרְזַיָּא, אַרְזֵי: Zeder, *cedar*.

אֹרְחָא n. f., c. אֹרַח; sf. 1 p. אָרְחַן; p. אָרְחָן: Weg, Gewohnheit, *way, habit.* אֹרַח אַרְעָא Sitte, *custom.* אַגַּב אָרְחֵהּ beiläufig, *by the way.* || [אוֹרְחָא n. m.], p. אוֹרְחֵי: Reisender, Gast, *traveller, wayfarer.*

אֲרֵי conj. weil, *because*.

אַרְיָא n. m. Löwe, *lion*.

[אֻרְיָא] n. m., sf. 3 s. m. אֻרְיֵהּ: Krippe, *stall*.

ארך[1] vb. **Af.**, Impf. 2 s. m. תּוֹרֵךְ; 2 p. m. תּוֹרְכוּ; Pt. act. מָאֲרֵךְ: 1. lang machen, *prolong;* 2. lang sein, *be long.* || אֲרִיךְ adj., p. אֲרִיכֵי: lang, *long*.

ארך[2]. אֲרִיךְ adj. schicklich, *proper.* || אָרֵךְ vb. denom. **Pe.**, Pt. act. 1 s. אָרְכְנָא: passend machen, zubereiten, *make fit, prepare*.

אַרְמָאָה n. m. Heide, *pagan*.

אַרְמַלְתָּא n. f. Witwe, *widow.* || אַרְמְלוּ, c. אַרְמְלוּת n. f. Witwenschaft, *widowhood*.

[אַרנקא] (gr.) n. f., p. אַרְנְקֵי: Beutel, *bag*.

ארע[1]. אַרְעָא n. f., sf. 1 p. †אַרְעָנָא; 2 s. m. אַרְעָיךְ, p. m. †אַרְעָכוֹן; p. אַרְעָתָא: Erde, Land, *earth, land*.

ארע[2] (§4*e*) vb. **Itpe.**, Pf. 3 s. m. אִתְּרַע, f. אִתַּרְעָא: sich ereignen, *occur*.

אשד vb. **Pe.**, Pt. act. s. m. c. אָשֵׁד: vergießen, *shed*.

אֻשִׁיתָא n. f., sf. 1 s. אֻשִׁיתַי; 2 s. m. אֻשִׁיתָךְ: Wand, *wall*.

אֻשְׁפִּיזָא (pers.), sf. 2 s. m. אֻשְׁפִּיזָךְ: Herberge, *lodging.* || אֻשְׁפִּיזְכָנָא, sf. 3 s. אֻשְׁפִּיזְכָנֵהּ: Wirt, *host, landlord*.

אֶשָּׁא n. f. Feuer, *fire*.

אשר vb. **Pa.**, Impf. 2 s. m. תְּאַשַּׁר; Imp. אַשַּׁר: glauben, *believe*.

אַתְּ v. אַנְתְּ.

אתא vb. **Pe.**, Pf. 1 s. †אֲתֵיתִי, אֲתַי; 1 p. †אֲתֵינַן, אֲתַן; 2 s. אֲתֵית, p. אֲתֵיתוּ; 3 s. f. †אֲתָת, אֲתַיָא, אֲתַי; p. m. †אֲתוֹן, f. אֲתַאָן; Impf. 1 p. נֵיתֵי; 3 p. †נֵיתוּ, יֵיתוֹן (לֵיתוּ); Imp. s. m. תָּא, f. תַּי; p. m. תּוּ, אֱתוּ; Inf. מֵיתָא, sf. 2 s. m. מֵ(י)תָיךְ; Pt. act. s. m. אָתֵי, f. אָתְיָא; p. m. †אָתַן, אָתוּ; 1 s. אָתֵינָא: kommen, come. | **Af.**, Pf. 1 s. אַיְתִי (אֵיתִי, et sic infra), sf. 3 s. f. אַיְתִיתַהּ, 3 p. m. אַיְתְנְהוֹ; 1 p. †אַיְתִינַן; 2 s. m. אַיְתִית, sf. 3 s. f. אַיְתִיתַהּ, 3 p. m. אַיְתִיתְנְהוֹ; 3 s. m. אַיְתִי, sf. 2 s. m. אֲתְיָךְ, 3 s. m. אֵיתְיֵהּ (אֲתְיֵהּ, אַיְתִיתֵהּ); 3 s. f. †אֲתִיאַת, אַיְתַיָא, sf. 3 s. m. אַיְתִיתֵהּ, 3 p. m. †אַיְתִיו, אַיְתוֹ (אָתוֹ), sf. 3 s. m. אֵיתְיוּהַּ, אֲתִיוּהַּ, 3 p. m. †אַיְתִינּוּן, אַיְתְיִנְהוֹ; Impf. 1 s. אַיְתֵי; 3 p. נַיְתוֹ, sf. 3 s. m. נְתִיוּהַּ, 3 s. f. †לַיְתוֹהָא; Imp. s. m. אַיְתִי, f. אֵיתָא; p. m. †אַיְתִיאוּ, sf. 3 s. m. אֲתִיוּהַּ; Inf. אֵיתוֹיֵי (אֲתוֹיֵי), sf. 3 s. f. אֵיתוֹיַהּ, 3 p. m. אַיְתוֹיְנְהוֹ; Pt. act. s. m. מַיְתֵי, f. מְתְיָא; p. m. †מַיְתִין, מַיְתוֹ, f. מַיְתְיָן; 1 s. מַיְתֵינָא: bringen, einschließen, herleiten, *bring, include, derive.*

אַתּוּ(ן) v. אַנְתּוּ.

אַתְרָא n. m., c. אֲתַר; sf. 1 p. אַתְרַין; 3 s. f. אַתְרַהּ: Ort, *place.* ‖ בָּתַר praep., sf. 2 s. m. בַּתְרָךְ; 3 s. m. אַבַּתְרֵהּ; 3 s. f. בַּתְרַהּ, אַבַּתְרַהּ; 3 p. m. בַּתְרַיְהוֹ, אַבַּתְרֵיהוֹן: nach, hinter, *after.* | בַּתְרָא adj. d., p. m. בַּתְרָאֵי; f. d. בַּתְרַיְתָא; p. f. d. בַּתְרָיָתָא: der letztere, letzte, *the latter, last.* | לְבָתַר דְּ conj. nachdem, *after.* ‖ אַלְתַּר (= עַל אֲתַר): auf der Stelle, sofort, *on the spot, forthwith.*

ב

בְּ praep., sf. 1 s. בִּי; 1 p. בַּן; 2 s. m. בָּ(י)ךְ, p. m. בְּכוֹ; 3 s. m. בֵּהּ, s. f. בַּהּ, p. m. בְּהוֹ, p. f. בְּהֵי: in, an, für, um, durch, *in, into, for, by, with, through.*

בְּאַפֵּי, בְּאַנְפֵּי v. אנף.

באר . בֵּירָא n. f., p. בֵּירֵי: Grube, *pit.*

באשׁ . בִּישׁ adj., f. p. d. בִּישָׁתָא: schlecht, böse, das Übel, *bad, evil, the evil.* | בִּישׁוּ n. f. Bosheit, *malice.* | בִּישׁוּת adv. böse, *angrily.*

בָּבָא n. m. (et f.?), c. בָּב: Tor, Tür, *gate, door.* | אַבָּב: an der Tür, *at the door.*

בְּבְלָאָה adj., p. בְּבְלָאֵי: Babylonier, *Babylonian.*

בדובר arab. = *bidubr*, mit dem Rücken, *with the back*.

בדח vb. **Pe.**, Pt. pass. s. f. בְּדִיחָא: heiter, *cheerful*. | **Pa.**, Impf. 2 s. m. c. sf. 1 s. תְּבַדְּחַן; Pt. act. 1 p. מְבַדְּחִינַן: erheitern, *cheer, make laugh*. | **Itpa.**, Impf. 3 p. m. נִבַּדְּחִי: pass. || בַּדּוֹחָא n. m., p. בַּדּוֹחֵי: Lustigmacher, *merry-maker*.

בְּדִיל v. לְ.

בדל vb. denom. **Af.**, Inf. לְאַבְדּוֹלֵי: den Segenspruch am Sabbatausgang sagen, *recite the benediction at the outgoing of the sabbath*.

בְּדַק vb. **Pe.**, Pf. 1 p. c. sf. 3 s. m. בְּדַקְנֵהּ l. בדקיניה; 3. p. m. †בְּדַקוּ; Impf. 1 s. c. sf. 2 p. m. אֶבְדְּקִנְכוֹ; Inf. c. sf. 3 s. m. לְמִבְדְּקֵהּ; Pt. pass. 2 pl. בְּדִיקִיתוּ: prüfen, untersuchen, *try, examine*.

בדר vb. **Pa.**, Pf. 1 s. c. sf. 2 p. m. בַּדַּרְתִּנְכוֹ; Pt. pass. p. f. מְבַדְּרָן: zerstreuen, *scatter*.

בְּהָדֵי v. אחד.

בהת vb. **Pe.**, Pt. act. s. f. בָּהֲתָא: sich fürchten, *be afraid*.

בּוֹצִינָא n. m., p. בּוֹצִינֵי: junger Kürbis, *young pumpkin*.

בּוֹצִינָא n. m. Lampe, *lamp*.

בזא vb. **Pa.**, Impf. 2 s. m. תְּבַזֵּי; Inf. c. sf. 3 s. m. לְבַזּוֹיֵהּ: verachten, *insult*.

בְּזַע vb. **Pe.**, Pt. act. s. m. בָּזַע: spalten, *cleave*. || בִּזְעָא n. m., pl. (בְּזֵי) בִּזְעֵי: Ritze, Öffnung, *cleft, rent*. | בִּזְתָא n. f.: id.

בזק vb. **Pe.**, Inf. מִבְזַק: streuen, *scatter*.

בִּזְרָא v. זַרְעָא.

בִּזְתָא v. בזע.

בְּחַשׁ vb. **Pe.**, Pt. act. 1 s. בָּחֲשְׁנָא: suchen, *search*.

בטח vb. **Af.**, Pf. 3 s. m. c. sf. 2 s. m. אַבְטְחָךְ: versichern, *assure*.

[בְּטָטָא] n. m., p. בְּטָטֵי: Funken, *spark*.

בְּטֵל vb. **Pe.**, Pt. act. p. m. †בָּטְלִין: nichtig sein, *be void*. | **Pa.**, Pf. 3 p. m. c. sf. 3 s. f. בַּטְּלוּהָ; Impf. 1 s. c. sf. 3 s. m. אֲבַטְּלְנֵהּ; Inf. c. sf. 3 s. m. לְבַטּוֹלֵהּ; Pt. act. s. m. מְבַטֵּל, p. m. †מְבַטְּלִין, 1 p. מְבַטְּלִינַן: müßig machen, ungültig machen, *make idle, make void*. | **Itpa.**, Imp. 3

p. m. לְבַטְּלוֹן: pass. ‖ בַּטְלָנָא n. m., p. בַּטְלָנֵי: Müßiggänger, *idler*.

בְּטַשׁ vb. **Pe.**, stampfen, *kick*.

בִּיבָר (lat.) n. vivarium.

בֵּי דִינָא v. דִּין.

בֵּי דָרֵי v. דּוּר.

בֵּי הִלּוּלָא v. הִלּוּלָא.

בֵּי זְיוָנָא v. זְיוָנָא.

בֵּי כְנִישְׁתָּא v. כנשׁ.

בֵּין, בֵּינֵי praepos., sf. 1 p. †בֵּינָנָא; 3 p. m. בֵּינֵיהוֹן: zwischen, *between*. בֵּין טָב לְבִישׁ zwischen dem Guten und Bösen, *between the good and the evil*. ‖ בֵּינֵי וּבֵינֵי adv. dazwischen, *between*.

בֵּי נָשֵׁי v. אנשׁ.

בֵּי סַדְיָא v. אִסָּדָא.

בֵּיעֲתָא n. f., p. †בֵּיעִין, בֵּיעֵי: Ei, *egg*.

בֵּיתָא n. m., c. בֵּי; sf. 2 s. m. בֵּיתָךְ; 3 s. m. בֵּיתֵהּ; p. בָּתֵּי; sf. 2 p. m. בָּתֵּיכוֹן: Haus, *house*. | דְּבֵיתְהוּ seine Frau, *his wife*. ‖ בִּית vb. denom. **Pe.**, Pf. 3 s. m. בָּת; 3 p. m. בִּיתוּ; Inf. מְבָת; übernachten, *pass the night*.

בֵּית, בֵּי praep. zwischen, *between*. בֵּי תְרֵי zwei zusammen, ein Paar, *a pair*.

בְּכָא vb. **Pe.**, Pf. 2 s. m. בְּכֵית; Impf. 3 s. m. †יִבְכֵּה; 3 p. m. †יִבְכּוּן; Pt. act. s. m. בָּכֵי, f. בָּכְיָא; p. m. בָּכֵי, בָּכוֹ; weinen, *weep*.

בִּכְדֵי v. הִיא.

בִּלְיוֹנָא (etym. ?) n. m. eingravierte Figur, *impression*.

בלל vb. **Itpalp.**, Impf. 3 s. m. לְבַלְבֵּל: vermischt werden, *be confused*.

בלע vb. **Pe.**, Pf. 3 s. m. c. sf. 3 s. m. בַּלְעֵהּ, 3 s. f. בַּלְעַהּ; 3 s. f. †בְּלַעַת; Pt. act. s. m. בָּלַע, c. sf. 3 s. f. בָּלְעַהּ; 2 s. בָּלְעַתְּ; pass. p. m. בְּלוּעֵי: verschlingen, *swallow*. | **Itpe.**, Pf. 3 s. m. אִבְּלַע, s. f. אִבְּלְעָא, אִבְּלְעָא: pass.

בְּנָא vb. **Pe.**, Pf. 1 s. †בְּנֵיתִי, בְּנֵית, בְּנֵי; 3 s. m. c. sf. 3 p. f. בְּנַנְהִי; 3 s. f. †בְּנַת; Impf. 1 s. c. sf. 3 s. m. אֶבְנְיֵהּ; Infin. לְמִבְנְיָה, c. sf. 3 p. f. לְמִבְנִנְהִי; Pt. act. s. m. בָּנֵי, c. sf. 3 s. m. בָּנְיֵהּ; 1 s. בָּנֵינָא: bauen, *build*. ‖ בַּנַּי n. m. Baumeister, *builder*. ‖ בִּנְיָנָא n. m. Gebäude, *building*.

בסם vb. **Itpa.**, Infin. לְאִבַּסּוֹמֵי (לְבַ׳); Pt. p. m. מִבַּסְּמִי: sich berauschen, *become drunk.* || בַּסִּים adj. süß, *sweet.*

בִּסְתַּרְקֵי (pers.) n. p. Polster, Teppiche, *covers, rugs.*

בְּעָא vb. **Pe.**, Pf. 1 s. בְּעַי; 1 p. בְּעַן, בְּעֵנַן†, בְּעֵינָא†; 2 p. m. בְּעֵיתוּ; 3 p. בְּעוֹ; Impf. 1 p. נִבְעֵי; 3 p. לִבְעוֹן†, לִבְעוֹ; Inf. מִבְעָא, לְמִבְעֵי; Imp. s. m. בְּעִי; Pt. act. s. f. בָּעֲיָא; p. m. בָּעַיִן†, בָּעוֹן†, בָּעוֹ; 1 s. בָּעֵינָא 2 s. בָּעֵית, 2 p. בָּעֵיתוּן; pass. s. m. בְּעֵי: fragen, bitten, nötig haben, *ask, require.* | **Itpe.**, Pf. 3 s. m. אִבְּעִי, s. f. אִבְּעֲיָא; Impf. 3 s. f. תִּבְּעֵי; Pt. s. m. מִ(תְ)בְּעֵי, f. מִבַּעֲיָא; p. m. מִתְבְּעֵין†, מִתְבְּעוֹ; 1 s. מִ(תְ)בְּעֵינָא: pass. || בָּעֲיָא n. (f.), sf. 1 p. בָּעֲיַן: Frage, *question.*

[בעלא] n. m., c. בְּעֵל: Herr, *master.* | בְּעֵל דְּבָבָא, sf. 2 s. m. בְּעֵל דְּבָבָךְ: Feind, *enemy.*

בער[1]. [בעורא] n. m., p. בָּעוֹרִין†: Fackel, *torch.*

בער[2] vb. **Pa.**, Imp. p. בַּעֲרוּ: entfernen, *remove.*

בְּצִיר adj. wenig, *lacking;* sq. מִן־ weniger als, *less than.*

בָּקָא n. m., בָּקְתָא n. f. Mücke, *gnat.*

בקא vb. **Pe.**, Imp. s. בְּקִי: untersuchen, *examine.*

בקק. בְּקָא n. m., p. בְּקֵי: Krug, *pitcher.*

בר (§13*b*), c. בַּר; d. בְּרָא; sf. 1 s. בְּרִי, בְּרִי†, בְּרִי†; 2 s. m. בְּרָךְ; s. f. בְּרֵךְ; s. f. בְּרַהּ; p. בְּנִין†, בְּנֵי, c. בְּנֵי; sf. 1 s. בְּנַי; 2 s. f. בְּנַיְכִי†, בְּנַיִךְ; 2 p. m. בְּנַיְכוֹ; 3 s. m. בְּנוֹהִי†, בְּנֵיהּ; 3 p. m. בְּנַיְהוֹ: Soḫn, *son.* בַּר בְּרֵהּ sein Enkel, *his grandson.* | בְּרַתָּא, c. בַּת; sf. בְּרַתִּי†, בְּרַת†; 2 s. m. בְּרַתָּךְ; 3 s. f. בְּרַתַּהּ; p. a. בְּנָן (בְּנָתָן), c. בְּנָת, d. בְּנָתָא; sf. 1 s. בְּנָתַי; 1 p. בְּנָתַין: Tochter, *daughter.*

ברא[1] **Pe.**, Impf. 1 s. c. sf. 3 s. m. אֶבְרְיֵהּ: erschaffen, *create.* | vb. **Itpe.**, Pf. 3 s. f. אִבַּרְיָא, p. אִבְּרוֹ; Pt. 2 s. מִתְבְּרֵית: pass. || [בְּרִיתָא] n. f., p. בִּרְיָתָא: Geschöpf, *creature.*

ברא[2] vb. **Pe.**, Pt. act. בָּרֵי: stark werden, *become*

strong. | **Itpe.**, Pf. 3 s. f. אִבְּרִי לַהּ עָלְמָא, אִבְּרִי er genas, *he became well.* | **Af.**, Imp. s. m. איבראי l. אַבְרִי: nähren, *nurse.*

בַּרְדָא n. m. Hagel, Eis, *hail, ice.*

בַּרְזָא (gr.) n. m. Lederriemen, *thong.*

בַּרְחָא n. m. Ziegenbock, *he-goat.*

[בִּרְיוֹנָא] (etym.?) n. m., p. בִּרְיוֹנֵי: gewalttätiger Mensch, *rebel, outlaw.*

ברך vb. **Pe.**, Impf. 3 s. m. נִבְרֹךְ, לִבְרֹךְ; Pt. pass. בְּרִיךְ; sed usitatius **Pa.**, Pf. 1 s. בָּרֵכִי, sf. 2 s. m. בָּרֶכְתָּךְ, 3 p. m. בָּרֶכְתִּנְהוּ; 1 p. †בָּרֶכְנָא, †בָּרְכִינַן; 3 s. m. בָּרֵךְ; 3 p. m. c. sf. 1 s. בָּרְכוּן; Impf. 1 s. אֲבָרֵךְ, p. נְבָרֵךְ; 3 s. m. c. sf. 1 s. לְבָרְכַן; 3 p. m. c. sf. 2 s. m. לְבָרְכוּךְ; Inf. בָּרוֹכֵי; Pt. act. 1 p. מְבָרְכִינַן: segnen, eine Benediktion sprechen, *bless, say a benediction.* ‖ [בִּרְכָא] n. f., du. c. sf. 3 s. m. בִּרְכֵּיהּ: Knie, *knee.* ‖ בִּרְכְתָא n. f., p. d. בִּרְכָתָא: Segen, *blessing, benediction.*

בְּרַם v. ברר.

ברקא (בהרג) (pers.): vortrefflich, *excellent.*

ברר. בַּר adj., d. בָּרָא: draußen, außenstehend, freies Feld, Außenseite, *on the outside, external, field, peel.* | בָּרַי adj., s. f. d. בָּרַיְתָא, p. f. d. בָּרָיָתָא: äußerer, *external.* | לְבָרָא, (מִ)אַבָּרַי adv.: draußen, *outside.* | לְבַר מִן־, בַּר מִן־: außer, *except.* | אִבְרָא, בְּרַם: aber, fürwahr, *but, of a truth.*

בִּשְׂרָא n. m. Fleisch, *meat, flesh.*

בשל vb. **Pa.**, Imp. s. f. בַּשֵּׁלִי: kochen, *seethe.*

בַּשָׁשׁ n. m. Bergraute, *wild rue.*

בְּתוּלְתָא n. f. Jungfrau, *virgin.*

בָּתַר v. אַתְרָא.

ג

גבא vb. **Pe.**, Impf. 3 p. †יִגְבּוֹן; Inf. לְמִגְבָּא; Pt. act. 2 s. f. גָּבְיָת (גָּבֵית): erheben, *collect.* | **Af.**, Pf. 3 s. m. c. sf. 3 s. m. אַגְבֵּהּ; Pt. act. 1 p. מַגְבֵּינַן, 1. = **Pe.**; 2. einkassieren lassen, *order collected.*

¹גבב . גְּבַתָּא n. f. Rohr, *tube.*

²גבב . [גבתא n. f.], p. גְּבֵי: abgeschnittenes Stück, *a piece cut off.*

³גבב . גְּבָבָא n. m. Flocken, *flake.*

גבה vb. **Af.,** Pt. 2 p. מַגְבְּהִיתוּ: erheben, *lift up.*

גבל vb. **Pe.,** Pt. pass. גְּבִיל: kneten, *knead.*

גְּבַר n. m., d. גַּבְרָא; sf. 1 s. גַּבְרִי, 3 s. f. גַּבְרָהּ, גַּבְרָא; p.† גַּבְרִין, † גֻּבְרִין, גַּבְרֵי, גְּבָרֵי; sf. 2 p. f. גַּבְרַיְכִי: Mann, *man, husband.* || גְּבוּרְתָּא n. f., sf. 3 s. m. גְּבוּרְתֵּהּ: Macht, *power.*

¹גדא . גַּדְיָא n. m. Böckchen, *kid.*

²גדא vb. **Af.,** 3 s. m. c. sf. 3 s. m. אַגְדְּיֵהּ: auswerfen, *cast up.*

¹גדד . גַּדָּא n. m. Geschick, *fortune.*

²גדד . גִּדָּא (גְּדָא) n. m. Wand, Uferwand, *wall, bank of a river, shore.*

³גדד . גְּנְדָּא n. m. Bande, *band, troop.*

גדל vb. **Pe.,** Pt. act. 1 s. גָּדְלְנָא: flechten, *twine.*

גַּדְפָא (גַּפָּא) n. m., p. sf. 3 p. גַּדְפַיְהוּ: Flügel, *wing.*

גּוּהַרְקָא (pers.) n. m., p.† גּוּהַרְקִין: Tragsessel, *litter.*

[גו] בְּגוֹ praep., sf. 2 s. f. †בְּגַוַּיְכִי, בְּגַוַּיךְ, p. m. בְּגַוַּיְכוֹ; 3 s. f. בְּגַוַּהּ, p. m. בְּגַוַּיְהוּ: innerhalb, in, *within, in.* | לְגוֹ praep., sf. 3 s. m. לְגַוֵּהּ: in, *into.* | מִגּוֹ praep. infolge, *on account of.* | מִגּוֹ דְ conj. infolgedessen daß, *because.* || גַּוַּי adj., p. f. d. גַּוָּיָתָא: innerer, *inner.*

גַּוְזָא n. m. Eunuch, *eunuch.*

גּוֹזָלָא n. m., p. d. †גּוֹזָלַיָּא: junge Taube, *pigeon.*

גַּוְנָא (גּוֹנג) (pers.) n. m. Farbe, *color.* | כְּגוֹן praep. wie, *like.* כְּהַי גַּוְנָא: auf diese Weise, *in this manner.*

גום vb. **Pe.,** Pt. act. גָּיֵם: dreist sein, *be bold.*

גּוּפָא n. m., sf. 3 s. m. גּוּפֵהּ: Körper, Person, Wesen, *body, person, essence.* | הוא גּוּפֵהּ er selbst, *himself.* אַנְתּוּ גּוּפַיְכוּ ihr selbst, *yourselves.*

גוץ adj., f. גּוּצָא: klein, *small.*

גִּיוֹרָא n. m. = hebr. גֵּר.

גִּיּוֹרְתָּא n. f. | גור vb. denom. **Itpa.**, 3 s. m. אִתְגַּיַּר: Proselyt werden, *become a proselyte.*

גַּזָּא, גִּנְזָא (pers.) n. m. Schatz, *treasure.* בֵּי גִּנְזָא Schatzhaus, *treasury.* ‖ גנז vb. denom. **Pe.**, Pt. pass. s. f. גְּנִיזָא: aufheben, *store up.*

גזז vb. **Pe.**, Pf. 3 s. m. c. sf. 3 s. m. גַּזֵּה, גַּזְזֵה, גַּזְיֵה; 3 p. m. †גַּזּוּ, sf. 3 p. m. גַּזְיוּהִ, 3 p. f. גַּזּוּ[נ]הִי; Impf. 1 s. c. sf. 2 s. m. אֶגְזְזָךְ; 3 p. m. לִגְזְזוּ (לִגַּזּוּ), לִגְזוּ; Pt. act. גָּזֵז, גָּיֵז, p. m. גָּיְזֵי: scheren, abschneiden, *cut, cut off.* ‖ גְּזִיזָא n. m., p. גְּזִיזֵי: Stück, *piece.*

גום vb. **Pe.**, Pt. act. גָּיֵם: drohen, *threaten.*

גְּזַר vb. **Pe.**, Inf. לְמִגְזַר; Pt. act. p. m. גָּזְרֵי: beschließen, anordnen, *determine upon, order.* ‖ גְּזֵרְתָּא: Beschluß, Dekret, *decree.*

גחן vb. **Pe.**, Imp. גְּחַן: sich beugen, *bow down.*

גַּיְסָא n. m. Räuberschar, *band of robbers.*

גְּלָא vb. **Pe.**, 1 s. גְּלֵי; 1 p. †גְּלֵינַן; 2 p. †גְּלֵיתוּן; Impf. 1 s. אֶגְלֵי; Pt. pass. p. m. גְּלַן: 1. offenbar machen, *reveal;* 2. in die Verbannung gehen, *go into exile.* | **Itpe.**, Pf. 3 s. f. אִתְגְּלִי, p. f. †אִתְגְּלְיָן: geoffenbart werden, *be revealed.* | **Pa.**, Pf. 3 s. m. c. sf. 3 s. f. גַּלְיַא; Impf. 2 p. m. תְּגַלּוֹן; Inf. גַּלּוֹיֵי; Pt. pl. m. מְגַלּוֹן; 1 s. מְגַלֵּינָא; entblößen, offenbaren, *uncover, reveal.*

גלד vb. **Pe.**, Pt. pass. pl. m. †גְּלִידִין: mit Eis überzogen, *covered with ice, congealed.*

גְּלְדָּנָא (גל') n. m., p. גְּלְדָּנֵי: Name eines kleinen Fisches, *a certain small fish.*

גלל[1]. גַּלָּא n. m. Welle, *wave.* ‖ גְּלָא n. m., p. גְּלֵי: dürres Gras, *dried grass.* ‖ גְּלִתָא n. f. Mantel, *cloak.* ‖ גְּלָלָא n. m. Stein, *stone.* ‖ [גְּלָלָן] adj., f. d. גְּלָלָנִיתָא: klumpenförmig, *in lumps.* ‖ גַּלְגְּלָא (גל') n. m. Rad, *wheel.* ‖ גִּלְגְּלָא (גל') n. m. Augapfel, *apple of the eye.* ‖ גְּלְגְּלְתָּא

n. f. id. || [מְגִלְּתָא] (hebr.), p. מְגִלָּאֵי: Rolle, *scroll.*

גלל[2]. גַּלָּא n. m., p. גַּלֵּי: Tür, *door.*

גְּלִילָאָה n. m. d. Galiläer, *Galilean.*

גְּלִימָא n. m., p. c. sf. 3 p. m. גְּלִימַיְהוֹ: Mantel, *cloak.*

גַּמְלָא n. m. f., sf. 1 p. גַּמְלַן: Kamel, *camel.* || [גַּמְלָן] adj., f. d. גַּמְלָנִיתָא: groß, *large.*

גמל vb. **Pe.**, Pt. act. c. גָּמֵל: vergelten, antun, *requite, deal out, do.* גָּמֵל חִסְדִין der Wohltaten erweist, *a doer of kindnesses.*

גמם vb. **Palp.**, Pt. act. מְגַמְגֵם: stottern, *stammer.*

גמר[1] vb. **Pe.**, Pf. 2 s. m. גְּמַרְתְּ; Impf. 3 s. m. לִגְמַר; Inf. מִגְמַר; Pt. pass. s. m. גְּמִיר, p. m. גְּמִירִי; 1 s. גְּמִירְנָא, 2 s. גְּמִירַתְּ: lernen, *learn.* | **Af.**, Impf. 1 s. c. sf. 2 s. m. אַגְמְרָךְ; 3 s. m. c. sf. 1 s. לִגְמְרַן; 3 p. m. c. sf. 1 p. נִגְמְרִינַן; Imper. p. m. אַגְמְרוּ; Inf. אַגְמוֹרֵי, sf. 1 s. לְאַגְמ[וֹ]רַן, 3 s. m. לְאַגְמוֹרֵה: unterrichten, *instruct.*

גמר[2] [גמרתא] n. f., p. גֻּמְרֵי: Kohle, *coal.*

גנא[1] vb. **Pe.**, Impf. 2 s. m. תִּגְנֵי; Imp. גְּנִי; Pt. s. m. גָּנֵי, p. m. גָּנַן, גָּנוֹ; 1 s. גָּנֵינָא: schlafen, *sleep.* | **Af.**, Pf. 1 s. c. sf. 3 s. m. אַגְנִיתֵה; 3 s. f c. sf. 3 s. m. אַגְנִיתֵה; Imp. אַגְנִי, sf. 1 s. אַגְנִיַן; Inf. c. sf. 3 s. f. לְאַגְנוֹיַהּ; Pt. p. m. מַגְנוֹ; 1 s. מַגְנֵינָא: zu Bett legen, *put to bed.*

גנא[2] vb. **Itpa.**, Inf. †מִגַּנָּיָא; Pt. s. f. מִגַּנְּיָא: beschämt werden, häßlich sein, *be ashamed, be ugly.*

גנב[1]. [גְּנְבְתָא] n. f., sf. 3 s. m. גְּנְבְתֵה: Schwanz, *tail.*

גנב[2]. [גַּבָּא] n. m., sf. 3 s. m. גַּבֵּה: Rücken, *back.* | (לְ,בְּ)גַבֵּי praep., sf. 1 s. m. לְגַבַּי; 1 p. גַּבַּן; 2 s. m. לְגַבָּ(י)ךְ; 2 p. m. (בְּ)גַבַּיְכוֹ; 3 s. m. לְגַבֵּיה, גַּבֵּי: bei, zu, *with, to.* | אַגַּב praep. wegen, *on account of.* | אַגַּב דְּ conj. während, *while.* | אַף עַל־גַּב דְּ conj. obgleich, *although.*

גנב[3] vb. **Pe.**, Impf. 3 p. m. לִגְנְבוּ; Imp. גְּנֹב; Pt. act. p. m. גָּנְבִי: stehlen, *steal.* |

Itpe., Pt. מִתְגְּנֵב, p. מִתְגַּנְּבִי: pass. | **Pa.**, Pt. act. p. m. מְגַנְּבוּ: = **Pe.** ‖ גַּנָּבָא n. m., p. גַּנָּבֵי: Dieb, *thief.* | רֵישׁ גַּנָּבֵי: Anführer von Dieben, *chief of thieves.*

גנדר vb., Impf. 3 s. m. נְגַנְדַּר: rollen, *roll.* | **It.**, Pt. מִתְגַּנְדַּר: pass.

גנו v. גַּוָּא.

גנן vb. **Af.**, Inf. אַגּוֹנֵי; Pt. act. s. f. מַגְנָא; 2 s. מַגְנַתְּ l. מגנית; pass. s. f. מַגְנָא l. מ(י)גניא, p. מַגְנוֹ: beschützen, *protect.* ‖ גִּנְּתָא n. f. Garten, *garden.* | גִּנָּאָה n. m., p. גִּנָּאֵי: Gärtner, *gardener.* ‖ (בֵּי) גְּנָנָא n. m.: Brautgemach, *bridal chamber.* | גנן vb. denom. **Pe.**, Pt. act. 2 p. גָּנֵיתּוּן†: das Brautgemach herstellen, *build the bridal chamber.*

גסס . גִּסָּא n. m. Seite, *side.*

גֻּפְנָא n. m., p. גֻּפְנֵי: Rebe, Weinstock, *vine.* | עֲמַר גֻּפְנָא: Baumwolle, *cotton.*

גרא vb. **Pa.**, Impf. 2 s. m. תְּגָרֵי: reizen, *incite.* | **Itpa.**, Pf. 3 p. m. אִגָּרוֹ; Impf. 2 s. m. תִּתְגָּרֵי: streiten, *contend.* ‖ תִּגְרָא n. m. Streit, *quarrel.*

גרב vb. **Pe.**, Pt. act. p. m. גָּרְבִי: gefangen nehmen, *take captive.*

גַּרְבָא (pers.) n. m., p. גַּרְבֵי: Krug, *pitcher.*

גַּרְגְּלִידָא (גְּלִ׳, גְּ׳) (gr.) n. m., p. ־לִידֵי: Rübe, *turnip.*

גַּרְגִּירָא n. m. Rauke, *water-cress, rocket.*

גרד vb. **Pa.**, Pf. 2 s. m. c. sf. 3 s. m. גָּרְדְתֵּהּ: kratzen, *scratch.* | גִּרְדָּא n. m. Stumpf, *stump.*

גַּרְדָּאָה (gr.) n. m., p. גַּרְדָּאֵי: Weber, *weaver.*

גְּרִיוָא (pers.) n. m. s., p. d. גְּרִיוָיָא†: ein Maß, *a measure* = סְאָה.

[1]גרם . גַּרְמָא n. m., sf. 3 s. m. גַּרְמֵהּ; p. גַּרְמֵי; sf. 3 s. m. גַּרְמֵיהּ: Knochen, *bone.*

[2]גרם vb. **Pe.**, Pt. act. גָּרֵם: verursachen, *cause.*

גַּרְמִידָא n. m., p. גַּרְמִידֵי: Elle, *cubit.*

גרס vb. **Pe.**, Impf. 3 p. m. ל נִגְרְסוּ; Pt. act. s. m. גָּרֵס, p. m. גָּרְסִי: studieren, *study.* ‖ גִּרְסָא n. m., Studium, *study.*

גרע vb. **Pe.**, Pf. 2 s. m. c. sf. 3 s. m. גְּרַעְתֵּהּ: scheren, *cut (the hair).*

גרר[1] vb. **Pe.**, Impf. 3 s. m. c. sf. 3 s. m. נִגְרְרֵהּ; Inf. מִגְרַר: schleppen, ziehen, *drag, draw.*

גרר[2] . גִּרָּא n. m., sf. 3 s. m. גִּרֵּהּ; p. גִּרֵּי, sf. 1 s. גִּרַּי: Pfeil, *arrow,* ‖ גַּרָּאָה n. m.: Pfeilmacher, *arrow-maker.*

גרשׁ vb. **Pa.**, Pt. act. 2 p. מְגָרְשִׁיתוּ: zermalmen, *grind.*

גרשׁ (hebr.) vb. **Pa.**, Pf. 1 s. c. sf. 2 s. f. גָּרַשְׁתִּךְ; Pt. act. 2 s. מְגָרַשְׁתְּ: scheiden, *divorce.*

גְּשַׁפְּנְקָא (pers.) n. m. Siegelring, *seal ring.*

גְּשְׁקְרָא (pers.) n. m. Kleie, *bran.*

גִּשְׁרָא n. m., p. גִּשְׁרֵי: Brücke, *bridge.*

גשׁשׁ vb. **Pe.**, Pf. 3 s. m. c. sf. 3 s. m. גַּשְׁשֵׁהּ, גַּשְׁיֵהּ: betasten, *touch, feel.*

ד

דִּי v. דְּ

דָּא (§9*a*) pron. dem. s. f. diese, *this.*

דאג vb. **Pe.**, Pt. act. דָּאֵג: besorgt sein, *be anxious, concerned.*

דבב[1] . דִּידְבָא (§17*b*) n. m. (f.) Fliege, *fly.*

דבב[2] . דִּבָּא n. m., p. דִּבֵּי: Bär, *bear.*

דִּבְחָא n. m. = חַג הַפֶּסַח. ‖ מַדְבְּחָא n. m. Altar, *altar.*

דבק vb. **Itpe.**, Pf. 1 s. אִדְּבֵקִי; 1 p. †אִדַּבְקְנָא; Pt. מִדְּבֵק: anhangen, ankleben, *cleave, adhere.* | **Pa.**, Pt. pass. מְדַבַּק: angeheftet, *clinging.*

דבר[1] . דִּבּוּרָא (hebr.) n. m., 3 p. m. דִּבּוּרַיְהוֹ: Wort, Ausspruch, *word, utterance.*

דבר[2] vb. **Pe.**, Pf. 3 s. m. c. sf. 3 s. m. דַּבְרֵהּ, 3 p. m. דַּבְרִנְהוֹ; Pt. act. s. c. sf. 3 p. דָּבְרִנְהוֹ: führen, den Brauch haben, *lead, be accustomed.* | **Pa.**, Pt. act. p. מְדַבְּרֵי: leiten, *guide.* ‖ דַּבְרָא n. m. Feld, *field.* ‖ מַדְבְּרָא n. m. Wüste, *wilderness.* ‖ מְדַבְּרָנָא n. m. Führer, *leader.*

דִּבְשָׁא n. m. Honig, *honey.*

דַּגָּלָא n. m. Lügner, *liar.*
דַּהֲבָא n. m. Gold, *gold.*
דהן vb. **Itpe.**, Imp. אִתְּדַהַן: fett werden, *become fat.* ‖ [דַּהִין] adj., d. דַּהִינָא: fett, *fat.*
דון vb. **Pe.**, Impf. 1 s. אֲדוּן: fortfahren, *go on, continue.*
דוץ (= דעץ) vb. **Pe.**, Pf. 3 s. m. c. sf. 3 s. m. דָּצֵיהּ; 3 s. f. c. sf. 3 s. f. דָּצַתַּהּ: einstecken, *thrust in.*
דוק vb. **Pe.**, Pf. 3 s. m. דָּק; Pt. act. דָּאֵק, דָּיֵק; pass. s. f. דִּיקָא, p. m. דַּיְקִי: sorgfältig betrachten, genau sein, *observe carefully, be exact;* Pt. pass. genau erwiesen, nach der genauen Interpretation übereinstimmend mit, *proved with exactness; when correctly interpreted, in agreement with.*
¹דור vb. **Pe.**, Pf. 1 p. †דָּרִינַן; Impf. 2 s. m. †תְּדוּר; Inf. מֵדָר; Pt. act. s. m. דָּיֵר, f. דָּיְרָא, p. m. דָּיְרִי; 1 s. דָּאְרְנָא, דָּיְרְנָא: wohnen, *dwell.* | **Itpe.**, Pt. מִתְּדָר wohnbar, *habitable.* ‖ דַּרְתָּא n. f., sf. 3 s. m. דַּרְתֵּהּ: Hof, *court.* ‖ בֵּי דָרֵי Hürde, *sheepfold.* ‖ דּוּרָא n. m. Dorf, *village.* ‖ דִּיוּרָא n. m. Herberge, *inn.* ‖ דִּיוּרָאָה n. m., p. דִּיוּרָאֵי: Gastwirt, *inn-keeper.* ‖ דָּרָא n. m., p. דָּרֵי: Geschlecht, *generation.* ‖ דָּרָא n. m., p. דָּרֵי: Reihe, *row.*
²דור vb. **Pa.**, Pf. 3 p. sf. 3 s. m. דַּוְּרוּהּ; Pt. act. מְדַוֵּר: einholen, *overtake.*
דורון (gr.) n. m. Gabe, *gift.*
דחא vb. **Pe.**, Imp. דְּחִי: stoßen, *push.* ‖ **Af.**, Pt. act. p. m. †מַדְחַן: id.
דחל vb. **Pe.**, Impf. 2 s. f. תִּדְחֲלִי(ן); Pt. act. דָּחֵל, p. דָּחְלִי(ן): fürchten, *fear.*
דחף vb. **Pe.**, Inf. c. sf. 3 s. m. לְמִדְחֲפֵהּ: stoßen, *push.*
דחץ vb. **Pe.**, Pf. 3 s. m. c. sf. 3 s. m. דַּחֲצֵהּ: einstecken, *thrust in.*
דחק vb. **Pe.**, Impf. 3 p. m. c. sf. 3 s. m. נִדְחֲקוּהּ; Pt. act. p. m. דָּחֲקִי; pass. s. m. דְּחִיק, f. דְּחִיקָא: drängen, *crowd, push;* Pt. pass. eng, *straitened.* ‖ דָּחְקָא (דַּחְקָא) n. m. Gedränge, Bedrängnis, *crowding, distress.*
†דִּי, דְּ nota relationis (§70),

conj. (§71). | דִּיל־ v. לְ; דִּיד־ v. יַד.

דַּיָּלָא n. m. Staatsdiener (insbes. Steuereinnehmer), *public official (esp. tax-gatherer).*

דִּילְמָא v. מָה.

דִּין, דון vb. **Pe.**, Impf. 3 s. m. נְדוּן, לְדוּן, לְדִין; Imp. s. m. דּוּן, p. m. דּוּנוּ: richten, *judge.* | **Itpe.**, Pf. 3 p. אִתְּדוּן; Pt. s. f. מִתְדָּנָא: pass. | **Pa.**, Impf. 3 p. m. לְדַיְּנוּ, sf. 3 s. m. נְדַיְּנוּהִ; Imp. c. sf. 3 s. m. דַּיְּנֵהּ; Inf. c. sf. 3 s. m. לְמְדַיָּנֵהּ: = **Pe.** ‖ דִּין n. m., d. דִּינָא; sf. 1 p. †דִּינָנָא: Gericht, Prozeß, Gesetz, *court, lawsuit, law.* | בְּדִינָא adv. mit Recht, *rightfully.* | בֵּי דִינָא Gerichtshof, *court of justice.* ‖ דַּיָּן n. m., a. דַּיָּנָא: Richter, *judge.* ‖ מְדִינְתָּא n. f., p. מְדִינָתָא: Bezirk, *district, province.*

דִּינָרָא n. m., p. †דִּינָרִין, דִּינָרֵי: denarius.

דיספק n. m. Sänfte, *litter.*

דכא vb. **Itpa.**, Pf. 3 s. m. אִדַּכֵּי: abgetan sein, *be gone.*

דֵּכִי (§9*f*) pron. dem. s. m. jener, *that.* מָרֵי דֵּכִי der Herr jenes (Windes), *the Lord of that (wind).*

דּוּכְתָּא n. f., a. דּוּךְ; sf. 3 s. m. דּוּכְתֵּהּ: Ort, Stelle, *place.*

דכר vb. **Pe.**, Impf. 3 s. m. c. sf. 2 s. m. †לִדְכְּרָךְ, יִדְכְּרִנָּךְ; Pt. pass. p. m. דְּכִירֵי, 1 s. דְּכִירְנָא: eingedenk sein, *remember.* | **Itpe.**, Pf. 2 p. †אִדְּכַרְתּוּן: sich erinnern, *remember.* | **Af.**, Pf. 2 s. m. c. sf. 1 s. אַדְכַּרְתַּן; Inf. לְאַדְכּוּרֵי: erinnern, *remind;* sq. בְּ erwähnen, *make mention.* ‖ דִּכְרָנָא n. m., c. דִּכְרָן: Andenken, *memorial.*

דלא vb. **Pe.**, Pt. act. 1 s. דָּלֵינָא, 2 s. דָּלֵית; pass. p. m. דְּלָן: schöpfen, erheben, *draw, lift.* | **Itpe.**, Pf. 3 s. m. אִדְּלִי; Pt. מִדְּלֵי: sich erheben, hoch sein, *be lifted, be high.* | **Pa.**, Pf. 3 s. m. דַּלִּי, sf. 1 p. דַּלִּינַן, 3 s. m. דַּלְּיֵהּ, 3 p. דַּלִּינְהוּ; 3 s. f. דַּלְּיָא; 3 p. c. sf. 3 s. m. דַּלְּיוּהִ; Imp. דַּלִּי, דַּל, p. דַּלּוֹ: erheben, wegnehmen, *lift up, take away, deduct.* ‖ דְּלָא n. m. Höhe, *height.*

דלל vb. **Pe.**, Impf. 2 s. m. תְּדֹל: spinnen, *spin.*

דלק vb. **Af.**, Pf. 3 s. m. אַדְלֵק; 3 p. אַדְלִקוּ; Pt. act. מַדְלֵק, p. m. מַדְלְקִי: anzünden, *light, kindle.*

דַּם (§13*b*) n. m., d. דְּמָא; sf. 2 s. m. דְּמָךְ: Blut, *blood.*

דמא vb. **Pe.**, Pt. act. דָּמֵי, p. m. דָּמוֹ, f. דָּמְיָן: gleich sein, *be like.* | מִי דָּמֵי: ist es denn gleich? *is it at all like (the case mentioned)?* | **Itpe.**, Pf. 3 s. m. אִדְּמִי: in der Gestalt von ... erscheinen, *appear in the likeness of.* | **Pa.**, Pf. 3 s. m. c. sf. 3 s. m. דַּמְּיֵהּ; Pt. pass. p. f. מְדַמְּיָן: vergleichen, als ... vorstellen, *liken, imagine.* || דְּמֵי n. p. m., c. דְּמֵי; sf. 3 p. דְּמֵיהוֹ: Preis, *equivalent, price.*

דְּמוּךְ adj., p. m. דְּמוּכֵי: schlafend, *sleeping.*

[דִּמְעֲתָא] n. f., p. דִּמְעֵי et דִּמְעָתָא; sf. 3 s. m. דִּמְעֵיהּ: Träne, *tear.*

דְּנָן, דֵּן (§9*a*) pron. dem. s. m. dieser, *this.*

דנח . מַדְנְחָא n. m. Osten, *east.*

דנן . דַּנָּא n. m., p. דַּנֵּי: Faß, *wine-jar.*

דִּסְתָּנָא (pers.) n. m. Portion, *portion.*

דעדק v. דקק.

דַּעְתָּא v. ידע.

דפף . דַּפָּא n. m. Brett, *board.*

דִּקְלָא n. m. Dattelpalme, *palm-tree.*

דִּקוּלָא n. m, Korb, *basket.*

דִּקְנָא n. m. Bart, *beard.*

דקק vb. **Pe.**, Imp. דֹּק; Pt. pass. דַּיִק: zermalmen, *grind.* | דַּקְדַּק adj., s. f. d. דַּקְדַּקְתָּא, p. m. †דַּעְדְּקִין (§4*h*): klein, *small.* דַּרְדְּקֵי: kleine Kinder, *small children.*

דקר vb. **Pe.**, Inf. c. sf. 3 s. m. לְמִדְקְרֵהּ: durchbohren, *pierce through.*

דָּרָא v. דור.

דרא vb. **Pe.**, Pt. act. דָּרֵי, 2 s. דָּרֵית (דָּרְיַתְּ): tragen, *carry.*

דַּרְגָּא n. m. Stufe, *step.*

[דֻּרְדָּא] n. m., p. d. †דֻּרְדַּיָּא: Hefe, *dregs.*

דרדק v. דקק.

דִּרְכָּא n. m. Weg, *way.*

דָּרוֹמָא (hebr.) n. m. Süden, *south.* | דרם vb. denom. **Af.**, Imp. p. אַדְרְמוּ; Inf. אַדְרוֹמֵי:

sich südwärts wenden, *turn towards the south.*

דַּרְקוֹנָא (gr.) n. m. Drache, *dragon.*

דְּרַשׁ vb. **Pe.,** Pf. 3 s. m. c. sf. 3 s. f. דַּרְשָׁהּ; p. m. דְּרוּשׁ; Impf. 2 p. †תִּדְרְשׁוּן: 1. den Schrifttext erklären, *interpret the Scriptural text;* 2. vortragen (im allgemeinen), *deliver in public (in general).* ‖ בֵּי מִדְרָשָׁא: Haus des Vortrages, Schule, *school.*

דשׁשׁ[1] . דַּשָּׁא n. m. (f.?): Tür, Tor, *door, gate.*

דשׁשׁ[2] vb. **Af.,** Pf. 3 s. m. אַדֵּישׁ: schweigen, *be silent.*

דַּשְׁתָּנָא (pers.) n. f. menstruierendes Weib, *menstruating woman.*

ה

הֲ part. interr. = num. | הֲלָא = nonne.

הָא (§9c) pron. dem. s. f. diese, *this;* im neutrischen Sinne *(in a neuter sense):* dieses, *this.* ‖ הָא, הָ־ interj. siehe, *behold.* ‖ דְּהָא conj. weil, *because.*

הָאִידָּנָא v. עדד.

הָאֵךְ (§9f) pron. dem. s. m. jener, *that.*

הַבְלָא n. m. Hauch, Dampf, *breath, vapor.*

הַבְרָא n. m. Finsternis, *darkness.*

הָדָא (§9a) pron. dem. s. f. diese, *this.*

הֲדָדֵי v. אחד׳.

הָדֵי v. אחד׳.

בְּהֶדְיָא . הֶדְיָא adv. ausdrücklich, *explicitly.*

הָדֵין (§9a) pron. dem. s. m. dieser, *this.*

הֲדַר vb. **Pe.,** Pf. 1 p. †הֲדַרְנָא, †הֲדַרְן, הֲדַרִינַן; 2 s. m. הֲדַרְתְּ; Impf. 1 s. אֶהְדַּר; 3 p. m. לֶהְדְּרוּ, לֶהְדּוּר; Inf. לְמֶהְדַּר; Pt. act. הָדַר, הָדֵר, f. הָדְרָא, p. m. הָדְרִי; 1 s. הָדַרְנָא: zurückkehren, *return;* sq. בְּ seinen Sinn ändern, *change one's mind;* sq. לְ umringen, *encircle.* | הֲדַר adv. wiederum, *again.* | **Pa.,** Pf. 1 p. †הַדַּרִינַן: zurückerstatten, *restore.* | **Af.,** 1 s. אַהְדַּרִי, sf. 3 p. m. אַהְדַּרְתִּנְהוּ; 2 s. m. אַהְדַּרְתְּ; 3 s. m. אַהְדַּר,

f. אַהְדַּרָא; 3 p. m. c. sf. 3 p. m. אַהְדְּרוּנְהוּ; Impf. 3 s. m. לַהְדַּר, נֶהְדַּר, לֶהְדַּר, sf. 3 s. m. לֶהְדְּרֵהּ; Imp. s. m. c. sf. 3 s. f. אַהְדְּרַהּ; Inf. אַהְדּוֹרֵי; Pt. act. מַהְדַּר; 1 s. מַהְדַּרְנָא: zurückerstatten, wiederherstellen, erwidern, betteln, *restore, reply, beg.* ‖ מַהְדּוּרָא n. m. Bettler, *beggar.*

הָהוּא m., הָהִיא f. (§9*f*) pron. dem. jener, jene, *that.*

הוּא m., הִיא f. (§8*b*) pron. pers. 3 s. er, *he;* sie, *she.* ‖ כָּל־דְּהוּא: was es nur ist, *whatever it may be.* ‖ כְּדִי adv. nur so, zwecklos, *only so, without aim.* | בִּכְדִי adv. um nichts, *for nothing.* ‖ מִכְּדִי conj. da, *since.*

[הוּגְנָא] (gr.) n. m., p. הוּגְנֵי: Dromedar, *dromedary.*

הֲוָה vb. Pe., Pf. 1 s. הֲוַאי, †הֲוֵיתִי; 1 p. הֲוַן, †הֲוֵינַן, †הֲוֵינָא; 2 p. m. †הֲוֵיתוּן; 3 s. f. הֲוַאי, הֲוָיָא, הֲוָת†; 3 p. m. הֲווֹ; 3 p. f. הֲוַיָן; Impf. 2 s. f. †תֶּהֱוְיִין; 2 s. m. תֶּהֱוֵא; 1 p. לֶהֱוֵי; 2 p. m. תֶּהֱווֹ; 3 s. m. לֶהֱוֵי, †יְהֵיא, †יֶהֱוֵי; נְהֵי; 3 s. f. תֶּהֱוֵי, תֶּהֱוֵא; 3 p. m. נֶהֱווֹ; Imp. הֱוֵי, p. הֱווֹ; Inf. מֶהֱוֵי; Pt. act. s. m. הָוֵי, f. הָוְיָא; p. m. הָווֹ, f. הָוְיָן; 1 s. הָוֵינָא, p. הָוֵיתוּ; 2 s. הָוֵית: sein, *be.* | מַי קָא הָוְיָא עֲלֵיהּ: wie geht es ihm? *how is he faring?* | נְהֵי דְ conj. wenn auch, *even if.* | מִיהוּ, מִיהָת, מִיהָא adv. jedenfalls, *at all events.* | הוה c. Pt. cf. §58*g*.

הוּצָא n. m. Palmblättchen, *spathe of a palm.*

[הומתא] n. f., p. הוּמֵי: eine gewisse Dornart, *a species of thorns.*

הֲזָר pers. hazār = 1000.

הַי (§9*c*) pron. dem. s. m. dieser, *this.*

הֵי (§11*c*) pron. interr. welcher? *which?*

[היגתא], p. הִיגֵי (הָגֵי): eine gewisse Dornart, *a species of thorns.*

הֵיכָא adv. wo? *where?* | מֵהֵיכָא: woher? *whence?* | הֵיכָא דְ conj. wo, *where.*

הֵיכִי adv. wie? *how?* | כִּי הֵיכִי דְ conj. damit, *in order that.*

הימן v. אמן.

הַיְנוּ m., הַיְנִי f. (§9*d*): das ist, *it is*.

הָךְ (§9*f*) pron. dem. s. f. jene, *that*.

הָכָא adv. hier, *here*. | מֵהָכָא: von hier, *hence*.

הָכִי adv. so, *so*. | בַּר הָכִי: fähig dessen und dessen, *capable of this and that*.

הָלֵין (§9*a*) pron. dem. pl. diese, *these*.

הלך vb. **Pe.**, Imp. לֵךְ: gehen, *go*. | **Pa.**, Pt. act. מְהַלֵּךְ: wandeln, *walk*. ‖ הִלְכְתָא n. f. Brauch, Rechtssatz, Rechtsentscheidung, *custom, law, legal utterance; legal decision*.

הִלּוּלָא n. m., p. הִלּוּלֵי: Festlichkeit, Hochzeit, *feast, wedding feast*. | בֵּי הִלּוּלָא, בֵּי הִלּוּלֵי id.

הַלֵּלָא (hebr.) n. m.: ה׳ מִצְרָאָה = Ps. 113—118.

הנא vb. **Itpe.**, Pf. 2 s. אִתְהֲנִית; Impf. 1 s. אִתְהֲנֵי: genießen, *enjoy* | **Af.**, Pf. 1 s. אַהְנִי; 2 s. אַהְנִית; 3 s. m. אַהְנִי; Pt. act. s. m. מַהְנֵי, p. f. מַהְנְיָן: Nutzen bringen, *benefit*. ‖ הֲנָיְתָא n. f., sf. 3 s. f. הֲנָיְתַהּ: Nutzen, *benefit*.

הִנְדְּוָאָה n. m. indisch, *Hindoo*.

הָנְהוּ (§9*f*) pron. dem. pl. jene, *those*.

הָנֵי (§9*c*) pron. dem. pl. diese, *these*.

הָנֵךְ (§9*f*) pron. dem. pl. jene, *those*.

הֶסְפֵּדָא v. ספד.

הפך (אפך) vb. **Pe.**, Pf. 1 s. †אֲפַכִת; Impf. 2 s. m. תֵּיפֹךְ; Imp. הֲפֹךְ, אֲפֹךְ: wenden, sich beschäftigen mit, *turn, busy oneself with*. | **Itpe.**, Pf. 3 s. m. אִתְהֲפֵךְ; 3 p. m. †אִתְהֲפִכוּ: sich wenden, sich verwandeln, *turn about, be changed*.

הֶפְקֵרָא v. פקר.

הרר vb. **Palp.**, Pf. 3 s. m. הַרְהַר: nachdenken, *muse*.

הַרְמָנָא (pers.) n. m. Dekret, *decree*.

הַרְסָנָא n. m. Gericht von zerschnittenen Fischen, *fish-hash*.

ו

וְ־ conj. und, aber; *and, but.*
וַי interj. wehe, *woe.*
וְלַד v. ילד.
וַרְדָּא (pers.) n. m. Rose, *rose.* | וַרְדִּינָא n. m. Rosenstrauch, *rose-bush.*

ז

זְבִילָא n. m. (f.) Spaten, *spade.*
זְבַן vb. Pe., Pf. 1 s. זְבַנִי, sf. 3 s. f. זְבַנְתַּהּ (זְבִנִיתַהּ); 2 s. m. זְבַנְתְּ; 3 s. m. c. sf. 3 s. m. זַבְנֵהּ; Impf. 2 p. m. תִּזְבְּנוּ, תִּזְבְּנוּן†; 3 s. m. לִזְבֵּן; Imp. זְבֹן, זְבֵן; Inf. לְמִזְבַּן; Pt. act. s. m. זָבֵן: kaufen, *buy.* | Pa., Pf. 1 s. זַבֵּנִי; 3 s. m. c. sf. 3 s. f. זַבְּנַהּ, 3 p. m. זַבְּנֻנְהוֹ; Impf. 2 s. m. תְּזַבֵּן; 3 p. c. sf. 3 p. נְזַבְּנִינְהוֹ; Imp. זַבֵּן, p. זַבִּנוּ; Inf. c. sf. 3 s. m. לְזַבּוֹנֵהּ, f. לְזַבּוֹנַהּ, p. m. לְזַבּוֹנְהוֹ, p. f. זַבּוֹנְהֵי; Pt. act. s. m. מְזַבֵּן, f. מְזַבְּנָה; 1 s. מְזַבְּנָא (מְזַבְּנְנָא); 2 s. c. sf. 2 s. f. מְזַבְּנְתַּהּ: verkaufen, *sell.* | Itpa., Pf. 3 s. m. אִזְדַּבַּן; Impf. 3 p. לִזְדַּבְּנוּ; Pt. 1 p. מִזְדַּבְּנִינַן, 2 s. מִזְדַּבְּנַתְּ: pass. ‖ זְבִינָא n. m., sf. 2 s. m. זְבִינָךְ; p. זְבִינֵי, sf. 2 p. זְבִינַיכוֹ: Kauf, *purchase.* ‖ זַבּוֹנָא n. m. Käufer, *buyer.*
זִבּוּרָא n. m., זִבּוּרְתָּא n. f., p. זִבּוּרֵי, זִבּוּרָתָא: Wespe, *wasp.*
זגג vb. Pe., Pt. pass. זְגִיג, זַגִּג: klar, *clear.* ‖ מִזְגָּא n. m., p. מִזְגֵי: Becher, *cup.*
זהר vb. Itpe., Impf. 3 s. m. יִזְדְּהַר†; Inf. לְאִזְדְּהוֹרֵי: vorsichtig sein, *take care.* ‖ Af., Pf. 1 s. c. sf. 2 s. m. אַזְהַרְתָּךְ: verwarnen, *forewarn, admonish.*
זוא. זָוִיתָא n. f. Winkel, *corner.*
זוּגָא n. m., p. זוּגִין, Paar, *pair.*
זְוָדָא n. m., p. זְוָדִין†: Reisekost, *provision for a journey;* p. זְוָדָתָא Sterbekleid, *shroud.*
זוּזָא n. m., p. זוּזֵי, sf. 1 s. זוּזַי: Silberdenar, *silver denarius;* p. Geld, *money.*
זוטר vb. It., Pf. 3 s. m. אִזּוּטַר; Pt. s. f. מִזְדּוּטְרָא: klein werden, erscheinen, *be or*

seem small. || זוּטַר adj., d. זוּטָא, זוֹטָא; f. זוּטְרָא, d. זוּטַרְתִּי; p. m. זוּטֵי, זוּטְרֵי, 1 p. זוּטְרִינַן: klein, *small.*

זון vb. **Pe.**, Inf. מֵיזָן; Pt. act. 1 s. זָיְנְנָא (זָיְנָנָא): ernähren, *feed.* | **Itpe.**, Impf. 3 p. נִתְּזָנֵי: pass. || מְזוֹנָא n. m., sf. 3 s. m. מְזוֹנֵיהּ; p. מְזוֹנֵי, sf. 2 p. m. מְזוֹנַיְכוֹ: Speise, *food.*

זוע vb. **Itpalp.**, Pf. 3 s. f. אִזְדַּעְזְעָא: beben, *quake.*

(בֵּי) זְיוָנָא (pers.) n. m. Zollhaus, *customs house.*

זִיוְתָן adj. strahlend, *bright.*

זִימָא n. f., p. c. sf. 3 s. m. זִימֵיהּ: Nasenloch, *nostril.*

זיף vb. **Pe.**, Pt. pass. d. זַיְפָא: fälschen, *falsify.* || זַיְפָא n. m. = זַיְפֵי = זַיְפָנָא: Fälscher, *falsifier.*

זִיקָא n. m. Wind, *wind.*

זֵיתָא n. m., p. †זֵיתַיָא: Olive, Ölbaum, *olive, olive-tree.*

זכי vb. **Pe.**, Impf. 1 s. אֶזְכֵּי; Pt. act. זָכֵי: 1. würdig sein, *be worthy;* 2. überwinden, *conquer.* || זָכוּתָא, c. זָכוּת; sf. 2 s. m. זָכוּתָךְ: Gerechtigkeit, *righteousness.*

זלל vb. **Pe.**, Pf. 3 s. f. †זַלַּת, זַלָּא; Pt. pass. s. f. זִילָא: verächtlich sein, von geringem Werte sein, *be worthless, be of little value.* | **Ittaf.**, Impf. 3 p. m. לִתַּזְּלוּ: an Wert verlieren, *lose in value.* | **Palp.**, Inf. לְזַלְזוּלֵי; Pt. act. 1 s. מְזַלְזֵלְנָא: geringschätzen, *esteem lightly, treat contemptuously.* || זִילוּתָא n. f. Geringschätzung, *contempt.*

זִמְנָא n. m., p. †זִמְנִין, זִמְנֵי: Zeit, Mal, *time.* | זִמְנָא חֲדָא: einmal, *once.* | בְּלָא זִמְנֵהּ: vorzeitig, *prematurely.* || זמן vb. denom. **Pa.**, Pf. 2 s. m. c. sf. 1 s. זַמְּנְתַן; 3 s. m. c. sf. 2 s. m. זַמְּנָךְ, 3 s. f. c. sf. 3 s. m. זַמְּנְתֵּהּ; Pt. act. s. m. מְזַמֵּן; f. מְזַמְּנָא, sf. 3 s. m. מְזַמְּנְתֵּהּ; pass. s. m. מְזַמַּן: 1 einladen, *invite;* 2. bereiten, *prepare.* | **Itpa.**, Pf. 3 s. f. אִזְדַּמְּנָא: sich treffen, *occur.* | **Af.**, Pf. 1 s. c. sf. 3 s. m. אַזְמֶנְתֵּהּ; 3 s. m. c. sf. 2 s. m. אַזְמְנָךְ; 3 p. c. sf. 3 s. f. †אַזְמְנוּהָא: einladen, *invite.*

זמר vb. **Pe.**, Pt. act. זָמַר: singen, *sing.* || זְמָר n. m. Musik, *music.*

זְנָא (§13*b*) n. m., p. זְנֵי: Art, *kind.*

זנא . זַנִיתָא n. f. Hure, *harlot.* || זַנַּי n. m. Buhle, *whoremonger.*

זַנְדַּנְקָא (pers.) n. m. Kerkermeister, *jailer.*

זַעְפָּא n. m. Sturm, *storm.*

זְעֵיר adj., f. זְעֵירָא: klein, *small.*

זקף vb. **Pe.**, Pf. 3 p. m. c. sf. 3 s. m. זַקְפּוּהִ: aufhängen, pfählen, *hang, crucify.* || זְקִיפָא n. m. Kreuz, *cross.*

זקק¹ . זָקָא n. m. Schlauch, *wine-skin.*

זקק² . זָקָא n. m., p. †זָקִין: Funke, *spark.*

זקק³ vb. **Itpe.**, Pf. 1p. †אִזְדַּקְקִינַן; Inf. אִזְדְּקוֹקֵי; Pt. act. 1 s. מִזְדַּקְקָנָא, 1 p. מִזְדַּקְקִינַן: sich verpflichten, *obligate oneself.*

זקן vb. **Af.**, Pf. 3 s. f. אַזְקְנָה: alt werden, *grow old.*

זקר vb. **Itpe.**, Pf. 3 p. אִזְדְּקוּר: aufspringen, *leap forth.*

זְרִיז adj. rüstig, *strenuous.*

זַרְנוּקָא n. m. Schlauch, *wine-skin.*

זרע vb. **Pe.**, Impf. 2 s. m. תִּזְרַע: säen, *sow.*

זרק vb. **Itpe.**, Pf. 3 s. m. אִזְּרֵק, אִזְדְּרֵק: gesprengt werden, *be sprinkled.*

ח

חבא . חֲבִיתָא n. f., p. חֲבִיתָתָא: Weinfaß, *wine-cask.*

חבב . חַבִּיבוּתָא n. f. Liebe, *affection.*

חבט vb. **Pe.**, Imp. p. חֲבַטוּ: schlagen, klopfen, *beat.* || מַחְבָּטָא n. m. Schlagen, *beating.*

חַבְלָא n. m. Strick, *rope.* || חֲבוּלְיָא n. Wucher, *usury.*

חֲבַל sq. עַל־ interj. wehe, *woe.*

חַבְרָא n. m., sf. 2 s. m. חַבְרָךְ; p. d. †חַבְרַיָּא, sf. 2 s. m. חַבְרָךְ; 3 s. m. חַבְרֵיהּ: Genosse, *companion.* | חַד לְחַבְרֵהּ: einer zum andern, *one to the other.* || חַבְרוּתָא n. f. Freundschaft, Geselligkeit, *companionship, familiarity.*

חבש vb. **Pe.**, Pf. 3 pl. c. sf. 3 s. m. חַבְשׁוּהִ: fesseln, *put in prison.*

חגג. [חַגָּא] n. m., p. חַגְּגֵי: Reigen, *dance*.

חִגְּרָא n. m. lahm, *lame*.‖מְחַגְּרָא (pt. pass. d. **Pa.**) id.

חדד vb. **Pa.**, Imp. חַדֵּד; Pt. pass. p. f. מְחַדְּדָן: wetzen, *whet;* Pt. pass. scharfsinnig, kühn, *sagacious, keen.*

חדא vb. **Pe.**, Impf. 3 s. m. לֶחֱדֵי, יֶחֱדֵי†; Imp. s. f. חֲדַי; Inf. מֶחְדָּא; Pt. act. p. m. חָדוֹ: sich freuen, *rejoice.* ‖ חֶדְוָא n. m. Freude, *joy.* ‖ [חדותא], n. f., c. חֶדְוַת: id.

חֲדַת adj., d. חַדְתָּא; f. d. חֲדַתְּא, חֲדַתִּי, p. f. d. חַדְתָּתָא: neu, *new.*

חוא vb. **Af.**, Pf. 3 s. m. אַחְוִי; Impf. 1 s. אַחְוֵי; Imp. אַחְוִי; Pt. act. s. m. מַחְוֵי, p. m. מַחְווֹ: zeigen, *show;* sq. עַל־, anzeigen, *inform on.*

חוב vb. **Pa.**, Pt. pass. p. m. מְחַיְּבֵי: verpflichten, *obligate.* | **Itpa.**, Pf. 3 s. m. אֲחַיַּב, אִתְחַיַּב: schuldig befunden werden, *be found guilty.* ‖ חוֹבְתָא n. f., p. חוֹבִין†; sf. 3 s. f. חוֹבֵיהּ: Schuld, *guilt.*

חוז. מְחוֹזָא (ass.) n. m., p. מְחוֹזֵי: Stadt, *town.*

חוּטָא n. m., p. חוּטֵי, חוּטִין†: Faden, *thread;* p. Schaufäden, *fringes.*

חִוְיָא n. m. Schlange, *snake.*

חוך vb. **Pe.**, Pt. act. חָיֵךְ, p. חָיְכִי, 1 s. חָיְכָנָא, 2 s. חָיְכַתְּ: lachen, *laugh.* | **Pa.**, Pf. 3 s. m. חַיֵּךְ; Inf. חַיּוֹכֵי: Pt. act. מְחַיֵּךְ, p. מְחַיְּכִי: id. | **Af.**, Pf. 2 s. m. אַחִיכְתְּ; 3 s. m. אַחִיךְ; Impf. 2 p. m. תְּחִיכוּ; Inf. אַחוֹכֵי; Pt. act. p. m. מְחָכוּ: id. V. אחך.‖חוֹכָא n. m. Gelächter, *laughter.*

חול. חָלָא n. m. Sand, *sand.* ‖ חָלְתָא f. nomen unitatis.

חום vb. **Pe.**, Pf. 3 s. m. חָם; Impf. 3 p. m. לְחָסוּ; Pt. act. חָיֵם: schonen, Mitleid haben, *spare, have pity.*

חור vb. **Pa.**, Pt. act. p. m. מְחַוְּרִי: reinigen, *clean;* pass. s. f. d. מְחַוַּרְתָּא: die richtige Meinung, *the correct opinion.* ‖ חִוָּר adj., d. חִוָּרָא; s. f. d. חִוַּרְתָּא, חִוַּרְתִּי, p. f. d. חִוָּרָתָא: weiß, *white.* ‖ חִוַּרְתָּא n. f. weißes Mehl, *white flour.*

חֲזָא vb. **Pe.**, Pf. 1 s. †חֲזֵיתִי, †חֲזֵית, חֲזַי, sf. 2 p. m. חֲזֵיתְנְכוֹ, 3 s. m. חֲזֵיתֵהּ, 3 p. m. חֲזֵיתִנְהוֹ; 1 p. †חֲזֵינַן, חֲזַן, sf. 2 s. m. חֲזֵינָךְ, 3 p. m. חֲזַנְהוֹ, 3 p. f. חֲזַנְנֵהִי; 2 s. m. חֲזֵית, sf. 1 p. חֲזֵיתַּנַן, 3 s. m. חֲזֵיתֵהּ; 3 s. m. c. sf. 3 s. m. חֲזְיֵהּ, f. חַזְיַהּ, p. m. חֲזָנְהוֹ (חֲזִנְהוֹ); 3 s. f. †חֲזָת, חֲזַיָא, חֲזַי, sf. 3 s. m. חֲזִיתֵהּ; 3 p. m. חֲזוֹ, sf. 3 s. m. חַזְיוּהַּ, 3 p. m. חֲזוֹנְהוֹ (חזנהו), 3 p. f. חוּנהִי l. חֲזוֹנְהֵי; Impf. 1 s. אֶחֱזֵי; 2 p. m. תֶּחֱזוֹ(ן); Imp. s. m. חֲזִי, p. m. חֲזוֹ; Inf. לְמֶחֱזֵי; Pt. act. s. m. חָזֵי, p. m. חָזוֹ; 1 s. חָזֵינָא, 1 p. חָזֵינַן, 2 s. חָזַית; pass. s. m. חֲזֵי: sehen, *see;* sq. בְּ betrachten, *look at.* | **Itpe.**, Pf. 3 s. m. אִתְחֲזִי; Pt. מִתְחֲזֵי מִתְחֲזֵי: gesehen werden, aussehen, *be seen, look.* | **Af.**, Imp. אַחֲזִי: zeigen, *show.* | **Ittaf.**, Perf. 3 s. m. אִתַּחֲזִי; Impf. 2 p. m. תִּתַּחֲזוֹ; Inf. †אִתַּחֲזוֹיֵי, אִתַּחֲזָאָה: erscheinen, *appear.*

חזק (hebr.) vb. **Af.**, Impf. 1 s. אַחֲזֵק: halten, *hold;* sq. טוֹבָה et בְּ zu Dank verpflichten, *oblige.*

חִזְרְתָא n. f., p. חִזְרֵי: eine Dornart, *a species of thorns.*

חֲזִירָא n. m., p. חֲזִירֵי: Schwein, *swine.*

חֲטָא vb. **Pe.**, Impf. 2 s. m. תֶּחֱטֵי: sündigen, *sin.* || **חֶטְאָה** n. m., p. c. sf. 3 s. m. חֲטָאֵיהּ (חֶטְאֵיהּ): Sünde, *sin.*

חטט vb. **Pe.**, Pf. 3 s. m. חַט; Pt. act. חָיֵט, חָטֵט: aushöhlen, ausgraben, *hollow out, dig out.* | **Pa.**, Pt. act. מְחַיֵּט: ausgraben, *dig out.* | **Pā.**, Pt. act. מְחָטֵט: id. ||

מַחֲטָא n. m. Nadel, *needle.*

חֲטַף vb. **Pe.**, Pf. 1 s. חֲטַפִי; 3 s. m. c. sf. 3 s. f. חֲטְפַהּ; Imp. חֲטוֹף; Inf. מֶחְטַף: fortreißen, rauben, *snatch away, take by force.*

[1]**חֻטְרָא** n. m. Stab, Rute, *rod.* || **מַחְטְרָא** n. m. Züchtigung mit dem Stock, *beating with a stick.*

[2]**חֻטְרָא** n. m. Hürde, *sheepfold.*

חיא vb. **Pe.**, Pf. 1 s. †חַיִּית; חַיִּי; 2 s. m. חַיִּית; 3 p. f. †חַיָּן; Pt. act. חָיֵי, 1 s. חָיֵינָא, 2 s. חָיֵית: leben, genesen, *live, become well.* | **Af.**, Pf. 3 s. m. c. sf. 3 s. m. אַחְיֵהּ; Inf. אַחוֹיֵי; Pt. act. s. m. מַחְיֵי: wieder beleben, *revive.* ‖ †חַיִין, חַיֵּי n. p. m., sf. 2 s. m. חַיָּךְ: Leben, *life.* | לְחַיֵּי wohlauf, *well and good.* ‖ חַי adj., d. חַיָּא: lebendig, *living.* ‖ חֵיוְתָא n. f., p. חֵיוָתָא: Tier, *animal.*

חַיְתָא n. f. (= syr. ḥettā, √אחד?) Sack, *sac.*

חֵילָא n. m., sf. 1 s. חֵילִי, 2 s. m. חֵילָךְ: Kraft, *strength.* | בְּנֵי חֵילָא Soldaten, *soldiers.*

חַכִּים adj., 2 p. חַכִּימִיתוּ: weise, *wise.* ‖ חָכְמְתָא n. f. Weisheit, *wisdom.*

חכר vb. **Pe.**, Pf. 1 p. c. sf. 3 s. f. חֲכַרְנוּהָ: verpachten, *give in rent.*

חלא[1]. חֲלֵי adj. süß, *sweet.* ‖ חֲלְיָא n. m. Süßigkeit, *sweetness.*

חלא[2] vb., Pt. חָלֵי: bekümmert, *moved.*

חלא[3]. [חליתא] n. f., p. חֲלִיְתָא: Glied, Stück, *portion.*

חַלְבָא n. m. Milch, *milk.*

חלט vb. **Pe.**, Impf. 3 s. m. לֶחֱלוֹט: mischen, *mix.* | **Pa.**, Impf. 3 s. m. נְחַלֵּט, id.

חלל[1]. חַלָּא n. m. Essig, *vinegar.*

חלל[2]. חֲלָלָא n. m., p. a. et c. חֲלָלֵי: Höhlung, *hollow space;* p. verborgene Schätze, *hidden treasures.*

חלל[3] vb. **Pa.**, Pt. act. p. מְחַלְּלִי: entweihen, *desecrate.* | **Af.**, Pf. 3 p. m. אַחִלוּ; Impf. 2 p. m. c. sf. 3 s. f. תְּחַלוּנַהּ; Pt. act. מַחֵל, p. m. מְחַלִּין, id. | **Ittaf.**, Impf. 3 s. m. נִתַּחַל, לִתַּחַל (לִתְּחִיל); Pt. s. m. מִתַּחַל, s. m. מִתְּחֲלָא, pass. ‖ [תְּחִלָּה hebr.] תחל vb. denom. **Af.**, Inf. אַתְחוֹלֵי; Pt. s. f. מַתְחֲלָא; 1 p. מַתְחֲלִינַן: anfangen, *begin.*

חלם[1] vb. **Pe.**, Pf. 3 s. f. חֲלַמָה: fest werden, *become solid.*

חלם[2]. חֶלְמָא n. m., 1 s. f. חֶלְמִי; 1 p. חֶלְמִין; 3 s. f. חֶלְמַהּ; p. †חֶלְמִין, חֶלְמֵי; Traum, *dream.*

חלף vb. **Pe.**, Pf. 3 p. c. sf. 3 s. m. חַלְפוּהָ; Impf. 2 s. m. תַּחְלֵף; 3 s. m. לַחֲלֵף, לֶחֱלוֹף; Pt. act. s. m. חָלֵף, f. חָלְפָה; pass. חֲלִיף: vorübergehen, *pass by;* Pt. pass. verwechselt, *changed.* | **Itpe.**, Pf.

3 s. m. אִתְחֲלֵף; Pt. מִתְחֲלַף: verwechselt werden, *be changed.* ‖ **Pa.,** Inf. c. sf. 3 p. f. חֲלוֹפִנְהֵי: umtauschen, *change.* ‖ חֲלָף praep. anstatt, *in the place of.*

חִלְפָּא n. m., p. חִלְפֵי: eine Dornart, *a species of thorns.*

חֻלְקָא, חֲלָקָא n. m. Anteil, *portion.*

חֲלַשׁ vb. **Pe.,** Pf. 3 s. f. חַלְשָׁא; Pt. act. חָלֵשׁ: schwach sein, werden, *be, become faint.* | **Itpe.,** Pf. 3 s. m. אִתְחֲלַשׁ, id. | **Pa.,** Pf. 2 s. m. c. sf. 3 s. m. חַלִּשְׁתֵּהּ: schwach machen, *weaken.* | **Af.,** Pf. 2 s. m. c. sf. 3 s. m. אַחְלִשְׁתֵּהּ, id. ‖ חֻלְשָׁא n. m. Schwäche, *weakness.* ‖ חַלָּשׁ adj., f. חַלָּשָׁא: schwach, *weak.*

[חם] (§13*c*) n. m., sf. 3 s. m. חֲמוּהִ: Schwiegervater, *father-in-law.* ‖ חֲמָתָא n. f., sf. 2 s. m. חֲמָתָךְ: Schwiegermutter, *mother-in-law.*

חמא vb. **Pe.,** Pf. 1 s. †חֲמֵיתִי; 3 s. f. c. sf. 3 s. m. חֲמִיתֵהּ: Impf. 1 s. c. 3 s. m. אֶחְמֵינֵהּ: sehen, *see.* | **Itpe.,** Pf. 3 p. †אִתְחֲמִיאוּ, pass.

חמם vb. **Pe.,** Pf. 3 s. m. חַם; Inf. מֵחַם; Pt. act. חָאֵם, חָיֵם, s. f. חָיְמָא: warm sein, *be warm.* | **Af.,** Pt. act. מַחֵם: erwärmen, *warm up.* ‖ חַמִּים adj., p. m. d. חַמִּימֵי: warm, *warm.*

¹חמר. חֲמָר n. m. et f., d. חֲמָרָא; p. חֲמָרֵי: Esel, Eselin, *he-, she-ass.* | חֲמָרְתָא n. f. Eselin, *she-ass.* | בַּר חֲמָרָא Esel, *ass.* ‖ (בַּר) חַמָּרָא n. m. Eseltreiber, *ass-driver.*

²חמר. חֲמַר n. m., d. חַמְרָא; sf. 2 s. m. חַמְרָךְ; 3 s. m. חַמְרֵהּ: Wein, *wine.* ‖ חֲמִירָא n. m. Sauerteig, *fermented dough.*

חמשׁ, חֲמֵשׁ, חַמְשָׁה n. m. et f. 5. ‖ †חֲמֵשׁ עֶשְׂרֵה, f. חֲמֵ(י)סַר, חֲמֵשׁ סְרֵי, חֲמֵ(י)סְרֵי 15. ‖ חֻמְשָׁא n. m., p. חֻמְשֵׁי: $\frac{1}{5}$.

חֲמָתָא v. חם.

חנא. חֲנוּתָא n. f., p. חֲנְוָן: Gewölbe, Kaufladen, *vaulted room, store.* ‖ חֲנוָּאָה, חֲנוּנָאָה n. m. Krämer, *shop-keeper.*

חנט. [חִטְּתָא] n. f., p. חִטֵּי: Weizen, *wheat.*

חנן vb. **Itpa.,** Pf. 3 s. f. אִתְחַנְּנָא: um Erbarmen flehen, *supplicate.*

חנף vb. **Pa.**, Pf. 1 s. m. חַנֵּפִי: schmeicheln, *flatter*.

חִסְדָּא n. m., p. †חִסְדִין: Gnade, Huld, *favor;* p. Wohltaten, *acts of kindness*.

חסן vb. **Af.**, Impf. 3 p. m. †יַחְסְנוּן: Besitz ergreifen, *occupy*.

חֲסַר vb. **Pe.**, Mangel haben, *be lacking*. | **Pa.**, Inf. חַסּוֹרֵי; Pt. pass. s. m. מְחַסַּר, f. מְחַסְּרָא: fehlen lassen, *cause to be wanting*.

חפף vb. **Pe.**, Pt. act. s. m. חָיֵיף, f. חָיְפָא: abreiben, *rub*.

חֲפוּרָא n. m. junges Gras, *young grass*.

חִפּוּשְׁתָּא n. f. schwarzer Käfer, *blackbeetle*.

חַצְבָּא n. m., p. חַצְבֵּי 1 sf. 3 p. חַצְבֵיְהוֹ: Krug, *pitcher*.

חצד vb. **Pe.**, Impf. 2 s. m. תֶּחֱצַד: ernten, *reap*.

חצל. [מחצלתא] n. f., p. †מַחְצְלָיָא: Matte, *mat*.

חָצִינָא n. m. Axt, *axe*.

חַצִּיף adj. frech, *impudent*. || חֻצְפָּא n. m. Frechheit, *impudence*.

חַקְלָאָה n. m. Bauer, *rustic*.

חקק vb. **Pe.**, Pt. pass. חֲקִיק (חֲקוּק): eingravieren, *engrave*.

חֲרוּבָא n. m. Johannisbrotbaum, *carob tree*.

חַרְבָּא n., p. חַרְבֵי: Schwert, *sword*.

חֲרֵב vb. **Pe.**, Pf. 3 p. †חֲרֵבוּ, חֲרוּב; Impf. 3 s. m. לֶחֱרַב, לֶחֱרֹב: wüste sein, verwüstet werden, zerstört werden, *be, become deserted, destroyed*. | **Pa.**, Pf. 2 s. m. c. sf. 3 s. m. חָרֶבְתֵּהּ; Inf. לְחָרוֹבֵי: zerstören, *destroy*. || **Af.**, Impf. 1 s. c. sf. 3 s. m. אַחַרְבֵהּ; Pt. act. מַחֲרֵב, 2 s. מַחַרְבַתְּ, id. || חֻרְבָּא n. m. Schaden, *injury*.

חַרְדְּלָא n. m. Senf, *mustard*.

חרט vb. **Itpa.**, Impf. 2 s. m. תִּתְחָרַט; Imp. אִתְחָרַט: bereuen, *regret*.

חרך vb. **Pe.**, Pt. pass. s. f. חֲרִיכָא: anbrennen, *burn*. | **Pa.**, Pf. 3 p. c. sf. 3 p. חָרְכוּנְהוֹ l. חרכינהו; Impf. 3 s. m. לְחָרֵךְ, נְחָרֵךְ; Pt. act. מְחָרֵךְ; pass. p. f. מְחָרְכָן: versengen, *singe, scorch*. | **Itpa.**, Pf. 3 s. m. אִתְחָרַךְ; Inf. אִתְחָרוֹכֵי, pass.

¹חרף. חָרִיף adj., s. f. d. חֲרִיפְתָא: scharf, *sharp, keen.* ‖ חֶרְפָּא n. m. Schärfe, etwas Scharfes, *keennees, something sharp (bitter).*

²חרף vb. **Af.**, Imp. p. m. אַחְרִפוּ: früh sein, *be early.*

חֲרִיצָא n. m., p. חֲרִיצֵי: Graben, *ditch.*

חרק vb. **Pe.**, Impf. 3 s. m. לֶחְרֹק: einschneiden, *make an incision.*

¹חרר. חַר adj., p. m. חָרֵי; p. f. חָרָתָא: frei, *free.* | חֵרוּ n. f. Freiheit, *freedom.*

²חרר. חֹרָא n. m. Loch, *hole.*

חשב vb. **Pe.**, Impf. 3 s. m. לֶחְשֹׁב, Inf. מֶחְשַׁב; Pt. pass. חֲשִׁיב, f. חֲשִׁיבָא; p. d. חֲשִׁיבֵי; 1 s. חֲשִׁיבְנָא, 1 p. חֲשִׁיבִינַן, 2 s. חֲשִׁיבְתְּ: rechnen, achten, *count, esteem.* | **Pa.**, Pt. act. p. m. †מְחַשְּׁבִין: planen, *plan.* ‖ מַחְשַׁבְתָּא n. f., p. c. sf. 3 s. m. מַחְשְׁבָתֵהּ: Gedanken, Plan, *thought, plan.*

חשד **Pe., Pa.**, Pf. 2 s. m. c. sf. 1 p. חֲשַׁדְתַּנַן, חֲשַׁדְתְּנַן: verdächtigen, *suspect.*

חשך vb. **Itpe.**, Pf. 3 s. m. אִתְחֲשֵׁךְ: finster werden, *grow dark.* | **Pa.**, Imp. p. m. חַשְׁכוּ; Pt. act. p. m. מְחַשְּׁכִי, pass. p. f. מְחַשְּׁכָן: dunkel machen, spät sein, *darken, be late.* ‖ **Af.**, Imp. p. m. אַחְשְׁכוּ: spät sein, *be late.* ‖ חֲשׁוֹךְ adj., d. חֲשׁוֹכָא; p. d. †חֲשׁוֹכַיָּא: finster, elend, *dark, poor.* ‖ חֲשׁוֹכָא n. m. Finsternis, *darkness.*

חשש vb., **Pe.**, Pf. 1 s. חַשִּׁי, חַשֵּׁי; 3 s. m. חַשׁ; 3 s. f. †חַשַּׁת; Impf. 1 p. נֵחשׁ; Pt. act. 1 p. חָיְשִׁינַן: leiden, besorgt sein, *suffer pain, care.*

חתך vb. **Pe.**, Pf. 3 s. m. c. sf. 3 p. f. חֲתַכִנְהִי: schneiden, *cut.*

חתם vb. **Pe.**, Imp. p. חֲתַמוּ; Pt. act. 1 s. חָתְמִינַן; pass. p. m. חֲתִימֵי; 2 p. חֲתִימִיתוּ: unterzeichnen, *sign, subscribe;* schließen, *close.*

חַתְנָא n. m., p. חַתְנֵי, חַתְנְוָתָא: Bräutigam, Schwiegersohn, *bridegroom, son-in-law.*

ט

טבח vb. **Pe.**, Pt. act. 2 s. טָֽבְחַתְּ: schlachten, *kill.* ‖ טַבָּחָא n. m. Schlächter, *butcher.*

טַבְיָא n. m., p. טְבֵי: Gazelle, *antelope.*

טְבַל vb. **Pe.**, Imp. p. טְבֹלוּ: eintauchen, *be immersed.*

טַבְלָא n. m. Pauke, *drum.*

טבע vb. **Pe.**, Pt. act. 1 s. טָֽבְעָנָא, 1 p. טָֽבְעִינַן: versinken, *be drowned.* ‖ **Pa.**, Inf. לְטַבּוֹעֵי Pt. act. מְטַבַּע; pass. p. f. מְטַבְּעָן: versenken, einsenken, *drown, fix deep.*

[1]טְהַר vb. **Pe.**, rein sein, abgeschafft sein, *be clean, be clean gone.* ‖ **Pa.**, Pf. 3 s. m. c. sf. 3 p. טָֽהֲרִנְהוֹ: für rein erklären, *pronounce clean.*

[2]טהר. טֵֽהֲרָא n. m. Mittag, *noon.*

טוא **Pa.**, Pf. 1 p. טַוֵּינָא†: rösten, *roast.*

טוט interj. tut! *toot!*

טוֹפָנָא n. m. Sintflut, *deluge.*

טוּר n. m. Berg, *mountain.*

טְחַן vb. **Pe.**, Pf. 2 s. m. טְחַנְתְּ; Imp. טְחַן; Pt. act. p. m. טָֽחֲנִין†, טָֽחֲנֵי, sf. 3 s. m. טָֽחֲנוֹהִי†; pass. s. m. d. טְחִינָא: mahlen, *grind.*

טיב, טוב vb. **Af.**, Pt. act. מְטִיב†: Gutes tun, *do good, deal well.* ‖ טָב adj., d. טָבָא; s. f. טָבָא: gut, *good.* | יוֹמָא טָבָא Feiertag, *holiday.* ‖ טוּבָא n. m. Güte, *goodness.* | טוּבֵיהּ דְּ heil dem, der, *happy he, who.* ‖ טוּבָא adv. viel, sehr, *much, very.* ‖ טֵיבוּ n. f., d. טֵיבוּתָא; sf. 2 s. m. טֵיבוּתָךְ: Güte, Wohltat, *goodness, kindness.*

טִינָא n. m. Schlamm, *mud.*

טַיָּעָא n. m. Araber, *Arab.* | טַיָּעוּת ad. arabisch, *in Arabic.*

[1]טלל vb. **Itpe.**, Pf. 2 p. m. אִטַּלַּלְיתוּן†: spielen, *play.* | **Pa.**, Pt. act. מְטַלֵּל: scherzen, *sport.*

[2]טלל. טְלָלָא n. m. Schatten, *shadow.* | טלל vb. denom. **Pe.**, Pt. act. p. מְטַלְּלֵי: überschatten, *overshadow.* ‖ טְלָלָא n. m. Dach, *roof.* ‖ מַטְלַלְתָּא n. f., p. מַטְלָלָתָא, מַטַּלֵּי:

Bedachung, Hütte, *roofing, booth.*

טלע vb. **Af.**, Pf. 3 s. m. אִטְלַע; Imp. אַטְלַע: nach einer Seite stellen, *turn sidewards.*

טמר vb. **Pe.**, Pt. pass. s. f. d. טְמִירְתָא: verbergen, *hide.* | **Itpe.**, Imp. p. m. אִטְּמַרוּ: sich verbergen, *hide oneself.* | **Pa.**, Pt. pass. p. f. מְטַמְּרָן: verborgen, *hidden.*

טמשׁ vb. **Pe.**, Pf. 3 s. m. c. sf. 3 s. m. טַמְשֵׁהּ; Pt. act. טָמֵשׁ: eintauchen, *dip.*

טְנָא v. טען.

טַנְדוּ (pers.) adv. zu zweien, *two together.*

טעא vb. **Pe.**, Impf. 3 p. לִטְעוֹ; Inf. מִטְעָא: irren, *err.*

טְעֵם vb. **Pe.**, Pf. 2 s. m. טְעֵמְתְּ; 3 s. m. c. sf. 3 p. †טְעֲמִנּוּן; Impf. 3 s. m. לִטְעֹם; Imp. s. m. טְעֹם, p. m. טְעמוּ; Inf. מִטְעַם: kosten, *taste.* | טַעֲמָא n. m., sf. 2 s. m. טַעֲמָיךְ: Grund, Meinung, *reason, opinion.*

טען vb. **Pe.**, Pf. 3 p. טְעוּן; Pt. act. טָעֵן; pass. s. m. טְעִין, p. m. טְעִינֵי: 1. beladen, tragen, *load, bear,* 2. anklagen, *sue.* || טְנָא n. m. Last, *burden.* || אַטוּ praep. um willen, wegen, *for the sake of., on account of;* part. interr. = num.

טפא vb. **Pe.**, Pt. pass. s. m. טְפֵי, f. טַפְיָא, p. טְפוֹ: überfließen, *be abundant.* | טְפֵי adv. viel, sehr, mehr, *much, very, more.*

טְפְרָא n. f., p. c. sf. 3 s. m. טְפְרֵיהּ: Klaue, *claw.*

[טִפְשָׁא] n. m., p. טִפְשָׁאֵי: dummer Mensch, *fool.*

טְרָא vb. **Pe.**, werfen, *throw.*

טְרַד vb. **Pe.**, Pf. 3 s. m. c. sf. 3 p. m. טְרַדִנְהוֹ; Pt. pass. טְרִיד, p. טְרִידִי: vertreiben, *drive away;* Pt. pass. beschäftigt, *busy.* | **Itpe.**, 3 s. m. אִטְּרֵד; Impf. 2 p. m. תִּטַּרְדוּ; Inf. לְאִטְּרוֹדֵי; Pt. מִטְּרֵד, 1 s. מִטְּרֵדְנָא: beschäftigt sein, *be busy.*

טרח vb. **Pe.**, Impf. 1 s. אֶטְרַח; Pt. act. 1 s. טָרַחְנָא, 1 p. טָרְחִינַן; pass. s. f. טְרִיחָא: sich mühen, *take pain, trouble oneself;* Pt. pass. lästig, *burdensome.* | **Af.**,

Pf. 3 p. m. c. sf. 3 s. m. אַטְרְחוּהַ, 3 p. m. אַטְרְחוּנְהוֹ; Pt. act. מַטְרַח: bemühen, *trouble.*

[1]טרף vb. **Pe.**, Pf. 3 s. f. טְרַפָא: klopfen, *knock.* ‖ **Itpe.**, Pt. f. s. מִטַּרְפָא: entrissen werden, *be snatched.*

[2]טרף . טִרְפָּא n. m., sf. 2 s. m. טִרְפָּךְ: ein gerichtliches Dokument, das dem Gläubiger gestattet, vom Schuldner verkaufte Grundstücke den Käufern zu entreißen, *a document which permits the seizure of property sold by the debtor.*

טרק vb. **Pe.**, Imp. p. m. טְרֻקוּ; Pt. act. טָרֵק: 1. schlagen, stechen, *strike, sting;* 2. verschließen, *close.*

טשא vb. **Pe.**, Pf. 3 p. m. טְשׁוֹ; Pt. pass. טְשֵׁי, p. טְשׁוֹ: sich verbergen, *hide oneself.*

י

יאה vb. **Pe.**, Pt. act. יָאֵי: schön, passend, *fair, comely.*

יַבְלָא n. m. Gras, *grass.*

יבל vb. **Af.**, Pt. act. p. m. †מוֹבְלִין, p. f. מוֹבְלָן: hinführen, bringen, *conduct, bring.*

יבם vb. **Pa.**, Imp. יַבֵּם; Inf. c. sf. 3 s. f. לְיַבּוֹמַהּ: die Schwagerehe vollziehen, *do a brother-in-law's office.*

יבשׁ vb. **Pa.**, Pt. pass. p. m. מְיַבְּשֵׁי: trocken machen, *dry up.* ‖ יַבִּישׁ adj. trocken, *dry.* | יַבֶּשְׁתָּא (= s. f. d.): trockenes Land, *dry land.*

יְדָא n. f., sf. 1 s. †יְדִי, †יַד, יַדִי; 2 s. m. יְדָךְ; p. (sive du.) c. sf. 3 s. m. יְדֵיהּ, 3 p. m. יְדֵיהוֹ: Hand, *hand.* ‖ אַיְדֵי דְ (= עַל־יְדֵי) conj. da, weil, *since, because.* ‖ בִּידֵהּ דְ praep. durch, *through.* ‖ דִּידִי etc. (§§10*b*; 48*d*) mein, *my* etc.; לְדִידִי etc. (§61*b*) mich, *me* etc.

ידא vb. **Af.**, 3 s. m. אוֹדִי; Inf. אוֹדוּיֵי; Pt. act. מוֹדֵי, p. מוֹדוֹ: 1. gestehen, *confess;* 2. danken, *give thanks.*

ידע vb. **Pe.**, Impf. 3 p. m. לִדְעוּ, sf. 2 s. m. לִדְעוּךְ; Inf. מַדַּע; Pt. act. s. m. יָדַע, p. m. יָדְעֵי, 1 s. יָדַעְנָא,

1 p. יְדַעְנַן, 2 s. יְדַעְתְּ, 2 p. יְדַעְיתוּ(ן); pass. s. m. יְדִיעַ: wissen, *know.* | **Af.**, Pf. 2 s. m. †הוֹדַעְתְּ, sf. 1 s. אוֹדַעְתַּן; Impf. 3 s. m. c. sf. 3 s. m. נוֹדְעֵהּ; Inf. לְאוֹדוֹעֵי; Pt. act. מוֹדַע, sf. 3 s. m. מְוֹדְעֵהּ; 1 s. מְוֹדַעְנָא; 2 s. c. sf. 1 s. מְוֹדַעְתַּן: kund tun, benachrichtigen, *make known, declare, inform.* || דַּעְתָּא n. f. (m.), sf. 1 s. דַּעְתַּי; 1 p. דַּעְתַּ(י)ן; 2 s. m. דַּעְתָּךְ; 2 p. m. דַּעְתַּיְכוֹ: Bewußtsein, Verstand, Meinung, *consciousness, mind, opinion.* V. s. נפל, סלק. || מְוֹדָעָא n. m. Erklärung, *declaration.* || אשתמודע vb. denom., Pf. 1p.c. sf. 3 s. m. אִשְׁתְּמוֹדַעְנוֹהִי: anerkennen, identifizieren, *recognize, identify.* || †מִדַּעַם, מִדֵּי: etwas, *something.*

יְהַב vb. **Pe.**, Pf. 1 s. c. sf. 3 s. m. יְהַבְתֵּהּ; 1 p. †יְהַבְנָא, †הַבְנַן, †יְהַבִינַן; 2 s. m. יְהַבְתְּ; 3 s. m. וִיהַב, דִּיהַב, c. sf. 2 s. m. יְהָבָ(י)ךְ; 3 s. f. †!יְהַבַתְּ; 3 p. m. †יְהַבוּ (הֲבוּ); Impf. 1 p. נִתֵּב (§30dζ), 3 s. m. נִתֵּב; Imp. s. m. הַב, sf. 3 s. m. יְהֲבֵהּ, הַבְיֵהּ, f. הֲבַהּ; p. הַבוּ; Inf. מֵיהַב, מִתַּב, מִתְּבָא; Pt. act. s. m. יָהֵב, f. יָהֲבָא, p. m. †יָהֲבִין, יָהֲבִי, יָהֲבוּ; 1 s. יָהֲבְנָא, 2 s. יָהֲבַתְּ; pass. p. m. יְהִיבִי: geben, *give;* Pt. pass. gelegen, *placed.* | י׳ שְׁלָמָא sq. לְ grüßen, *greet.* | י׳ עֵינֵיהּ sq. עַל־ begehren, *desire.* || **Itpe.**, Pf. 3 s. f. †אִתְיְהִבַת, pass.

יְהוּדָאָה n. m. Jude, *Jew.*

יהר vb. **Itpa.**, Pt. מִיַּהַר: sich überheben, *be overbearing.* || יַהִיר adj., p. f. יַהִירָן: übermütig, *arrogant.* || יְהָרָא n. m., יַהִירוּתָא n. f. Übermut, *arrogance.*

יוֹמָא n. m., p. a. †יוֹמִין, יוֹמֵי; sf. 2 s. m. יוֹמָךְ: Tag, Tageslicht, *day, daylight.* || בִּימָמָא adv. am Tage, *during the day.* || מִן־ יוֹמָא דְ conj. seit, *since.*

[יוֹנְתָא] n. f., sf. 1 f. †יוֹן; 2 s. m. יוֹנָ(י)ךְ; p. יוֹנֵי: Taube, *dove.*

יזף vb. **Pe.**, Pt. act. יָזֵף: 1. borgen, *borrow;* 2. leihen, *lend.* | **Af.**, Pf. 1 s.

c. sf. 2 s. m. אוֹזְפְתָּךְ; 2 s. m. אוֹזֵפְתְּ; Inf. c. sf. 3 p. f. אוֹזְ[וֹ]פִנְהֵי; Pt. p. m. מוֹזְפִי: leihen, *lend.*

יכח vb. **Af.**, Impf. 3 s. m. נוֹכַח; Pt. pass. s. f. מוֹכְחָא: zurechtweisen, feststellen, beweisen, *reprove, decide, prove.*

יכל vb. **Pe.**, Pf. 1 s. †יְכֵלְת, יְכֵלִי; Pt. act. יָכֵל, 1 p. יָכְלִינַן, 2 s. יָכְלַתְּ: können, vermögen, *be able;* sq. לְ: überwältigen, *overcome.*

ילד vb. **Pe.**, Pf. 3 s. f. יְלַדַת, יְלָדָה: gebären, *bear.* | **Itpe.**, Pf. 3 p. f. אִתְיְלִדָא; Pt. מִתְיְלֵד, pass. | **Af.**, Impf. 2 s. m. תוֹלֵד; Imp. אוֹלֵד: zeugen, *beget.* ‖ וְלַד n. m., sf. 3 s. f. וַלְדַהּ: Kind, *child.*

ימם. יַמָּא n. m. Meer, *sea.*

יַמִּין adj., s. f. יַמִּינָא: rechte Hand (rechter Fuß), *right hand (foot).* ‖ ימן vb. denom. **Af.**, Pf. 3 s. m. אַיְמֵן: rechts stehen, *choose the right.*

יָנוּקָא n. m., p. יָנוּקֵי: Knabe, *boy.* | יָנוּקְתָא n. f. Mädchen, *girl.* ‖ יַנְקוּתָא n. f., sf. 3 s. m. יַנְקוּתֵהּ: Jugend, *youth.*

יסף vb. **Af.**, Pf. 1 s. †אוֹסֵפְת; Inf. לְאוֹסוֹפֵי: hinzufügen, *add.* | **Ittaf.**, Pf. 3 s. f. אִתּוֹסַפָא, Impf. 3 p. m. לִתּוֹסְפוּ, pass.

[יִסּוּרָא] n. m., p. יִסּוּרֵי: Züchtigung, *chastisement.*

יעד. [מוֹעֲדָא] n. m., p. †מוֹעֲדַיָּא: Fest, *festival.*

יעץ (hebr.) vb. **Pe.**, Pt. act. p. m. יָעֲצִי, יָעֲצוּ: raten, *advise.* | **Pa.**, Pt. act. p. m. מְיָעֲצִי: Rat pflegen, *take counsel.*

יַצִּיב adj., d. יַצִּיבָא: einheimisch, *native.*

יִצְרָא (hebr.) n. m. (böser) Trieb, *(evil) impulse.*

יקד vb. **Af.**, Pf. 3 p. c. sf. s. m. אוֹקְדוּהַּ: anzünden, *kindle.*

יקר vb. **Pa.**, Pt. act. s. f. מְיַקְּרָא: ehren, *honor.* | **Itpa.**, Pf. 3 s. m. אִיַּקַּר; Inf. אִתְיַקּוֹרֵי: teuer werden, *become dear;* geehrt werden, *be honored.* | **Af.**, Imp. p. m. אוֹקְרוּ; Pt. act. s. m. מוֹקֵר, 2 s. מוֹקְרַתְּ: ehren, *honor.* ‖ יַקִּיר adj., f. יַקִּירָא: teuer, *dear.*

ירא vb. **Af.**, Pf. 3 s. m. אוֹרִי; Pt. act. p. m. מוֹרֵין, מוֹרַן:

lehren, *teach.* ‖ אוֹרְיָן n. m., אוֹרָיְתָא n. f. = תּוֹרָה.

יַרְחָא n. m., p. יַרְחֵי: Monat, *month.* | רֵישׁ יַרְחָא: Neumond, *new moon.* ‖ יַרְחִינָאָה: n. m. Astronom (Berechner des Mondlaufes), *astronomer (computer of the course of the moon).*

יָרוֹק, יָרֹק adj., d. יָרְקָא; s. f. יְרוֹקְתִי; p. יְרוֹקֵי: grün, *green.* | יְרַקְרַק adj., s. f. יְרַקְרָקְתִי (§17*c*), id. ‖ יַרְקָא n. m. Kraut, *herbs.*

ירת vb. **Pe.**, Impf. 2 p. m. †תֵּירְתוּן; 3 s. f. תֵּירֹת; 3 p. †יֵרְתוּן: erben, *inherit.*

ישן. שִׁנְתָא n. f. Schlaf, *sleep.*

יָת nota accus., sf. 1 s. יָתִי; 2 p. m. יָתְכוֹן; 3 s. m. יָתֵהּ.

יְתֵב (אִיתֵב) vb. **Pe.**, Pf. 2 s. m. אִיתֵבְתְּ, יְתֵבְתְּ; 3 p. m. †יְתִבוּ; Impf. 1 s. אֵתֵּב; 2 p. m. תֵּתְּבוּ; 3 s. m. נֵתֵּב, לֵתֵּב; Imp. תֵּב (יְתֵב), p. m. אִיתִבוּ; Pt. act. s. m. יָתֵב, f. יָתְבָא, p. m. יָתְבִי, f. †יָתְבָן, 2 s. יָתְבַתְּ, 2 p. †יָתְבִיתּוּן: sitzen, wohnen, bewohnt sein, *sit, dwell, be inhabited.* | **Pa.**, Impf. 3 s. m. c. sf. 3 s. m. נְיַתְּבֵהּ; Pt. pass. s. f. מְיַתְּבָא: beruhigen, *quiet, soothe.* | **Af.**, Pf. 1 s. אוֹתֵבִי; 1 p. c. sf. 3 s. m. אוֹתְבְנֵהּ; 3 s. m. אוֹתֵב; sf. 3 s. m. אוֹתְבֵהּ, 3 p. m. אוֹתְבִנְהוּ; 3 p. m. c. sf. 3 s. f. אוֹתְבוּהָ; Impf. 3 p. m. c. sf. 3 s. m. נוֹתְבוּהָ; Imp. s. m. c. sf. 3 s. f. אוֹתְבַהּ; p. m. c. sf. 1 s. אוֹתְבוּן; Inf. אוֹתוֹבֵי, sf. 2 s. m. לְאוֹתוֹבָךְ; Pt. act. s. m. מוֹתֵב, p. m. מוֹתְבֵי; 1 p. מוֹתְבִינַן; pass. s. f. מוֹתְבָא: setzen, *seat, set, place.* | **Ittaf.**, Impf. 3 p. m. †יִתּוֹתְבוּן; Pt. s. m. מִתּוֹתַב: sich niederlassen, *settle.* ‖ מוֹתְבָא n. m., c. מוֹתַב; sf. 2 s. m. מוֹתְבָךְ: Sitzung, Sitz, Wohnort, *session, seat, home.* ‖ מְתִיבְתָא n. f. (§16*c*V^{a}): Schule, *college.* | רֵישׁ מְתִיבְתָא: Schuloberhaupt, *head of an academy.*

יַתְמָא n. m., p. יַתְמֵי: Waise, *orphan.*

יַתִּיר adj., d. יַתִּירָא: überschüssig, *in excess.* ‖ בְּיַתִּירְתָא adv. übermässig, *to excess.*

כ

כְּ praep. wie, *like, as.* ‖ כַּד, כִּי conj. als, wenn, *when.* ‖ כַּדּוּ adv. schon, jetzt, *now.*

כאב vb. **Pe.,** Pt. כָּאֵב: schmerzen, *pain.* ‖ כֵּיבָא, כְּאֵבָא, n. m. Schmerz, *pain.*

כאר = pers. ẖar Esel, *ass.*

כבא vb. **Pa.,** Pf. 3 s. m. c. sf. 3 s. m. כַּבְּיֵהּ: auslöschen, *extinguish.*

כבב[1]. כִּבָּא n. m. Eiter, *pus.*

כבב[2]. כּוֹכְבָא n. m. Stern, *star.*

כבן. מַכְבַּנְתָּא n. f., sf. 3 s. f. ־נְתַּהּ: Kapuze, *hood.*

כְּבָר adv. längst, *already.*

כברי vb. denom., Inf. כַּבְרוֹיֵי: schwefeln, *fumigate with sulphur.*

כבש vb. **Pe.,** Pf. 1 s. †כְּבַשְׁת; 3 s. f. c. sf. 3 p. f. כְּבַשְׁתִּנְהִי; 3 p. c. sf. 3 s. f. כַּבְשׁוּהַּ; Inf. c. sf. 3 s. f. לְמִכְבְּשַׁהּ; Pt. act. 1 s. כָּבְשְׁנָא: unterdrücken, unterwerfen, *suppress, subdue.* ‖ כִּבְשָׁא n. m., p. כִּבְשֵׁי: Geheimnis, *secret.*

כַּד v. כְּ.

כדד. כַּדָּא n. m. Krug, *pitcher.*

כַּדּוּ v. כְּ.

כְּדִי v. היא.

כְּדַנְיָא n. m. et f., p. כְּדַנְיָתָא: Maultier, *mule.*

כַּהֲנָא n. m. = כֹּהֵן. ‖ כַּהֲנְתָּא n. f., p. כַּהֲנָתָא = בַּת כֹּהֵן, אֵשֶׁת כֹּהֵן.

[כְּוָת] praep., sf. 1 s. †כְּוָתִי, †כְּוָת, כְּוָתִי; 2 s. m. כְּוָתָ(י)ךְ; 2 p. m. כְּוָתַיְכוֹ; 3 s. m. כְּוָתֵהּ; 3 p. m. כְּוָתַיְהוֹ = כְּ.

כַּוְּתָא n. f., p. כַּוֵּי: Öffnung, Fenster, *aperture, window.*

כּוּזָא (pers.) n. m. Krug, *pitcher.*

כון vb. **Pa.,** Pf. 3 s. m. כַּוֵּן; Impf. 3 s. m. לְכַוֵּן; Pt. pass. p. f. †מְכַוְּנָן: richten, *direct.* | **Itpa.,** Pf. 1 s. אִכַּוֵּנִי: beabsichtigen, *intend.* ‖ כֵּן adv. so, *thus.*

כום. כָּסָא n. m., p. כָּסֵי: Becher, *cup.*

כְּוָרָא n. m., p. כְּוָרֵי: Fisch, *fish.*

כַּחֲדָא v. אחד.

כַּחְלָא n. m. Schminke, *eye-paint* (stibium).

כחש vb. **Pe.,** Impf. 3 s. m. לְכְחַשׁ, f. תִּכְחַשׁ; Pt. pass. כְּחִישׁ: mager werden, *become lean;* Pt. pass. schwach, *weak.*

כִּי v. כְּ.

כֵּיבָא v. כאב.

כיל, כול vb. **Pe.,** Impf. 2 s. m. תֵּכוּל; 3 s. m. לֵכִיל; Pt. act. p. m. כַּיְלִי: abmessen, *measure off.*

כִּיסָא n. m., sf. 2 s. m. כִּיסָ(י)ךְ: Beutel, *purse.*

כֵּיפָא n. m., c. כֵּיף: Ufer, *shore.*

כָּךְ adv. so, *thus.*

ככך. כַּכָּא n., p. כַּכֵּי; sf. 1 s. כַּכַּי; 2 s. m. כַּכָּיךְ: Zahn, *tooth.*

כַּכְּרָא n. m., p. כַּכְּרֵי: Talent, *talent.*

כלא[1] vb. **Pa.,** Pt. act. s. f. מְכַלְיָא: vernichten, *wear out.*

כלא[2]. [כליתא] n. f., p. כָּלְיָתָא: Niere, *kidney.*

כַּלְבָּא n. m., p. c. sf. 3 s. m. כַּלְבוֹהִי†: Hund, *dog.*

כַּלְדָּאָה n. m. Mager, *astrologer.*

כלכא = אכלכא q. v.

כלל[1]. כֹּלָּא n. m. כָּל־; sf. 3 s. m. כֻּלֵּהּ, כֻּלֵּי = כֻּלֵּהּ, s. f. כֻּלַּהּ, כֻּלָּא, p. m. כֻּלְּהוֹן†, כֻּלְּהוֹ, p. f. כֻּלְּהֵי, cf. §46. ‖ כְּלוּם: irgend etwas, *anything.* ‖ כְּלָלָא n. m., p. כְּלָלֵי: allgemeine Regel, *general rule.* | מִכְּלָלָא adv. impliciter, *in an implied manner.* | מִכְּלָל דְּ: es ergibt sich, daß, *it follows that.* | לָא . . . כְּלָל: gar nicht, *in no way.* ‖ כלל vb. denom. **Pe.,** Pt. act. s. m. כָּיֵיל, כָּלֵל: eine Regel aufstellen, *establish a rule.* ‖ כְּלִילָא n. m. Krone, *crown.*

כלל[2]. כַּלְּתָא n. f., sf. 3 s. f. כַּלְּתָא; p. c. sf. 2 s. m. כַּלָּתָךְ: Braut, Schwiegertochter, *bride, daughter-in-law.*

כְּלוּם v. כלל[1].

[כַּלְמְתָא] n. f., p. כַּלְמֵי: Wurm, *worm.*

כְּלַפֵּי v. אנף.

כֵּן v. כון.

כנן. כַּנָּא n. m. Stamm, *stem.*

כנע vb. **Itpe.,** Pf. 3 s. f. אִכַּנְעָא, אִכַּנְעֵי: sich demütigen, *humble oneself.*

כַּנְפָּא n. f., sf. 3 s. f. כַּנְפַּהּ; p. (sive du.) c. sf. 2 s. m. כַּנְפִּיךְ: Flügel, Zipfel, *wing, skirt.* ‖ כנף vb. denom. **Pa.,** Impf. 3 p. לְכַנְּפֵי: versammeln, *assemble.* ‖ כְּנוּפְיָא n. Versammlung, *assembly.*

כְּנִישְׁתָּא n. f., p. כְּנִישָׁתָא: Versammlung, *assembly.* | בֵּי כְּנִישְׁתָּא: Synagoge, *synagogue.*

כסא vb. **Pe.,** Pt. pass. p. m. כְּסַן: verbergen, *hide.* | **Pa.,** Pf. 3 s. m. c. sf. 1 s. כַּסְּיַן; Imp. כַּסִּי, sf. 3 p. m. כַּסִּינְהוֹ; Pt. pass. 2 s. מְכַסְּיַת: bedecken, *cover.* | **Itpa.,** Pf. 3 s. m. אִכַּסִּי; 3 s. f. c. sf. 3 p. אִכַּסְּיִתְנְהוֹ pass.

כסם. מִכְסָא n. m. Zoll, *tax.*

כסף vb. **Pe.,** Pt. pass. s. f. כְּסִיפָא לְהוֹ: כְּסִיפָא: sie schämen sich, *they are bashful* (§55*d*). | **Itpe.,** Impf. 2 p. m. תִּכַּסְפוּ; 3 s. m. לִכַּסֵּף; 3 p. m. לִכַּסְפוּ; Pt. s. m. מִכְּסֵף: sich schämen, beschämt werden, *be ashamed, be put to shame.* | **Pa.,** Pf. 2 s. m. c. sf. 3 s. m. כַּסֵּפְתֵּהּ: beschämen, *put to shame.* ‖ כַּסְפָּא n. m., a. כְּסַף: Silber, *silver.* ‖ כְּסוּפָא n. m. Scham, *shame.*

כְּפוֹתָא n. f., p. כְּפוֹיֵי (כְּבוֹיֵי): Mist, *dung.*

כפל vb. **Itpe.,** Imp. אִכְּפַל: sich angelegen sein lassen, *make it one's business.*

כפן vb. **Pe.,** Pf. 1 p. כְּפֵנַן; 3 p. כְּפוֹן; Pt. act. 1 p. כָּפְנִינַן, 2 s. כָּפְנַתְּ: hungrig sein, *be hungry.* ‖ כְּפֵן adj. hungrig, *hungry.* ‖ כַּפְנָא n. m. Hunger, *hunger.*

כפף vb. **Pe.,** Imp. כֹּף; Pt. act. כָּיֵף; pass. p. f. כִּיפָן: beugen, überwinden, *bend, subdue.* | **Pa.,** Impf., 3 s. m. c. sf. 3 s. m. לְכַיְּפֵהּ: umbiegen, *bend over.* ‖ כַּפָּא n. f., Schale, *bowl.*

כפר vb. **Pe.,** Pt. act. כָּפַר: abwischen, *wipe.* | **Pa.,** Inf. כַּפּוֹרֵי; Pt. pass. מְכַפַּר: abwischen, sühnen, *wipe off, expiate.* | **Itpa.,** Impf. 3 s. m. לִכַּפַּר; Pt. מִתְכַּפַּר: gesühnt werden, *be expiated.* ‖ כִּפּוּרָא n. m., p. כִּפּוּרֵי: Versöhnung, *atonement.* ‖ יוֹמָא דְכִפּוּרֵי: Versöhnungstag, *day of atonement.*

כפת vb. **Pe.,** Pf. 3 s. m. c. sf. 3 s. m. כַּפְתֵּהּ: fesseln, *chain.*

כּוֹרָא n. m. kōr, ein Maß, *a measure.*

כרא . כַּרְיָא n. m. Haufe, *heap.*

כְּרָבָא n. m. Kohl, *cabbage.*

כְּרָגָא n. m. Kopfsteuer, *poll tax.*

כְּרַךְ vb. **Pe.**, Pf. 1 s. c. sf. 3 s. m. כְּרַכְתֵּהּ; 3 s. m. c. sf. 3 s. m. כַּרְכֵהּ; 3 p. m. c. sf. 3 p. m. כְּרַכִינְהוֹ, 3 p. f. כְּרַכוּנְהִי; Imp. p. m. כְּרְכוּ; Pt. act. כָּרֵךְ, p. כָּרְכִי: umwickeln, zusammenwickeln, *wrap, wrap up.* כְּרַךְ רִיפְתָא: eine Mahlzeit halten, *dine.* | **Itpe.**, Pf. 3 s. m. אִכְּרַךְ: eingehüllt sein, *be wrapped up.* ‖ כַּרְכָא n. m., p. c. כַּרְכֵי: Stadt, *city.*

כרכש vb., Inf. כַּרְכּוֹשֵׁי: abschütteln, *shake off.*

כַּרְכְּשָׁא n. m., sf. 3 s. m. כַּרְכְּשֵׁהּ: Mastdarm, *gut.*

כַּרְכְּשְׁתָּא n. f. Wiesel, *weasel.*

כַּרְמָא n. m., p. d. †כַּרְמַיָּא: Weingarten, *vineyard.*

כַּרְסָא n. m., sf. 2 s. m. כַּרְסָךְ; 3 s. m. כַּרְסֵהּ: Bauch, *belly.*

כְּרָעָא n. f., sf. 1 s. כְּרָעַי; 3 s. f. כְּרָעָא; p. (sive du.) כְּרָעֵי, sf. 2 s. m. כְּרָעָךְ; 3 s. m. כְּרָעֵיהּ; 3 p. m. כְּרָעַיְהוֹ: Fußgelenk, Fuß, *ankle, leg, foot.*

כרשי (כרשא, כרישא, כריש) n. m. Haifisch, *shark.*

כשל vb. **Af.**, 3 s. m. c. sf. 3 s. m. אַכְשְׁלֵהּ: straucheln machen, *cause to stumble.*

כָּשׁוֹרָא (ass.) n. m., p. כָּשׁוֹרֵי: Balken, *beam.*

כתב vb. **Pe.**, Pf. 1 p. c. sf. 3 s. m. כְּתַבְנוֹהִי; 3 s. m. c. sf. 3 p. m. כְּתַבִנְהוֹ; Impf. 2 p. m. תִּכְתְּבוּ; Imp. p. m. כְּתֻבוּ, כְּתַבוּ; Inf. לְמִכְתַּב; Pt. act. 1 s. כָּתְבְנָא, 2 p. †כָּתְבִיתּוּן; pass. s. m. כְּתִיב: schreiben, *write.* ‖ **Itpe.**, Pt. p. f. מִכַּתְּבָן: eingetragen werden, *be registered.* ‖ מַכְתְּבָא n. m. Griffel, *stile.*

כִּתָּנָא n. m. Flachs, *flax.*

כַּתְפָא (כַּפָּא) n. f. (m.), sf. 3 s. m. כַּתְפֵהּ (כַּפֵּהּ): Schulter, *shoulder.* ‖ כתף vb. denom. **Pa.**, Pt. act. מְכַתֵּף, p. מְכַתְּפִי; 1 s. מְכַתְּפְנָא, 1 p. מְכַתְּפִינַן: aufladen, tragen, *carry on the shoulder.*

ל

לְ praep., sf. 1 s. לִי, נְהַלִי; 1 p. לַנָא†, לַן, נְהַלַן; 2 s. m. לָ(י)ךְ, נְהַלָךְ, f. לֵךְ, לָךְ, p. m. לְכוֹן†, לְכוֹ; 3 s. m. לֵהּ, נְהַלֵהּ, f. לַהּ, נְהַלַהּ, p. m. לְהוֹן†, נְהַלֵיהוֹ, p. f. לְהֵי: zu, für, *to, for;* nota accusativi (§61*b*). | 1 p. דִילַן; 2 p. m. דִילְכוֹן; 3 s. m. דִילֵהּ, p. m. דִילְהוֹן (§48*d*). | בְדִיל praep. wegen, *on account of.*

לָא, לֵו (§67) adv. nicht, nein, *not, no.* | לָא אִית v. אִית.

לאי vb. **Pe.,** Pt. pass. לְאֵי: müde, *tired.*

לאך. מַלְאַךְ n. m., d. מַלְאֲכָא; p. מַלְאֲכֵי: Engel, *angel.*

לבב[1]. לִבָּא n. m., sf. 1 s. לִבִּי; 2 s. m. לִבָּךְ: Herz, *heart.* | אַלִבָּא דְ: im Sinne von, *according to.*

לבב[2]. לוּלָבָא n. m. Palmzweig, *branch of a palm.*

לבן. לְבֵנְתָא n. f., p. לִבְנֵי: Ziegel, *brick.*

לבש vb. **Pe.,** Pf. 3 s. f. c. sf. 3 p. לְבֵשְׁתִנְהוֹ; Impf. 1 s. c. sf. 3 s. m. אֶלְבְּשֵׁנֵהּ, אֶלְבְּשֵׁהּ; 3 s. m. יִלְבַשׁ; Imp. לְבַשׁ; Inf. לְמִלְבַּשׁ; Pt. pass. p. c. sf. 3 p. f. לְבִישַׁיְהֵי: anziehen, *put on;* Pt. pass. bekleidet, *clothed.* | **Af.,** Pt. act. מַלְבֵּשׁ: bekleiden, *clothe.* || לְבוּשָׁא n. m., sf. 3 s. m. לְבוּשֵׁהּ: Gewand, *garment.*

להא vb. **Šaf.,** Pt. pass. מְשַׁלְהֵי: ermüdet, *tired.*

לְהֲדֵי v. אחד.

לוא vb. **Itpe.,** Pf. 3 s. m. אִתְלְוִי: sich anschließen, *join.* | **Pa.,** Pf. 3 s. m. c. sf. 2 s. m. לַוְיָךְ; Impf. 3 s. m. יְלַוֵּהּ†; 3 p. m. c. sf. 3 s. m. יְלַוּוּנֵהּ†: begleiten, *accompany.* | **Af.,** Pf. 3 s. m. c. sf. 2 s. m. אַלְוְיָךְ id.

לֵוָאָה n. m. Levit, *Levite.* | בַר לֵוָאֵי id.

לוּבָא, לוּבָאָה n. m., p. m. לוּבָאֵי, f. d. לוּבִיתָא: aus Libyen, *Libyan.*

לוּגָא n. m. Log, *log* (ein Maß, *a measure*).

לוט vb. **Pe.,** Pf. 1 s. c. sf. 3 s. m. לְטְתֵהּ; Impf. 1 s. c. sf. 3 s. m. אֶלְטְיֵהּ; 3 s. m. לָט; Inf. מלט 1 sf. 3 s. m.

לְמַלְטְיֵהּ; Pt. act. s. m. d. לָאֲטָא, לָיְטָא, 2 s. לָיְטַתְּ; pass. s. m. d. לוּטָא, לְוָטָא: verfluchen, *curse.* | **Pā.**, Pt. act. s. m. d. מְלַטְּטָא id.

לוּשׁ, לִישׁ vb. **Pe.**, Impf. 2 p. m. תְּלוּשׁוּ, תְּלִישׁוּ; Imp. p. m. לוּשׁוּ, לִישׁוּ; Pt. act. 1 p. לָיְשִׁינַן: kneten, *knead.* ‖ לִישָׁא, לֵישָׁה n. m. Teig, *dough.*

לְוָת praep., sf. 1 s. †לְוָתִי, †לְוָת; 2 s. m. לְוָתָ(י)ךְ: zu, *to.*

לְחוּד v. אחד.

לְחַיֵּי v. חיא.

לַחְמָא n. m., sf. 2 s. f. לַחְמֵךְ: Brot, *bread.*

¹לְחֵשׁ vb. **Pe.**, Impf. 2 s. m. תִּלְחֹשׁ; Imp. s. m. לְחֹשׁ: flüstern, *whisper.*

²לחשׁ vb. **Pa.**, Pt. act. p. f. מְלַחֲשָׁן: glühend, *glowing.*

לֵיכָּא v. אִית.

לֵילְיָא n. m., p. לֵילָוָתָא, לֵילְוֵי: Nacht, *night.* ‖ לִילִיתָא n. f. = לִילִית (weiblicher Dämon, *female demon*).

לֵיצָנוּתָא n. f. Spott, *scoffing.*

לֵית v. אִית.

למד. תַּלְמִידָא n. m., p. †תַּלְמִידִין, תַּלְמִידֵי, sf. 2 s. m. תַּלְמִידָךְ; 3 p. m. †תַּלְמִידֵיהוֹן: Schüler, *disciple.* ‖ תַּלְמוּדָא n. m. Talmud.

לִסְטָאָה (gr.) n. m. Räuber, *robber.* ‖ לִסְטֵיוּתָא n. f. Räuberei, *the robber's business.*

לָעוֹזָא n. m. Fremdsprachiger, *speaker of a foreign language.*

לִפְדָּא (gr.) n. m. Pfanne, *pan;* eine aus Feigen verfertigte Speise, *a dish made of figs.*

לקא vb. **Pe.**, Pt. act. לָקֵי: geschlagen werden, *be beaten.*

לִשָּׁן n. m., d. לִשָּׁנָא: Zunge, Ausdruck, *tongue, expression.*

לתת vb. **Pe.**, Pt. act. p. m. לָתְתֵי: anfeuchten (Getreide), *moisten (grain).*

מ

מְאָה n. f., du. מָאתַן, 100.

מוּמָא (hebr.) n. m. Makel, *blemish.*

מָ(א)נָא n. m., p. מָ(א)נֵי; c. מָאנֵי; sf. 2 p. m. מָנֵיכוֹ; 3 s. m. מָאנֵיהּ; 3 p. m. מָנֵיהוֹ(ן): Gefäß, Gerät, Gewand, *vessel, utensil, garment.*

מאס vb. **Pe.**, Inf. מִמְאַס; Pt. pass. מְאִים: verachten, *despise;* Pt. pass. widerlich, *loathsome.*

מַבְרָא, מַבּוֹרָא v. עבר.

מַגָּן adv. umsonst, *gratuitously.*

אַמְגוּשָׁא n. m. Magier, *magician.*

מְדַבְּרָנָא, מַדְבְּרָא v. דבר.

מדד. מַדָּא n. m., sf. 2 s. m. מַדָּךְ: Kleid, *garment.*

מַדַּי v. ידע.

מְדִינְתָּא v. דִּין.

מְדִנְחָא v. דנח.

מַדַּעַם v. ידע.

מָה, מָא, מַי pron. interr. (§§11*a*; 50*ad*) was? *what?* | אַמַּי: warum? *wherefore?* | בְּמַי: worin? womit? *wherein? wherewith?* | כְּמָה: wie, *how.* | לְמָה: wozu? *wherefore?* | דִּילְמָא: daß nicht etwa, *lest;* vielleicht, *perchance.* | מָה דְ, מַי דְ: dasjenige, welches, was, *that which, what.* | כְּמָה דְ conj. wie, *as.*

מַהְדּוֹרָא v. הדר.

מהל vb. **Pe.**, Imp. p. m. מְהָלוּ; Pt. act. 1 p. מְהָלִינַן, 2 p. מְהָלִיתוּ: beschneiden, *circumcise.* ‖ מְהוֹלָא n. m. Beschneider, *circumciser.*

מוֹדָעָא v. ידע.

מון (?). מָמוֹן n. m., d. מָמוֹנָא: Geld, *money.*

מוֹעֲדָא v. יעד.

מוֹרָנָא n. m. Made, *worm.*

מוש vb. **Pe.**, Impf. 3 s. f. תְּמוּשׁ; imp. מוּשׁ: zubereiten, *prepare.*

מות, מית vb. **Pe.**, Pf. 3 s. m. מִית, f. †מִיתַת, מִיתָא; 3 p. m. †מִיתוּ; Impf. 3 s. m. †יְמוּת, f. †תְּמוּת; 3 p. m. †יְמוּתוּ(ן), †לְמִתוּן, לֶמוּתוּ, לִמְתוּ; Inf. מְמַת, מֵמַת; Pt. act. s. m. מָאֵת, p. m. †מָיְתִין, מָיְתִי; 1 p. מָיְתִינַן, 2 s. מָיְתַתְּ; pass. s. d. מִיתָא: sterben, *die;* Pt. pass. tot, *dead.* ‖ מִיתָנָא n. m. Toter, *a dead person.* ‖ מוֹתָא n. m., מוֹתָנָא n. m., מִיתוּתָא n. f. Tod, *death.*

מוא(?). מַזְיָא n. m., sf. 1 s. מַזְיַי; 3 s. m. מַזְיֵהּ, f. מַזְיַהּ: Haar, *hair.* ‖ [מַזְתָּא n. f., p. מַזֵּי;] sf. 2 p. m. מַזַּיְכוּ; 3 s. m. מַזֵּיהּ id.

מוֹתְבָא v. יתב.

מְזָגָא v. זגג.

מַזָּלָא v. נזל.

מחא vb. **Pe.**, Pf. 3 s. m. c. sf. 1 s. מַחְיַן, 2 s. m. מַחְיָךְ; 3 p. m. c. sf. 3 s. m. מַחְיוּהַּ, מְחוּהַּ, 3 p. m. מְחוֹנְהוֹ; Impf. 3 s. m. c. sf. 3 s. m. לְמַחְיֵהּ; Inf. מִמְחָא, sf. 3 s. m. לְמִמְחֵהּ; Pt. מָחֵי, 1 p. מָחֵינַן, 2 s. מָחֵית: schlagen, *strike, smite.* | **Pa.**, Pf. 1 s. מַחֵי; 3 p. מַחוֹ: verwehren, verhindern, *protest against, hinder.*

מַחְבָּטָא v. חבט.

מֶחוֹזָא v. חוז.

מחח. מֹחָא n. m., sf. 1 s. מֹחִי: Gehirn, *brain.*

מְחַטָּא v. חטט.

מַחְטְרָא v. חטר.

מחל vb. **Pe.**, Pt. act. 1 s. מָחֲלְנָא: verzeihen, *forgive.*

מחצלתא v. חצל.

(לְ)מְחָר adv. morgen, *to-morrow.*

מַחֲשַׁבְתָּא v. חשב.

מְטָא vb. **Pe.**, Pf. 1 s. מְטַי; 3 p. m. מְטוֹ, sf. 3 s. m. מַטְיוּהַּ; Impf. 3 s. m. c. sf. 1 s. לְמִטְיַן: 3 p. נִמְטוֹ; Pt. act. s. m. מָטֵי, f. מָטְיָא, p. m. מָטוֹ, f. מָטְיָן, 2 s. מָטֵית absol., sq. לְ sive accus.: gelangen, reichen, einholen, *arrive, reach, overtake.* | **Af.**, Pf. 2 s. m. אַמְטִית; 3 p. m. אַמְטוֹ, sf. 3 s. m. אַמְטְיוּהַּ, 3 p. m. אַמְטְיִנְהוֹ; Imp. †אַמְטִיו, sf. 3 s. m. אַמְטְיוּהַּ; Pt. act. p. m. מַמְטוֹ: bringen, führen, *carry, conduct.* ||

מֶטוּתָא n. f. Bitte, *petition.* בְּמָטוּתָא מִנָּךְ, מִנַּיְכוֹ: bitte, *I pray thee, you.*

מִטַּלַּלְתָּא v. טלל.

מִטְרָא n. m. Regen, *rain.*

מִי part. interr. = num. || מִידָא, מִידַת, מִיהוֹ v. הוה.

מַיָּא n. p. m., sf. 2 s. m. מַיָּךְ; 3 p. m. מַיְהוֹ: Wasser, *water.*

מֵיכְלָא v. אכל.

מִילָא n. m. = *μίλιον.*

מֵילְתָא (gr.) n. f., p. מֵילָתָא: Wolle, wollener Mantel, *wool, woolen cloak.*

מִינָא n. m., sf. 3 s. f. מִינַהּ; p. מִינֵי: Art, *kind;* Häretiker, *heretic.*

מֵיתְיָא v. אתא.

מַכְבַּנְתָּא v. כבן.

מְכַדִּי v. הוא.

מכך vb. **Pe.**, Pf. 3 s. m. מַךְ; Imp. מֹךְ; Pt. act. p. m. †מָכִּין:

unterbreiten, *lay, spread.* | **Af.,** Pt. act. מַמֵּךְ: niedrig machen, *lay low.* ‖ מַכִּיךְ adj., 2 s. מַכִּיכַת: niedrig, *low.*

מִכְסָא v. כסס.

מַכְתְּבָא v. כתב.

מְלָא vb. **Pe.,** Pf. 3 p. m. †מְלַאוּ, מְלוֹ; Impf. 3 s. f. תִמְלֵי; Pt. act. מָלֵי, p. m. מָלוֹ, f. †מָלְיָן, מַלְיָא; pass. מְלֵי, f. מַלְיָא, p. m. †מְלַיִן, מְלוֹ: voll sein, füllen; *be full, fill.* | **Pa.,** Pf. 3 p. c. sf. 3 p. מַלּוּנְהוֹ; Impf. 1 s. אֲמַלֵּי; 3 s. m. c. sf. 3 s. m. לְמַלְיֵהּ, f. לְמַלְיֵהּ; Pt. act. s. m. c. sf. 3 s. f. מְמַלְיָא: füllen, *fill.* ‖ מְלָא n. m. Fülle, *fulness.*

מַלְאַךְ v. לאך.

מִלְחָא n. m. (f.) Salz, *salt.* ‖ מלח vb. denom. **Pe.,** Pf. 3 s. m. c. sf. 3 p. f. מְלַחִנְהִי; p. m. †מְלַחוּ; Pt. pass. p. m. מְלִיחֵי: salzen, *salt.*

[1]מֶלֶךְ n. m., d. מַלְכָּא: König, *king.* ‖ מַלְכְּתָא n. f. Königin, *queen.* ‖ מַלְכוּתָא n. f. sf. 2 s. m. מַלְכוּתָךְ: Reich, königliche Person, Regierung, Herrschaft, *reign, government, kingdom, royalty.* ‖ מְלַךְ vb. denom. **Pe.,** Impf. 3 s. m. †יִמְלֹךְ; Pt. act. s. m. מָלֵךְ, 2 p. מְלַכְיתוּ: regieren, *reign.* | **Af.,** Pf. 3 s. m. אַמְלֵךְ; Impf. 3 s. m. נַמְלֵךְ id.

[2]מלך vb. **Itpe.,** Impf. 1 s. אִמְּלֵךְ; Inf. אִמְּלוֹכֵי; Pt. s. m. מִמְּלַךְ, p. m. †מִתְמַלְּכִין: sich beraten, andern Sinnes werden, *take counsel, change one's mind.*

מלל. מְלָא (מְלָה) n. f., d. מִלְּתָא, sf. 3 s. m. מִלְּתֵהּ; p. מִלֵּי, sf. 3 s. m. מִלֵּיהּ, 3 p. m. מִלַּיְהוֹ: Wort, Ding, *word, thing.* ‖ מִמֵּלָא, מִמַּלָּא adv. von selbst, *of itself.* ‖ מִלּוּלָא n. m. Rede, *speech.*

מָמוֹן v. מון.

מִמֵּלָא, מִמַּלָּא v. מלל.

מְמַשָּׁא v. משש.

מִן, מִ־, מֵ praep., sf. 1 s. †מִנַּי, מִנִּי, †מִן; 1 p. מִנַּן; 2 s. m. מִנָּךְ; 2 p. m. †מִנְּכוֹן, מִנַּיְכוֹ; 3 s. m. מִנֵּהּ, f. מִנַּהּ, p. m. †מִנְּהוֹן, מִנַּיְהוֹ, f. מִנַּיְהִי: von, aus, als, *of, from, out of, than.* ‖ מִנָא v. אָן.

מַן pron. interr. (§§11*a*; 50): wer? *who?* ‖ מַנּוּ, מַנִּי

(§11*b*): wer ist es? *who is it?* ‖ מַן דְּ (§51*b*): derjenige, welcher, *he who, whosoever.*

מנא vb. **Pe.**, Impf. 3 p. m. נִמְנוֹ; Imp. מְנִי; Inf. מִמְנֵי, sf. 3 p. m. מִמְנִנְהוֹ; Pt. act. 1 p. מָנֵינַן: zählen, *count.* | **Itpe.**, Pf. 3 p. m. אִמְּנוֹ, sq. עַל־: durch Stimmenabgabe wählen, *vote for, elect by ballot.* ‖ מִנְיָנָא n. m., p. מִנְיָנֵי: Zahl, Zählung, *number, count.*

מנע vb. **Pe.**, Impf. 3 s. m. c. sf. 1 s. לִמְנְעַן: zurückhalten, *restrain.* | **Itpe.**, Pt. p. m. מִתַּמְנְעִי, pass.

מַסָּא n. m. Schaufel, *shovel.*

מְסָ(א)נָא v. סאן.

מַסְפַּרְתָּא, מַסְפְּרָא v. ספר.

מַסְקָנָא v. סְלֵק

מסר vb. **Pe.**, Impf. 2 s. m. c. sf. 3 s. m. תִּמְסְרֵהּ; Pt. act. s. m. מָסַר, 1 s. מָסַרְנָא; pass. p. f. מְסִירָן: überliefern, *hand over.* | **Itpe.**, Pf. 3 s. m. אִמְּסַר; Impf. 3 s. m. יִמְּסַר†, לִתְּמְסַר, לִמְּסַר; Pt. s. f. מִתַּמְסְרָא, pass.

מִסְתָּא n. Genüge, *sufficiency;* sf. 1 s. מִסְתִּי; 2 s. m. מִסְתָ(י)ךְ, מִסְתִּיךְ; 3 s. m. מִסְתֵּיהּ: es ist genug für, *it is enough for.*

[מְעָא] n. m., sf. 3 s. m. מְעֵהּ; p. c. sf. 3 s. m. מְעֵיהּ, מַעְיָנֵיהּ: Eingeweide, *intestines.*

מעט vb. **Pa.**, Inf. מְעוֹטֵי: ausschließen, *exclude.* ‖ מְעוֹטָא n. m. Ausschließung, *exclusion.*

מַעְיָנָא v. עֵינָא.

מַעְלֵי, מְעָלֵי v. עלל.

מַעֲלְיוּתָא v. עַל־.

מַעְלָנָא v. עלל.

מְעָרְתָּא v. ערר.

מַפַּקְתָּא, מַפְּקָנָא v. נפק.

מְצִי, אִמְצִי vb. **Pe.**, Pf. 1 s. מְצֵי; 3 p. m. מְצוֹ; Pt. pass. מְצֵי, 1 s. מְצֵינָא, 2 s. מְצֵית: vermögen, können, *be able.*

מצע . מְצִיעַ adj., p. m. מיצעי l. מְצִיעֵי, s. f. d. מְצִיעֲתָא: mittelster, *middle.* ‖ [אֶמְצָעָאָה] adj., p. אֶמְצָעֵי (=אֶמְצָעָאֵי), id.

מצץ vb. **Pe.**, Pf. 2 s. m. מְצַתְּ, מַצֵּית; Pt. act. מָיֵץ: saugen, *suck.*

מִצְרָא n. m., sf. 1 s. מִצְרַי; p. c. sf. 3 p. f. מִצְרָנֵהָא: Grenze, *boundary.*

מִצְרָאָה n. m. Ägypter, *Egyptian.*

מְקְרָא n. m., sf. 1 s. †מְקְרִי: Gehirn, *brain.*

מרא¹ . מָרָא n. m., c. מָרֵי; sf. 1 s. †מָרִי, †מָר; 1 p. †מָרַנָא; 2 s. m. מָרָ(י)ךְ, p. m. מָרֵיכוֹ; 3 s. m. מָרֵהּ, f. מָרַהּ, p. m. מָרֵיהוֹ; 1 p. מָרְוָתָא, sf. 3 p. m. מָרְוָתֵיהוֹ: Herr, *lord, master.*

מרא² vb. **Itpe.**, Pf. 3 s. f. אִמְרַיָא, אִמְרֵי = מרד q. v.

מַרְבַּעְתָּא, מַרְבְּעָא v. ²רבע.

מַרְגָּנִיתָא (gr.) n. f. Perle, *pearl.*

מרד vb. **Pe.**, Pf. 3 p. m. †מָרַדוּ; Pt. act. מָרֵד: sich empören, *revolt.* | **Itpe.**, Pf. 3 s. f. אִמַּרְדָה id.

מַרְזְבָא v. רזב.

מרטט vb. **It.**, Pf. 3 s. m. אִמַּרְטַט; Inf. אִמַּרְטוֹטֵי: in Fetzen zerrissen werden, *be torn in shreds.* ‖ מַרְטוּטָא n. m., p. מַרְטוּטֵי: Fetzen, *rag.*

מַרְעָא n. m., sf. 3 s. m. מַרְעֵהּ; p. †מַרְעִין: Krankheit, *sickness.*

מָרִיר adj. bitter.

משא vb. **Pe.**, Pf. 2 s. m. מְשֵׁית; Impf. 3 s. m. נִמְשֵׁי; Imp. מְשֵׁי; Pt. act. s. m. מָשֵׁי, f. מָשְׁיָא, 1 s. מָשֵׁינָא: waschen, *wash.* | **Af.**, 1 s. c. sf. 3 s. m. אַמְשִׁיתֵהּ; 3 s. m. c. sf. 3 s. m. אַמְשְׁיֵהּ id.

משח¹ vb. **Pe.**, Impf. 3 s. m. נִמְשַׁח: messen, *measure.* ‖ מִשְׁחָא n. m., c. מְשַׁח: Maß, *measure.*

משח² . מִשְׁחָא n. m., c. מְשַׁח: Öl, *oil.*

משך vb. **Pe.**, Pt. act. p. m. מָשְׁכִי: ziehen, *draw.* ‖ מַשְׁכָּא n. m., sf. 3 s. m. מַשְׁכֵּהּ; p. מַשְׁכֵי: Haut, Fell, *skin.* ‖ מְשְׁכָא n. m. Ausdehnung, *extent.*

משש . מַמָּשָׁא n. m. Wesentliches, *something tangible.*

מִשְׁתְּיָא v. שְׁתִי.

מָתָא n. f., c. מָת; sf. 1 s. מָתִי; 3 p. m. מָתֵיהוֹ: Stadt, *city.*

מתח vb. **Pe.**, Pt. act. p. m. מָתְחִי: spannen, *stretch.*

מְתִיבְתָא v. יתב.

מתל vb. **Pe.**, Pt. pass. p. m. מְתִילִי, sq. בְּ sive כְּ: vergleichen, *liken*. || מַתְלָא n. m. Gleichnis, Sinnspruch, *simile, parable*.

מַתְנָא n. m. Strick, *rope*.

מַתַּנְתָּא v. נתן.

נ

נאה vb. **Pe.**, Pt. act. נָאֵי: passen, *become*.

נבא . [נְבִיאָה (hebr.)] n. m., p. †נְבִיַּיָא: Prophet, *prophet*.

נבב . אֲבוּב n. m. Flöte, *flute*.

נְבַח vb. **Pe.**, Pt. act. s. m. נָבַח, p. m. †נָבְחִין: bellen, *bark*.

נְבֶלְתָּא n. f. Aas, *carcass*.

נבע vb. **Af.**, Pt. act. s. m. מַבַּע, p. f. מַבְּעָן: sprudeln lassen, *cause to gush forth*.

נגב vb. **Pe.**, Pt. act. נָגֵב: sich trocknen, *dry oneself*.

נגד vb. **Pe.**, Inf. מִנְגַּד; Pt. act. s. m. נָגֵד, p. m. נָגְדִי: 1. wegziehen, *remove*; 2. fließen, *flow*; 3. geißeln, *scourge*. | **Itpe.**, Pf. 3 s. m. אִתְנְגֵד, אִנְּגֵד; Pt. s. m. מִתְנְגֵד, מִנְּגֵד: 1. in Ohnmacht fallen, verscheiden, *faint, pass away*; 2. gegeißelt werden, *be scourged*. | **Pa.**, Inf. נַגּוֹדֵי; Pt. act. p. m. †מְנַגְּדִין: geißeln, *scourge*. | **Af.**, Pf. 3 s. m. אַגֵּד, = הֶאֱרִיךְ. ||

נַגָּדָא n. m., p. m. ניגדי l. נַגָּדֵי: Zieher, Schlepper, *one who draws (a ship)*. ||

נָגוֹדָא n. m. Führer, *leader*. ||

אַגַּדְתָּא n. f. = הַגָּדָה, Haggada.

נְגַה vb. **Pe.**, sich verspäten, *come late*. נְגַהָא לֵהּ, נְגַהּ לֵהּ: er verspätete sich, *he came late* (§55*d*).

נגל . מַגְּלָא n. m. Sichel, *sickle*.

נְגַע vb. **Pe.** sq. בְּ: berühren, *touch*. || **Itpa.**, Pf. 3 s. f. אִנַּגַּעָא, אִנַּגַּעִי: aussätzig werden, *become leprous*.

נַגָּרָא n. m. Tischler, *carpenter*.

נִגְרָא n., p. c. sf. 2 s. m. נִגְרָיךְ: 1. Kanal, *canal*; 2. Fuß, Schritt, *foot, step*.

נדא vb. **Af.**, Pt. 1 p. מַדֵּינַן: sprengen, *sprinkle*.

נדב vb. **Pa.**, Pt. act. מְנַדֵּב; **Itpa.**, Pt. מִתְנַדֵּב, מְנַדֵּב:

freiwillig geloben, *offer as a freewill-gift.*

נדח vb. **Af.**, Pf. 3 p. c. sf. 3 s. m. †אַדְחוּהִי: ausstoßen, *thrust out.*

נדר vb. **Pe.**, Pf. 1 s. נְדַרִי: geloben, *vow.* | **Af.**, Pf. 2 s. m. c. sf. 3 s. f. אַדַּרְתַּהּ; 3 m. c. sf. 3 s. f. אַדְּרָהּ; 3 s. f. c. sf. 3 s. f. אַדַּרְתַּהּ: ein Gelübde auferlegen, *impose a vow.* || נִדְרָא n. m. Gelübde, *vow.*

נְהוּ m., נְהִי f. (§63*a*), p. נִנְהוּ m., נִנְהֵי f. pron. 3 pers. er, sie, *he, she;* sie, *they.*

נהג vb. **Pe.**, Pf. 3 p. m. †נְהַגוּ, נְהוּג; Impf. s. f. נְהֲגִי; Pt. act. p. m. נָהֲגִי, pass. p. m. נְהִיגִי: führen, beobachten, *conduct, conduct oneself, observe;* Pt. pass. gewohnt, *accustomed.* נְהַג יְקָרָא (בְּ): Ehre erweisen, *honor.*

נַהֲמָא n. m. Brot, *bread.*

1נְהַר vb. **Pe.**, hell werden, *dawn.* | **Af.**, 3 s. m. c. sf. 3 p. f. אַנְהַרִנְהֵי: erleuchten, *cause to shine.* || נַהִיר adj., p. m. נַהִירִי, s. f. נַהִירָא, p. f. נְהִירָן: leuchtend, klar, *bright, clear.* || נְהוֹרָא n. m., sf. 2 s. m. נְהוֹרָיךְ: Licht, *light.* | סַגִּי נְהוֹר, p. סַגִּי נְהוֹרֵי: blind, *blind.*

2נהר. נַהֲרָא n. m., c. נְהַר, p. נַהֲרִי, נַהֲרְוָתָא: Strom, *river.*

נוד vb. **Pe.**, Pt. act. s. f. נָדְיָא: sich bewegen, *move.*

נוּחַ vb. **Pe.**, Pf. 3 s. m. נָח; Impf. 3 s. m. לֵנָח, נֵנָח, f. תֵּנָח; Inf. מֵנָח; Pt. act. s. m. נָיַח, pass. s. m. d. נִיחָא, s. f. נִיחָא: ruhen, zur Ruhe kommen, *rest, enter into rest;* Pt. pass. angenehm, annehmbar, *pleasing, acceptable.* | תֵּנָח: es ist annehmbar, *it is acceptable.* | **Itpe.**, Pf. 3 s. f. אִתְּנָחָא, Inf. אִתְּנוּחֵי: sich hinlegen, *lie down;* darauf eingehen, *acquiesce.* | **Af.**, Pf. 1 s. אַנַּחִי, sf. 3 s. f. אַנַּחְתַּהּ; 1 p. †אַנַּחְנָא; Impf. 3 s. m. נַנַּח; Inf. אַנּוּחֵי, sf. 3 p. לְאַנּוּחִנְהוּ; Pt. act. מַנַּח; pass. s. m. מַנַּח, s. f. מַנְּחָא: legen, hinlegen, lassen, *lay, place, leave.* || נִיָּחָא n. m., c. נִיַח: Ruhe, *rest.* || נְיָחוּתָא n. f.

Sanftmut, Ruhe, *gentleness.* ‖ תנח vb. deriv. **Af.**, Pf. 3 s. m. אַתְנַח = אַנַּח.

נום, נִים vb. **Pe.**, Pf. 3 s. m. נִים; Impf. 1 p. נְנוּם; 3 s. m. נְנוּם; Inf. מְנָם; Pt. act. s. m. נָיֵם, f. נָיְמָא, 1 s. נָיְמְנָא: schlummern, schlafen, *slumber, sleep.* | **Pa.**, Pf. 1 s. נַיֵּמִי, id. | **Palp.**, Pt. act. מְנַמְנֵם, id.

נור n. m. (f.), d. נוּרָא: Feuer, *fire.*

נול . מַזָּלָא n. m. Schicksal, *fortune.*

נוף . נְזִיפוּתָא n. f. Verweis, *rebuke.*

נוק vb. **Af.**, Pf. 3 s. f. c. sf. 1 s. אַזְקְתַּן; Inf. אַזּוֹקֵי; Pt. act. מַזֵּק: schädigen, *injure.* | **Ittaf.**, Pf. 1 s. אִתַּזַּקִי; 2 s. m. אִתַּזַּקְתְּ; 3 s. m. אִתַּזַּק; Pt. p. m. מִתַּזְּקֵי: Schaden erleiden, *suffer injury.*

נְזִירָא (hebr.) n. m. = נָזִיר.

נַחְלָא n. m., p. נַחְלֵי: Bach, *brook.*

נחת נְחֵת vb. **Pe.**, Pf. 3 p. m. †נחתו; Impf. 2 p. m. תֵּחֲתוּ (תְּחֲתוּ); Imp. s. m. נְחֹת, חֲת, p. m. חֲתוּ; Inf. לְמֵחַת; Pt. act. s. m. נָחֵת, 1 p. נָחֲתִינַן: herabsteigen, *descend.* | **Af.**, Pf. 1 p. c. sf. 3 s. m. אחתיניה l. אַחֲתְנֵהּ; 3 s. m. c. sf. 3 p. m. אַחֲתִנְהוֹ, f. אַחֲתִנְהֵי; 3 p. m. †אחתו; Impf. 1 p. נַחֵת; Pt. act. s m. מַחֵת; pass. p. m. מַחֲתִי, f. מַחֲתָן: herabkommenlassen, niederlegen, *cause to descend, place.* ‖ נָחוֹתָא n. m.: נָחוֹתֵי יַמָּא = יֹרְדֵי הַיָּם.

נטל vb. **Pe.**, Imp. טֹל: nehmen, *take.* | **Itpe.**, Pf. 3 s. f. †אִנְטְלַת: pass. ‖ אַמְּטוֹל, אַמְּטוּ praep. wegen, um willen, *on account of, for the sake of.* ‖ אַמְּטוֹל דְּ conj. weil, *because.*

נטע vb. **Pe.**, Pf. 3 s. m. c. sf. 3 s. m. נַטְעֵהּ: pflanzen, *plant.*

נטף נְטַף vb. **Pe.**, tropfen, *drop.* ‖ נְטֵפְתָּא n. f. Tropfen, *drop.*

נטר vb. **Pe.**, Impf. 3 p. f. †נִנְטְרָן; Imp. s. m. נְטַר(אִ): 1. bewahren, *guard;* 2. warten, *wait.* | **Itpe.**, Pt. p. f. מִנַּטְרָא: bewacht werden, *be guarded.* | **Pa.**, Inf. c. sf. 3 p. m. לְנַטוֹרִנְהוֹ: bewachen, *guard.*

נִיבָא n. f., p. c. sf. 3 s. m. נִיבֵיהּ: Zahn, *tooth*.

נכא vb. **Pe.**, Pt. pass. נְכֵי: abziehen, *subtract*.

נכס vb. **Pe.**, Imp. כֹּס: schlachten, *slaughter*. | **Pa.**, Inf. לְנַכָּסָא leg. לניכסא, id. || נִכְסֵי n. p. m., sf. 1 s. נִכְסַי; 2 s. m. נִכְסָ(י)ךְ; 3 s. m. נִכְסֵיהּ, נִכְסוֹהִי†: Besitz, *possessions*.

נֻכְרָאָה n. m. fremd, *foreign*.

נַמְטָא n. m., p. נַמְטֵי: Decke, *cover*.

נַמֵי adv. auch, *also*. || אִי נַמֵי: oder, *or*.

נסב vb. **Pe.**, Pf. 1 s. נְסֵבִי; 1 p.† נְסֵבְנָא; 2 s. m. נְסֵבְתְּ; Impf. 2 s. m. תִּנְסֵב, תִּסַּב, תִּנְסֵב; 3 s. m. לִנְסֵב; sf. 1 s. נִנְסְבַן; 3 p. m. †יִסְּבוּן; Imp. נְסֵב; Pt. act. p. m. נָסְבִי(ן): nehmen, heiraten, *take, marry (take a wife)*. | **Itpe.**, Pf. 3 s. f. †אִתְנַסְבַת, אִנַּסְבָא, אִנְּסֵבָא; Inf.† אִתְנְסָבָא, אִנְּסוֹבֵי; Pt. s. f. מִנַּסְבָה, p. m. מִנַּסְבֵי, p. f. †מִנַּסְבָן; 1 s. מִנְסַבְנָא (מִנַּסְבִינָא), 1 p. מִנַּסְבִינַן, 2 s. f. מִנַּסְבַת: sich verheiraten, verheiratet werden, *be married (take a husband)*. || **Af.**, Pt. act. מַנְסֵב: verheiraten, *marry off (give a wife to)*.

נסח vb. **Af.**, Pf. 1 s. c. sf. 3 p. m. אַסַּחְתִּנְהוּ: entfernen, *remove*.

נסך[1] . מַסֶּכְתָּא n. f. Traktat, *treatise*.

נסך[2] . נִסְכָּא n. m. Metallbarren, *bar of metal*.

נסס[1] . נִסָּא n. m., p. †נִסִּין, נִסֵּי: Wunder, *miracle*.

נסס[2] . סִסְיָא n. m. Mißmut, *bad humor*.

נסר vb. **Pa.**, Pt. act. p. m. מְנַסְּרִי(ן)†: sägen, *saw*.

נעל . [מנעלא] n. m., p. †מַנְעָלִין: Schuh, *shoe*.

נפא . [נַפְתָּא] n. f., p. נַפְוָתָא: Sieb, *sieve*.

נפח vb. **Pe.**, Pt. act. נָפַח: anfachen, *blow*. | **Itpe.**, Pf. 3 s. m. אִנְּפַח pass. || נַפָּחָא n. m. Schmied, *smith*.

נְפַל vb. **Pe.**, Pf. 3 s. f. נְפַלָה; 3 p. m. †נְפַלוּ, נְפוּל; Pt. act. s. m. נָפֵל, 1 s. נָפְלְנָא: fallen, *fall*. | **Af.**, Pt. s. f. מַפְּלָא: abortieren, *give premature birth to*.

נפץ vb. **Pe.**, Imp. פּיץ: schütteln, ausklopfen, *shake out, beat.*

נְפַק vb. **Pe.**, Pf. 3 s. m. נְפַקָא; 3 p. m. נְפוּק; Impf. 1 s. אֶפּק; 1 p. נִפּק; 3 s. m. נִפּק, f. תִּפּק; 3 p. לִפְּקוּ(ן); Imp. פּק, p. פְּקוּ; Inf. לְמִפַּק; Pt. act. s. m. נָפֵק, f. נָפְקָא p. m. נָפְקֵי, 1 s. נָפְקְנָא: herausgehen, hervorgehen, *come out, go forth.* | מַי נָפְקָא לַן מִנֵּהּ: was ergibt sich uns daraus? *what follows for us therefrom?* לְמַי נָפְקָא מִנַּהּ: was für Bedeutung hat es? *what is the significance thereof?* | **Af.**, Pf. 1 s. אַפֵּקִת, sf. 2 p. m. אַפְּקִיתִנְכוּ; 2 s. m. אַפֵּקְתְּ, sf. 3 s. m. אַפֵּקְתֵּהּ; 3 s. m. אַפֵּק, sf. 3 s. m. אַפְּקֵהּ; 3 s. f. אַפְּקָה, sf. 3 s. m. אַפְּקָתֵהּ; 3 p. m. †אַפִּקוּ, sf. 3 s. m. אַפְּקוּהּ; Impf. 2 s. m. תַּפֵּק; 3 p. m. †יַפְּקוּן; Imp. s. m. אַפֵּק, p. m. אַפִּקוּ; Inf. לְאַפּוֹקֵי; Pt. act. s. m. מַפֵּק, f. מַפְּקָא, p. m. מַפְּקִי(ן), 1 s. מַפְּקְנָא, 1 p. מַפְּקִינַן: hervorgehen machen, herausziehen, *cause to come out, cause to go forth, bring out, lead out.* ‖ מַפַּקְתָּא n. f., sf. 3 s. m. מַפַּקְתֵּהּ, מַפְּקְנָא n. m. Ausgang, *exit.*

נַפְשָׁא n. m., sf. 1 s. †נַפְשִׁי, †נַפְשׁ, נַפְשֵׁי; 1 p. נַפְשִׁין; 2 s. m. נַפְשָׁךְ; 2 p. m. נַפְשַׁיְכוּ; 3 s. m. נַפְשֵׁהּ; 3 s. f. נַפְשַׁהּ: Seele, *soul;* c. suff. = pron. reflex. (§48*e*). | מִנַּפְשֵׁהּ: aus sich selbst, *of himself.* | מִדְּנַפְשֵׁהּ: aus seinen eignen Mitteln, *out of his own means.* ‖ נפש vb. **Pe.**, Pt. pass. s. m. נְפִישׁ, f. נְפִישָׁא, p. m. נְפִישִׁין: viel, groß, *numerous, large.* | **Af.**, Impf. 3 s. f. תַּפֵּשׁ: vermehren, *multiply.*

נצא vb. **Itpe.**, Pt. s. m. מִנְּצֵי, f. מִנַּצְיָא, p. m. מִנְּצוּ, 2 s. מִנְּצֵית: streiten, *quarrel.* ‖ מַצּוֹיָנָא n. m. streitsüchtig, *quarrelsome.*

נצל vb. **Af.**, Impf. 3 s. m. c. sf. 1 s. לִיצְּלַן; Pt. act. 1 s. מַצֵּלְנָא: (er)retten, *save, deliver, rescue.* | **Ittaf.**, Pf. 3 s. m. אִתַּצַּל; Pt. 2 s. מִתַּצְּלַתְּ pass.

נקב vb. **Itpe.**, Pf. 3 s. m.

אִנְּקֵב; Pt. s. m. מִנְּקֵב: durchlöchert werden, *be perforated.*

נְקַט, אִנְקַט vb. **Pe.,** Pf. 2 s. m. נְקַטְתְּ; 3 s. m. c. sf. 1 s. נְקַטַן, 3 s. m. נַקְטֵה; Impf. 1 s. אֶנְקֹט; 2 s. m. תִּנְקֹט; 2 p. m. תִּנְקְטוּ; 3 s. m. לִנְקֹט; 3 p. m. נִנְקְטוּ, נִקּוּט; Imp. נְקֹט; Inf. c. sf. 3 p. m. לְמִנְקְטִנְהוּ, f. לְמִנְקְטִנְהִי; Pt. act. נָקֵט, 1 s. נָקְטָנָא, 1 p. נָקְטִינַן 2 s. נָקְטַתְּ; pass. p. m. נְקִיטִי, 1 p. נְקִיטִינַן: ergreifen, halten, *seize, take hold, keep;* Pt. pass. = act. | נְקַט בְּדַעְתֵּהּ (sc. מִלְּתָא) אִ׳, jmdm es übel nehmen, auf jmdn böse sein, *be angry with.* | **Pa.,** Pt. act. מְנַקֵּט: sammeln, *gather.* | **Af.,** Pt. act. מַנְקֵט: auflesen, *pick.*

נקף vb. **Af.,** Pt. act. 1 s. מַקְּפְנָא: umringen, *encompass.*

נקר vb. **Pa.,** Pf., 1 p. †נַקֵּרְנָא: Fett und gewisse Adern beseitigen, *remove fat and certain veins.*

נקש vb. **Pe.,** Pt. act. נָקֵשׁ: klopfen, *knock.* ‖ **Af.,** Pt. act. מַקֵּשׁ: vergleichen, gleichstellen, *compare, place on an equal footing.*

נַרְגָּא n. m. Beil, *axe.*

נשא . נְשִׂיאָה n. m. Fürst, *prince.*

[1]נשא vb. **Itpe.,** Pf. 1 s. אִנְּשֵׁי; 3 p. c. sf. 3 s. m. אִנַּשְׁיוּהּ; Pt. s. f. מִנַּשְׁיָא: vergessen, *forget.*

[2]נשא נְשָׁא vb. **Pe.** = נְשַׁב.

נְשַׁב vb. **Pe.** wehen, *blow.*

נִשְׁבָּא n. m., p. נִשְׁבֵי: Netz, *net.*

נשט vb. **Pe.,** Imp. נְשׁוֹט: enthäuten, *skin.*

נשף vb. **Pe.,** Pf. 3 s. m. נַשַׁף: fortrücken, *depart.*

נשק vb. **Pe.,** Pf. 3 s. m. c. sf. 2 s. m. נַשְׁקָךְ; 3 p. m. נְשׁוּק; Pt. act. s. f. נָשְׁקָא, p. m. נָשְׁקִי: küssen, sich berühren, *kiss, touch.*

נתן vb. **Pe.,** Impf. 1 s. אֶתֵּן; 3 p. m. †לִתְּנוּן; Imp. תֵּן: geben, *give.* ‖ מַתַּנְתָּא n. f. Geschenk, *gift.*

נְתַר vb. **Pe.,** Pf. 3 p. m. נְתוּר, f. †נְתַרָן: abfallen, *fall off.*

ס

[סָאתָא] n. f., p. סָאוֵי: Seah, ein Maß, *a measure*.

סאן . מְסָאנָא n. m., sf. 3 s. f. מְסָאנָא; p. מְסָ(א)נֵי sf. 3 s. m. מְסָאנֵיהּ: Schuh, *shoe*. ‖ סְיָנָא n. m., sf. 3 s. m. סְיָנֵהּ, id.

סבל vb. Pe., Pt. act. s. m. c. סָבֵל: ertragen, *bear*.

סְבַר vb. **Pe.**, Pf. 1 s. סְבַרִי; 1 p. †סְבַרְנָא, †סְבַרְנַן; 2 s. m. סְבַרְתְּ; 3 s. f. סְבַרָה; 3 p. m. סְבוֹר; Impf. 3 s. m. לִסְבַר; Pt. act. s. m. סָבַר, 1 p. סָבְרִינַן; 2 s. סָבְרַתְּ; pass. s. f. סְבִירָא: meinen, nachdenken, verstehen, *think, reason, understand*; סְבִירָא לִי: es ist meine Meinung, *it is my opinion*. | **Itpa.**, Pt. s. f. מִסְתַּבְּרָא: für richtig befunden werden, *be found correct*. | **Af.**, Pf. 3 s. m. אַסְבַּר, sq. אַפֵּי et לְ: freundlich sein, anerkennen, *be friendly to, recognize*. ‖ סְבָרָא n. m. etwas mit dem Verstande Erschlossenes, *something arrived at by reasoning*.

סגא¹ vb. **Pe.**, Pf. 1 p. †סְגֵינַן; 3 s. f. סְגַיָא, סְגֵי; Pt. p. m. †סָגְיָן, †סָגַן, 1 p. סָגֵינַן: gehen, wandeln, *walk*. | **Itpe.**, Pf. 3 s. f. אִסְתַּגְיָא; Pt. s. m. מִסְתְּגֵי: vorwärts kommen, *proceed*; אִסְתְּגֵי לֵהּ id. | **Af.**, Pt. act. s. m. מַסְגֵּי, f. מַסְגְּיָא, p. מַסְגַּן, = **Pe.** ‖ סַגִּי adj., p. m. †סַגִּיאִין; p. f. סַגִּיאָן: viel, *numerous*. סַגִּי לֵהּ: es genügt ihm, *it is enough for him*. לָא סַגִּי דְלָא אֵזִלְנָא: ich muß gehen, *I must go*. סַגִּי נְהוֹר v. נְהוֹרָא.

סְגָא² vb. **Pe.** = סְגַר: zuschließen, *lock*.

סגד vb. **Pe.**, Imp. סְגֵד, sq. לְ: sich niederwerfen vor, *prostrate oneself before*.

[סגנא] n. m., p. סִגְנֵי: Fürst, *prince*.

סדד . סַדָּא n. m., sf. 3 s. m. סַדֵּהּ: Fußblock, *stocks*. ‖ סַדְּאָה n. m., סַדְּנָא n. m.

Verfertiger von Fußblöcken, *maker of stocks.*

סדן . סְדִינָא n. m., sf. 3 s. m. סְדִינֵהּ: leinenes Tuch, *linen wrapper.*

סדר vb. **Pa.**, Pt. act. מְסַדַּר: ordnen, *arrange.* ‖ סִדְרָא n. m., p. סִדְרֵי: Ordnung (= Teil der Mišna), *order (= part of the Mishna).*

סהד . סָהֲדָא (שָׂהֲדָא): Zeuge, *witness.* ‖ סהד vb. denom. **Af.**, Pf. 3 s. m. אַסְהֵד; 3 p. m. †אַסְהֲדוּ; pt. act. מַסְהֵד: Zeugnis ablegen, *bear testimony.*

סהר . סַהֲרָא n. m., p. סַהֲרֵי: Mond, *moon.*

סוס, סוּסְיָא n. m., p. c. sf. 3 p. m. סוּסְוָתֵיהוֹן: Pferd, *horse.*

סוֹפָא, סֵיפָא (§14*g*) n. m. Ende, letzter Fall, *end, latter case.* | לְבְסוֹף, לְסוֹף adv. zuletzt, endlich, *at last.*

סְחָא vb. **Pe.**, baden, *bathe.* | **Af.**, Pf. 3 s. m. c. sf. 3 s. m. אַסְחֵהּ: baden, *bathe.* ‖ מַסּוּתָא (§16*c*) n. f. Bad, *bath.*

סחף vb. **Pe.**, Pt. pass. s. f. סְחִיפָא: niederwerfen, *throw down;* pass. ruhen, *rest.*

סחר . סְחוֹר adv. rings herum, *round about.* | סַחְרָנֵי n. p. m., sf. 3 s. m. †סַחְרָנוֹהִי: Umgebung, *surroundings.*

סָטָנָא (שָׂטָנָא) (hebr.) n. m. Satan.

סִטְרָא n. m. Seite, *side.*

סִיב vb. **Pe.**, alt werden, *grow old.* ‖ סָבָא n. m. Greis, *old man;* p. die Ältesten, *the elders.* ‖ סָבְתָא n. f. Greisin, *old woman.* ‖ סֵיבוּתָא, סָבוּתָא n. f., sf. 3 s. m. (שֵׂי') סֵיבוּתֵהּ: Greisenalter, *old age.*

סִים, סוּם vb. **Pe.**, Impf. 3 s. m. נֵסִים, נְסוּם; Pt. act. סָיֵם: anlegen, *put on.* ‖ **Pa.**, Pf. 3 s. m. סַיֵּם; Inf. לְמְסַיָּמָא, sf. 3 s. m. לְמְסַיְּמֵהּ; Pt. act. p. m. מְסַיְּמִי, id.; anlegen lassen, *cause to put on.* ‖ סִימָא n. m. Schatz, *treasure.*

סִימָנָא (gr. ?) n. m., sf. 2 s. m. סִימָנָךְ: Zeichen, *sign.* ‖ סים vb. denom. **Pa.**, Pf. 2 s. m. c. sf. 3 p. m. סַיֵּמְתִּנְהוֹ: schließen, *conclude.* | **Itpa.**, Impf. 3 s. f. תִּסְתַּיֵּם: bestimmt werden, *be correctly ascertained, fixed.*

סִינָא[1] v. סאן.

[2] סְיָנָא n. m., sf. 3 s. m. סְיָנֵהּ: Hut, *hat*.

סיע vb. **Pa.**, Pf. 3 s. m. c. sf. 3 s. m. סַיְעֵהּ; Imp. s. m. c. sf. 3 p. סַיְעִנְהוּ; Inf. סַיּוֹעֵי; Pt. act. s. m. מְסַיַּע, f. מְסַיְעָא: unterstützen, *support*. | **Itpa.**, Pt. s. f. מִסְתַּיְעָא (מִסְתַּיַּעַת): gelingen, *succeed*.

סיף. סֵיפָא, סַיְפָא n., p. סַיְפֵי: Schwert, *sword*. ‖ סַיָּפָא n. m.: Schwertträger, *swordsman*.

סֵיפָא v. סוֹפָא.

סכא vb. **Pa.**, Pt. act. s. f. מְסַכְיָא: ausschauen, erwarten, *look for, expect*.

סַכִּינָא n. f.: Messer, *knife*.

סכך. [סִכְּתָא] n. f., p. סִכֵּי: Pflock, *peg*.

סכל vb. **Itpa.**, Pf. 1 s. אִסְתַּכַּלִי; Impf. 2 s. m. תִּסְתַּכַּל; 3 s. m. נִסְתַּכַּל (ל), p. f. לִסְתַּכְּלָן; Imp. אִסְתַּכַּל; Inf. אִסְתַּכּוֹלֵי sq. בְּ: schauen, betrachten, *look at, consider*.

סכן vb. **Pa.**, Pf. 1 s. c. sf. 2 s. m. סַכֵּנְתָּךְ; 2 p. סַכֵּנְתּוּן†, sf. 1 s. סכינתין l. סַכֵּנְתּוּן: gefährden, *endanger*. | **Itpa.**, Impf. 3 s. m. לִסְתַּכַּן; Pt. מִסְתַּכַּן: pass.

סִכְסָא n. m.: dummer Mensch, *stupid person*.

סכר vb. **Pe.**, Pf. 3 s. m. c. sf. 3 s. m. סַכְרֵהּ; Pt. act. 1 s. סָכַרְנָא: verstopfen, *stop up*.

סלא. סִלְתָּא, סְלִיתָא v. שְׁלִיתָא.

סִלְוָא n. m.: Dorn, *thorn*.

סלל. סִלְתָּא, סַלְתָּא n. f., sf. 1 s. סַלְתִּי; 2 s. m. סִלְתָּיךְ; 3 s. m. סִלְתֵּהּ: Korb, *basket*.

סְלֵק vb. **Pe.**, Pf. 1 s. סְלֵקִי; 2 s. m. סְלֵקְתְּ; 3 p. m. סְלוֹק, (?סַקוּ) סְלִקוּ†; Impf. 1 s. אֶסַּק; 1 p. נִסַּק (נִסְלַק, נִסְלֹק); 2 s. m. תִּסַּק; 3 s. m. יִסַּק†; Imp. סַק; Inf. לְמִסַּק; Pt. act. s. m. סָלֵק, f. סָלְקָא, p. m. סָלְקִי, 1 s. סָלֵקְנָא, 1 p. סָלְקִינַן, 2 s. סָלְקַתְּ: aufsteigen, *ascend*. סְלֵק אַדַּעְתָּא: in den Sinn kommen, *come into the mind*. סָלְקָא דַעְתָּךְ: du denkst, *you think*. | **Pa.**, Inf סַלּוֹקֵי; Pt. act. 1 p. מְסַלְּקִינַן: entfernen, *remove*. | **Itpa.**, Pt. 1 s. מִסְתַּלְּקְנָא, 2 p. מִסְתַּלְּקִיתוּ: sich entziehen, *withdraw*. | **Af.**, Pf. 3 s. m. אַסֵּק, sf. 3 s. m.

אַסְקְה; 3 p. m. †אַסְּקוּ, sf.
3 s. m. אַסְּקוּהּ; Imp. s. f.
c. sf. 1 s. אַסְּקִי; Inf. לְאַסּוּקֵי;
Pt. act. s. m. מַסֵּק, 1 s.
מַסְּקְנָא: aufsteigen lassen,
cause to ascend; wachsen
lassen (Fleisch), cause to
grow (flesh); benennen,
name; vollenden, complete;
מַסְּקְנָא בָּךְ (וּזוּי): du bist mir
(Geld) schuldig, you owe
me (money). || מַסְּקָנָא n. m.:
Ausgang, result.

סמא vb. **Pa.**, Pf. 3 p. m. c.
sf. 3 s. m. סַמְיוּהּ, 3 p.
סַמוּנְהוּ: blind machen, *blind.*||
[סְמֵי] adj., s. f. d. סְמִיתָא:
blind. || סַמְיוּתָא n. f. Blind-
heit, *blindness.*

סְמִידָא (gr.) n. m. Feinmehl,
fine flour.

סְמַךְ vb. **Pe.**, Pf. 1 s. סְמַכִי;
Imp. p. m. סְמכוּ, סְמוּכוּ; Inf.
c. sf. 3 s. m. לְמִסְמְכַהּ; Pt.
act. s. m. סָמֵךְ, 1 p. סָמְכִינַן,
2 s. סָמְכַתְּ; pass. s. סְמִיךְ:
anlehnen, sich anlehnen,
die Hand auflegen (bei der
Ordination), ordinieren, *join,*
lean, lay the hand upon
(a person to be ordained),

ordain; pass. *lean.* | **Af.**,
Pf. 3 p. m. c. sf. 3 p. m.
אַסְמְכִינְהוּ: anlehnen (einen
Lehrsatz an einen Bibel-
vers), *cause (a scholastic*
proposition) to rest (on
Scripture). || אַסְמַכְתָּא n. f.
Anlehnen, *causing to rest.*

ससम. סַמָּא n. m., p. †סַמָּנִין,
סַמָּנִי: Medizin, *medicine.* ||
סַמְתְּרִי: Drachenblut (Name
eines Gewächses), *dragon's*
blood (name of a plant).

סָמָק adj., d. סְמָקָא; p. m.
סְמָקִי: rot, *red.*

סמר vb. **Itpe.**, Inf. לְאִסְתְּמוּרֵי:
sich in acht nehmen, *take*
care, beware.

סַמְתְּרִי v. ससם.

סנא vb. **Pe.**, Inf. c. sf. 3 s. m.
מְסַנְיֵהּ, מְסַנֵהּ; Pt. act. s. m.
סָנֵי, f. סַנְיָא, p. s. m. c. sf.
3 s. m. †שְׂנָאוּהִי, 3 p.
†שְׂנָאֵיהוֹן; p. f. c. sf. 1 s.
†סַנְיָתִי; pass. s. m. סְנֵי, f.
סַנְיָא, p. m. סְנוּ: hassen,
hate. | **Itpe.**, Pf. 3 p. m.
†אִשְׂתְּנִיוּ: pass.

סָמְיָא v. נסם.

סעד vb. **Pe.**, Inf. מִסְעַד: spei-
sen, *dine.* || סְעָדְתָּא n. f.,

sf. 2 s. m. סְעֻדָתָיךְ: Mahlzeit, *meal.*

סער vb. **Pe.**, Pt. act. סָיֵר (§5*f*): untersuchen, *examine.*

¹ספא vb. **Itpe.**, Impf. 2 s. תִּסְתְּפֵי; Pt. 2 p. מִסְתְּפֵיתוּ: sich fürchten, *be afraid.*

²ספא vb. **Pe.**, Pf. 2 s. m. סְפֵית: zu speisen geben, speisen, *give to eat, feed.* | **Af.**, Imp. אַסְפִּי, id.

ספד vb. **Pe.**, Pf. 3 p. m. c. sf. 3 s. m. סַפְדוּהָ; Impf. 3 s. m. יִסְפֹּד†; 3 p. m. יִסְפְּדוּן†: trauern, klagen (um einen Toten), *wail, lament (for a dead person).* ‖ הֶסְפֵּדָא (hebr.) n. m. Trauerrede, *funeral speech.*

סִפְטָא (pers.) n. m., p. c. sf. 3 p. m. סִפְטַיְהוֹ: Kasten, *chest.*

סְפִינְתָא n. f., c. סְפִינַת: Schiff, *ship.* ‖ סַפּוֹנָא n. m., p. סַפּוֹנֵי, סַפּוֹנָאֵי: Schiffer, *sailor.*

סַפְסָלָא (lat.) n. m., p. סַפְסָלֵי: Bank, *bench.*

סִפּוּסְקָא (pers.) n. m. Kleie, *bran.*

סַפְסֵרָא (syr., pers.) n. m. Schwert, *sword.*

סַפְסָרוּתָא (pers.) n. f. Vermittlung, Maklerwesen, *brokerage.*

ספף. סִפָּא n. m. Schwelle, Pfoste, *threshold, post.*

סְפֵקָא (hebr.) n. m. Zweifel, *doubt.*

סִפְרָא n. m., c. סְפַר: Buch, *buch.* ‖ סָפְרָא n. m., p. סָפְרֵי: Schreiber, *scribe.* ‖ מַסְפְּרָא n. m., p. d.† מַסְפְּרַיָּא, מַסְפַּרְתָּא n. f. Schere, *scissors.*

סרג vb. **Pe.**, Pf. 3 p. m.† סְרַגוּ; Pt. act. p. m. סָרְגֵי: satteln, *saddle.* | **Pa.**, Pt. pass. p. f. מְסָרְגָן: id.

סרא vb. **Pe.**, Pf. 3 s. m. סְרִי; Pt. pass. s. f. סַרְיָא: stinken, *stink.*

סרב. סָרְבָנוּתָא n. f., sf. 3 s. m. ־תֵהּ: Vornehmheit, *assumption.*

¹סרח סְרַח adv. mehr, *more.*

²סרח vb. **Pe.**, Pt. pass. סְרִיחַ: verderben, verwesen, *spoil, decay.* | **Af.**, Pt. act. s. m. מַסְרַח, p. m. מַסְרְחִי: id.

סרך vb. **Pe.**, Pt. act. סָרֵךְ: anhangen, *cling to.*

סרק. מַסְרְקָא n. m., sf. 1 s. ־קִי: Kamm, *comb.*

סְרִיק adj., p. סְרִיקֵי: leer, *empty.*
סִתְוָא n. m. Winter, *winter.*
סְתָמָא n. m. Unbestimmtes, *something undefined.* | adv. schlechtweg, ohne weitere Bestimmung, *simply, without further qualification.*

סתר vb. **Pe.**, Pf. 3 sf. †סַתְרָהּ; 3 p. m. †סַתְרוּ; Impf. 1 s. c. sf. 3 s. m. אֶסְתְּרֵהּ; Pt. act. סָתַר, 1 s. סָתַרְנָא: niederreißen, *tear down;* auflösen, *loosen.*

ע

עָנָא n. coll., sf. 3 s. m. עָאנֵהּ: Kleinvieh, *small cattle, sheep and goats.*

עבד vb. **Pe.**, Pf. 1 s. עֲבַדִי; 2 s. עֲבַדְתְּ; 2 p. עֲבַדִיתוּ; 3 s. f. †עֲבַדַת; 3 p. m. †עֲבַדוּ; Impf. 1 s. אֶעֱבֵד; 1 p. נַעֲבֵד; 2 s. m. תַּעֲבֵד, f. תַּעַבְדִי, p. m. תַּעַבְדוּ; 3 s. m. נַעֲבֵד, p. m. לֶעֶבְדוּ; Imp. s. m. עֲבֵד, p. m. עִבְדוּ; Inf. מֶעְבַד; Pt. act. s. m. עָבֵד, f. עָבְדָא, p. m. עָבְדִי(ן), f. עָבְדָן; 1 s. עָבְדְנָא (עָבְדִינָא), 1 p. עָבְדִינַן, 2 p. עָבְדִיתוּ; pass. s. m. עֲבִיד, p. m. עֲבִידִי: tun, arbeiten, *do, work;* pass. beschaffen sein, pflegen, *be liable, likely, accustomed.* | עֲבַד יְקָרָא לְ: Ehre erweisen, *honor.* ע' טֵיבוּתָא בְ: eine Gefälligkeit erweisen, *do a favor.* | **Itpe.**, Impf. 3 s. m. לִתְעֲבֵד, f. תִּתְעֲבֵד: getan werden, gemacht werden, *be done, be made.* | **Šaf.**, Inf. שַׁעְבּוּדֵי; Pt. act. מְשַׁעְבֵּד; pass. p. m. d. מְשַׁעְבְּדֵי: unterwerfen, verpflichten, *subject, obligate.* | **Ištaf.**, Pt. s. f. מִשְׁתַּעְבְּדָא, p. m. מִשְׁתַּעְבְּדִי, 1 s. מִשְׁתַּעְבַּדְנָא: pass. ‖ עַבְדָּא n. m., p. עַבְדֵי: Knecht, *slave.* ‖ עוֹבָדָא n. m., sf. 2 p. m. עוֹבָדַיְכוּ; p. c. sf. 3 s. m. עוֹבָדֵיהּ: Tat, Werk, Geschäft, Ereignis, *deed, work, business, occurrence.* ‖ עֲבִידְתָּא n. f., sf. 2 p. m. עֲבִידְתַּיְכוּ: Arbeit, Geschäft, *work, business.* | מַי עֲבִידְתַּיְכוּ בַּהֲדֵי: was habet ihr zu tun mit ...? *what have* *you to do with . . .?* ‖ שְׁעְבּוּדָא n. m. Verpflichtung, *obligation.*

עבר vb. **Pe.**, Pf. 1 s. עֲבַרִי, 1 p. †עֲבְרִינַן; 2 s. m. עֲבַרְתְּ; Pt. act. עָבַר: überschreiten, *cross;* sq. עַל־ übertreten, *transgress.* | **Itpa.**, Pt. s. f. מְעַבְּרָה: schwanger werden, *become pregnant.* ‖ עֶבְרָא n. m., c. עֵבֶר: Seite, Gegend, *side, region.* ‖ מַבְּרָא n. m. Fähre, *ferry.* ‖ מַבּוֹרָא n. m. Fährmann, *ferryman.*

עגל[1]. לְעֲגַל adv. alsbald, *soon.*

עגל[2]. עִגְלָא n. m. Kalb, *calf.*

עַד praep. bis, *until.* ‖ עַד־דְּ, אַדְּ־ (§4*ek*) conj. während, als, *while, when* (§§56*c*; 58*b*).

עָדָא (§9*b*) pron. dem. s. f. diese, *this.*

עדד. עִדָּנָא n. m., c. עִדָּן; sf. 3 s. m. עִדָּנֵהּ: Zeit, *time.* | הָאִדָּנָא adv. jetzt, *now, at this time.*

עָדֵי (§9*b*) pron. dem. s. m. dieser, *this;* p. diese, *these.*

עדף vb. **Pe.**, Pt. pass. s. m. עֲדִיף, f. עֲדִיפָא, 1 p. עֲדִיפִינַן, 2 s. עֲדִיפַתְּ, sq. מִן־ besser, *better.*

עוק. עָקְתָא n. f., p. a. עָקָן: Not, *distress.*

עור[1] vb. **Itpe.**, Pf. 3 s. m. אִתְעַר: erwachen, *awake.*

עור[2] vb. **Itpa.**, Pt. s. f. מִתְעַוְּרָא: blind werden, *become blind.* ‖ עֲוִיר adj., f. עֲוִירָא: blind. ‖ עַוְּרָא n. m. Blindheit, *blindness.*

עות vb. **Pa.**, Inf. לְעַוּוֹתֵי: verderben, *spoil.*

עִזָּא v. ענז.

עַזִּיז adj., f. עַזִּיזָא: stark, *strong.*

עטף **Itpa.**, Pt. מִעַטַּף: sich einhüllen, *wrap oneself.*

עֵיבָא n. m., עֵיבְתָא n. f. Wolke, *cloud.*

עֵינָא, עַיְנָא n. f., p. (du.) c. sf. 1 p. עַיְנַין; 3 s. m. †עַינוֹהִי, עַיְנֵיהּ, עֵינֵיהּ, f. עֵינֵיהּ: Auge, *eye.* ‖ עין vb. **Pa.**, Pf. 1 p. עַיֵּינַן; 3 s. m. עַיֵּן, 3 p. m. †עַיִּנוּ; Impf. 1 p. נְעַיֵּן (לְעַיֵּינַן = לְעַיֵּן אֲנַן); Imp. עַיֵּן; Pt. act. s. m. מְעַיֵּן, f. מְעַיְּנָא, 1 s. מְעַיְּנָא: betrachten, untersuchen, *consider, examine.* ‖ מַעְיָנָא n. m. Quelle, *spring.*

עכב vb. **Pa.**, Pt. act. מְעַכֵּב: aufhalten, verhindern, *delay,* *check.* | **Itpa.**, Impf. 1 s. אֶעֱכַּב: verweilen, *tarry*.

עַכְבְּרָא n. m. Maus, *mouse*.

עַכְנָא (gr.) n. m. (f.) Otter, *adder*.

[עַל־], עֲלָוַי praep., sf. 1 s. עֲלַי, עֲלָוַי; 1 p. עֲלָנַן; 2 s. m. עֲלָ(י)ךְ, עֲלָ(י)ךְ; 3 s. m. †עֲלוֹהִי, עֲלֵיהּ, עֲלָוֵיהּ; 3 s. f. עֲלַהּ; 3 p. m. †עֲלֵיהוֹן, עֲלֵיהוֹ, עֲלָוֵיהוֹ: auf, über, wegen, *upon, over, on account of*. || מִלְּעֵל, לְעֵלָּא adv. oben, *above*. || עִלַּי adj. עִלָּאָה; p. עִלָּאֵי oberer, oberster, *upper, uppermost;* לְעִלַּי oben, *above*. || עִלִּיתָא n. f., p. עִלִּיָּתָא; Oberstock, Söller, *upper story, room*. || עלא vb. denom. **Pa.**, Pt. pass. s. m. מְעַלֵּי, d. מְעַלְּיָא, s. f. d. מְעַלַּיְתָא (־לִיתָא), p. m. מְעַלּוֹ, p. f. d. מְעַלְּיָתָא, 1 p. מְעַלֵּינַן: vorzüglich, *excellent*. || מְעַלְּיוּתָא n. f. Vorzüglichkeit, *excellence*. | **Itpa.**, Pf. 3 s. f. †אִתְעַלְּיַת, אִתְעַלְּיָא: vorzüglich werden, *become excellent*.

עלב. עֻלְבָּנָא n. m. Bedrückung, *oppression;* p. 83: Anmaßung, *excess of authority*.

עלל. עֲלִילוּתָא n. f. Ränke, *insidiousness*.

עלל vb. **Pe.**, Pf. 1 s. †עַלִּית; 3 s. m. עַל, f. †עַלַּת, עַלָּא; 3 p. m. †עַלּוּ, עוֹל; Impf. 1 s. אֵעוֹל; 3 s. m. נֵיעוֹל; 3 p. m. †לֵיעֲלוּן; Imp. s. m. עוֹל, p. m. עוֹלוּ; Inf. מֵיעַל; Pt. act. s. m. עָיֵיל, f. עָיְלָא, p. m. †עָיְלִין, עָיְלוּ, עָיְלִי, f. עָיְלָן; 1 s. עָיֵילְנָא, 2 s. עָיֵילַתְּ, 2 p. עָיְלִיתוּ: hineingehn, *enter*. | **Pa.**, Pf. 2 s. m. עַיֵּילְתְּ; 3 s. m. עַיֵּיל, עַלֵּל, sf. 3 s. m. עַיְּלֵהּ; 3 s., f. עַיְּלָא; 3 p. m. †עַיִּילוּ, עַיּוֹל, sf. 3 s. m. עַיְּלוּהַ, p. m. עַיְּלוּנְהוֹ; Impf. 2 s. m. תְּעַיֵּיל; 3 s. m. לְעַיֵּיל; 3 p. m. נְעַיְּלוּ, sf. 3 s. m. נְעַיְּלוּהַ; Imp. עַיֵּיל; Pt. act. s. m. מְעַיֵּיל, p. m. †מְעַיְּלִין, 1 p. מְעַיְּלִינַן: 1. hineinbringen, hineinführen, *cause to enter;* 2. intr. = **Pe.** || מֵעָלֵי, מַעֲלֵי n. p. m. c. Eingang, Rüsttag, *entrance, commencement, day before*. || מַעֲלָנָא n. m. Eingang, *entrance*.

עָלְמָא n. m. Welt, Äon, *world, aeon;* das Volk, *the people*. |

עָלְמָא דְאָתֵי die zukünftige Welt, *the world to come.* | לְעָלַם adv. auf immer, *for ever.* | בְּעָלְמָא adv. bloß, *merely.* | מִלֵּי דְעָלְמָא weltliche Dinge, *secular matters;* Gegensatz *(opposite):* מִלֵּי דִשְׁמַיָּא Dinge, die sich auf Gott (Religion, Sittlichkeit) beziehen, *matters appertaining to God (religion, morality).* | כָּלֵי עָלְמָא tout le monde. | אֱנָשׁ מֵעָלְמָא irgend ein Mann, *any man.*

עֶלֶם n. m. Jüngling, *young man.*

עַמּוּדָא n. m., p. עַמּוּדֵי: Säule, *column.*

עמם. עַמָּא n. m., sf. 3 s. m. עַמֵּהּ; p. †עַמְמִין; d. †עַמְמַיָּא: Volk, *people;* p. = גּוֹיִם Nichtjuden, *Gentiles.*

עֲמִיק adj., s. f. d. עֲמִיקְתָא; p. עֲמִיקֵי: tief, *deep.*

עֲמַר n. m., d. עַמְרָא: Wolle, *wool.* | עֲמַר גְּפְנָא v. גְּפְנָא.

עמא. עֲמִיתָא n. m., sf. 2 s. m. עֲמִיתָךְ; בַּר עֲמִיתָא: Volksgenosse, *fellow-tribesman.*

[1]ענא vb. **Pe.**, Pf. s. m. c. sf. 2 s. m. עֲנָיךְ; Pt. act. עָנֵי: antworten, *answer.*

[2]ענא. עִנְיָנָא n. m., c. עִנְיַן: Angelegenheit, *affair.*

[3]ענא. עָנֵי adj., d. עַנְיָא; p. עַנְיֵי: arm, *poor.* || עַנְיוּתָא n. f., sf. 1 s. †־תִי: Armut, *poverty.* || ענא vb. denom. **Itpe.**, Pt. מִעֲנֵי: arm werden, *become poor.* || תַּעֲנִיתָא n. f., p. תַּעֲנְיָתָא: Fasten, *fasting.*

עִנְבָא n. m., p. עִנְבֵי: Weintraube, *grape.* || עִנְבְּתָא, עֲנַבְתָּא n. f. id.; Augenbeere (ein Fehler im Auge), *pustule.*

ענג vb. **Pa.**, Pt. pass. 2 s. מְעַנְגַת: vergnügt machen, *delight.*

ענז. עִזָּא n. f., p. עִזֵּי: Ziege, *goat.*

עֲנָנָא n. m., p. עֲנָנֵי: Wolke, *cloud.*

עַנְפָּא n. m., p. c. sf. 3 s. m. †עַנְפוֹהִי: Zweig, *branch.*

ענש vb. **Pe.**, Pt. act. עָנֵשׁ: bestrafen, *punish.*

עסק vb. **Pe.**, Pt. act. 1 p. עָסְקִינַן, 2 p. עָסְקִיתוּ; pass. s. m. עֲסִיק, 1. p. עֲסִיקִינַן, 2 p. עֲסִיקִיתוּ: beschäftigt sein, *be occupied.* | **Itpa.**, Pf. 2 s. m. אִתְעַסַּקְתְּ, אֶעַסַּקְתְּ; Impf. 3 p. m. †יִתְעַסְּקוּן; Inf. לְאֶעֲסוּקֵי; Pt. p. m. מְעַסְּקֵי: sich beschäftigen, *busy oneself.* || עֵסֶק n. m., d. עִסְקָא; sf. 2 s. m. עִסְקָךְ: Geschäft, *business.*

עפף vb. **Pe.**, Pt. act. עָיֵף; pass. עִיף, עֲיִף: doppelt legen, verdoppeln, *fold twice, double.* | **Pa.**, Pt. pass. מְעַפַּף: verdoppeln, *double.*

עַפְרָא n. m., sf. 2 s. f. עַפְרֵךְ; 3 s. m. עַפְרֵהּ: Staub, *dust.*

עצב vb. **Pe.**, Pt. pass. s. f. עֲצִיבָא, p. m. d. עֲצִיבֵי, 2 s. f. עֲצִיבַת: betrübt, *sad.* | **Itpe.**, Pf. 3 p. m. †אֶעֲצִבוּ: sich betrüben, *become sad.* || עֻצְבָא n. m. Betrübnis, *sadness.*

עֲצַרְתָּא n. f. Wochenfest, *Pentecost.*

עִקְבָא n. m. Ferse, *heel.* | בְּעִקְבָא דְ: hinter, nach, *behind, after.*

עִקָּרָא n. m. Wurzel, *root.* | מֵעִקָּרָא adv. anfänglich, *at first.* || עֲקַר vb. denom. **Pe.**, Pt. act. s. m. עָקַר, f. עָקְרָא, 1 s. עָקַרְנָא: entwurzeln, zu Grunde richten, losreißen, *uproot, destroy, remove.* | **Itpe.**, Pf. 3 s. m. אִתְעֲקַר, p. m. †אִתְעֲקַרוּ; Pt. מִתְעֲקַר: losgerissen werden, entwurzelt werden, *be pulled, move, be uprooted.* | **Pa.**, Impf. 2 s. m. תְּעַקַּר: ziehen, *pull out.* || עַקְרָא m. n. unfruchtbar, *barren.* || עֲקִירָא, עִקְּרָא n. m. Kastrierter, *castrate.*

עַקְרַבָּא n. (m.), p. עַקְרַבֵּי: Skorpion, *scorpion.*

[1] ערב. עֲרָבָא n. m., p. †עֲרָבִין: Bürge, *sponsor.*

[2] ערב vb. denom. **Pe.**, Pt. act. s. f. עָרְבָא: untergehen, *set.* | **Itpe.**, Pf. 3 s. m. אֶעֲרֵב: id.

עַרְטִל, עַרְטִלַי adj. nackt, *naked.*

עַרְסָא n. m., sf. 3 s. m. עַרְסֵהּ: Bahre, *bier.*

עַרְפִלָּא n. m. Gewölk, *clouds.*

[1] ערק vb. **Pe.**, Pf. 3 sf. †עֲרַקַת, עֲרַקָא; Impf. 3 s. f. תֶּעֱרֹק, תֶּעֱרֹק: fliehen, *flee.*

[2] ערק. עַרְקְתָא n. f. Riemen, *thong.*

ערר. מְעָרְתָא n. f., sf. 3 s. m. ־תַהּ; p. מְעָרָתָא: Höhle, *cave.*

עשׂא vb. **Pa.**, Pf. 1 s. c. sf. 3 p. m. עַשֵּׂיתִנְהוֹ; Inf. c. sf. 3 p. עַשּׂוֹיֵנְהוֹ: zwingen, *force*.

עִשְׂבָּא n. m., p. עִשְׂבֵּי: Kraut, *herb, herbage*.

עֲשַׂר n. m., עַשְׂרָה n. f. 10. ‖ עֲשִׂירָאָה n. m. zehnter, *tenth*. ‖ עֶשְׂרִין n. p. 20.

עֲשִׂיק adj. teuer, *dear*.

עֲתִיד adj. zukünftig, *future;* sq. Inf. sive Pt. in der Zukunft, *in the future*.

עַתִּיק adj., f. d. עַתִּיקְתָא: alt, *old*. ‖ עִתְקָא n. m. Alter, *old age*.

עתר vb. **Itpa.**, Pf. 1 s. אֶעַתַּרִי, 3 s. m. אִתְעַתַּר; Impf. 2 p. m. תִּתְעַתְּרוּ: reich werden, *grow rich*. ‖ עַתִּיר adj., s. f. d. עַתִּירְתָא; p. m. עַתִּירֵי: reich, *rich*. ‖ עַתִּירוּתָא n. f., sf. 1 s. †־תִי: Reichtum, *riches*.

פ

פְּגַע vb. **Pe.**, sq. בְּ treffen, *meet*.

פגר vb. **Itpa.**, Impf. 1 s. אִפַּגַּר: müßig gehen, *be idle*. ‖ פַּגְרָא n. m. Schadenersatz, *compensation for damages*.

פדא, **פדע** vb. **Pe.**, Pf. 3 s. m. c. sf. 3 s. m. פַּדְיֵהּ, פַּדְעֵהּ; 3 p. m. c. sf. 3 s. m. פַּדְעוּהִ, †פַּדְיוּהִי, פַּדְיוּהַ; Pt. act. פָּדַע, פָּדֵי: verwunden, *bruise, wound*. ‖ פִּדַעְתָּא n. f. Wunde, *bruise, wound*.

פושׁ vb. **Pe.**, Pf. 3 s. m. פָּשׁ; 3 p. m. פּוּשׁ, f. פָּשָׁא; Pt. act. פָּיֵשׁ: übrig bleiben, *remain*.

פַּזִּיז adj., d. פַּזִּיזָא: übereilt, *hasty*. ‖ פַּזִּיזוּתָא n. f., sf. 2 p. m. פַּזִּיזוּתְכוֹן: Übereilung, *haste*.

פַּחְדָּא n. m., sf. 2 s. m. פַּחְדָּךְ: Furcht, *fear*.

פַּחָרָא n. m. Töpfer, *potter*.

פחת vb. **Pe.**, Inf. לְמִפְחַת: sq. מִן־ verringern, *diminish*. | **Itpe.**, Pf. 3 s. m. אִפְּחֵת: schadhaft werden, *become rickety*.

פטם vb. **Pa.**, Inf. פַּטּוֹמֵי: (mästen), besänftigen, *mollify*.

פטר vb. **Itpe.**, Pf. 2 p. m. אִפַּטַּרְתּוּן; 3 p. m. אִפְּטוּר; Inf. לְפִטּוֹרֵי: sich verabschieden, *take leave.* | **Pa.**, Pf. 2 s. m. c. sf. 3 p. m. †פַּטַּרְתִּנּוּן; 2 p. m. †פַּטַּרְתּוּן; 3 s. m. פַּטַּר: entlassen, entbinden, *dismiss, free from obligation.*

פִּילָא n. m. Elefant, *elephant.*

פכח vb. **Pa.**, Inf. לְפַכּוֹחֵי: schwinden machen, *cause to vanish.*

פלא. פְּלָן adj., d. פְּלָנְיָא; s. f. d. פְּלָנִיתָא: ein gewisser, *a certain one.*

פְּלַג vb. **Pe.**, Pf. 3 p. m. †פְּלַגוּ; Impf. 3 p. m. נִפְלְגֵי; Imp. s. m. פְּלֹג, p. m. פְּלָגוּ; Inf. מִפְלַג; Pt. pass. s. f. פְּלִיגָא; p. m. פְּלִיגֵי: teilen, austeilen, unterscheiden, *distribute, divide, deal out, distinguish;* Pt. pass. abweichend, verschiedener Meinung, *contrary, of a different (contrary) opinion.* | **Itpe.**, Pf. 3 p. m. †אִפְּלִגוּ; Pt. p. m. מִפַּלְגֵי: geteilt werden, verschiedener Meinung sein, *be divided, be of a different (contrary) opinion, be divided in opinion.* || פַּלְגָא n. m. Hälfte, *half.* || פַּלְגָּא n. m. ein streitsüchtiger Mensch, *a quarrelsome man.*

פלך vb. **Pe.**, Pt. act. s. f. פָּלְכָא: spinnen, *spin.*

פְּלִסָא (lat.?) n. m., p. פְּלָסֵי: Schlag, *stroke.*

פִּלְפַּלְתָּא (sanscr.) n. f. Pfefferkörnchen, *grain of pepper.* || פִּלְפּוּלָא n. m., sf. 1 s. פִּלְפּוּלַי: Scharfsinn, *keen mind.*

פֻּמָא n. m., c. פֻּם; sf. 2 s. m. פֻּמ(י)ךְ; 3 s. m. פֻּמֵּהּ; 3 p. m. פֻּמַּיְהוּ: Mund, *mouth.* || לְפֻם praep. gemäß, *according to.*

פנא vb. **Itpe.**, Pf. 3 s. m. אִפְּנִי; Impf. 2 p. †תִּפְּנוּן; 3 p. m. †יִפְּנוּ, לִפְּנוּ; Pt. s. m. מִפְּנֵי: sich wenden, frei sein, die Notdurft verrichten, *turn about, be free, ease oneself.* || פַּנְיָא n. m. Abend, *evening.*

פנק vb. **Pa.**, Pt. pass. p. f. †מְפַנְּקָן: verweichlichen, *pamper.* || מְפַנְּקוּתָא n. f. Verweichlichung, *pampered condition.*

פסד vb. **Pe.**, Pt. pass. פְּסִיד: schädigen, *injure.* || **Af.**, Pf. 2 s. m. c. sf. 3 p. אַפְסַדְתִּנְהוּ; Pt. act. p. f. מַפְסְדָן, id.

פסל vb. **Pe.**, Pt. act. s. m. c. sf. 3 s. m. פָּסְלֵהּ; pass. 1 s. פְּסִילְנָא: untauglich machen, *render unfit.* | **Af.**, Pf. 3 s. m. אַפְסֵל, id.

פְּסַק vb. **Pe.**, Pf. 3 s. m. c. sf. 3 s. m. פַּסְקֵהּ; 3 p. m. †פְּסַקוּ, sf. 3 s. m. פַּסְקוּהַ; Inf. מִפְסַק; Pt. act. s. m. פָּסֵק, p. m. פָּסְקֵי; pass. s. m. פְּסִיק: abschneiden, zerschneiden, *cut off, cut through.* | **Pa.**, Inf. לְפַסּוֹקֵי: zerschneiden, *cut through.* | **Af.**, Pf. 3 s. m. אַפְסֵק; Pt. act. s. f. מַפְסְקָא: 1. = **Pa.**; 2. sich unterbrechen, *interrupt oneself.* || פְּסוּקָא n. m., sf. 2 s. m. פְּסוּקָיךְ: Bibelvers, *Scriptural verse.* | פסק vb. denom., Imp. פְּסֹק: (einen Bibelvers) hersagen, *recite (a Scriptural verse).*

פִּקָּא v. פקע.

פקד vb. **Pa.**, Pf. 3 s. f. פַּקְּדָא; Imp. p. m. פַּקְּדוּ; Pt. pass. 2 s. מְפַקְּדַתְּ: befehlen, *command;* ein Testament hinterlassen, *leave a will.* | **Af.**, Pf. 3 s. m. אַפְקֵד; Pt. act. s. m. מַפְקֵד, p. m. מַפְקְדֵי: in Verwahrung geben, *deposit.*

פקע vb. **Af.**, Infin. לְאַפְקוֹעֵי; Pt. act. מַפְקַע: entziehen, *withdraw.* || פִּקְעָא, פִּקָּא n. m. Spalte, *fissure.* || פְּקָתָא n. f. Ebene, Tal, *plain, valley.*

[1]פְּקַר n. m. Geschäfte, *dealings.*

[2]פקר vb. **Af.**, Imp. אַפְקַר: freigeben, *give free.* || הַפְקָרָא (hebr.) n. m. Zügellosigkeit, *licentiousness.*

פְּקָתָא v. פקע.

פַּרְדֵּסָא n. m. Baumgarten, *park.*

פַּרְדַּכְשָׁא (pers.?) n. m. Fürst, *prince.*

פרהגבנא (orig.?) n. m. Beamter, *official.*

בְּפַרְהֶסְיָא (gr.) adv. öffentlich, *publicly.*

פַּרְוַנְקָא (pers.) n. m. Bote, *messenger.*

פַּרְזְלָא n. m. Eisen, *iron.*

פְּרַח vb. **Pe.**, Pf. 3 p. †פְּרַחוּ, פְּרוּחַ; Pt. act. s. m. פָּרַח, p. f. פָּרְחָן: fliegen, davonfliegen, *fly, fly off.* | **Af.**, Pf. 3 s. m. c. sf. 3 s. m.

אַפְרְחֵהּ; Impf. 3 s. m. c. sf. 3 s. f. נַפְרְחַהּ: fliegen lassen, *cause to fly off.*

פרט vb. **Pa.**, Pt. act. מְפָרֵט: einzeln aufzählen, *specify.* || [פְּרִיטְתָא] n. f., p. פְּרִיטַיָא, פְּרִיטֵי: Kleingeld, *small change.*

פְּרְיָא (gr.) n. m., sf. 1 s. פְּרְיַי; 2 s. m. פְּרְיָךְ: Lager, *couch.* | פְּרִיתָא n. f. id.

פרך vb. **Pa.**, Inf. לְפָרוֹכֵי, **Af.**, Inf. לְאַפְרוֹכֵי: zerreiben, *bruise.*

פַּרְסָא (pers.) n. m., p. פַּרְסֵי: Parasange, *parasang.*

פְּרְסָא (gr.) n. m. Vorrichtung, *contrivance.*

פְּרְסָאָה n. m. Perser, *Persian.*

פְּרִסְתְּקָא (pers.) n. m. Bote, *messenger.*

פרע vb. **Pe.**, Pf. 1 s. c. sf. 2 s. m. פְּרַעְתִּיךְ, 3 s. m. פְּרַעְתֵּהּ; Imp. s. m. c. sf. 1 s. פְּרַעֲ(י)ן; Pt. act. פָּרַע, sf. 3 s. m. פָּרְעֵהּ, 2 s. c. sf. 1 s. פָּרַעְתִּין: bezahlen, *pay.* | **Itpe.**, Imp. אִתְפְּרַע: sich bezahlen lassen, *be paid.*

פרץ vb. **Pe.**, Pt. pass. s. f. פְּרִיצָא: ausgelassen, *licentious.*

פַּרְצוֹפָא (gr.) n. m., sf. 3 s. m. פַּרְצוֹפֵהּ: Gesicht, *countenance.*

פרק vb. **Pe.**, Impf. 3 s. m. c. sf. 1 p. לִפְרְקִנַן: 1. einstürzen, *fall in;* 2. erlösen, *deliver.* | **Pa.**, Inf. לְפָרוֹקֵי, sf., 3 s. m. לְפָרוֹקֵהּ, 3 p. m. לְפָרוֹקִנְהוֹ; Pt. act. מְפָרֵק, 1 s. מְפָרְקְנָא: 1. trennen, *separate;* 2. erlösen, *deliver;* 3. auf eine Widerlegung antworten, *meet a question of objection.* || פִּרְקָא n. m. Vortrag, *discourse.* || פֵּרוּקָא n. m., p. פֵּרוּקֵי: Antwort auf eine Widerlegung, *answer to a question of objection.*

פרקד. אַפַּרְקֵד adv. rücklings, *on the back.*

פרר. [פָּרְתָא] n. f., p. פָּרֵי: Kleie, *bran.*

פרש[1] vb. **Pe.**, Inf. לְמִפְרַשׁ; Pt. act. p. m. פָּרְשֵׁי: 1. sich absondern, *separate oneself;* 2. reisen, *travel.* | **Pa.**, Pt. act. מְפָרֵשׁ; pass. s. m. מְפָרַשׁ, p. m. מְפָרְשֵׁי: 1. absondern, *separate;* 2. genau angeben, *specify.* ||

פֵּרוּשָׁא n. m., sf. 3 s. m. פֵּרוּשֵׁהּ: Erklärung, *explanation.* | בְּפֵרוּשׁ adv. ausdrücklich, *explicitly.*

[2]פרשׁ. פָּרָשָׁא n. m. Reiter, *horseman.*

פַּרְתָּא n. m. Exkrement, Mist, *excrements, dung.* | פִּרְתָּא adv. ein wenig, *a little.*

פשׁט vb. **Pe.,** Pf. 3 p. m. †פַּשְׁטוּ, sf. 3 s. m. פַּשְׁטוּהּ; Imp. פְּשֹׁט; Pt. act. 1 s. פָּשֵׁטְנָא; pass. s. f. פְּשִׁיטָא: 1. ausstrecken, *stretch out;* 2. einen Zweifel lösen, *straighten out a difficulty;* Pt. pass. klar, selbstverständlich, *clear, self-evident.* | **Itpe.,** Pf. 3 s. f. אִפְּשְׁטָא: gelöst werden, *be solved.* || פְּשָׁטָא n. m. natürlicher Lauf, *natural course.*

פִּשְׁקְצָא n. m. Rabe, *raven.*

פשׁר vb. **Pa.,** Pt. act. מְפַשַּׁר; pass. מְפַשַּׁר: deuten, *interpret.* || אִפְשָׁר n. m. Möglichkeit, *possibility;* möglich, *possible.*

פִּתְגָמָא n. m., p. פִּתְגָמֵי: Wort, *word.*

פתח vb. **Pe.,** Pf. 1 p. †פְּתַחְנָא; 3 s. f. פְּתָחָא, p. m. †פְּתַחוּ; Imp. s. m. פְּתַח, p. m. פְּתַחוּ; Inf. לְמִפְתַּח; Pt. act. פָּתַח: öffnen, *open.* || פִּתְחָא n. m. Tür, *door.*

פַּתְיָא n. m. Topf, *pot.*

פְּתָיָא n. m. Breite, *breadth.*

פְּתִילְתָא n. f., p. פְּתִילֵי, פְּתִילָתָא: Docht, *wick.*

פִּתְקָא (gr.) n. m. Tafel, *tablet.*

פָּתוֹרָא n. m., sf. 2 s. m. פָּתוֹרָךְ: Tisch, *table.*

פִּתָּא n. m. Brot, *bread.*

צ

צבא vb. **Pe.,** Pt. act. 2 s. צָבֵית: wollen, *want.* || צְבוּ n. f. Wille, Ding, Bedarf, *will, thing, need.*

צבע. [אֶצְבְּעָא, אֶצְבַּעְתָּא] n. f., p. c. sf. 1 s. †אֶצְבְּעָתִי; 3 s. m. אֶצְבְּעָתֵהּ: Finger, *finger.*

צִבּוּרָא n. m. coll. Gemeinde, *congregation.*

[1]צבת, צות vb. **Itpa.,** Pt. s. f. מִצְטַבְתָא (מִצְטַוְתָא): sich ge-

sellen, *be attached.* | צַבְתָּא (צַוְתָּא) n. m. (f.), sf. 1 p. צַבְתַּין (צַוְתַין): Gesellschaft, *company.*

²צבת. צַבְתָּא n. f. Zange, *tongs.*

צדיקא צַדִּיקָא n. m., p. צַדִּיקֵי: Gerechter, *righteous man.* || צְדָקְתָּא n. f. Almosen, *almsgiving.*

צוארא צַוְ(א)רָא n. m. Hals, *neck.*

צוד vb. **Pe.**, Pf. 3 p. m. צוד; Pt. act. 1 s. צָיְדְנָא: jagen, fangen, *hunt, catch.* | **Itpe.**, Impf. 3 p. f. לְתִצָּדָה; Inf. אִתְצוֹדֵי; Pt. p. m. מִתְצָדִי: pass. || צַיּוֹדָא n. m., p.†צַיּוֹדִין: Fischer, *fisherman.*

צוח vb. **Pe.**, Inf. מִצְוַח; Pt. act. 1 p. צָוְחִינַן: schreien, *cry.*

צוציתא צוֹצִיתָא n. f. = צִיצְתָא q. v.

צור vb. **Pe.**, Pf. 3 s. m. צָר: sq. -עַל: belagern, *besiege.*

צות vb. **Pe.**, Pt. act. s. m. צָאֵת, f. צָיְתָא, 2 s. צָיְתַתְּ: gehorchen, *obey.* | **Af.**, Impf. 2 p. m. תְּצִיתוּ; Imp. אֲצִית: hören, *hearken.*

צות v. צבת.

צחא, צחי צְחָא vb. **Pe.**, Pt. act. 2 s. צָחֵית: dürsten, *be thirsty.*

ציבי צִיבֵי n. p. m. Brennholz, *kindling wood.*

צין vb. denom. **Pa.**, Pf. 3 s. m. צַיֵּן; Pt. act. מְצַיֵּן: kenntlich machen, bezeichnen, *mark.*

ציצתא צִיצְתָא n. f. Haarlocke, Flamme, *forelock, flame.*

צלא vb. **Pa.**, Pf. 1 s. †צַלִּיתִי, צַלֵּי; Impf. 1 s. אֲצַלֵּי; 3 s. m. לִצַלֵּי; Pt. act. s. m. מְצַלֵּי, p. m. מְצַלּוֹ, 1 s. מְצַלֵּינָא: beten, *pray.* | **Af.**, Inf. אַצְלוֹיֵי; Pt. act. אַצְלֵי, p. מַצְלוֹ: neigen, beugen, *incline, bend.*

צלב vb. **Pe.**, Pt. act. p. m. †צָלְבִין: kreuzigen, *crucify.*

¹צלח vb. **Pa.**, Pt. act. p. m. מְצַלְּחִי: spalten, *cleave.*

²צלח vb. **Af.**, Pt. Act. מַצְלַח: Erfolg haben, *succeed.*

¹צלל vb. **Pe.**, Impf. 3 s. m. לְצַל; Pt. pass. s. m. צִיל, צַלִּיל, צִיל, f. צִילָא, p. m. צִילֵי: klar sein, *be clear.* || צִילוּתָא n. f. Klarheit, *clear mind.*

²צלל. צַלָּא n. m. Fell, Leder, *hide, leather.* || צַלָּלָא n. m. Gerber, *tanner.*

[צַלְמָא] n. m., p. †צַלְמָנַיָּא: Bild, Götzenbild, *image, idol.*

צמת vb. **Pe.**, Inf. מִצְמַת: zusammenziehen, *contract.*

צַנָּא n. m. Korb, *basket.*

צנן vb. **Pa.**, Inf. לְצַנּוֹנֵי: abkühlen, *cool off.*

צנע vb. **Pe.**, Pt. pass. s. f. צְנִיעָא, p. f. a. צְנִיעָתָן, 2 s. f. צְנִיעַת: züchtig, heimlich, *modest, secretive.* ‖ צְנְעָא n. m. Verborgenheit, *secrecy.* בִּצְנְעָא: heimlich, *secretly.* ‖ צְנִיעוּתָא n. f. Züchtigkeit, Verborgenheit, *modesty, secrecy.*

צנף vb. **Pe.**, Pt. act. צָנֵף: wiehern, *neigh.*

צִנּוֹרָא n. m. Loch (in der unteren Türschwelle), *doorsocket.*

צער vb. **Pa.**, Pf. 1 s. c. sf. 3 s. m. צַעַרְתֵּהּ; 2 s. m. c. sf. 1 s. צַעַרְתַּן; 3 p. m. c. sf. 1 s. צַעֲרוּן; Imp. s. m. c. sf. 1 s. צַעֲרַן; Inf. צַעוֹרֵי; sf. 1 s. לְצַעוֹרַן; Pt. act. s. m. c. sf. 1 s. מְצַעֲרַן, p. m. מְצַעֲרִי(ן), 2 s. f. מְצַעֲרַת: quälen, beschimpfeu, *vex, insult.* | **Itpa.**, Pf. 3 s. m. אִצְטַעַר; Impf. 1 s. אֶצְטַעַר, לִ 1 p. נִצְטַעַר; 3 s. m. נִצְטַעַר; Pt. act. s. m. מִצְטַעַר: sich quälen, sich grämen, *be vexed, be grieved.*

צִפּוּנָא n. m. Norden, *north.*

צפף. צִפְּתָא n. f. Matte, *mat.*

צפר¹. צַפְרָא n. m. Morgen, *morning.* לְצַ׳, בְּצַ׳: morgens, *in the morning.*

צפר². צִפְּרָא n. m., p. צִפְּרֵי: Vogel, *bird.* ‖ צִפַּרְתָּא n. f. id.

צפר³. צְפִירָא n. m. Ziegenbock, *he-goat.* ‖ צְפִירְתָּא n. f. Ziege, *she-goat.*

צרא. צִרְיָא n. m. Spalt, *crack.*

צֻרְבָּא (etym.?) n. m.: צ׳ מֵרַבָּנַן: Gelehrter, *scholar.*

צרך vb. **Pe.**, Pt. pass. צְרִיךְ, 2 p. צְרִיכִיתוּ: nötig, *necessary;* bedürftig, *in need.* | **Itpe.**, Pf. 1 s. אִצְטְרִכִי; 3 s. m. אִצְטְרִיךְ; Pt. s. m. מִצְטְרִיךְ: bedürftig sein, nötig haben, *be in need, need.*

צרף vb. **Itpa.**, Impf. 3 s. m. לִצְטָרַף, 3 p. m. לִצְטָרְפִי; Pt. p. m. מִצְטָרְפִי: vereinigt werden, *be joined.*

צרר vb. **Pe.**, Pf. 3 s. m. צַר; Inf. מִצַּר, מִצְרַר; Pt. act. s. m. צָרֵר, צָיַר: einwickeln, zusammenbinden, *wrap up, tie up.* | **Pa.**, Impf. 3 s. m. c. sf. 3 s. m. לְצַיְרֵהּ: id.

ק

קַבָּא n. m., p. קַבֵּי: Ḳab (ein Maß, *a measure).*

[לְקֳבֵל] praep., sf. 1 s. †לְקִבְלִי; 1 p. †לְקִבְלַנָא: entgegen, gegen, *opposite, against.* | קבל vb. denom. **Pa.**, Pf. 1 s. †קַבֵּלְת; 1 p. †קַבֵּלְנָא, sf. 2 s. m. קַבֵּלְנָךְ; 2 s. m. קַבֵּלְתְּ, sf. 1 s. קַבֵּלְתַּן, 3 s. m. קַבֵּלְתֵּהּ; 2 p. m. †קַבֵּלְתּוּן; 3 s. m. קַבֵּל, sf. 3 s. m. קַבְּלֵהּ; 3 p. m. c. sf. 3 s. m. קַבְּלוּהַּ; Impf. 1 s. c. sf. 3 s. f. אֲקַבְּלַהּ; 1 p. c. sf. 3 s. f. נְקַבְּלַהּ; 3 p. m. לְקַבְּלוּ; Pt. act. מְקַבֵּל, 2 p. מְקַבְּלִיתוּ: erhalten, empfangen, *receive, accept.* | **Itpa.**, Impf. 3 s. f. תִּתְקַבַּל, תִּקַּבַּל; Pt. s. m. מִקַּבַּל: angenommen werden, aufgenommen werden, *be received, be accepted.* | **Af.**, Inf. אַקְבּוֹלֵי, sq. אַפֵּיהּ דִּפְלַנְיָא: begrüßen, *greet, salute.*

קִבְנָאָה n. m. Zinne, *turret.*

קבע vb. **Af.**, Pt. act. מַקְבַּע: festsetzen, *fix, appoint.*

קבץ vb. **Pe.**, Imp. קְבֹץ = קפץ q. v.

קבר vb. **Pe.**, Impf. 3 p. †יִקְבְּרוּן, sf. 3 s. m. †יִקְבְּרֻנֵּהּ; Pt. pass. קְבִיר: begraben, *bury.* | **Pa.**, Impf. 3 s. m. †יְקַבֵּר: id. || קִבְרָא n. m., sf. 3 s. m. קִבְרֵהּ; p. קִבְרֵי: Grab, *tomb.*

קִבּוּרָא n. m. Knäuel, Blütenknäuel, *coil, cluster.*

קְדַח vb. **Pe.**, Pt. act. s. f. קָדְחָה: aufsprossen, *sprout up, grow up.*

[קֳדָם] praep., sf. 1 p. †קֳדָמַנָא, †לְקֳדָמַנָא; 2 p. m. †קֳדָמֵיכוֹן; 3 s. m. †מִן־קֳדָמוֹהִי; קַמֵּי praep., sf. 1 p. קַמַּן; 2 s. m. קַמָּךְ; 3 s. m. קַמֵּהּ; 3 p. m. קַמַּיְהוּ: vor, *before.* | †מִן־קַדְמַת דְּנָא adv. vormals, *heretofore.* || מִקַּמֵּי דְ conj. sq. Impf. bevor, *before.* | קַמָּא adj., f. †קַדְמָאָה, קַדְמָא, קַדְמֵיתָא, קַמַּיְתָא, p. m. קַמָּאֵי, p. f.

קַמַּיְתָא, קַדְמָיְתָא: erster, *first*. ‖ קְדַם vb. denom. **Pe.**, Pt. act. sf. קָדְמָה, sq. לְ vorangehen, überholen, *precede, overtake.* | **Pa.**, Pf. 3 s. m. קַדֵּם; 3 p. m. קַדּוּם (sive קְדוּם **Pe.**), sf. 2 s. m. קַדְּמוּךְ; Impf. 1 p. נְקַדֵּם (לְקַדֵּם); Imp. s. m. קַדֵּם, p. m. קַדְּמוּ; Inf. קַדּוֹמֵי; Pt. act. p. מְקַדְּמֵי, sq. לְ (nota accus.) sive verbo in eadem forma (§69*a*): früh tun, zuvorkommen, *do early, anticipate.* | **Af.**, Impf. 3 p. m. לִקְדְּמוּ; Imp. s. אַקְדֵּם; p. אַקְדְּמוּ, sf. 3 s. f. אַקְדְּמוּהַּ; Inf. אַקְדּוֹמֵי: früh tun, schnell sein, *do early, be quick.*

קִדְרָא n. f., sf. 2 s. m. קִדְרָךְ: Topf, *pot.*

קְדֵשׁ vb. **Pe.**, heilig werden, *become holy.* יוֹמָא קְדֵשׁ: der (Sabbat)Tag hat begonnen, *the day (of the sabbath) has commenced.* | **Pa.**, Inf. לְקַדּוֹשֵׁי: für heilig erklären, *pronounce holy* = 1. (obj. אִתְּתָא) trauen, *betroth;* 2. den Segenspruch am Eingange des Sabbats sprechen, *say the benediction at the commencement of the sabbath.* | **Af.**, Pf. 1 s. אַקְדַּשִׁי: weihen, *dedicate.* ‖ קַדִּישׁ adj., d. קַדִּישָׁא: heilig, *holy.* ‖ קֻדְשָׁא n. m. Heiligkeit, *holiness.*

קול. קָלָא n. m., c. קָל: Stimme, *voice.*

קום vb. **Pe.**, Pf. 1 p. †קָמְנַן; 2 s. m. קָמְתְּ; 3 s. m. קָם; 3 s. f. קָמַת, קָמָה; 3 p. m. †קָמוּ, קוּם; Impf. 1 s. אֵקוּם, אֵקוּ; 1 p. נֵקוּם, נֵקוּ; 2 p. m. תְּקוּמוּ; 3 s. m. †יְקוּם, לֵ נֵקוּם, לֵקוּ; 3 s. f. †תְּקוּם, תֵּקוּם, תֵּקוּ; 3 p. m. לֵקוּמוּ, לְקָמוּ; Imp. s. קוּם; Pt. act. s. m. קָאֵם, קָאֵי, קָא(קָ) (§38*d*), f. קָיְמָא, p. m. קָיְמֵי, קָיְמוּ, p. f. †קָיְמָן; 1 s. קָאֵמְנָא (קָאֵמִינָא), 2 s. קָיְמַתְּ; pass. s. m. קִים, f. קַיְמָא: aufstehen, stehen, bestehen bleiben, *rise, stand, remain;* Pt. pass. feststehend, *certain.* תֵּקוּ: die Frage bleibe unbeantwortet, *the question remain unanswered.* | **Pa.**, Pf. 1 s. †קַיֵּמִת; Impf. 1 s.

אֲקַיֵּם, 1 p. נְקַיֵּם; Imp. p. קַיִּמוּ; Pt. act. 1 s. מְקַיְּמְנָא; pass. s. m. מְקַיַּם, s. f. מְקַיְּמָא: erfüllen, feststellen, *fulfil, establish;* מְקַיַּם: am Leben erhalten, *living.* | **Itpa.**, Pf. 3 s. m. אִתְקַיַּם; Impf. 3 s. f. תִּתְקַיַּם; Pt. מִתְקַיַּם: erhalten bleiben, *remain.* | **Af.**, Pf. 1 p. c. sf. 3 s. f. אוֹקְמְנַהּ; 2 s. m. c. sf. 3 s. f. אוֹקְמְתָּא; 2 p. m. †אוֹקֵמְתּוּן; 3 s. m. אוֹקֵם, sf. 2 p. m. אוֹקְמִנְכוֹ; 3 p. m. c. sf. 3 s. f. אוֹקְמוּהָ; Impf. 1 s. אוֹקֵם, sf. 3 s. m. אוֹקְמִנֵּהּ, 3 s. f. אוֹקְמִנַּהּ; 3 s. m. לוֹקֵם, sf. 3 p. לוֹקְמִנְהוּ; Imp. אוֹקֵי, sf. 1 s. אוֹקְמַן; Inf. אוֹקוֹמֵי; Pt. act. s. m. מוֹקֵי, מוֹקֵם; 1 s. מוֹקְמְנָא, 1 p. מוֹקְמִינַן, 2 s. מוֹקְמַתְּ, 2 p. מוֹקְמִיתוּ: aufrichten, bestehen lassen, stellen, sich beziehen lassen, *raise, cause to remain, place, cause to refer.* | **Ittaf.**, Pt. מִתּוֹקַם: sich beziehen, *refer.* || קַיָּם adj. am Leben, beständig, *living, abiding.*

קוּפָא n. m. Nadelöhr, *eye of a needle.*

[קוֹרָתָא] (hebr.) n. f., p. קוֹרֵי: Balken, *beam.*

קטל vb. **Pe.**, Pf. 1 s. c. sf. 3 s. m. קַטַלְתֵּהּ; 2 s. קְטַלְתְּ, sf. 3 p. m. קַטַלְתִּנְהוּ; 3 s. m. c. sf. 3 s. m. קַטְלֵהּ, 3 p. m. קַטְלִנְהוּ; 3 p. m. c. sf. 3 s. m. קַטְלוּהּ, 3 p. m. †קַטְלִינוּן; Impf. 1 s. c. sf. 3 p. m. אֶקְטְלִנְהוּ, †אֶקְטְלִנּוּן; 1 p. נִקְטוֹל, sf. 3 p. m. †נִקְטְלִנּוּן; 2 s. m. תִּקְטוֹל; 2 p. m. c. sf. 3 p. m. תִּקְטְלוּנְהוּ; 3 p. c. sf. 2 s. f. לִקְטְלוּךְ; Imp. s. m. קְטוֹל, sf. 3 s. f. קַטְלַהּ, p. f. †קְטֻלָן; Inf. c. sf. 3 s. m. לְמִקְטְלֵהּ; Pt. act. s. m. קָטֵל, p. m. †קָטְלִין, קָטְלוּ, 1 s. קָטֵלְנָא, 1 p. קָטְלִינַן, 2 s. קָטְלַתְּ, 2 p. קָטְלִיתוּ; pass. s. m. קְטִיל, d. קְטִילָא: töten, *kill, murder.* | **Itpe.**, Impf. 2 p. m. †תִּתְקַטְלוּן; Pt. מִקְטֵל: pass. || קַטְלָא n. m. Tod, *death.*

קַטִּין adj., d. קַטִּינָא; p. קַטִּינֵי: klein, *small.* || קְטִנָא n. m. Winzigkeit, *smallness.*

קטע vb. **Pe.**, Pf. 3 s. f. c. sf. 3 s. m. קְטַעְתֵּהּ; Pt. pass. s. f. d. קְטִיעֲתָא: abschneiden, verstümmeln, *cut off, curtail.*

קטף vb. **Itpe.**, Pt. מִקְּטֵף: abgeschnitten werden, *be cut off.*

קטר vb. **Pe.**, Imp. קְטַר: binden, *tie.* ‖ קִטְרָא n. m., p. קִטְרֵי: Knoten, *knot.*

קְטְרָא n. m. Rauch, *smoke.* ‖ אַקְטַרְתָא n. f. etwas, das Rauch verursacht, *something that causes smoke.*

קַיְטָא, קֵיטָא n. m. Sommer, *summer.*

קֵיסָא n. m., p. קֵיסֵי: Holzstück, *piece of wood.*

קֵיסַר: Caesar.

קִירָא n. m. Wachs, *wax.*

קלא vb. **Pe.**, Pf. 2 s. קְלֵית; 3 p. c. sf. 3 p. קְלוֹנְהוֹ; Impf. 3 s. m. לִקְלֵי, sf. 3 s. m. לִקְלֵה; Pt. act. קָלֵי; pass. s. f. קַלְיָא: sengen, verbrennen, *parch, roast.* | **Itpe.**, Pf. 3 s. m. אִקְּלִי; Pt. p. f. מִקַּלְיָן, 1 p. מִקַּלֵינַן: pass.

[1]קלל. קַלָּא (?) n. m. Stein, *stone.*

[2]קלל vb. **Pe.**, Pt. pass. s. m. קִיל, f. d. קִילְתָא, p. m. קִילֵי: leicht, *light.* | **Itpalp.**, Pt. s. f. מִקַּלְקְלָא: verdorben werden, *become spoiled.* | **Af.**, Pf. 2 s. m. אַקֵּלְתְּ; Impf. 3 s. m. לַקֵּל; Imp. אַקֵּל; Pt. act. מַקֵּל; pass. מִקַּל: erleichtern, *lighten.* | **Ittaf.**, Pf. 3 s. m. אִתְּקִיל: pass. ‖ קְלִיל adj. leichf, *light;* adv. ein wenig, *a little.*

קלע vb. **Itpe.**, Pf. 1 s. †אִקְּלַעְת, אִקְּלַעִי; 1 p. †אִקְּלַעְנַן (אִקְּלְעִינַן), אִקְּלַעְן; Pt. s. m. מִקַּלַע, p. m. †מִקַּלְעִין: eintreffen, *arrive;* begegnen, *strike.*

קִלְקָתָא, קִיקַלְתָּא, קִלְקִלְתָּא n. f., p. קִיקְלֵי, קִלְקְלֵי: Misthaufen, *dung heap.*

קַמָּא v. קדם.

קִמְחָא n. m. Mehl, *flour.*

קַמֵּי v. קדם.

קְמְקְמָא (gr.) n. m. Kessel, *kettle.*

קנא vb. **Pa.**, Impf. 2 s. m. תְּקַנֵּא: eifersüchtig sein, *be jealous.* ‖ קִנְאָ n. m., sf. 3 s. m. קִנְאֵה: Eifersucht, *jealousy.*

קְנָא vb. **Pe.**, Pf. 2 s. m. קְנֵית; Impf. 3 s. m. לִקְנֵי; Imp.

קְנָה; Pt. act. s. m. קָנֵי, p. m. קָנוֹ: erwerben, kaufen, *acquire, purchase.*

קַנְיָא n. m., p. קְנֵי: Rohr, *reed.*

קְנָסָא (gr.) n. m. Strafe, *fine.*

קפץ vb. **Pe.**, Imp. קְפֹץ; Pt. קָפֵץ: springen, *leap.*

[קַצָּבָא] n. m., p. d. קַצָּבֵי: Fleischhauer, *butcher.*

קצץ vb. **Pe.**, Pf. 3 p. m. †קַצּוּ; Impf. 1 s. אֶקֹּץ; 2 s. m. תִּקֹּץ; 3 p. m. נִקְצוּ; Imp. s. m. קֹץ, p. m. קֻצוּ; Inf. c. sf. 3 s. m. לְמִקְצְיֵהּ; Pt. act. קָאֵץ, p. m. קָיְצֵי; pass. קִיץ: abhauen, bestimmen, *cut off, determine.* | **Itpa.**, Pf. 3 p. m. †אִתְקַצַּצוּ: abgehauen werden, *be cut off.*

קְצִיר adj., d. קְצִירָא; p. d. קְצִירֵי: krank, *sick.*

קָקָא n. m., p. קָקֵי: Pelikan, *pelican.*

קָקוּלֵי (pers.) p. m. Amomum Cardamomum.

קָרָא n. m., p. קָרֵי: Kürbis, *gourd.*

קְרָא[1] vb. **Pe.**, Pf. 1 s. קְרַאי, sf. 2 s. m. קְרֵיתָ(י)ךְ; 2 s. m. קְרֵית, sf. 3 s. m. קְרֵיתֵהּ; 3 s. m. c. sf. קַרְיָךְ; 3 p. m. c. sf. 3 s. m. קַרְיוּהַ; Imp. קְרִי; Inf. מִקְרָא, מִקְרֵי; Pt. act. קָרֵי, p. קָרוֹ, 1 p. קָרֵינַן: rufen, nennen, lesen, *call, read.* | **Itpe.**, Impf. 3 s. m. †יִתְקְרֵי; Pt. s. m. מִקְּרֵי, s. f. מִקַּרְיָא, p. f. מִתְקַרְיָן, מִקַּרְיָן: pass. | **Af.**, Pf. 1 p. c. sf. 3 s. m. †אַקְרִינוֹהִי; 2 s. m. c. sf. 1 s. אַקְרִיתַן; 3 s. m. c. sf. 1 p. אַקְרִינַן, 2 s. m. אַקְרְיָךְ, 3 s. m. אַקְרְיֵהּ; 3 p. m. c. sf. 1 s. אַקְרְיוּן; Imp. p. m. אַקְרוֹ; Pt. act. s. m. מַקְרֵי, p. c. מַקְרֵי, 1 s. מַקְרֵינָא: lesen lassen, *cause to read.* ||

קְרָא n. m., sf. 2 s. m. קְרָאָךְ, קְרָיָךְ; 3 s. f. קְרָאַהּ; p. קְרָאֵי: Bibelvers, *Scriptural verse.* ||

קַרְיָנָא n. m. Leser, *reader.*

קרא[2]. קַרְתָּא n. f., p. קְרִיָּתָא: Stadt, Dorf, *town, village.*

קרב vb. **Pe.**, Pf. 3 p. m. †קְרִבוּ; Impf. 2 s. m. תִּקְרַב; 3 s. m. לִקְרַב; Imp. קְרַב; Inf. לְמִקְרְבָא: nahen, *come near.* | **Pa.**, Pf. 1 s. †קָרֵבְת, sf. 2 s. m. קָרֵבְתָּךְ; 3 p. m. †קָרִבוּ; Imp. p. קָרְבוּ; Inf. c. sf. 3 s. m. לְקָרוֹבֵהּ; Pt. act. p. m.

†מְקָרְבִין; pass. s. m. מְקָרַב, f. מְקָרְבָא, 1 s. מְקָרַבְנָא: nahebringen, darbringen, opfern, *bring near, offer;* Pt. pass. verwandt, *related.* | **Af.**, Pf. 3 s. f. †הַקְרְבַת; Pt. act. מַקְרֵב: bringen, opfern, *bring, offer.* ‖ קָרִיב adj., d. קָרִיבָא; sf. 1 s. †קָרִיבִי, קָרִיבַי; 2 s. m. קָרִיבָךְ; 3 s. m. קָרִיבֵהּ; 3 s. f. קָרִיבַהּ; 1 s. קָרִיבְנָא: verwandt, *related.* ‖ קְרָבָא n. m. Krieg, *war.* ‖ קָרְבָּנָא n. m. Opfer, *sacrifice.*

קָרַח adj., d. קְרָחָא: kahl, *bald.*

קַרְטֲלִיתָא (gr.) n. f. Kästchen, *chest.*

קַרְיָא n. m. Wurm, *worm.*

[1]קְרָמָא n. m., p. קְרָמֵי: eine gewisse Pflanze, *a certain plant.*

[2]קְרָמָא n. m. Haut, Kruste, *skin, crust.*

קַרְנָא n. f., p. (du.) קַרְנִין, קַרְנֵי: Horn, *horn;* p. קַרְנָתָא Ecke, *corner.*

קָרְנָסָא n. m. Hammer, *hammer.*

[קַרְסְלָא] n. m., p. c. sf. 3 s. f. קַרְסַלַּהּ: Knöchel, *ankle.*

קרע vb. **Pe.**, Pf. 3 s. m. c. sf. 3 s. m. קַרְעֵהּ; 3 p. m. †קְרַעוּ; Impf. 3 s. m. c. sf. 3 s. m. לִ
נִקְרְעֵהּ; Pt. act. קָרַע: zerreißen, *tear.* ‖ **Itpe.**, Pf. 3 p. f. †אִתְקְרָעָן: pass.

קרץ vb. **Pe.**, Pf. 3 s. f. c. sf. 1 s. קַרְצַתַּן: kneifen, *nip, pinch.* ‖ קִרְצָא n. m. Stück, *piece,* v. אכל.

קרר vb. **Pe.**, Inf. מִקַּר; Pt. act. s. m. קָאֵר, f. קָיְרָא: kalt sein, *be cold.* ‖ **Af.**, Impf. 1 p. נַקַּר; Inf. אַקּוֹרֵי; Pt. act. s. f. מַקְּרָא: abkühlen, *cool off.* ‖ קָרִיר adj. kalt, *cold.*

קַרְתָּא v. [2]קרא.

קְשֵׁי adj., f. קַשְׁיָא, p. m. קְשׁוֹ, f. קַשְׁיָן: hart, schwer, *hard, difficult.* ‖ קְשִׁיתָא n. f., p. קַשְׁיָתָא: Kern, *kernel.* ‖ קֻשְׁיָא, p. קֻשְׁיָתָא (קֻשְׁיֵי): Schwierigkeit, Frage, *difficulty, question.* ‖ קשא vb. denom. **Af.**, Pt. act. מַקְשֵׁי: einen Einwand erheben, *raise a point of objection.*

קשט vb. **Itpa.**, Pf. 3 s. f. אִתְקַשְּׁטָא; Imp. s. f. אִתְקַשְּׁטִי; Pt. s. f. מִתְקַשְּׁטָא: sich putzen, *dress.* | קְשָׁטָא n. m. Wahrheit, *truth.*

קשקש vb., Inf. לְקַשְׁקוּשֵׁי; Pt. p. m. †מְקַשְׁקְשִׁין: behacken, *hoe.*

קשש vb. **Pe.**, Pf. 1 p. †קְשֵׁינָא, †קַשֵּׁינַן, †קְשֵׁשְׁנָא, קְשֵׁשְׁן; 3 s. m. קַשׁ, f. קַשָּׁא: alt werden, *grow old.* ‖ קַשִּׁישׁ adj., d. קַשִּׁישָׁא: alt, *old.*

קַשְׁתָּא n. Bogen, *bow.*

קַתָּא n. f., p. sf. 3 p. f. קַתַּיְהֵי: Stiel, *handle.*

ר

ראם. רֵימָא n. m. Wildochse, *wild ox.*

ראש. רֵישָׁא n. m., c. רֵאשׁ, רֵישׁ; sf. 1 s. רֵישַׁי; 2 s. m. רֵישָׁ(י)ךְ; 3 s. m. רֵאשֵׁהּ, רֵישֵׁהּ, f. רֵאשַׁהּ, רֵישָׁא; p. c. רֵישֵׁי: Haupt, Anfang, *head, beginning.* | בְּרֵישָׁא adv. anfangs, *at first.* | מֵרֵישׁ adv. id.

רבא vb. **Pa.**, Pf. 1 s. c. sf. 3 s. m. רַבִּיתֵהּ; 3 s. f. c. sf. 3 s. m. רַבִּיתֵהּ; Impf. 3 s. f. תְּרַבֵּי; Imp. רַבִּי: großziehen, *bring up.* | רְבִיתָא n. f. Mädchen, *girl.* ‖ רְבוּתָא n. f. Auszeichnung, *distinction.*

רבב. רַב adj., d. רַבָּא, רַבָּה; sf. 1 s. †רַבִּי, רַבִּי; s. f. d. רַבְּתִי; p. m. c. sf. 1 p. רַבָּנַן: groß, *great;* Lehrer, *teacher.* ‖ רְבִבָן, רְבוּתָא n. f., p. רַבְבְתָא, d. רִבְּוָתָא: 10 000. ‖ רִבּוֹנָא n. m., c. רִבּוֹן; sf. 3 s. m. רִבּוֹנֵהּ; Herr, *Lord.* | רַבָּנוּתָא n. f., sf. 3 s. m., רַבָּנוּתֵהּ: herrisches Wesen, *lordship.* ‖ [רַבְרַב] n. m., p. m. c. sf. 3 s. m. †רַבְרְבָנוֹהִי, רַבְרְבָנֵיהּ; p. f. רַבְרְבָן: groß, *large;* Großer, *grandee.*

[1]רבע. אַרְבַּע n. m., אַרְבְּעָה n. f. 4. ‖ אַרְבַּ(י)סַר, f. אַרְבַּע †עֶשְׂרֵה, אַרְבֵּ(י)סְרֵי 14. ‖ †אַרְבְּעִין, אַרְבְּעֵי n. p. m. 40. ‖ רִבְעָא n. m. $\frac{1}{4}$. ‖ רִבוּעָא n. m. Quadrat, *square.*

[2]רבע vb. **Af.**, Pf. 2 s. m. אַרְבַּעְתְּ: lagern lassen, *cause to lie down.* ‖ מַרְבְּעָא n. m. מַרְבַּעְתָּא n. f. Lagerstätte, *resting-place.*

רגז vb. **Pe.**, Pt. act. רָגֵז: zürnen, *be angry.* ‖ רַגְזָן adj. jähzornig, *given to anger.*

(רֶ)רַגְלָא n. f., p. c. sf. 3 s. m. †רַגְלוֹהִי; 3 p. m. רַגְלֵיהוֹן: Fuß, *foot.* ‖ רגל vb. denom. **Pe.**, Pt. pass. רְגִיל, 2 p. רְגִילִיתוּ: gewöhnt, *accustomed.*

רְגַשׁ vb. **Pe.** rauschen, *be in commotion.* | **Af.**, Pf. 1 s. אַרְגֵּשׁת; Impf. 3 p. m. †לַרְגְּשׁוּן; Pt. act. מַרְגֵּשׁ: 1. in Bewegung bringen, *stir;* 2. empfinden, merken, *perceive.* ‖ רִגְשָׁא n. m. Geräusch, *noise, commotion.*

רדד vb. **Pa.**, Pf. 3 s. m. רַדֵּד; Inf. רַדּוֹדֵי: plattschlagen, *beat out.*

רדף vb. **Pe.**, Pt. act. p. m. רָדְפִי; pass. p. f. רְדִיפִי: rasch fließen, *flow vehemently.*

רְהַט vb. **Pe.**, Pf. 3 p. רְהוּט; Imp. s. m. רְהֹט, p. m. רְהָטוּ; Pt. act. s. m. רָהֵט, p. m. †רָהֲטִין, f. רָהֲטָן: laufen, *run.* | **Af.**, Imp. s. m. c. sf. 1 s. אַרְהֲטְנִי: laufen lassen, *cause to run.* ‖ רְהָטָא n. m. Laufen, *running.* ‖ רָהוֹטָא n. m., p. רָהוֹטֵי: Läufer, *runner.*

רוא vb. **Pe.**, Impf. 2 s. m. תִּרְוֵי; Pt. pass. s. m. d. רַוְיָא: sich berauschen, *be drunk.* | **Af.**, Pf. 3 s. f. c. sf. 3 s. m. אַרְוִיתֵהּ: berauschen, *make drunk.*

רוח vb. **Pe.**, Pt. act. s. m. רָוַח, f. רָוְחָא; pass. s. m. רְוִיחַ: sich erweitern, *become wide.* | **Pa.**, Pt. pass. מְרַוַּח weit, *wide, ample.* ‖ רַוְחָא n. m. Raum, *space.*

רוּמָא n. m. Höhe, *height.*

רְוֹמָאָה n. m. Römer, *Roman.*

רָזָא n. m., p. d. †רָזַיָּא; sf. 3 s. m. †רָזוֹהִי: Geheimnis, *secret.*

רוב. מַרְזְבָא n. m. Rinne, *water-spout.*

רחא. רְחָיָא n. m. Mühle, *mill.*

רַחֲמֵי n. p. m. Mitleid, *compassion.* | רחם vb. denom. **Pe.**, Pt. act. s. m. רָחֵם; sf. 3 s. m. רָחֲמֵהּ; p. m. רָחֲמֵי, 1 s. רָחֲמָנָא: lieben, *love;* Pt. act. Freund, *friend.* | **Pa.**, Pt. act. מְרַחֲמוּ: sich erbarmen, *have compassion.* ‖ רַחְמְתָא n. f., sf. 1 p. רַחְמְתַּין: Liebe, *love.* ‖ רַחְמָנָא n. m. der Barmherzige, *the Compassionate One.*

רכב vb. **Pe.**, Imp. רְכַב; Inf. לְמִרְכַּב, Pt. act. רָכֵב: reiten, *ride.* | **Af.**, Pf. 3 s. m. c. sf. 3 s. m. אַרְכְּבֵהּ: reiten lassen, *cause to mount.*

רכך. רַכִּיךְ adj., f. רַכִּיכָא: zart, weich, *tender, soft.*

רוֹכְלָא (hebr.) n. m. Hausierer, *peddler.*

רכם vb. **Itpe.**, Pf. 3 s. m. אִרְכַם: verloren gehen, *be lost.*

רמא vb. **Pe.**, Pf. 3 s. f. c. sf. 3 s. f. רְמָתָא; Impf. 2 s. m. c. sf. 3 s. m. תִּרְמְיֵהּ; Imp. רְמִי, s. f. 3 p. f. רְמִינְהִי; Inf. לְמִרְמֵי, לְמִרְמָא; Pt. act. s. m. רָמֵי, 1 s. רָמֵינָא, רָמֵינַן; pass. s. f. רְמְיָא: werfen, erheben, gegenüberstellen, *throw, lift, contrast.* | **Itpe.**, Pf. 3 s. m. אִתְרְמִי, f. אִתְרַמְיָא, אִתְּרְמִי; Pt. s. m. מִתְרְמֵי: sich ereignen, *occur.* | **Af.**, Pt. act. 1 s. מַרְמֵינָא, 1 p. מַרְמֵינַן: zusammenwerfen, *cast together.*

רמז vb. **Pa.**, Pt. act. p. f. מְרַמְּזָן: winken, *wink.*

רֻמְחָא n. m. (f.) Speer, *spear.*

רַמָּנָא n. m. Granatapfel, *pomegranate.*

רחץ vb. **Pe.**, Pt. pass. 1 s. רְחִיצְנָא vertrauen, *trust.* || רְחִצְנָא n. m., sf. 1 s. †רְחִצְנִי: Vertrauen, *trust.*

רחק vb. **Pa.**, Pt. pass. p. f. מְרַחֲקָא, 1 s. מְרַחֲקִינַן, 2 p. מְרַחֲקִיתוּ: entfernen, *remove.* || רַחִיק adj., d. רְחִיקָא; s. f. רְחִיקָא: fern, *far, distant.* || רְחוּקָא n. m., c. רְחוּק: Entfernung, *distance.*

רחש **Itpe.**, Pf. 3 s. m. אִתְרְחֵשׁ; Pt. s. m. מִתְרְחֵשׁ, p. m. מִתְרַחֲשֵׁי: sich ereignen, *occur.* || רִחֲשָׁא n. m. coll. Gewürm, *worms.*

רַטִּיב adj., d. רַטִּיבָא: feucht, *moist.*

רטן vb. **Pe.**, Pt. act. רָטֵן: murmeln, *murmur.*

ריח vb. **Af.**, Pt. act. מוֹרַח: riechen, *smell.* || רֵיחָא n. m., sf. 3 s. m. רֵיחֵהּ: Geruch, *smell.* || רֵיחָתָן adj., d. רֵיחָתָנָא: wohlriechend, *of a sweet odor.*

רֵימָא v. ראם.

רֵיפְתָא v. רעף.

ריק vb. **Af.**, Pt. act. מוֹרֵק: ausleeren, *empty out.* || רֵיקָן adv. leer, *empty.*

רֵישָׁא v. ראשׁ.

רנן vb. **Pa.**, Pt. p. m. מְרַנְנִי: murren, *murmur*.

[1] רעא vb. **Pe.**, Impf. 3 s. m. נִרְעֵי; Inf. לְמִרְעֵי; Pt. s. m. d. רָעֲיָא; p. רָעֵי, רָעוֹ: weiden, *tend;* Pt. act. d. Hirt, *shepherd.*

[2] רעא. רְעֲוָא n. m., רְעוּתָא n. f., c. רְעוּת: Wille, *will.*

[1] רעע vb. **Af.**, Pf. 3 s. m. אָרַע; Inf. לְאָרוֹעֵי: Böses zufügen, *do evil.* | **Ittaf.**, Pf. 3 s. m. אִתָּרַע; Impf. 3 s. m. לִתָּרַע: sich verschlimmern, *grow worse.*

[2] רעע vb. **Pe.**, Pt. pass. s. m. d. רְעִיעָא; f. רְעִיעָא: schadhaft, *broken.* | **Af.**, Pt. 2 s. מְרַעַת: schadhaft machen, *impair.*

רעף. רִיפְתָא n. f., sf. 2 s. f. רִיפְתֵךְ: Brot, *bread.*

רפק vb. **Pe.**, Pt. act. רָפֵק: pflügen, *plough.* ‖ רִפְקָא n. m. Pflügen, *ploughing.* ‖ רָפוֹקָא n. m. Pflüger, *ploughman.*

רצא (hebr.) vb. **Itpa.**, Pf. 3 s. m. אִרַצִּי; Pt. s. m. מְרַצֵּי: besänftigt sein, *be reconciled.*

רְקִיעָא (hebr.) n. m. Firmament, *firmament.*

רקק vb. **Pe.**, Pf. 3 s. f. †רַקַּת, רְקָקָה, רַקָּה; Impf. 3 s. f. תֵּרֹק: speien, *spit.* ‖ רְקָא n. m. Speichel, *spittle.*

רְשׁוּתָא n. f., sf. 2 s. m. רְשׁוּתָ(י)ךְ: Erlaubnis, Darlehen, *permission, loan.* | מָרֵי רְשׁוּתָא: Schuldner, *debtor.*

רַשִׁיעַ adj., d. רַשִׁיעָא; p. d. †רַשִׁיעַיָא, רַשִׁיעֵי: gottlos, *wicked.*

רתח vb. **Pe.**, Impf. 2 s. m. תִּרְתַּח; Pt. act. s. f. רָתְחָא; pass. p. m. רְתִיחִי: sieden, in Zorn aufbrausen, *boil, be hot with anger.* | **Pa.**, Pt. pass. p. m. מְרַתְּחוּ: erzürnt, *angry.* ‖ רִתְחָא n. m. Zorn, *anger.*

רִתְמָא n. m. Ginsterstrauch, *broom-plant.*

שׂ

שׂבע vb. **Pe.**, Pt. act. שָׂבַע, 1 p. שָׂבְעִינַן, 2 s. שְׂבַעְתְּ: satt sein, *be sated.* | **Af.**, Pf. 3 s. m. c. sf. 1 p. אַשְׂבְּעַן; Impf. 3 s. m. c. sf. 2 s. m. לְשַׂבְעָךְ: sättigen, *satisfy.*

שׂהד v. סהד.

שְׂמָאלָא n. m. Linke, *left hand.*

שׂנא v. סנא.

שַׂעֲרָא n. m., sf. 3 s. m. שַׂעֲרֵהּ: Haar, *hair.*

שְׂעָרְתָא (סְעָרְתָא) n. f., p. שְׂעָרֵי: Gerste, *barley.*

שִׂפְּתָא n. f., p. c. sf. 3 s. m. שִׂפְוָתֵהּ: Lippe, Rand, *lip, edge.*

שׁ

שׁאב vb. **Pe.**, Inf. מִשְׁב; Pt. act. s. m. שָׁיֵב; p. m. שָׁיְבִי, f. שָׁיְבָה: resorbieren, *absorb.*

שׁאר vb. **Pa.**, Pf. 1 s. †שַׁיַּרְת; 2 s. m. שַׁיַּרְתְּ: übrig lassen, *leave over.* | **Itpa.**, Pf. 3 s. m. אִשְׁתַּיַּר: pass. ‖ שְׁאָר n. m. Rest, *remainder.*

שׁבא vb. **Pe.**, Pf. 3 s. m. c. sf. 3 s. m. שַׁבְיֵהּ; Pt. act. p. m. שָׁבוֹ: gefangen nehmen, *capture.* | **Itpe.**, Pf. 3 s. m. אִשְׁתְּבִי; f. אִשְׁתְּבִי; p. f. אִשְׁתַּבְיָן: pass. ‖ שִׁבְיָא n. m. Gefangenschaft, *captivity.*

שׁאל vb. **Pe.**, Pf. 1 s. †שְׁאֵלְת, שְׁאֵלִי, sf. 3 s. m. שְׁאֶלְתֵּהּ, 3 p. m. שְׁאֵלְנְהוּ, שְׁאֶלְתִּנְהוּ; 1 p. שְׁאֵלְנָא; Imp. s. m. שְׁאַל, p. m. שְׁאלוּ; Inf. לְמִשְׁאַל; Pt. act. שָׁאֵל, p. m. שָׁיְלִי; pass. s. f. שְׁאִילָה: fragen, entleihen, *ask, borrow.* | **Itpe.**, Pf. 1 s. אִתְּשַׁלִי; 3 s. m. אִתְּשֵׁל; Impf. 3 s. m. נִתְּשֵׁל; Inf. אִתְּשׁוֹלֵי; Pt. מִתְּשֵׁל: die Auflösung eines Gelübdes nachsuchen, *apply for the dissolution of a vow.* | **Pa.**, Pf. 3 s. m. c. sf. 3 s. m. שַׁיְלֵהּ; Impf. 3 s. m. c. sf. 3 s. f. לְשַׁיְלַהּ; 3 p. m. לְשַׁיְלוּ; Imp. s. m. c. sf. 3 s. m. שַׁיְלֵהּ; Inf. לְשַׁיוֹלֵי; Pt. act. s. m. מְשַׁאֵל, p. m. †מְשַׁיְלִין, 1 s. מְשַׁיְלְנָא: fragen, *ask;* sq. בְּ sich erkunden, *inquire.* ‖ **Af.**, Pf. 3 s. f. אוֹשְׁלָה; Inf. אוֹשׁוֹלֵי; Imp. s. m. c. sf. 1 s. אוֹשְׁלַן; Pt. act. s. m. מוֹשֵׁל; p. m. מוֹשְׁלֵי: leihen, *loan.*

שבב [1]. שְׁבַבְתָּא n. f., sf. 3 s. f. שְׁבַבְתַּהּ; p. c. sf. 3 s. f. שְׁבַבְתְּהָא: Nachbarin, *woman-neighbor.* ‖ שְׁבָבוּתָא n. f., sf. 1 s. †שְׁבָבוּתִי; 1 p. שְׁבָבוּתַן: Nachbarschaft, *neighborhood.*

שבב [2]. שְׁבָא n. m., p. שְׁבֵי: Span, *splinter.*

שבח vb. **Pa.**, Pf. 3 p. m. †שַׁבַּחוּ: preisen, *praise.* | **Af.**, Inf. אַשְׁבּוֹחֵי; Pt. act. מַשְׁבַּח: verbessern, *improve.*

שְׁבִילָא n. m., p. שְׁבִילֵי: Pfad, *path.*

שְׁבַע n. m., שִׁבְעָה n. f., שַׁב n. m. et f. 7. ‖ שַׁבְסַר, שְׁבַסַר, f. †שְׁבַע עֶשְׂרֵה, שְׁבַסְרֵי, שַׁבְסְרֵי 17. ‖ שַׁבְעִין n. p. m. 70. ‖ [שָׁבוּעָא] (hebr.) n. m., p. שָׁבוּעֵי: Woche, *week.* ‖ שבע vb. denom. **Itpe.**, Pf. 1 s. אִשְׁתַּבְעֵי; Impf. 3 s. m. לִשְׁתַּבַע: schwören, *swear.* | **Af.**, Pf. 1 s. c. sf. 2 p. m. אַשְׁבַּעְתְּכוֹ: beschwören, *adjure.*

שבק vb. **Pe.**, Pf. 2 s. m. et f. שְׁבַקְתְּ; 2 p. m. †שְׁבַקְתּוּן; 3 s. m. c. sf. 3 s. m. שַׁבְקֵהּ, 3 p. m. שַׁבְקֻנְהוֹ; 3 s. f. c. sf. 3 s. m. שְׁבַקְתֵּהּ; 3 p. m. †שְׁבַקוּ, sf. 1 s. שַׁבְקִין, 3 p. m. שַׁבְקוּנְהוֹ; Impf. 1 s. c. sf. 3 s. m. אֶשְׁבְּקֵהּ, 3 p. m. אֶשְׁבְּקִנְהוֹ; 3 s. m. c. sf. 3 s. f. לִשְׁבְּקִנַּהּ; Imp. s. m. שְׁבֹק, 1 s. שָׁבְקַן, 3 s. m. שָׁבְקֵהּ, 3 p. m. שַׁבְקִנְהוֹ; s. f. שְׁבְקִי, sf. 3 s. m. שַׁבְקִיהּ; p. m. c. sf. 3 s. m. שַׁבְקוּהּ; Pt. act. s. m. שָׁבֵק, 1 p. שָׁבְקִינַן, 2 s. שָׁבְקַתְּ; pass. p. f. שְׁבִיקָא: übriglassen, hinterlassen, fahren lassen, zulassen, *leave over, leave behind, let go, permit.*

שַׁבְרִירֵי n. p. m. Blindheit, *blindness.*

שבש vb. **Pa.**, Pt. s. f. d. מְשַׁבַּשְׁתָּא: fehlerhaft, *erroneous.* | **Itpa.**, Pf. 3 p. אִשְׁתַּבּוּשׁ: sich irren, *err.* ‖ שַׁבַּשְׁתָּא n. f. Irrtum, *error.*

שַׁבְּתָא n. f., a. שַׁבָּא; p. שַׁבֵּי, שַׁבָּתָא: Sabbat, Woche, *sabbath, week.* | חַד בְּשַׁבָּא, אַרְבְּעָה, תְּלָתָא בש', תְּרֵי בש', מְעָלֵי שַׁבְּתָא, חַמְשָׁא בש', בש': Sonntag, Montag, Dienstag, Mittwoch, Donnerstag, Freitag, *Sunday, Monday, Tuesday, Wednesday, Thursday, Friday.*

שיבתא n. Name eines Dämons, *name of a demon.*

שגח vb. **Af.,** Pf. 3 s. m. אַשְׁגַּח; 3 s. f.† אַשְׁגַּחַת; Pt. act. מַשְׁגַּח: sich kümmern, *care, mind.*

שגר vb. **Pe.,** Pt. pass. s. m. d. שְׁגִירָא: heizen, *heat.*

שְׁדָא vb. **Pe.,** Pf. 1 s. שְׁדַי, sf. 3 s. m. שְׁדֵיתֵהּ; 3 s. m. c. sf. 3 s. m. שַׁדְיֵהּ, 3 p. שְׁדָנְהוֹ, שְׁדְנְהוֹ; 3 s. f. c. sf. 3 s. m. שְׁדִיתֵהּ, שְׁדָתֵהּ; 3 p. m. c. sf. 3 s. m. שַׁדְיוּהַּ; Impf. 3 s. m. נִשְׁדֵי, sf. 3 p. לִשְׁדִּנְהוֹ; Imp. s. m. שְׁדִי, sf. 3 s. f. שַׁדְיַהּ; Inf. לְמִשְׁדָא; Pt. act. s. m. שָׁדֵי, f. שָׁדְיָא, p. m. שָׁדוֹ, 1 s. שָׁדֵינָא, 2 s. שָׁדֵית; pass. s. m. שְׁדֵי, f. שְׁדְיָא, p. f. שַׁדְיָן: werfen, *cast.*

שדר vb. **Pa.,** Pf. 1 s. c. sf. 2 s. m. שַׁדַּרְתָּיךְ, 3 s. m. שַׁדַּרְתֵּהּ; 3 s. m. שַׁדַּר; f. שַׁדְּרָה, sf. 3 s. m. שַׁדַּרְתֵּהּ; 3 p. m.† שַׁדַּרוּ, שַׁדּוֹר, sf. 1 p. שַׁדְּרִינַן, 3 s. m. שַׁדְּרוּהַּ; Impf. 1 s. אֲשַׁדַּר; 1 p. נְשַׁדַּר, sf. 3 s. m. נְשַׁדְּרֵהּ; 3 s. m. לְשַׁדַּר; 3 s. f. תְּשַׁדַּר; Imp. שַׁדַּר; Pt. act. s. m. מְשַׁדַּר, p. m. מְשַׁדְּרִי, 1 s. מְשַׁדַּרְנָא: senden, *send.*

שדת. שֵׁת n. m., שִׁתָּא n. f. 6. || שֵׁת־עֶשְׂרֵה†, f. שִׁת(־)סַר, שִׁתֵּי, שִׁתִּין† || 16. שִׁת־סְרֵי n. p. m. 60. || שְׁתִיתָא n. f. $\frac{1}{6}$.

שהא vb. **Pa.,** Impf. 3 s. m. c. sf. 3 p. לְ נְשַׁהְנְהוֹ: zurückhalten, *detain.* | **Itpa.,** Impf. 3 s. m. לִשְׁתַּהֵי: verweilen, *tarry.*

¹שוא vb. **Pe.,** Pt. pass. שְׁוֵי, p. שְׁווֹ: wert, preiswert, billig, *worth, cheap.* | **Af.,** Imp. p. אַשְׁווֹ: sq. vb. billig, *cheap.*

²שוא vb. **Pa.,** Pf. 1 s. שַׁוֵּי, sf. 2 p. שַׁוִּנְכוֹ, 3 s. m. שַׁוִּיתֵהּ, 3 p. שַׁוִּנְהוֹ; 3 s. m. c. sf. 3 s. m. שַׁוְּיֵהּ; 3 p. m. c. sf. 2 s. m. שַׁוְּיוּךְ; Imp. 3 s. m. c. sf. 3 s. m. לְשַׁוְּיֵהּ;

Inf. לְשַׁוָּיֵי, sf. 3 s. m. לְשַׁוָּיֵהּ: setzen, machen, *set, render.*

שׁוּם vb. **Pa.,** Impf. 3 s. m. c. sf. 3 s. m. לְשַׁיְּמֵהּ: abschätzen, *estimate.*

שׁוּעַ vb. **Pe.,** Pt. pass. p. f. שִׁיעָן: verpichen, glätten, *plaster, make smooth.* | **Itpe.,** Pf. 3 p. †אִתְּשָׁעוּ: glatt werden, *become smooth.* ‖ שִׁיעָא n. m., שִׁיַעְתָּא n. f. Mörtel, Spund, *cement, sealing clay.*

שׁוּף vb. **Pe.,** Pf. 3 p. c. sf. 3 s. f. שַׁפְיוּהַּ; Imp. שׁוּף; Pt. act. p. m. שָׁאֲפוּ; pass. p. m. שִׁיפִי, שַׁיְפִי: reiben, abreiben, *rub, wear out.* | **Pa.,** 3 p. c. sf. 3 s. f. שַׁיְּפוּהַּ: id.

[1]שׁוּק. שׁוּקָא n. m. Marktplatz, *market place.*

[2]שׁוֹק. שָׁקָא n. [f.] Schenkel, Fuß, *leg.*

שְׁוַר vb. **Pe.,** Impf. 2 s. m. תְּשְׁוַר; Pt. act. שָׁוַר: springen, *leap.* | **Pa.,** Pt. act. מְשַׁוַּר: id.

שׁוּרָא n. m. Mauer, *wall.*

שׁוֹשְׁבִינָא n. m. Hochzeitskamerad, *best man.*

שׁוּתָא v. שׁעא.

שָׁחְדָּא n. m. Bestechung, *bribe.*

שׁחט vb. **Pe.,** 3 p. c. sf. 3 s. m. שַׁחֲטוּהַּ; Impf. 3 s. m. נִשְׁחֹט; Imp. p. m. c. sf. 3 s. m. שַׁחֲטוּהַּ: schlachten, *slaughter.*

שַׁחֲנָא n. m. Last (eig. Erhitzung), *load (prop. heat).*

שׁחר vb. **Pa.,** Pt. act. p. m. מְשַׁחֲרִי: fronen lassen, *impose forced labor.*

שׁטא vb. **Pe.,** Pt. act. s. m. d. שָׁטְיָא Narr, *fool.* | שְׁטְיוּתָא n. f. Torheit, *folly.*

שׁטח vb. **Itpa.,** Pf. 1 s. אִשְׁתַּטַּחִי: sich ausstrecken, *stretch oneself.*

שׁטף vb. **Pe.,** Pf. 2 s. m. c. sf. 3 s. m. שְׁטַפְתֵּהּ; Impf. 1 p. c. sf. 3 s. m. נִשְׁטְפֵהּ: wegschwemmen, *wash away.*

שׁטר vb. **Pe.,** Impf. 1 s. אֶשְׁטַר; Inf. מִשְׁטַר: bestreichen, *smear (apply a salve).* ‖ שְׁטָרָא n. m., c. שְׁטַר; sf. 1 s. שְׁטָרִי; 2 s. שְׁטָרָךְ; p. c. sf. 2 p. m. שְׁטָרֵיכוֹ: Urkunde, *document.*

שׁיזב vb., Pf. 3 s. m. c. sf. 3 s. m. שֵׁיזְבֵהּ; Impf. 3 s. m. c. sf. 1 s. לְשֵׁיזְבַן; Inf. c. sf.

3 s. m. לְשֵׁיו[ו]בֵהּ: erretten, *deliver.*

שִׁיצָא n. m., p. שִׁיצֵי: Flosse, *fin.*

שִׁירָאֵי (gr.) n. m. p. Seide, *silk.*

שֵׁישָׁא n. m. Alabaster, *alabaster.*

שְׁכֵב vb. **Pe.**, Pf. 1 p. שְׁכֵבְנַן†, שְׁכֵבְן; 3 s. f. שִׁכְבָא; 3 p. m. שְׁכִבוּ†; Pt. act. s. m. שָׁכֵב, f. שָׁכְבָא, p. m. d. שָׁכְבֵי, f. שָׁכְבָן: sich legen, liegen, schlafen, sterben, *lie down, lie, sleep, die.*

שכח[1] vb. **Pe.** (**Af.**), Pf. 1 s. sf. 3 s. m. אַשְׁכַּחִיתֵהּ, f. אַשְׁכַּחְתַּהּ, p. m. אַשְׁכַּחְתִּנְהוּ, אַשְׁכַּחִיתִנְהוּ; 1 p. אַשְׁכַּחִינַן†, אַשְׁכַּחְן; 3 s. m. אַשְׁכַּח, sf. 3 s. m. אַשְׁכְּחֵהּ, 3 p. m. אַשְׁכַּחִנְהוּ; 3 s. f. c. sf. 3 s. m. אַשְׁכַּחְתֵּהּ; 3 p. m. אַשְׁכַּחוּ†, אַשְׁכּוּהָ, sf. 3 s. m. אַשְׁכְּחוּהָ; Impf. 2 s. m. תַּשְׁכַּח; Pt. act. מַשְׁכַּח, 1 s. מַשְׁכַּחְנָא, 2 s. מַשְׁכַּחַתְּ; pass. s. m. שְׁכִיחַ, f. שְׁכִיחָא, 2 s. שְׁכִיחַתְּ: finden, *find;* Pt. pass. sich befindend, antreffbar, *found, frequent.* | **Itpe.**, Pf. 3 s. m. אִשְׁתְּכַח; Inf. אִשְׁתְּכוּחֵי; Pt. p. m. מִשְׁתַּכְחִין†: gefunden werden, *be found, be met with.*

שכח[2] (hebr.) vb. **Pe.**, Pf. 1 p. שְׁכַחְן, sf. 3 p. שְׁכַחְנִנְהוּ; Pt. act. 1 p. שָׁכְחִינַן: vergessen, *forget.* | **Itpe.**, Pt. s. f. מִשְׁתַּכְחָא, pass.

שכל. מְשִׁכְלָא n. m., p. מְשִׁכְלֵי: Becken, *basin.* | מַשְׁכַּלְתָּא, מְשַׁכַּלְתָּא n. f. kleines Becken, *small basin.*

שכן. שְׁכִינְתָא n. f., p. שְׁכִינָתָא: die Gegenwart Gottes, *the Divine Presence.* ‖ מַשְׁכֵּן vb. pfänden, *pawn.* | מַשְׁכַּנְתָּא (כּ) n. f. Pfand, *pledge.*

שִׁכְרָא n. m. Rauschtrank, *intoxicating drink.*

שלא vb. **Itpe.**, Pf. 1 p. אִשְׁתְּלַיְן: vergessen, *forget.*

שְׁלַח vb. **Pe.**, Pf. 3 s. f. שַׁלְחַהּ; 3 p. f. שְׁלַחָן†; Impf. 3 s. m. לִשְׁלַח; 3 p. לִשְׁלְחוּ; Imp. שְׁלַח; Pt. pass. שְׁלִיחַ, d. שְׁלוּחָא, שְׁלִיחָא, sf. 3 s. f. שְׁלוּחַהּ: 1. senden, *send;* Pt. pass. Bote, *messenger;* 2. ausziehen, *take off.* |

Pa., Pt. act. p. מְשַׁלְּחִי: ausziehen, *strip off.*

שלט vb. **Pe.**, Impf. 3 s. m. לִשְׁלֹט; Pt. act. שָׁלֵט: herrschen, *rule.* ‖ שַׁלִּיטָא n. m., p. שַׁלִּיטֵי: Herrscher, Machthaber, *ruler, potentate.* ‖ שָׁלְטָן n. m., d. שָׁלְטָנָא: Herrschaft, *dominion.*

שִׁלְיְתָא, סִלְיְתָא, סִלְתָּא n. f. Nachgeburt, *after-birth.*

שלל vb. **Itpalp.**, Impf. 3 s. m. לִשְׁתַּלְשַׁל: lose werden, *be loosened.* ‖ שׁוֹשַׁלְתָּא n. f. Kette, *chain.*

שלם vb. **Pe.**, Pf. 3 p. †שְׁלִמוּ; Inf. מִשְׁלַם: vollendet sein, *be completed.* | **Pa.**, Impf. 1 s. אֲשַׁלֵּם; 3 s. m. לְשַׁלֵּם; Inf. לְשַׁלּוֹמֵי; Pt. act. 2 p. מְשַׁלְּמִתּוּן: bezahlen, *pay.* | **Itpa.**, Pt. מִשְׁתַּלַּם; 1 s. מִשְׁתַּלַּמְנָא, 2 s. מִשְׁתַּלַּמְתְּ: vergolten werden, bezahlt werden, *be requited, receive an indemnity.* ‖ **Af.**, Pf. 1 s. אַשְׁלֵמִי; 2 s. m. אַשְׁלֵמְתְּ; Inf.c.sf.3p.m. לְאַשְׁל[וֹ]מִנְהוֹ: ausliefern, *deliver.* ‖ שְׁלָם n. m., d. שְׁלָמָא: Friede, *peace.* עֲבַד שׁ׳ לְ Frieden stiften unter, *make peace among.* עֲבַד שׁ׳ בַּהֲדֵי Frieden schließen mit, *make peace with.* יְהַב שׁ׳ לְ begrüßen, *salute.* שְׁלָמָא עֲלָךְ Friede sei mit dir, *peace be with you.* | בִּשְׁלָמָא adv. recht, *correct.* ‖ שַׁלְמָנָא n. m. Vollkommener, *perfect man.*

שלף vb., Pt. pass. s. m. שְׁלִיף, f. שְׁלִיפָא: abziehen, *draw off.* ‖ שָׁלוֹפָא n. m., p. c. שָׁלוֹפֵי: der (das Schwert) herauszieht, zückt, *he who draws (the sword).*

שְׁמָא n. m., sf. 1 s. שְׁמִי; 2 s. m. שְׁמָךְ; 3 s. f. שְׁמַהּ; 3 p. שְׁמַיְהוּ: Name, *name.* | מִשּׁוּם praep. wegen, *on account of.* | מִשּׁוּם דְּ conj. weil, *because.*

שְׁמַיָּא n. p. m., c. שְׁמֵי: Himmel, *heaven, Heaven.*

שְׁמָדָא n. m. Verfolgung, *persecution.*

שמט vb. **Pe.**, Pf. 3 s. m. c. sf. 3 s. m. שַׁמְטֵהּ; Impf. 3 s. m. c. sf. 3 s. m. נִשְׁמְטֵהּ; Inf. c. sf. 3 s. m. לְמִשְׁמְטֵהּ; Pt. pass. p. m. שְׁמִיטֵי: losmachen, ablösen, *loosen, detach.* | **Itpe.,** Pf. 3 s. m. c. sf. 1 s. אִשְׁתַּמְטַן; 3 s. f. c. sf. 1 s. אִשְׁתַּמְטַתַן; Pt. s. f. מִשְׁתַּמְטָא, p. m. מִשְׁתַּמְטֵי, f. מִשְׁתַּמְטָא: sich ablösen, lose werden, entschlüpfen, *become detached, loosened, escape.* ‖ **Pa.,** Impf. 3 s. f. תְּשַׁמֵּט; Pt. act. s. f. מְשַׁמְּטָא: erlassen, *remit.*

שַׁמְכָּא n. m., p. שַׁמְכֵי: Zwiebel, *onion.*

שַׁמִּין adj. fett, *fat.* ‖ שַׁמְנָא, שַׁמְנוּנָא n. m., sf. 3 p. שַׁמְנַיְהוּ, שַׁמְנוּנַיְהוּ: Fett, *fat.*

שְׁמַע vb. **Pe.,** Pf. 1 s. †שְׁמַעִת, שְׁמַעִי; 1 p. †שְׁמַעְנָא; 3 s. m. c. sf. שַׁמְעֵה, f. שַׁמְעָא, p. שְׁמַעְנְהוּ; 3 s. f. שְׁמַעָה, sf. 3 s. m. שְׁמַעְתֵּה; Impf. 1 p. c. sf. 2 s. m. נִשְׁמְעָךְ; 3 p. לִשְׁמְעוּ; Imp. שְׁמַע; Pt. act. s. m. שָׁמַע, d. שָׁמְעָא, sf. 3 s. m. שָׁמְעֵה, p. שָׁמְעֵי, 2 s. שָׁמַעַתְּ; pass. s. m. שְׁמִיעַ, f. שְׁמִיעָא: hören, bedienen, folgern, *hear, listen, attend, deduce.* | **Itpe.,** Pf. 3 s. m. אִשְׁתַּמַע; Impf. 3 p. f. לִשְׁתַּמְעָן; Pt. p. f. מִשְׁתַּמְעָן: gehört werden, *be heard.* | **Af.,** Pf. 3 s. m. c. sf. 1 p. אַשְׁמְעִנַן; Impf. 1 s. אַשְׁמַע, sf. 3 s. f. אַשְׁמְעָה; 3 s. m. c. sf. 1 p. לַ
נַשְׁמְעִנַן; Imp. p. f. אַשְׁמְעָן; Inf. c. sf. 1 p. לְאַשְׁמוֹעִנַן; Pt. act. מַשְׁמַע: ertönen lassen, verkünden, bedeuten, *cause to be sounded, declare, tell, signify.* ‖ שְׁמַעְתָּא, שְׁמַעְתְּתָא n. f., p. שְׁמַעְתָּתָא: halachische Überlieferung der nachtannaitischen Zeit, *post-tannaïtic halakic tradition.* ‖ שְׁמָעֲנָא n. m., p. c. sf. 3 s. m. שְׁמָעֲנֵיה: Ruf, *reputation.*

[1]שמש vb. **Pa.,** Pt. act. מְשַׁמֵּשׁ: bedienen, *attend.* | **Itpa.,** Impf. 3 s. m. לִשְׁתַּמֵּשׁ; Inf. לְאִשְׁתַּמּוּשֵׁי; Pt. 1 s. מִשְׁתַּמְּשְׁנָא: sich bedienen, *make use.*

[2]שמש. שִׁמְשָׁא n. f. Sonne, *sun.*

שֻׁמְשְׁמָא n. m. Sesam, *sesame.*

שׁוּשְׁמָנָא, שֻׁמְשְׁמָנָא n. m. Ameise, *ant.*

שמת vb. **Pa.,** Pf. 3 s. m. c. sf. 3 s. m. שַׁמְתֵּה; Impf. 1 p. c. sf. 3 s. m. נְשַׁמְּתֵה;

Pt. pass. 1 s. מְשַׁמְּתָנָא: in den Bann tun, *excommunicate.* ‖ שַׁמְּתָא n. f. Bann, *ban.*

שְׁנָא vb. **Pe.**, Pt. act. שָׁנֵי: verschieden sein, *be different.* | מַה שְׁנָא worin ist es verschieden? *wherein is it different?* | לָא שְׁנָא es ist nicht verschieden, *it is not different.* ‖ **Pa.**, Pf. 1 s. שַׁנֵּי; 1 p. †שַׁנִּינָא, †שַׁנִּינַן, שַׁנִּין, sf. 3 p. שַׁנִּינְהוֹ; 3 s. m. שַׁנִּי; Impf. 1 s. אֲשַׁנֵּי; 1 p. c. sf. 3 s. m. נְשַׁנְיֵהּ; Imp. שַׁנִּי; Pt. act. s. מְשַׁנֵּי, p. m. מְשַׁנּוֹ, f. מְשַׁנְּיָן: 1. ändern, wechseln, *change;* 2. einen Einwand widerlegen, *remove a contradiction, answer an objection.* | **Af.**, Imp. אַשְׁנִי: wechseln, *change.* ‖ שַׁתָּא n. f., p. †שְׁנִין, שְׁנֵי; c. שְׁנֵי; d. †שְׁנַיָּא; sf. 3 s. m. שְׁנֵיהּ: Jahr, *year.* | לִשְׁנָא nach einem Jahre, *after a year.*

שנן. שִׁנָּא n. f., p. שִׁנֵּי; sf. 1 s. שִׁנַּי; 3 s. m. שִׁנֵּיהּ: Zahn, *tooth.* | מְשִׁנְתָּא n. f. Fels, *rock.*

שֻׁנְרָא n. m. Katze, *cat.*

שִׁנְתָּא v. ישן.

שַׁעְתָּא n. f., p. †שָׁעִין, שָׁעֵי: Stunde, *hour.* ‖ הַשְׁתָּא adv. jetzt, *now.*

שעא vb. **Itpa.**, Pf. 3 s. m. אִשְׁתַּעִי; 3 s. f. אִשְׁתַּעְיָא; 3 p. m. אִשְׁתַּעוֹ; Imp. אִשְׁתַּעִי; Pt. act. מִשְׁתַּעֵי: erzählen, *relate.* ‖ שׁוּתָא n. f. Gespräch, *talk.*

שִׁעְבּוּדָא v. עבד.

שער vb. **Pa.**, Pf. 3 s. m. שַׁעַר; Inf. לְשָׁעוֹרֵי: abschätzen, *estimate.* ‖ שָׁעוּרָא n. m., c. שִׁעוּר: Maß, *measure.*

שַׁפְּטָנָא n. m. Tor, *fool.*

שפך vb. **Pe.**, Imp. שְׁפֹךְ; Pt. שָׁפֵךְ: ausgießen, *pour out.* | **Itpe.**, Pf. 3 s. m. אִשְׁתְּפֵךְ, pass.

שפל vb. **Pe.**, Pf. 1 s. †שְׁפֵלִת, שְׁפֵלִי; Imp. שְׁפֵל: nach unten sehen, *look below.* | **Af.**, Pf. 3 p. c. sf. 3 s. f. אַשְׁפְּלוּהַ: niedrig machen, *lower.* ‖ שַׁפִּיל adj. niedrig, *low.* ‖ בְּשִׁפְלָא bergab, *down hill.* ‖ שִׁפּוּלָא n. m., p. sf. 3 s. m. ־לֵהּ: Saum, *skirt.*

שפע **Pe.**, Pf. 3 p. †שְׁפַעוּ: strömen, *overflow.*

שׁפץ vb. **Pa.**, Pf. 3 s. m. c. sf. 3 p. f. שַׁפְּצִנְהִי; Impf. 2 s. m. תְּשַׁפֵּץ: ausbessern, *repair*.

שְׁפַר vb. **Pe.**, gefallen, *please*. ‖ שַׁפִּיר adj., d. שַׁפִּירָא, f. שַׁפִּירָא, p. f. שַׁפִּירָן: schön, *beautiful*. | שַׁפִּיר adv. recht, *correctly*. ‖ שְׁפְרָא n. m., sf. 2 s. m. שְׁפְרָךְ: Schönheit, *beauty*.

[1]שְׁקָא vb. **Pe.**, Pt. act. c. sf. 3 s. m. שָׁקֵיהּ: ausschenken, *give to drink*; Pt. act. Mundschenk, *butler*. | **Af.**, Pf. 1 p. sf. 3 s. m. אַשְׁקִינֵהּ; 3 s. m. c. sf. 3 s. m. אַשְׁקְיֵהּ, 3 p. m. אַשְׁקִינְהוֹ; 3 p. c. sf. 3 s. m. אַשְׁקִיוּהִּ; Impf. 1 s. c. sf. 2 s. m. אַשְׁקְיָךְ; Imp. c. sf. 1 s. אַשְׁקְיַן, p. c. sf. 3 s. m. אַשְׁקִיוּהִּ; Pt. act. p. m. מַשְׁקוֹ: zu trinken geben, *give to drink*.

[2]שְׁקָא vb. **Pe.** = שְׁקַל.

שְׁקַל vb. **Pe.**, Pf. 1 s. †שְׁקַלֵת, שְׁקַלִי, sf. 3 s. m. שְׁקַלְתֵּהּ, 3 s. f. שְׁקַלְתָּא, 3 p. m. שְׁקַלְנְהוֹ; 1 p. c. sf. 3 p. שְׁקַלִינְהוֹ; 2 s. m. שְׁקַלְתְּ, sf. 3 p. שְׁקַלְתִּנְהוֹ; 3 s. m. c. sf. 3 s. m. שַׁקְלֵהּ, f. שַׁקְלַהּ; 3 s. f. †שְׁקַלַת, שְׁקַלָה, sf. 3 s. f. שְׁקַלְתַּהּ; 3 p. c. sf. 3 s. f. שַׁקְלוּהִּ, 3 p. שַׁקְלוּנְהוֹ; Impf. אֶשְׁקֹל; 3 s. m. נִשְׁקֹל, לִשְׁקֹל, sf. 3 p. לִשְׁקְלִנְהוֹ; 3 p. c. 3 s. f. לִשְׁקְלוּהִּ; Imp. שְׁקֹל, sf. 3 s. m. שַׁקְלֵהּ, 3 p. שַׁקְלִנְהוֹ; s. f. שְׁקְלִי; p. m. שְׁקְלוֹ; Pt. act. שָׁקֵל, p. שָׁקְלִי, 1 p. שָׁקְלִינַן, 2 s. שָׁקְלַתְּ; pass. s. m. שְׁקִיל, f. שְׁקִילָא, p. f. שְׁקִילָן: nehmen, *take*. | **Itpe.**, Pf. 3 s. m. אִשְׁתְּקֵל; Pt. p. f. מִשְׁתַּקְלָן, pass.

שקר vb. **Pa.**, Pf. 3 s. m. שַׁקַּר; Inf. שַׁקּוֹרֵי, sq. בְּ: betrügen, *deceive*. ‖ שִׁקְרָא: Lüge, *lie*. ‖ שַׁקְרוּרֵי n. m. Lügner, *liar*.

שְׁרָא vb. **Pe.**, Pf. 3 s. m. c. sf. 3 s. m. שַׁרְיֵהּ, f. שַׁרְיַהּ, שַׁרְיָא, p. שַׁרְנְהוֹ; 3 s. f. †שְׁרָת; 3 p. m. c. sf. 3 s. f. †שְׁרְיוּהָא, שַׁרְיוּהָא, p. m. שַׁרְוֹנְהוֹ, 3 p. f. שְׁרְוֹנְהִי; Impf. 3 s. m. לִשְׁרֵי; Imp. שְׁרִי; Inf. מִשְׁרָא; Pf. act. שָׁרֵי, p. שָׁרוֹ; pass. s. m. שְׁרֵי, f. שְׁרָיָא: lösen, erlauben, *loosen, permit*. | **Itpe.**, Pf. 3 s. m. אִשְׁתְּרִי;

Impf. 2 p. m. תִּשְׁתְּרוֹ: Erlaubnis erhalten, *receive permission.* | **Af.**, Pf. 3 s. m. אַשְׁרִי: wohnen lassen, *cause to dwell.* || מַשְׁרִיתָא n. f., p. c. sf. 1 s. †מַשְׁרְיָתִי: Lager, *camp;* p. Truppen, *troops.* || שֵׁרוּתָא n. f., sf. 2 s. m. שֵׁרוּתָ(י)ךְ; Mahlzeit, *meal.*

שרבב vb. **It.**, Pf. 3 s. m. אִשְׁתַּרְבַּב; Inf. אִשְׁתַּרְבּוֹבֵי: herabgleiten, *slip down.*

שְׁרָגָא n. m., p. שְׁרָגֵי: Lampe, *lamp.*

שְׁרִיקָא n. m., p. שְׁרִיקֵי: Flecken, Faden, *spot, thread.*

שרף vb. **Pe.**, Impf. 3 s. m. נִשְׁרֹף: schlürfen, *sip.*

שָׁרִיר adj. p. f. שְׁרִירָן: fest, *firm.*

שֵׁת v. שדת.

שַׁתָּא v. שנא.

שְׁתִי vb. **Pe.**, Pf. 2 s. m. שְׁתֵית, sf. 3 s. m. אִשְׁתֵּיתֵהּ; 3 s. m. c. sf. 3 s. m. שַׁתְיַהּ; Impf. 1 p. נִשְׁתֵּי; 2 s. m. תִשְׁתֵּי, p. †תִשְׁתּוֹן; Imp. אִשְׁתִּי, שְׁתִי; p. m. אִשְׁתּוֹ, שְׁתוֹ; Inf. מִשְׁתָּא, מִשְׁתְּיָא, לְמִשְׁתֵּי; Pt. act. שָׁתֵי, 2 s. שָׁתֵית: trinken, *drink.* || מִשְׁתְּיָא n. m. Getränk, *drink.*

שתל vb. **Pe.**, Pf. 1 s. שְׁתַלִי; 2 s. m. c. sf. 3 s. m. שְׁתַלְתֵּהּ; 3 p. †שְׁתַלוּ; Impf. 1 s. אֶשְׁתֵּל; Pt. act. שָׁתֵל, p. שָׁתְלֵי, 1 s. שָׁתְלְנָא: pflanzen, *plant.*

שֻׁתָּפָא n. m., p. שֻׁתָּפֵי: Genosse, *partner.* || שֻׁתָּפוּתָא n. f. Genossenschaft, *partnership.* || שתף vb. denom. **Pa.**, Impf. 3 s. m. לְשַׁתֵּף: zugesellen, *associate.* | **Itpa.**, Impf. 1 s. אֶשְׁתַּתַּף; 3 s. m. לִשְׁתַּתַּף; Infin. אִשְׁתַּתּוֹפֵי, sq. בַּהֲדֵי: sich beteiligen, *take part, participate.*

שתק vb. **Pe.**, Pf. 1 s. שְׁתְקִי, שְׁתִקִי; 3 s. m. אִשְׁתֵּק, שְׁתַק; 3 p. †שְׁתִקוּ, †אִשְׁתְּקוּ; Pt. act. שָׁתֵק: schweigen, *be silent.* || שְׁתִיקוּתָא n. f. Schweigen, *silence.*

ת

תָּאגָא n. m., s. f. תָּאגֵהּ: Krone, *crown.*

תְּאֵנְתָּא n. f., p. תְּאֵנֵי: Feige, *fig.*

תֵּבוּתָא n. f. Arche, *ark*.
תִּבְנָא n. m. Stroh, *straw*.
תבע vb. **Pe.,** Pf. 3 s. f. c. sf. 3 p. m. תְּבַעְתִּנְהוֹ: auffordern, *ask, accost*.
תבר vb. **Pe.,** Pt. act. s. m. c. sf. 3 p. m. תָּבְרִנְהוֹ: zerbrechen, *break*. | **Itpe.,** Pf. 3 s. m. אִתְּבַר; Impf. 3 s. m. לִתְּבַר: pass. ‖ תְּבָרָא n. m. Unglück, *misfortune*.
תִּגְרָא v. גרא.
תַּגָּרָא (ass.) n. m. Kaufmann, *merchant*.
תוב vb. **Pe.,** Pf. 1 p. †תְּבְנָא; 3 s. m. תָּב; Imp. s. f. תּוּבִי: zurückkehren, *return*. | **Af.,** 1 p. †אוֹתֵבְנָא, sf. 2 s. m. אוֹתֵבְנָךְ, 3 s. m. אוֹתְבְנֵהּ, 3 p. m. אוֹתְבִינְהוֹ; 2 s. m. c. sf. 1 s. אוֹתֵבְתַּן; 3 s. m. c. sf. 3 s. m. אֲתִיבֵהּ; Pt. act. s. m. מְתִיב, מוֹתֵב, p. m. מְתִיבִי, 2 s. מְוֹתְבַתְּ: Einwendung erheben, *raise an objection*. | **Ittaf.,** Pf. 3 s. m. אִתּוֹתַב: widerlegt werden, *be refuted*. ‖ תְּיוּבְתָּא n. f., p. תְּיוּבָתָא: Widerlegung, *refutation*. ‖ תּוּ, תּוּב adv. wiederum, *again*.

תּוּמָא n. m. Knoblauch, *garlic*.
תּוֹרָא n. m. Ochs, *ox*.
תְּוֹתָבָא (etym.?) n. m., p. 1 s. ־בַי: Kleid, *garment*.
תּוֹתֵי, תְּחוֹתֵי, תְּחוֹת praep., sf. 2 s. m. תּוּתָךְ; 3 s. m. תּוּתֵיהּ, p. m. תּוּתַיְהוֹ: unter, *under*. ‖ מִלְּתַחַת adv. unten, *beneath*. ‖ תַּתֵּי, תַּתָּא adj., d. תַּתָּאָה; p. תַּתָּאֵי: unterer, *lower*. ‖ לְתַתֵּי, מִתַּתֵּי adv. unten, *beneath*. ‖ תתא vb. denom. **Pa.,** Impf. 3 s. m. לְתַתֵּי; 1 p. נְתַתֵּי: nach unten bringen, *bring down*.
תחל v. חלל.
תַּכָּא n. m. Tisch, *table*.
תִּכְלָא n. m. Kinderlosigkeit, *childlessness*.
תִּכְלָא n. m., p. תִּכְלֵי: Schmerz, *pain*.
תְּכֵלְתָּא n. f. Purpur(farbe und -stoff), *violet (color and stuff)*.
תַּכְתְּקָא, טַכְטְקָא (pers.?) n. m., p. ־קֵי: Thronsessel, *chair*.
תְּלָא vb. **Pe.,** Pf. 1 p. †תְּלֵינַן; 3 s. m. c. sf. 3 s. m. תְּלְיֵהּ, p. f. תְּלְנְהִי; 3 p. תְּלוֹ; Impf. 2 p. m. תִּתְלוֹ; Pt. act. s. m. תָּלֵי; pass. s. f. תְּלְיָא: (auf-)

hängen, *hang (up).* | **Itpe.**, Pf. 3 s. m. אִתְּלִי, p. אִתְּלוֹ: pass.; angezündet werden, *be kindled.* | **Af.**, Pf. 3 s. f. אַתְלַי; Imp. (א)אַתְלִי: anzünden, *light.*

תְּלַג n. m., d. תַּלְגָּא: Schnee, *snow.*

תַּלְמוּדָא, תַּלְמִידָא v. למד.

תְּוֹלַעְנָא, תְּוֹלָנָא adj. d. purpurrot, *scarlet.*

תְּלָת n. m., תְּלָתָא n. f. 3. ‖ תְּלָת† f. תְּלֵיסַר, תְּלָת עֲשַׂר† תְּלֵיסְרֵי, תְּלָת סְרֵי, עֶשְׂרֵה 13. ‖ תְּלָתִין n. p. m. 30. ‖ תְּלִיתַי: dritter, dreifach, *third, threefold.*‖ תִּלְתָּא, תִּלְתָּא n. m. $\frac{1}{3}$; drittgeboren, *born third.*

תַּמָּן, הָתָם adv. dort, *there.*

תמה vb. **Pe.**, Pt. pass. p. f. תְּמִיהָא: sonderbar, *strange.* | **Af.**, Inf. אַתְמוֹהֵי; Pt. מַתְמַה: sich wundern, *be astonished.*

תְּמִידָא (hebr.) n. m. das tägliche Opfer, *the daily sacrifice.*

תְּמָנֵי n. m., תְּמָנְיָא n. f. 8. ‖ תְּמָנֵיסַר, f. תְּמָנֵי עֶשְׂרֵה†, תְּמָנַן, תְּמָנֵין ‖ 18. תְּמָנֵי סְרֵי n. p. m. 80. ‖ תְּמִינָאָה n. m. achter, *eighth.* ‖ תְּמַנְתָּא n. f. Achtelmaß, *measure of an eighth.*

תַּמְרָא n. m., p. תַּמְרֵי: Dattel, *date.*

תנא[1]. (תְּרֵי(ן n. d. m., sf. 1 p. תַּרְוֵינַן, 2 p. תַּרְוַיְכוֹ, 3 p. תַּרְוַיְהוֹ, (תַּרְתֵּי(ן n. d. f. 2. ‖ תַּרְתֵּי סְרֵי; תְּרֵיסַר, תְּרֵי עֲשַׂר† תְּרֵי סְרֵי 12. ‖ תִּנְיָן adj., f. תִּנְיֵיתָא: zweiter, *second.* ‖ מַתְנִיתָא n. f., sf. 1 p. מַתְנִיתִין; p. מַתְנְיָתָא: Misna. ‖ תְּנָא vb. denom. **Pe.**, Pf. 1 s. תְּנֵי; 1 p. תְּנֵינָא†, תְּנַן, sf. 3 p. f. תְּנִנְהִי; 2 p. c. sf. 3 s. f. לִ תְּנֵיתוּהָ; Impf. 3 s. m. נִתְנֵי; Imp. תְּנִי; Inf. מִתְנֵי; Pt. act. תָּנֵי; pass. s. f. תְּנְיָא: einen Lehrsatz der Mišna, die Misna vortragen, *recite a paragraph of the Mishna, the Mishna,* | **Pa.**, Impf. 3 s. m. נְתַנֵּי; Inf. תַּנּוֹיֵי: eine Erläuterung zur Mišna vortragen, *utter an interpretation of the Mishna.* | **Af.**, Pf. 3 s. m. c. sf. 3 s. m. אַתְנְיֵהּ; Imp. 3 s. m. c. sf. 1 s. נַתְנְיַן; Imp. p. אַתְנוֹ: die

Mišna lehren, *instruct in the Mishna.* ‖ תַּנָּא n. m., p. תַּנָּאֵי: Tanna (doctor Mišnicus).

²תנא vb. **Af.**, Pf. 3 p. m. אַתְנוּ: verabreden, *make an agreement.*

תנח v. נוח.

תַּנִּינָא n. m. (f.) Seeungeheuer, *sea monster.*

תַּנּוּרָא n. m., p. תַּנּוּרֵי: Ofen, *oven.*

תַּעְלָא n. m., p. תַּעְלֵי: Fuchs, *fox.*

תַּעֲנִיתָא v. ³ענא.

תְּפַס vb. **Pe.**, Pf. 2 p. c. sf. 3 s. f. תְּפַסְתּוּהָ, תְּפַסִיתוּהָ; 3 s. m. c. sf. 3 s. m. תַּפְסֵהּ (תַּפְשֵׂהּ); 3 p. m. c. sf. 3 s. m. תַּפְסוּהָ; Imp. s. m. c. sf. 3 s. m. תְּפַשֵׂהּ; p. m. c. sf. 3 s. m. תַּפְסוּהָ, f. תְּפַסוּהָ; Pt. act. s. m. תָּפֵס, p. m. †תָּפְסִין, תָּפְשֵׂי; 1 p. תָּפְסִינַן: ergreifen, in Besitz nehmen, *seize, take possession.* | **Itpe.**, Pt. 2 s. מִתְּפַסַתְּ: ergriffen werden, *be seized.*

תפף vb. **Pe.**, Pf. 2 p. תַּפִּיתוּ: speien, *spit.*

¹תְּקַל vb. **Pe.**, Pf. 3 s. m. c. sf. 3 s. m. תַּקְלֵהּ; Impf. 3 s. m. לִתְקוֹל, Pt. act. תָּקֵל: 1. wägen, *weigh;* 2. wiegen, aufwiegen, *weigh, be equal.* ‖ מַתְקָלָא(ק׳מַתְ), sf. 3 s. m. מַתְקָלֵהּ, מַתְקְלֵהּ: Gewicht, *weight.*

²תקל vb. **Itpe.**, Pf. 3 s. m. אִתְּקֵל, f. אִתְּקְלָא: straucheln, *stumble.*

תקן vb. **Pe.**, Pt. act. p. f. תָּקְנָן: gerade, recht, *straight, right.* ‖ **Pa.**, Pf. 3 s. m. תַּקֵּן, p. m. †תַּקִּנוּ, תַּקּוּן; Inf. לְתַקּוֹנֵי; Pt. pass. s. m. מְתַקַּן, f. d. מְתַקַּנְתָּא: anordnen, richtig stellen, *order, set in order.* ‖ תַּקַּנְתָּא n. f., sf. 3 s. m. ־תֵּהּ: Verordnung, Besserungsmittel, *ordinance, means of improvement, remedy.*

תקף vb. **Pe.**, Pt. act. p. m. תָּקְפֵי: stark sein, *be strong.* | **Itpa.**, Pt. p. m. מִתַּקְּפוּ: sich anstrengen, *strain oneself.* | **Af.**, Pt. act. מַתְקֵף: eine starke Frage stellen, *ask a strong question.* ‖ תְּקָפָא n. m., c. תְּקֹף: Stärke, Heftigkeit, *strength, vehemence.*

¹תרא vb. **Pe.**, Impf. 3 p. לִתְרוֹ: aufweichen, *dissolve.*

²תרא vb. **Af.**, Pf. 1 p. אַתְרֵינַן: verwarnen, *forewarn*.

תַּרְבָּא n. m. Fett, *fat*.

תרגם vb., Pf. 3 p. m. †תַּרְגְּמוּ; Pt. act. 1 p. מְתַרְגְּמִינַן: übersetzen, erklären, *translate, interpret*.

תרך vb. **Pa.**, Pf. 3 s. m. תָּרֵךְ: verstoßen, *repudiate*.

תרס vb. denom. **Af.**, Pf. 2 s. m. אַתְרֵסְתְּ; 2 p. m. †אַתְרֵסְתּוּן: sich widersetzen, *oppose*. || תֵּרוּס n. m. Widersetzlichkeit, *rebelliousness*.

תְּרָנִיתָא n. f. Cypresse, *cypress*.

תַּרְנְגוֹלָא (תַּרְנְגוּלָא) n. m. Hahn, *cock*. || תַּרְנְגוֹלְתָּא n. f. Henne, *hen*.

תַּרְעָא n. m. Tür, *door*.

תרץ vb. **Pa.**, Pf. 3 s. m. c. sf. 3 p. תָּרְצִנְהוּ; Pt. act. מְתָרֵץ; pass. s. f. d. מְתָרַצְתָּא: zurechtstellen, richtig stellen, *set aright, correct*.

תְּשַׁע n. m., תִּשְׁעָה n. f. 9. || תְּשַׁע, f. †תְּשַׁע עֶשְׂרֵה, תְּשֵׁסַר, תִּשְׁסְרֵי (תְּשַׁסְרֵי) סְרֵי, 19.

B.

Hebräisches Wörterverzeichnis.

Hebrew Glossary.

אֲבוּקָה n. f. Fackel, *torch*.

אֲהִילָה n. f., p. אֲהִילוֹת: Überdachung, *covering*.

אחר vb. **Pi.** Pt. pass. מְאֻחָר verspätet, *belated, postdated*.

אִי adv. nicht, *not*.

אֵילָךְ adv. weiter, *further on*.

אִלְמָלֵא conj. wenn nicht, *if not*.

אמר vb., Inf. כְּלוֹמַר: das will sagen, *that is*.

אֲפִלּוּ conj. obwohl, *although*.

בדא. בַּדַּי n. m., p. בַּדָּאִין: Lügner, *liar*.

בדל. הַבְדָּלָה n. f. Segenspruch am Sabbatausgang, *benediction at the outgoing of the sabbath*.

בוא. בִּיאָה n. f. Untergang, *setting.*

בול (gr.) n. m., p. בּוּלָאוֹת: Ratsherr, *councillor.*

בחר vb. **Ho.**, Pt. מֻבְחָר: auserlesen, *choice.*

בטח vb. **Ho.**, Pt. 1 s. מֻבְטְחַנִי: gewiß sein, *be certain.*

בטל vb. **Pi.**, Pf. 3 s. f. בִּטְלָה: unterbrechen, *interrupt.* ‖ בִּטּוּל n. m. Unterbrechung, *interruption.*

בקש vb. Nitp. = Hitp.

ברא: בְּרִיָּה n. f. Schöpfung, *creation.* ‖ בְּרִיָּה n. f. Geschöpf, *creature.*

ברר: בְּרִירָה n. f. Sonderung, *separation, selection.*

בַּת n. f. ‖ בַּת קוֹל Stimme, *voice.* ‖ בְּבַת אַחַת auf Einmal, *at one and the same time.*

גָּבָה vb. einziehen, *collect.*

גּוֹי n. m. Nichtjude, *Gentile.*

גּוּף n. m. Körper, Wesen, *body, essence.*

גְּזֵרָה n. f.: גְּזֵרָה שָׁוָה Analogie-Beweis, *proof by analogy.*

גְּמָר n. m. Vollendung, *completion.*

גְּרֹגֶרֶת n. f. Feige, *fig.*

גַּרְגְּרָן n. m. Schlemmer, *glutton.*

דְּגְמָה (gr.) n. f. Gleichnis, *likeness.*

דק n. m., p. דְּקִין: Flor im Auge, *cataract.*

דֶּקֶל n. m. Palme, *palm-tree.*

הֵיאַךְ adv. wie? *how?*

הפרכוס (gr.) = ὕπαρχος.

וַדַּי n. m., p. וַדָּאוֹת: Gewißheit, *certainty.* ‖ וַדַּי adv. gewiß, *certainly.*

זַכַּי adj., p. זַכָּאִין: würdig, *worthy.*

זון vb. **Ni.**, Pt. נָזוֹן: gespeist werden, *be fed.*

חול vb. Pf. 3 s. m. חָל: fallen, *fall.*

חָס וְשָׁלוֹם Gott behüte, *God forbid.*

חֲזָקָה n. f., c. חֶזְקַת: Präsumtion, *presumption.*

חלק vb. **Ni.**, verschiedener Meinung sein, *be of a different opinion.*

חַמָּה n. f. Sonne, *sun.*

חמר vb. Pt. pass. חָמוּר: schwer, *heavy, weighty.*

מֵחֲמַת praep. wegen, *on account of.*

טול vb. **Hi.** werfen, *cast.*

טַלִּית n. f. Mantel, *mantle.*

טפל vb. **Ni.** sich anschließen, *attach oneself.*

יאל. וְהוֹאִיל conj. da, *since.* ‖ הֵילְכָךְ adv. also, *hence.*

יִסּוּרִין n. p. m. Leiden, *suffering.*

יְשִׁיבָה n. f. Akademie, *college.*

ישר Pi. stark machen, *make strong.*

כְּ־ praep., sf. 1 s. כְּמוֹתִי.

כֵּיוָן שֶׁ conj. sobald als, nachdem, *as soon as, since.*

כָּךְ adv. so, *thus.*

כָּן adv. hier, *here.* | מִכָּן von jetzt ab, *from now on.*

כנס vb. **Ni.** eintreten, *enter.*

בֵּית הַכִּסֵּא Abtritt, *privy.*

כַּפָּרָה n. f. Sühne, *atonement.*

כרך vb. umschlingen, *wind about.*

לוה[1] vb. **Pa.** begleiten, *accompany.*

לוה[2]. הַלְוָאָה n. f. Darlehen, *loan.*

לָשׁוֹן n. f. Bedeutung, *meaning.*

מה. מַה־שֶּׁ dasjenige, welches, *that which.* ‖ עַל־אַחַת כַּמָּה וְכַמָּה um wieviel mehr, *how much the more.*

מות. מִיתָה n. f. Tod, *death.*

מִן praep., sf. 3 s. m. הֵימֶנּוּ.

מנה. מִנְיָן n. m. Zahl, *number.*

מסר vb. Pt. act. 1 s. מְסַרְנִי.

מַרְגָּלִית (gr.) n. f., p. מַרְגָּלִיּוֹת: Perle, *pearl.*

נדה. נִדּוּי n. m. Bann, *excommunication.*

נטל vb. erheben, nehmen, *lift, take.*

נִיב שְׂפָתַיִם Oberlippe, *upper lip.*

נֵס n. m., p. נִסִּין: Wunder, *miracle.*

סבב vb. **Hi.** zu Tische liegen, *recline at table.*

סבר vb. Pt. pass. סָבוּר meinend, *of the opinion.*

סְיָח n. m. Eselsfüllen, *foal of an ass.*

סָנִיף n. m. Ansatz, *attachment.*

סָפֵק n. m., p. סְפֵקוֹת: Zweifel, *doubt.*

סרב vb. **Pi.** sich weigern, *refuse.*
סתר vb. widersprechen, *contradict.*

עגל vb. **Pi.** einen Kreis bilden, *form a circle.*
עוד : מִבְּעוֹד יוֹם während des Tages, *while it is yet day.*
עין : מֵעֵין praep. nach Art von, *after the manner of.*
עַכְשָׁו adv. jetzt, *now.*
עלב vb. bedrücken, *oppress;* Pt. pass. unglücklich, elend, *miserable.* | **Ni.** pass.
עלה vb. angerechnet werden, *be counted.* | **Hi.** nennen, *name.*
עַנְוְתָנוּת n. f. Bescheidenheit, Sanftmut, Demut, *humility.*
עצם : עַצְמִי ich selbst, *myself.*
עֲרָבִית n. f. Abend, *evening.*
עָרוֹד n. m. Wildesel, *wild ass.*

פִּגְיוֹן (lat.) n. m. pugio.
פְּגָם n. m. Verschlimmerung, *deterioration.*
פחת verringern, *lessen.*
מִפְּנֵי שֶׁ conj. weil, *because.*
פנה vb. **Ni.** die Notdurft verrichten, *ease oneself.*

פרש vb. sich absondern, *separate oneself.*
פְּרִידָה n. f. Taube, *dove.*
פְּרִיָּה n. f. Fruchtbarkeit, *fruitfulness.*
פרוסבל (gr.) = פרוס בולבטי πρὸς βουλευτάς.
פְּתִיחָה n. f. Anfang, *commencement.*

מִצְוָה n. f. Gebot, *commandment.* ‖ Wohltat, *good deed.*
צחח vb. **Pilp.** polieren, *polish.*

קדם vb. vorangehen, *go before.* | **Ho.** Pt. מְקֻדָּם verfrüht, *antedated.*
קום. בִּמְקוֹם praep. anstatt, *in the place of.*
קרא. קְרִיָּה n. f. Lesen, *reading.* ‖ מִקְרָא n. m. Schrift, Schriftvers, *Scripture, Scriptural verse.*
קַרְקַע n. m. Grund und Boden, *[ground.*

ראה. רְאָיָה n. f. Beweis, *proof.*
רבב. רַבֵּנוּ : unser Lehrer, *our teacher.*
רבה. רְבִיָּה n. f. Mehrung, *multiplication.*
רדה. מַרְדֶּה n. m. Schaufel, *shovel.*

רפף. הֶרֶף עַיִן: Augenblick, *twinkling of an eye.*

רשה. רְשׁוּת n. f. Erlaubnis, *permission.*

שֶׁ: nota relationis. | שֶׁלִּי: mein, *my.* | שֶׁל: nota genitivi.

בִּשְׁבִיל praep. wegen, *on account of.*

שַׁחַר n. m., p. שְׁחָרִין, שַׁחֲרִית n. f.: Morgenzeit, *dawn.*

שְׁטָר n. m., p. שְׁטָרוֹת; c. שְׁטָרֵי (שְׁטָרֵי): Schriftstück, *document.*

שְׁכִיבָה n. f. Liegen, *lying down.*

שכח vb. **Hitpa.**, vergessen werden, *be forgotten.*

שמשׁ: בֵּין הַשְּׁמָשׁוֹת: Abenddämmerung, *twilight.*

שמשׁ vb. **Pi.**, dienen, *serve.*

שנה vb. **Pu.**, Pt. ungewöhnlich, *extraordinary.*

שנה. מִשְׁנָה n. f. Mišna.

מִשָּׁעָה שֶׁ: von der Zeit, da, *from the time when.*

תחל [תְּחִלָּה] vb. denom. **Hi.**, anfangen, *begin.*

תְּנַי n. m. Bedingung, *condition.*

תקן vb. **Hi.**, verordnen, *establish, order.*